好望角

在这里，看见新世界

日复一日，子民们的痛楚声直抵天际，
但没有人问一句：“是谁在发出如此悲伤的哀号？”

——**哈利卢拉·哈利利《悲痛的屋》**

无规则游戏

GAMES WITHOUT RULES

阿富汗屡被中断的历史

[美] 塔米姆·安萨利 著
钟鹰翔 译
朱永彪 审校

浙江人民出版社

图书在版编目（CIP）数据

无规则游戏 ：阿富汗屡被中断的历史 ／（美）塔米姆·安萨利著 ；钟鹰翔译. —杭州 ：浙江人民出版社，2018.11(2024.12 重印)

书名原文：Games without rules：the often interrupted history of Afghanistan

ISBN 978-7-213-08830-8

Ⅰ. ①无… Ⅱ. ①塔… ②钟… Ⅲ. ①阿富汗-历史 Ⅳ. ①K372

中国版本图书馆 CIP 数据核字(2018)第 148524 号

地图审图号:GS(2018)5562 号

无规则游戏:阿富汗屡被中断的历史

[美]塔米姆·安萨利 著 钟鹰翔 译

出版发行：浙江人民出版社(杭州市环城北路 177 号 邮编 310006)
市场部电话：(0571)85061682 85176516

丛书策划：王利波　营销编辑：陈雯怡
责任编辑：吴玲霞　责任校对：杨 帆 陈 春
责任印务：程 琳　封面设计：张泮俭 张庆锋
电脑制版：杭州大漠照排印刷有限公司
印　刷：浙江新华数码印务有限公司
开　本：880 毫米×1230 毫米 1/32　印　张：14.125
字　数：309 千字　插　页：6
版　次：2018 年 11 月第 1 版　印　次：2024 年 12 月第 15 次印刷
书　号：ISBN 978-7-213-08830-8
定　价：79.00 元

出版者言

当今的世界与中国正在经历巨大的转型与变迁，她们过去经历了什么、正在面对什么、将会走向哪里，是每一个活在当下的思考者都需要追问的问题，也是我们作为出版者应该努力回应、解答的问题。出版者应该成为文明的瞭望者和传播者，面对生活，应该永远在场，永远开放，永远创新。出版“好望角”书系，正是我们回应时代之问、历史之问，解答读者灵魂之惑、精神之惑、道路之惑的尝试和努力。

本书系所选书目经专家团队和出版者反复商讨、比较后确定。作者来自不同的文化背景，拥有不同的思维方式，我们希望通过“好望角”，让读者看见一个新的世界，打开新的视野，突破一隅之见。当然，书中的局限和偏见在所难免，相信读者自有判断。

非洲南部“好望角”本名“风暴角”，海浪汹涌，风暴不断。1488年2月，当葡萄牙航海家迪亚士的船队抵达这片海域时，恰风和日丽，船员们惊异地凝望着这个隐藏了许多个世纪的壮美岬角，随船历史学家巴若斯记录了这一时刻：

“我们看见的不仅是一个海角，而且是一个新的世界！”

浙江人民出版社

佳评推荐

《无规则游戏》是关于阿富汗历史最动人、最有感染力和最富有洞见的作品。作者叙事技巧高超，着眼细节，他通过阿富汗人的视角，为我们展示了这个国家常被世人忽略的历史，印度河和乌浒河之间这片土地上两个多世纪的种种故事：战争、革命、宫闱斗争，都在书中一一得到呈现。任何关心阿富汗命运的人，都应该好好读一读这本书，它会告诉你阿富汗局势动荡不安的真实原因。

——拉吉夫·钱德拉塞卡兰

《小美国：阿富汗战争中的战争》作者

安萨利讲述了两个多世纪的阿富汗历史，带领我们走过荒僻的草原和残酷无情的戈壁，见识一个充满血性的民族。他驳斥了“帝国坟场”的论断，认为正是雅利安人、蒙古人、希腊人、阿拉伯人等外族的入侵，成就了今日不屈不挠的阿富汗。安萨利认为，现代入侵者之所以屡战屡败，其致命的原因在于，他们没有认识到这片土地上的种种内部矛盾。英国、苏联和美国的干涉，是对阿富汗国家建设的严重干扰，导致这个几乎与美国同时形成的国家走上了完全不同的国家建设之路。

——《中东日报》

安萨利擅长用非常随意轻松的语言论证自己的观点，而这丝毫不破坏叙事的严谨。他深入历史语境和还原文化的能力，令人眼前一亮。几个世纪之前的人、事、物，经他之手变得栩栩如生。读者若对阿富汗或中亚历史抱有兴趣，绝对不可错过本书。

——《出版人周刊》重点推荐

安萨利将超凡的学识与高超的叙事技巧揉捏一处的能力令人叹服。他出生于阿富汗，尽管 16 岁时离开了那里，但他从未停止收集阿富汗的故事。他以大师级的文笔将其进行加工，知道何时应该脱离宏大叙事而专注细节，从而勾勒出当地赤贫村民的生活气息。他始终将重点放在阿富汗，间或穿插论述外国势力。作者关于阿富汗领导人人格魅力的描写尤其精彩，他结合与此相关的斗争、外国干涉，生动讲述了一段动荡的阿富汗历史。

——《爱尔兰时报》

本书给人如春风拂面般的阅读体验，作者讲述了几个世纪以来阿富汗动荡的历史，也讲述了这个国家当今的军事纠葛。作为喀布尔本地人，作者对阿富汗有序、自给自足的乡村社会以及陷入困境的游牧部群有着深刻理解……他生动论述了阿富汗如何应对过去与现在的各种难题，这部分内容有着很高的战略意义。

——《科克斯书评》

关于阿富汗战争的报道令人眼花缭乱，来自旧金山的记者兼作家塔米姆·安萨利认为，人们对于这场战争仍有许多误解。在书中，他重点论述了塑造当今局势的历史事件。

——《圣何塞信使报》

安萨利以叙事大师的超凡自信，从阿富汗人的角度，娓娓讲述阿富汗的发展历程，这是一种微妙而又复杂的历史叙事……作者对于故土的深情与对未来的乐观情绪跃然纸上。

——《书单》

作为阿富汗裔美国人，安萨利是讲述这个故事的不二人选。通过他的锐利笔锋，读者可以了解他那战乱频仍的祖国。随着 2014 年北约部队逐渐撤出，了解阿富汗已刻不容缓，唯有如此，我们才能避免重蹈覆辙。

——《地理杂志》

中译本序

2012年，塔米姆·安萨利先生的《无规则游戏：阿富汗屡被中断的历史》一书在美国一经出版，就引起了广泛关注，并颇受好评，已被视为了解阿富汗的必读书籍之一。

安萨利是阿富汗裔美国人、美国知名作家，尽管兴趣广泛，从事过多种工作，但他长期关注阿富汗问题，对阿富汗有着特殊的情结，出版的多部著作大多与阿富汗相关，因此对塔米姆·安萨利来说，写作《无规则游戏》，更像是在娓娓讲述阿富汗故事。

本书对1747年到最近几年的阿富汗历史进行了梳理，尽管它不是严格意义上的历史著作，而更像是带有个人体验和历史记忆色彩的国家画像，充满了“传闻”“秘闻”，但安萨利强大的叙事能力和卓越的文字功底，以及对大量一手素材的掌握，使得本书不仅免于野史之嫌，而且完全可以和正史著作相媲美，同时又比正史著作更加生动精彩，有很强的可读性。

安萨利敏锐地洞察到了阿富汗国家和社会的两面性，通过他活泼的语言，读者可以轻松掌握阿富汗的全貌。安萨利认为，阿富汗得以维持统一的原因之一是：外部的干涉和入侵，激发并一再刺激了阿富汗的国家认同。同样，关于阿富汗中央政府为何一直相对无能，部落、宗教势力为何如此强大、顽固的原因，也可以在书中得到答案。安萨利对德奥班德派的描述也非常生动、详细，这对研究教派和极端主义具有一定参考价值。对于阿曼努拉的改革措施，以及这些措施如何与当时的阿富汗格格不入，阿曼努拉又是如何一步步陷入泥潭的论述详细且生动，这足以弥补之前类似著作在这段历史叙述方面相对模糊或生硬的不足。

通过《无规则游戏》，我们还可以依稀想象当年苏军在阿富汗的窘境，也可以想象出戈尔巴乔夫负责任的撤军方式，和奥巴马、特朗普想要的撤军方式并无分毫差别。安萨利通过“布兹卡谢”游戏来说明阿富汗的悲哀处境，但他在文末也指出，“无规则”背后也有“规则”。

作者在书中提出了两个有意思的观点：一是他直截了当地在序言中指出，阿富汗不是“帝国坟场”，因为历史上曾有多个国家或势力征服了这里；二是他认为塔利班事实上从未真正想制止罂粟的种植，只是因为大量种植导致价格下跌，才在个别年份控制了罂粟的种植面积和产量。虽然这些观点不占据主流，但无疑是正确的。

以上问题，都非常有助于我们准确理解阿富汗复杂的历史、当下的乱象，以及看起来仍遥不可及的平静未来。

《无规则游戏》中的近代阿富汗还可能会让中国读者产生些许错觉，尤其是会有近代阿富汗与近代中国有几分相似的联想。事实上，近代的东方国家确实面临过相似的内外困境，如阿曼努拉夫妇 1927 年欧洲之行在阿富汗国内遭遇的非议，与半个世纪前郭嵩焘的遭遇颇有几分相似之处。阿曼努拉下台逾 30 年后，竟然还有边远村民向其问好……塔拉基和阿明的关系，也会让中国读者唏嘘不已。

通过本书可以发现，阿富汗历史的主题其实不是阿富汗反抗外来侵略者的历史，而是阿富汗改革力量与保守力量对决的历史，其结果往往以改革发起者和推动者的流血失败而告终，这最终造就了今天的阿富汗。

当然，书中也有个别观点值得商榷，如关于苏联人埋设地雷的说法，可能是因为作者更多地受到了当时西方的反苏宣传的影响。事实上，阿富汗遗留至今的地雷主要出自“圣战士”之手，内战期间，阿富汗人自己埋下的地雷更是难以计数。由此可见，冷战时期的各种片面宣传造成的影响有多深远。

在阿富汗的前景问题上，本人可谓是积极的悲观主义者，作为阿富汗裔美国人，安萨利先生在悲观的同时，比我要乐观许多，他仍对阿富汗充满希望，甚至对矿业救国抱有很大期许。

正如塔米姆·安萨利所说：“阿富汗的历史屡被中断，也在不断重新开始，这个国家还在整合，未来如何，谁也无法下定论。”相信看过本书的读者，会对阿富汗的历史、现状和未来有相对更清晰、更深刻的认识，这也是我为本书作中译本序的主要原因之一。

阿富汗是中国的20个邻国之一，其重要性不言而喻。但长期以来，国人对阿富汗知之甚少，也没有太多兴趣对其进行了解，在这样的背景下，翻译出版本书是需要勇气的，也是具有远见的。浙江人民出版社策划“好望角”书系，并关注阿富汗，选择出版《无规则游戏》，令我个人非常钦佩，因此斗胆为本书作中译本序。

朱永彪

2018年10月

于兰州大学阿富汗研究中心

目 录

前　言

过去的200年间，阿富汗先后五次遭遇外敌干涉，好些世界强权与地区强国都曾试图侵略、占领、征服或控制这片土地。每次侵略，都让侵略者付出了沉重代价。奇怪的是，每一次干涉，仿佛都出自同样的原因；每一次外敌来犯，也都延续着一贯的套路——汹汹而来、悻悻而走，似乎都不知道前车之覆乃是后车之鉴。

1839年，英国殖民者第一次侵入阿富汗。初次接触的回忆相当不堪。40多年过后，同样的入侵者，犯下了几乎一模一样的错误。前辈的痛苦教训，后人却一点不曾汲取。又过了40年，英国人第三次踏进同一条河流。60年后，苏联军队也在阿富汗栽了跟头。如今，阿富汗的土地上驻扎着美国及其盟友的军队。故事似乎一直在循环往复。

为什么大家都如此健忘呢？

由此，我想起了一段亲身经历。数年前，我有幸前往哈萨克斯坦宣传自己的作品。拙作内容关乎世界历史，我想通过伊斯兰的视角审视世事的变迁。所到之处，读者提出的问题无一例外都与阿富汗有关——这也难怪，我虽是美国公民，却在阿富汗出生和长大。我在哈萨克斯坦逗留期间，美国军队正在造访我幼时的家园，而且他们陷入了战争的攻坚阶段。此外，哈萨克斯坦的读者朋友对于阿富汗也怀有一份独特的记忆。他们的国家曾是苏联的一部分，20世纪80年代的那场战争，也许我的读者之中不乏亲历者与见证人。

提到阿富汗，读者们总爱问个不停。他们想知道我如何看待美
2 苏两国对阿富汗政局的干涉。这个问题，我曾在美国遭遇过无数次。每一次，我都会给出相同的答案：两次入侵都给阿富汗带去了沉重的灾难。苏联人无法自拔的深渊，如今又困住了美国人。开战之前，美国政府奉行实用主义，轻而易举就找到了干涉的理由；之后，却又受困于政治因素而无法迅速抽身离去。每蹉跎一点时间，美国政府就要付出更多的生命与金钱，而且他们并不知道原因何在。美国能够控制城市，却无法平息那些自以为在捍卫伊斯兰教的人发起的农村叛乱。

我的回答，读者们并不满意。有一位读者反复追问，还觉得我刚才那番话太过粗浅。我没能给出他想要的答案。最后，我不得不向他摊牌：“我觉得，这些问题的答案，您一定早已成竹在胸。您觉得我忽略了什么？”

“您一直在强调两场战争的相同点。”读者有些怨言，“对于差异却避而不谈。”

“哦，您觉得两者有何差异呢？不妨指教。”

“嗯，您不会不知道，我们当年出兵阿富汗，是受到了对方的邀请。阿富汗国内有难，所以才向邻居求援。那一次，我们不但出动了作战部队，还派遣专家顾问，帮扶阿富汗的进步势力。而贵国在阿富汗的军事行动，则是彻头彻尾的侵略行径。对我来说，这似乎是一个很大的不同。”

当时，我只能摇头叹息。“您刚才的话是认真的吗？您当真觉得

苏联军队开进阿富汗是为了吊民伐罪？贵国军队当时的任务是要帮助进步力量打击反动派？其实，您的看法倒显示了苏、美之间的又一个共同点。很多美国人说起阿富汗战争，也会像您一样义正词严：阿富汗有难，美国军队千里驰援；美军来到这里不为攻城略地，只为消灭暴政。而且，我们美国人还在不遗余力地帮助阿富汗人生产和生活。”

问答之间，我产生了一点灵感。内外视角的差别，确实能让同一个故事生出不同的观感。从内部看，各支外国势力及其干涉意图实在大同小异。在战火纷飞的乡下，唯有那些反抗势力最能悟出美、苏、英之间的差异所在。

从外部看，阿富汗仿佛从未变迁，它面临的挑战一如从前，依旧崎岖的山脉、蒸腾的沙漠和无尽的草原。这里的人民向来悍勇不 3
驯，还有着虔心宗教、仇视外族的名声。部落，是他们永恒的归宿。头巾、胡须、长袍、弯刀与马匹是部落习气的象征。每一个部落成员都必须拥有这些东西，否则，他就不属于这里。如此严格的会员准入制度，远远早于重金属音乐同好会，比起当代男士必须遵奉的着装守则也要悠久得多。

事实上，阿富汗人有他们自己的故事。历史上，这个国家总是朝着某一目标蜿蜒前行，尽管途中总被外来干预打断。那么，抛开路上的种种蹉跎，阿富汗人的故事还能剩下些什么呢？

“布兹卡谢”（Buzkash）这种马背叨羊游戏，似乎只见于阿富汗及中亚的草原上。游戏中，大家各自骑上马匹，瞄准地上的山羊尸体发起攻击。骑手一旦抓获猎物，就要朝场地两端狂奔；只要马儿跃过端线，他就能够获胜。不过，幸运儿的身旁总会你追我赶地聚起一众人马。大家不停扭打撕扯，只为夺取那件战利品。比赛没有队伍，参与其中的选手都是为了个人荣誉而战。参赛人数也从来没有具体规定。除了端线，场地内外并无明显区分，甚至没有负责掌控全局、研判形势的裁判。这种游戏并无犯规一说，自然也不需要有人维护规则。要想约束选手的行为，只能依靠传统习俗以及乡规民约，而且需要参赛者相互之间形成一种自觉。那些需要明文保护方才愿意上场参赛的人，根本就不会收到竞逐的邀请。

200 多年前的阿富汗社会，就好像一场轰轰烈烈的布兹卡谢。而后，阿富汗历史的主题一直围绕着两个问题：这种游戏需不需要一点规则？何种规则最为适合？当然，阿富汗这片土地不仅被用于布兹卡谢，这个地方还成了鲁德亚德 · 吉卜林（Rudyard Kipling）口中那场“大博弈”（The Great Game）的竞技场。为了各自的战略利益，世界强权纷纷加入。就像所有主权国家之间的博弈一样，这也是一场没有规则的游戏，它本身与阿富汗问题无关，其利益关系是全球性的。阿富汗不幸卷入其中，只是因为它正好位于混战的前沿而已。

两场不相干的游戏在一个场地举行，玩家难免磕磕碰碰，双方的命运也由此交织到了一起。自 19 世纪早期以来，太多类似的故事曾在这里上演。一场游戏会影响另一场游戏，并使其更为复杂。但是，大国间的博弈绝不能与阿富汗内部的竞逐混为一谈，那样一来，
4 只会让历史的面目混淆不清。

大国干预阿富汗的故事确实引人入胜，不过，阿富汗也有自己的故事。一场干预自有生发起落，不同的侵略者则在来往更替。不过，他们并非阿富汗这个故事的主角，他们只是搅乱了故事的发展。每次外部势力造访，故事都得从头再来，此前的情节发展悉数毁于一旦。同样一个故事，被人屡屡搅局，也难怪那些搅局者总会吞下同样的苦果。

“帝国坟场”一类的论调，笔者不想重复。介入阿富汗事态的大国势力似乎总会一败涂地。这里地形复杂、人民善战，这对征服者而言确实是特殊的挑战。如此想法看似智慧超然，实则大错特错。历史上，阿富汗沦于外敌铁蹄之下的情况实在不知凡几。3000—4000 年前，雅利安人（Aryans）便征服了这片土地。因此，这里才会被人叫作“雅利安人的国家”（Ariana）。后来，“雅利安人的国家”被纳入波斯帝国的版图。阿富汗人以波斯语（阿富汗官方称之为达里语，近 90% 的阿富汗人将达里语作为第二语言）为通用语言，正是出于这层关系。后来，希腊人又成了这里的征服者，他们建立的希腊王国延续了 200 多年。时至今日，在阿富汗的一些地方，偶尔还能见到金发碧眼的希腊征服者后裔。佛教徒也一度成为这里的主宰，独一无二的希腊式佛教艺术由此在阿富汗起源并走向繁荣。

如今，99% 的阿富汗人都信仰伊斯兰教。显然，这是阿拉伯人征服阿富汗留下的一项遗产。突厥人更是隔三岔五就会吞并此地。横扫而过的蒙古大军，把阿富汗化为了一片鬼域。阿富汗是“帝国坟场”，但不是蒙古帝国的坟场。15 世纪，喀布尔还曾沦为一名突厥军阀的领地。此人后来南下印度，开创了莫卧儿帝国。种种事例表明，阿富汗这片土地并非不可征服，只是所有成功的征服者现在都被称为“阿富汗人”。

早期的征服活动塑造了现在的阿富汗。本书讲述的是阿富汗最近 200 余年的故事。其间，西方强权想要主宰这个国家，阿富汗人先后五次（次数取决于读者对“战争”的概念）与之交战。阿富汗的故事与大国干涉的故事交相勾连，仿佛同一个故事的两条叙事线。5
它们互不隶属，却又相互影响。唯有站在世界的高度，才能解释阿富汗为何屡遭侵略，而侵略者却无法遂愿，其原因可能就在这个国家的内部。

接下来，笔者将带领大家深入阿富汗内部，好好看看这个国家的故事。其实，这个故事并不是很长，阿富汗几乎和美国一样年轻。内有顽疾，外有持续不断的干涉，才让这个国家步履蹒跚、求存艰难。故事的开头，要从一个名叫艾哈迈德·沙阿的男子说起。

第一部分　阿富汗的建国

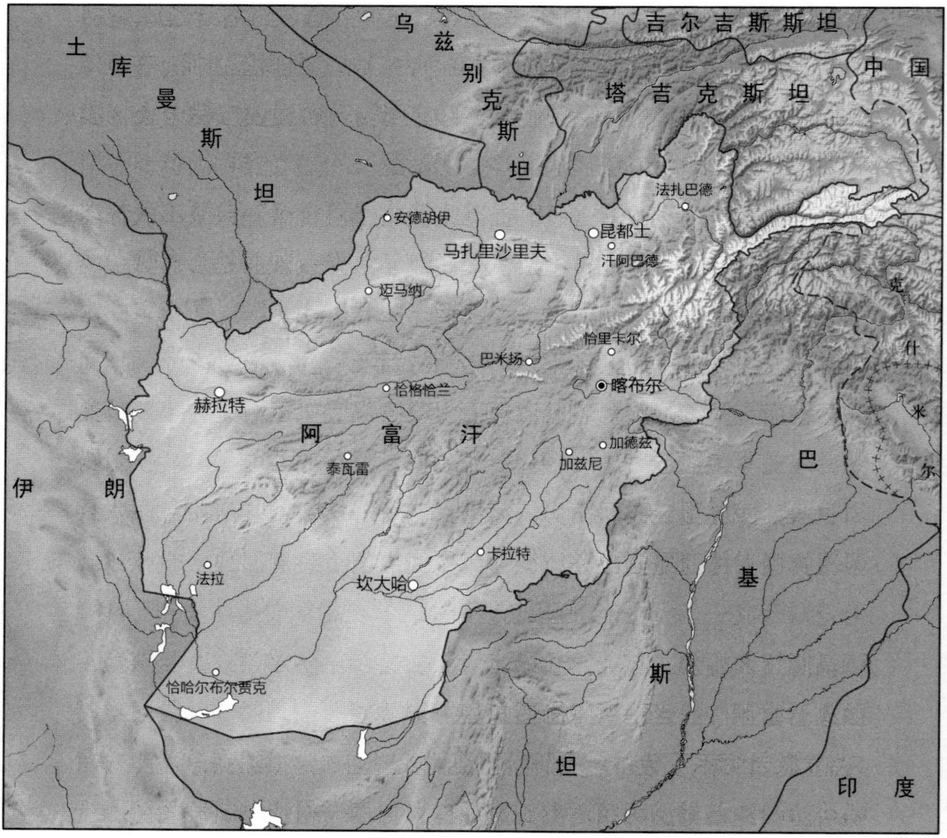
土库曼斯坦
乌兹别克斯坦
吉尔吉斯斯坦
塔吉克斯坦
中国
法扎巴德
安德胡伊
马扎里沙里夫
昆都士
汗阿巴德
迈马纳
恰里卡尔
巴米扬
喀布尔
恰格恰兰
赫拉特
阿富汗
加德兹
加兹尼
泰瓦雷
伊朗
巴基斯坦
克什米尔
卡拉特
坎大哈
法拉
恰哈尔布尔贾克
印度

阿富汗

第 1 章
国　父

乔治·华盛顿登上北美政治舞台的时候，遥远的中亚与南亚之间，一个帝国正在形成。帝国的主人艾哈迈德·沙阿（Ahmad Shah）是位部落首领，日后的阿富汗人都会把他尊为“国父”（Baba）。因为，大家追根溯源，觉得此人才是他们国家的初代君主。

艾哈迈德确实是个大人物。他块头很大，还长着一张宽颊大脸；一双杏仁眼颇具部落特色，同时又带着几分浪漫豪情。艾哈迈德 16 岁时，波斯国王纳迪尔·阿夫沙尔（Nadir Afshar）已对他赏识有加。纳迪尔出身草莽，性情残暴，一心想要重现波斯帝国的荣光，一度还差点如愿以偿。他曾经远征印度，并把著名的孔雀宝座（Peacock Throne）掠夺回国。攻伐期间，艾哈迈德一直伴在国王左右，取得了对方的信任。纳迪尔把手下一支 4000 多人组成的精锐骑兵托付给了这个部落青年。要知道，当时的艾哈迈德不过十来岁。

1747 年的某天夜里，波斯军队发生哗变，纳迪尔被自己的亲信大臣杀死。而后的一夜混乱不堪，各位将领忙着争权夺位，普通士兵则在尽情抢掠。和国王一道出征的后宫妃嫔，自然成了乱兵垂涎的战利品。据说，艾哈迈德当时正在王室女眷下榻处当差值守，他凭借一人之勇，打退了好些前来骚扰的醉汉。最终，他成功守护了一屋子的女性，并召集手下突出重围，踏上了回家的行程。

10 这个故事来自笔者小时候在历史课堂上的见闻。故事听起来有些虚假，不过，史书确有记载。那个晚上，一个体貌特征神似艾哈迈德的人逃出了纷纷扰扰的波斯军营，国王生前攒下的大批财宝被此人劫掠一空。黄金、宝石自不必说，世界上最大的钻石“光之山”（Koh-i-Noor）也落到了他的手中（如今，这件珍宝是英国王室的藏品，被陈列在伦敦塔供人观瞻）。

那个时候，艾哈迈德的乡亲父老正在蓄积力量、图谋变革。历史上，普什图人从未得到真正的统一。大多数时候，他们只是结成部落，互相攻伐。眼看纳迪尔的波斯帝国行将崩溃，普什图的各部首领意识到必须选出一位共主，带领大家暂时团结起来共克时艰。出于这个目的，各大部落决定会盟坎大哈。每逢这种支尔格大会议（Loya jirga），主要部落的一众头面人物都要出席。为了帮助头领作出正确选择，德高望重的学者、法官和教士也将列席旁听。一些作家认为，该地区的其他重要族裔，比如塔吉克人、哈扎拉人和乌兹别克人，也会派出代表参加。艾哈迈德也是与会人士之一，只不过，会上的他总是沉默不语。这也难怪，当时艾哈迈德只有 25 岁。按照地区传统，他作为后生晚辈，必须行事谨慎，服从长者的意愿。

会议开了 9 天，各部长老争论不休，没人愿意退让，把王位让与他人。最后，一位年迈的、很有威望的托钵僧走下会场，一手指向了年轻的艾哈迈德。“他就是你们的王。看啊，他拥有众人所没有的贵气与王者之气。”艾哈迈德本人谦恭异常，他婉言表示，自己资历不够，难堪大任。托钵僧却把一顶麦草编成的王冠戴在了艾哈迈德的头上。那一刻，艾哈迈德仿佛焕发了领袖的神采。各部长老都立即拜服于他，他们觉得，这位谦谦后生的身上确有与众不同的英雄气概。

就这样，艾哈迈德得以称王。

对此故事，我们大可提出质疑。长老们臣服于一个小辈，显然不只因为后者的领袖魅力。那个时候的艾哈迈德本就实力雄厚，他有一支忠心耿耿的铁骑可供差遣，还掌握了波斯国王留下的大笔财富。不过，虚构的故事反映了普什图文化有趣的方面，这使艾哈迈德的晋升合法化。即使强如艾哈迈德，他也需要宗教老者的支持、部落领袖的选票。此外，他的谦逊态度也让他显得卓尔不群。雄厚的实力、宗教的肯定、出众的人品，艾哈迈德三者兼具，终于得到“沙阿”的头衔。年轻的艾哈迈德成了所有普什图人及其当地盟友和部下的王。[1]

普什图人聚居区北至兴都库什山脉，向南一直延伸到印度河河 11
谷。他们的人口有 4000 万左右，虽不及西班牙，却比加州略多。他们的主要语言是普什图语，这门语言和波斯语有些相近（可能和葡萄牙语与意大利语之间的关系有得一比）。他们的文化也有着鲜明的独特性。关于普什图人的起源问题，学界尚无定论，普什图人的传说故事将其起源追溯到古以色列遗失的部落。不过，他们在这里已经生活了两三千年，这个地方确是他们的家园无疑。

普什图人的社会生活要靠部落制度维系运转。当然，大大小小的部落、子部落、氏族与大家庭，也造成了普什图社会的分裂局面。每个家族都会攀附某位英雄作为始祖。各位读者只要注意姓氏末尾的“扎伊”（-zai），就能大致了解某个普什图人的血脉传承，就像苏格兰人姓氏当中的“麦克”（Mac-）。艾哈迈德出自萨多扎伊（Sadozai）家族。顾名思义，他和他的族人拥有一位名叫“萨多”（Sado）的男性祖先。萨多有何丰功伟绩，史册上未见记载。唯一可以肯定的是，当年的他忙着开枝散叶，后世子孙才有生生不息的机会。巴拉克扎伊（Barakzai）与萨多扎伊同为望族，其祖巴拉克同样籍籍无名。但是，两族人民都还记得，他们的祖先乃是一对血亲兄弟。以血缘关系为纽带的不同氏族组成部落，部落又组成松散庞大的部落联盟。萨多扎伊和巴拉克扎伊同属阿卜达利（Abdali）部，也就是说，他们来自一个更遥远的祖先，名叫阿卜达勒（Abdal）。

吉尔扎伊（Ghilzai）部和阿卜达利部互为世仇。与阿卜达利部一样，吉尔扎伊部也是根系庞杂、人口众多。他们都以坎大哈为根
12 据地，不断南进拓展。吉尔扎伊部的领地位于东面，阿卜达利部则占据了西部。几个世纪以来，吉尔扎伊部一直掌握着普什图部落社会的主导权。对此，阿卜达利部很是不满。15 世纪时，吉尔扎伊部在印度北部建立了德里苏丹国。18 世纪 30 年代，他们曾短暂统治伊朗。到了 1747 年，大局仍在吉尔扎伊部的掌控之中。可是，一场支尔格会议却把艾哈迈德推上了国王的宝座，部落社会的权力天平开始朝着阿卜达利部倾斜。

面对各部长老，艾哈迈德态度谦卑。登基之后，他却自封为“杜尔－依兰－杜兰”，意即“珍珠中的珍珠”（Durri-i-Durran）。后来，国王声望渐长，他的那些部落同胞争相攀附，不少阿卜达利部人都自称出自“杜兰尼”（Durranis）一族。这个源自“珍珠”的词汇，仿佛真是自带光环。到了后来，阿卜达利人个个自称“杜兰尼人”，祖先的真正名号反而湮灭在了史海深处。

如上的一切都是后话。初登大宝的艾哈迈德根基尚浅，族人也并不那么以他为荣。故而，他这个国王有名无实，倒更像是个部落

联盟的召集人。只是由于危局来临，大家才把他推上王位，而且每个人都觉得艾哈迈德的王位难以长久。正如普什图古谚所说：“我和我的兄弟联手对抗我的堂兄弟，我和我的堂兄弟联手对抗我的陌生人。当没有外人时，我对付我的兄弟。”艾哈迈德能够称王，不过是因为外敌当前，北方的突厥军队、西方的波斯军队，都叫一众部落长老坐立难安。待到局势缓和，联盟就会重新分裂成不同的部落，部落再分裂成氏族，氏族变成大家庭，而大家庭才是普什图文化的基本单位。

这是艾哈迈德这个国王面临的最大挑战。他领导下的“国家”由大家庭组成，每个大家庭都认为自己是至高无上的，事实上，每个家庭中的男性也自视为国王。的确，传统赋予每个人一个角色、一个等级：男人在上，女人在下，年长意味着拥有尊位，官富子弟也比平民的儿子要高贵……

然而，除了这些准则之外，普什图部族社会还有一种独特的立身原则：男人的地位并不取决于他所担任的职位或这些职位所拥有的权力，直截了当笼络人心，才是步步进阶的保证。身居高位的人，
一定有真本事让属下服膺。他们赢得这种尊重，是因为其在政治游 13
戏中获得的经验。在这个游戏中，才干是有意义的，但不是一切；继承下来的声望固然重要，但并不代表一切；雄辩的口才、亲切的举止、盟友关系、姻亲背景，都是有意义的，但又不是必然的。这样的道理也适用于王权的更替。国王总像流水一般换来换去，觊觎王位的野心家也是层出不穷。小小的疏失、无意的惊扰、笨拙的举止、不雅的言行，都有可能成为对手利用的契机。

家人相处的道理，总能用于解释家族之间的关系，家族关系又能为氏族和部落的生存竞争提供借鉴。在这个部族社会，一切权力

都来自私人关系。错综复杂的家族政治和这些关系网络交织在一起。干涉部落内部事务只会让国王大伤面子，甚至还会害他失去权位。因此，即便是艾哈迈德这样的酋长也无法命令他的近亲，他的每项命令都必须经过大家讨论，方能施行。

艾哈迈德能够得势，少不了身边一群人的追随与拱卫。至于地方上那些实力派，国王则许以权力与高位，换取他们对他的忠诚。君臣之间就像家人，家人之间的关系，外人自然无法买断。权力的秘密总在折磨入侵的外敌，他们总在扶植傀儡，试图达到代治的目的，却浑然不知一个官位在阿富汗并不代表相应的权力。

艾哈迈德很清楚，唯有养战自重，他才能保住盟主的位置，他的子民也会因为战争而团结一心。他的先祖曾经远征印度、大肆劫掠，他决定效仿。印度人大多是印度教徒，他们的信仰包含了偶像崇拜的成分。艾哈迈德和他的百姓则是穆斯林。伊斯兰教反对以物配主，他们认为摧毁偶像越是得力，就越能得到安拉的赐福。艾哈迈德·沙阿在印度破坏神庙、打砸神像，自然收获了不少福气。

劫掠，还能带来经济上的收益。神像之上，往往饰有珍珠和宝石；神庙之内，还有黄金等其他稀罕玩意儿。一场对印战争，总能满载而归。腰包鼓鼓的艾哈迈德因此有了收买人心的更多本钱；那些人
14 接受了国王的好处，自然就得登上国王的战车。艾哈迈德·沙阿一生征战无数，他的疆土越来越广，原有的地盘也愈发巩固。

艾哈迈德作战英勇。不过，臣民对他的爱戴并不仅仅缘于他的武功。作为普什图部落的一员，国王也得和臣下一样慷慨大方。为此，他不惜金钱，频频赐宴；又打开国库，救济穷困。他总是摆出一副乐善好施的模样。诚然，朝廷的大小事务都在国父的掌控之中。不过，艾哈迈德也得满足属下的自尊与骄傲。唯有谦逊的君王，方

能拥有强大的力量。雄辩，也是普什图社会颇为看重的一大才能。艾哈迈德在这方面是一等一的好手。国王御制的沙场诗篇，至今仍为后人所传诵（可惜，艾哈迈德的诗作精髓，译笔实在难以传神）。[2]

总之，敌人对艾哈迈德忌恨入骨，但在臣下的眼中，国王却是智慧、老练、公正的象征。他非但没有专制，还成立了 9 名顾问组成的委员会帮助他执政。这些顾问出自不同的部落，是各部的首领，所有内政事务都须经过顾问委员会讨论方能敲定。他对部落势力百般讨好，也换来了他们的耿耿忠心。

普什图瓦里（Pushtoonwali）是普什图人遵守的一套价值观念和行为规范。它要求普什图人慷慨待客，甚至在必要时牺牲财富和生产；提倡恩怨必报、血亲复仇，要誓死捍卫家中女性的纯洁；要求普什图人宽恕敌人等。

其实，阿富汗的其他民族也遵守着同样的守则。虽然普什图人在这方面堪称表率，不过，哈扎拉人、塔吉克人、乌兹别克人也未落人后。大家都要为客人倾其所有，都觉得家门荣誉与女眷的贞操息息相关。未婚女性一旦失节，更是罪莫大焉。艾哈迈德对普什图社会多加规范，对于其他民族也未曾放纵。普什图人与少数民族之间自然存在文化差异，但是，在艾哈迈德这个普什图人的统治下，大家相处得还算融洽。国家一派和谐，与艾哈迈德对地方势力的宽纵有关。身为国主，自然需要收缴税款。不过，艾哈迈德并未横征暴敛。他将各族臣民征召入伍，与其说这是一种强加于人的做法，不如说是分享战利品的方式。 15

艾哈迈德 · 沙阿建立了一个庞大帝国。全盛时期，帝国疆域西及伊朗东部，东至印度河畔。这等业绩，先辈也曾数次企及。早在

艾哈迈德·沙阿·杜兰尼帝国的位置和范围

11 世纪，加兹尼王朝苏丹马赫迈德（Mahmoud）就已出兵南下。他劫掠的那些神庙，艾哈迈德日后也会造访。16 世纪的时候，莫卧儿帝国的开国皇帝曾在帕尼帕特（Panipat）赢下关键的一仗。同样的地方，200 年后又迎来了艾哈迈德的武装。

众多雄主之中，艾哈迈德也有那么一点不同：唯有他能让普什图部族团结在一起。吉尔扎伊部与杜兰尼部的关系被他妙手修复，巴拉克扎伊与萨多扎伊两大家族也重归于好。他甚至搭起了一座桥梁，让普什图人与少数族裔和平共处。说波斯语的塔吉克人、信仰什叶派的哈扎拉人与隶属突厥语族的乌兹别克人，都对他俯首称臣。阿富汗北部的土库曼人、伊朗境内的波斯人，也成了帝国的一部分。大家对这位伟大帝王都深感服膺。各族杂处的军队中，隐隐约约的国家意识正在慢慢萌生。在艾哈迈德 · 沙阿国父军队中并肩作战的各民族，开始形成一种民族精神，一种阿富汗意识。[3] 这就是为什么在艾哈迈德统治的时代，这片古称“亚里安那”（Ariana），后又改名“呼罗珊”（Khurasan）的土地，开始被人叫作“阿富汗”。 16

第 2 章
艾哈迈德 · 沙阿的帝国

17 如果以现代意义上的政治概念为标准，那么艾哈迈德 · 沙阿统治的地域很难称作国家。因为国家必须具备以下要素：一定的领土、连续成形的边界、人人遵守的法律和民众用于交易的统一货币。回到艾哈迈德时代的阿富汗，现代意义上的国家恐怕并不存在，在这个地方，每个人的权力范围都相当有限。这里的地势太不平坦，居民又系属多个族群，要把他们整合在一起，实在太不容易。更不要说当时根本没有便捷的通信手段，交通工具也十分原始。艾哈迈德的帝国看起来广袤，却没有明确的疆域。一座座的城镇与要塞分布在农村地区，唯有在城市方能感受到帝国的威严。

帝国虽有疆界，不过，帝国的疆界并非划线为界，而是以地域作为国与国的区隔地带。帝国的每座城市都由一个强人统治，邻近的乡村地区也得听从城中强人的差遣。不过，强人一旦离开城市，权力即会大大削弱。他的威望就像磁铁一般，随着距离远近而递减递增。作为大城，喀布尔就是帝国权力的一极。南疆名邑坎大哈的地位同样举足轻重。不过，喀布尔与坎大哈之间的广大区域，两座城市的领主都是鞭长莫及、无力管治。

地方豪强的权势虽不如大城领主，却更加直接有效。所谓地方豪强，可能只是邻近城镇的一位领主，也可能是周围某个村子的头人。到了某些偏远地区，一位地主也能自命豪强。只要能够私设武装，并把亲戚佃户聚拢一处，他完全可以在那里称霸称王。帝国的国情就是如此。国王的权势大小，完全取决于他从臣下那里获取税 18
款的多寡。要想巩固统治，君主还得和地方豪强友好相处。只要某地乐于纳税又肯向君主称臣，就可以被视为帝国的一部分。当然，君主总会将富庶的中心地带恩赏给最为忠心的臣子。这类人往往是王亲国戚，如亲王、王子或王孙之类。

众多城邑当中，要数赫拉特、坎大哈和喀布尔最能代表阿富汗。当然，南部的白沙瓦与北方的马扎里沙里夫的战略意义同样不可小觑。无论这片土地落入谁的统治，这五座城市往往都会作为帝国的一部分而被纳入其统治。其中的四座城市仍是今天阿富汗的一部分，白沙瓦已经成为他国领土。白沙瓦的失陷，一直是阿富汗人的历史隐痛。时至今日，围绕此地的种种问题仍在不断发酵。

在艾哈迈德·沙阿那个时代，阿富汗的城市格局与中世纪的欧洲十分相似。每座城市都有城墙，有一到多个城门。城市越大，城墙越高，城门的数目也越多。喀布尔这样的大城市就有五处城门，它们面向不同的方向。五条道路由城门而出，一条通往坎大哈，一条直指白沙瓦，另外几条也各自承担通衢使命。进入城中，道路变得宽阔，从各个方向延伸到市中心。所有的林荫大道都通向大巴扎（Grand Bazaar）。这里的摊贩店铺多如迷宫，商品琳琅满目：既有本地的手工艺品，也有邻近国家输入的现代制造物。大巴扎的一旁，喀布尔河流淌而过。河道两边，正好立着一道谷口。大巴扎北面的山坡上，遍布着密密麻麻的民居。河流对岸，巴拉希萨尔（Bala

Hissar）王宫坐落在一片山岬上。王宫四周的山峰上矗立着厚厚的黑色城墙，巨大的塔楼上点缀着小窗户。人们常把大巴扎和周边的民居称为“朔尔巴扎”（Shor Bazaar），意为喧闹市集。这个名字所言不虚，此地确实热闹非凡，来到这里的人都能感受到最为生动的烟火气息。

不同的城市有不同的风情。在坎大哈的市中心，可以看到密集的清真寺建筑群，周围是驻军。这个普什图文化的故都一直是座保守的宗教城市，也是主要部落的首都。

赫拉特的中心又有另一派景象。此地向来人文荟萃、重视教育，一直以来就是重要的艺术、文学和学术之都。因此，城市中央是学校和神社。赫拉特还是波斯细密画第一人贝哈扎德（Behzad）的故
19 乡，著名的苏菲派诗人贾米（Jami）和安萨利（Ansary）也曾在此安居。*

马扎里沙里夫意为“神圣的陵园”。城市中央的确建有一座巨大的陵墓，被部分阿富汗人认为是第四任哈里发阿里的埋葬地。对于什叶派穆斯林而言，阿里是最受尊敬的人物，其陵墓有着无与伦比的宗教意义。不管谁统治这里，都会对其进行美化与修葺。长此以往，陵墓才达到了今天的规模。马扎里沙里夫市民庆祝新年的方式也是阿富汗的一绝，其中的某些典礼活动，可以追溯到琐罗亚斯德
20 教盛行的年代。[1]

几百年来，阿富汗走出过无数个自命王者的人物，他们统治的区域通常都会包括上述的一到几座城市。其实，他们的大部分臣民并不生活在城市，而是住在农村。从某种意义上而言，阿富汗农村

---

* 这位安萨利与笔者并非同宗同源，因此谈不上是亲戚。

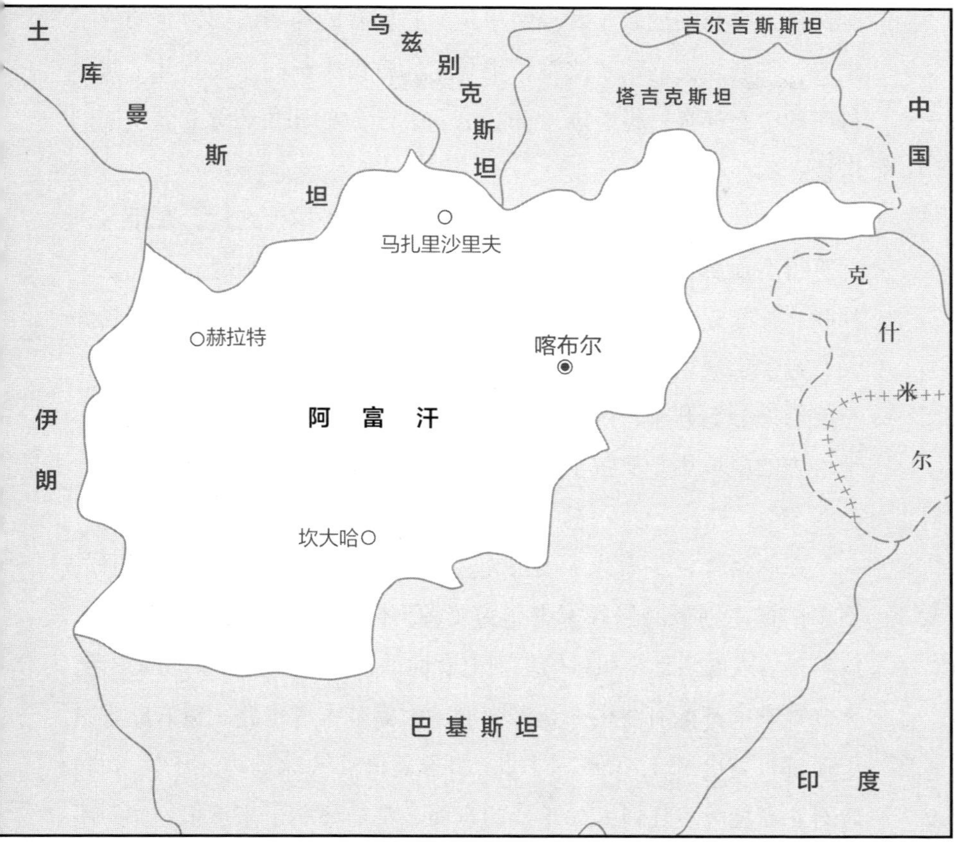

阿富汗的主要城市

才是真正的阿富汗。了解乡村地区的社会结构，才能了解阿富汗的过去与未来。迄今为止，乡村地区的种种事态，仍在影响着这个国家的政治走向。

阿富汗历史学家穆罕默德·阿里认为，意大利文艺复兴时期，阿富汗的乡村共和国（village republic）发展到了最经典的形式。[2] 数千个这样的村庄分布在阿富汗的丘陵和平原上，每个村庄或多或少都是一个自治的政治和经济单位。它们有的深居山间，有的位于幽谷，雪峰之下的河水之滨，也是它们自由生长的领地。几乎每个村庄的中心都有一座卡拉（qala），许多卡拉的四角还耸立着坚固的塔楼。

乡村社会当中，婚姻对象相对有限，一番嫁娶之后，几乎人人都算得上血脉相连。但他们追认各自的祖先，记录血缘，以此区分你我。大家族内部自然也有等级制度，最有特权的家庭和他们的仆役、穷苦亲戚生活在卡拉，其他人围住在卡拉周围。大片的田地将家族领地分割开来，两个家族领地之间通常有一天以上的距离。田地上方的斜坡用于放牧羊群，其中以绵羊居多，山羊的数目则要少一些。[3]

在阿富汗，少有人家蓄养畜牛，毕竟这种牲口实在太难伺候。不多的畜牛则被圈养在家中作为奶源，肉食的情况实在少之又少。放羊是男人的活计，照料奶牛则由女性承担。为了应付耕地的重活，大多数农家都配有耕牛。至于交通，大家基本靠走路。只有路程过于遥远，才会骑上毛驴。同时，驴子还负责搬运重物，比如木材、砖石、麦穗等。任何人力难及的东西，都需要驴子来承担。骡子不
21 太多见，但也有人饲养。山区之中，马倒是真正的稀罕物。蓄养马匹的花销，一般人根本负担不起，还是驴子实用得多。北疆的辽阔草原，才是万马奔腾的王国。

阿里认为，这些小小的社会单位都可以被视作“乡村共和国”，因为他们没有正式的统治者。宗族的族长是村里的首领。有些宗族地位更高，因此他们的族长和首领更有权威。但他们的权威更像是家长，而不是王，这正说明了艾哈迈德 · 沙阿的真实身份：家长中的大家长。正因如此，大家才会称他为“国父”。

在当地，最重要的宗法领袖是可汗（Khan），他们构成了阿富汗的封建领主阶层，其地位是世袭的。每个村庄通常还有一位马利克（mailk），一个正式的首领。马利克基本是选举产生的，但马利克的父亲可能也担任过马利克，或至少是可汗。村庄一旦遭遇危机，主要的可汗协助马利克作出决策。很多时候，马利克往往由当地最大的可汗兼任。

正式的决策由村中最重要的人物组成支尔格（达里语地区称为“舒拉”），经过旷日持久的讨论作出。支尔格是常设的议事机构，但并非定期召开，只有出现问题时才会召开。支尔格无法通过简单的表决作出决定，而是必须讨论到所有成员都达成共识。这是解除未来冲突的一种方式，因为简单投票作出的决定，可能使多数人获得胜利而少数人闷闷不乐，任何这样的不满都会在看似无关的情况下爆发。因此，大家必须在支尔格上达成一致意见。传统上，支尔格的每个成员都有发表意见的权利，但是，支尔格一旦作出决定，所有成员都不能再有异议。

马利克由支尔格选举产生。不过，他的权威与他从声望、家资
和社会地位中获得的非正式权威是分不开的。所谓选举，不过是公 22
推一位声望最高的人物而已。乡村的规模实在太小，成员之间太过熟悉，一切内部事务都可以约定俗成。马利克确实有一些正式的职责：他要负责处理与外部势力的关系，他们可能是邻近城镇的强人、部落首领，甚至还有国王（如果有的话）。有时候，村庄需要直接向国王缴纳实物税。征税的职责自然需要马利克出面完成，所得的物品则会转交给国王派出的代理人。[4]

除了马利克，每个村庄还至少拥有一名毛拉（mullah）。毛拉是伊斯兰教的基层神职人员，他们不是“圣人”，拥有妻子、儿女，可

能也拥有土地，参加战争，他们并不比村里其他任何人更圣洁。他们只是粗通文墨，读过几遍《古兰经》，知晓一些宗教法规而已。他们监督人一生中有关宗教的各种仪式。例如，孩子降生，毛拉会被召唤，他要对着婴儿轻轻念诵《古兰经》。如此一来，孩子才会被正式认作穆斯林。村里的丧仪，毛拉也不能缺席。棺椁下葬的时候，需要他在一旁祈祷；安葬完毕，毛拉还得带领人们念诵《古兰经》，向死者致以最后的敬意。婚姻大事也需要毛拉在场。婚礼自不待言，双方家长议定合同的时候，毛拉也须在一旁相陪——请别吃惊，在阿富汗的乡村社会，婚姻绝非男女爱情的结果，而更像是家族间的一笔生意。

祷告的时候，特别是早晨和日落的时候，毛拉会登上宣礼塔（如果没有宣礼塔，毛拉会站在一处显眼的屋顶），高声祷唱宣礼词，提醒人们祷告时间到了。规模稍大的村庄，则会安排一位宣礼人（muezzin）协助毛拉。可想而知，这位宣礼员一定中气十足、嗓音洪亮。

每个村庄都有类似清真寺的地方，那是礼拜五聚礼、日常昏礼、传统节日及支尔格大会的聚集地，也是旅行者的落脚地。看管清真
23 寺也是毛拉的职责之一，但并不是每位毛拉都有自己的清真寺需要照看。有幸驻寺的毛拉被称为伊玛目（imam）。人们聚集礼拜的时候，伊玛目要负责领拜，他站在前面，保持着和大家一样的姿势，朝向麦加方向鞠躬祷告，伊玛目高声诵读《古兰经》，其他人则轻声地念诵。整个礼拜仪式由伊玛目负责调控，他会适时高喊“真主伟大”（Allahu Akbar），提醒大家适时地端立、跪坐、俯卧和鞠躬。总之，毛拉就像宗教机械师，他在一个充满宗教信仰的世界里照顾着日常生活的细节，在这里，宗教与日常生活紧密相连。除此之外，

毛拉其实并没有什么独特地位可言。

其实，很多阿富汗人想象中的毛拉，往往是一些喜欢恶作剧的无赖之徒，因为毛拉·纳斯鲁丁（Mullah Nasruddin）的传说实在太过深入人心。纳斯鲁丁是个虚构人物，也是各种幽默民间轶事的主角。一次，邻居想要借纳斯鲁丁家的驴，纳斯鲁丁却满心不愿意。为此，他只能信口雌黄："不好意思，我家的驴昨晚已经死了。"不巧的是，屋后的驴正好嘶鸣起来。"这是什么声音？"邻居问道，"亲爱的毛拉，你家的驴肯定活得好好的，我刚才明明听见它在叫。""那又怎么样？"纳斯鲁丁面不改色，"你是相信一头驴的话，还是愿意相信毛拉？"

另一种漫游乡村世界的人物是达拉克（dalak），他们负责处理日常生活中许多不太愉快但必要的细节。达拉克虽非宗教人物，但他们的日常工作却与宗教息息相关。男孩小时候都要例行割礼，达拉克就是那个操刀的人。达拉克还从事拔牙、理发等各种个人服务。他们居无定所，在一个个家庭之间辗转借住，走到哪里，就睡在哪里，食物也来自人家的馈赠。乡村社会（大多数阿富汗人的生活环境）有严格的公私领域之分。公共世界只有男性，家庭则属于私人领域，个中情况外人难得一窥究竟，唯有达拉克可以在公私领域之间游走穿梭。他们知道每个家庭的私密细节，因为他们处理的是最私人的事情。各种闲言碎语，他们没少听闻，并总能毫不吝惜地再将其传扬出去。因此，达拉克也算是乡村社会的新闻媒介。哪户人家有女待字闺中，哪户人家的男孩已到了婚娶的年纪，这类消息达 24
拉克最是清楚不过。因此，他们还能替人做媒。由于达拉克常常走村串乡，掌握的资源比起一般媒人更为广泛，所以许多人家也乐得让他们做媒，从中撮合。[5]

对于各种专业人物，乡村社会也分出等级，排好了座次。达拉克与毛拉同样居于最低等级。在他们之上，还有好些更受敬重的人物。米拉布（mirab，水资源仲裁人）便是其中之一。村庄之间若是出现与水相关的纠葛，须由他们出面调停解难，其话语权很不一般。阿富汗干旱少雨，沙漠广布，水的重要性自不待言。

地位最高的是大毛拉（mawlawi，宗教学者），是非常受人尊敬的人物，深得众人爱戴。卡兹（qazi，法官）是最杰出的宗教人物，但并不是每个村庄都有一位卡兹。家庭内部纠纷全由家长调解，家族内部的纠纷由部族处理，村庄之间出现诸如谋杀或盗窃之类的案件，则交由支尔格解决。卡兹有资格裁决复杂的案件，因为他们作为学者和虔诚的教徒赢得了广泛的声誉。

有些公案可能涉及对某些法律问题进行微妙的宗教解释，卡兹处理起来也会觉得力有不逮。遇上这种情况，他可以与穆夫提（mufti）进行磋商。穆夫提是声誉极高的宗教学者，由于深得民众信任，他们拥有签发法特瓦（fatwa，对教法的解释）的权力。这并不是对特定条件的判决，而是对法律作出裁决。由此可见，这里的法律来自宗教经典和古代圣徒的神学著作，而并非出自政府意志，也不是来自任何民选机构、政党、豪强、军阀，任何个人都无力改变法律的内容。统治者想要获取合法地位，必须得到穆夫提与卡兹的支持，它本质上是一个非常保守的系统。

生活在乡村，货币不是必需品，村民之间甚至无须以物易物，这里的伦常关系冲淡了劳动交易。毕竟一个村子里，人人都互为亲戚——父与子、舅与甥、叔公与侄孙，亲戚之间总有一些必须承担
25 的相互义务。[6] 身处其中，每个人都要安守本分，同时，也能享受亲人提供的庇护。晚辈要孝敬长辈，年轻女性得服从家中年长的女性。

女性掌握着某些领域的控制权，男性通常不进行干涉。采购食物、管教孩子的事情由女性定夺。她们还要代表家族议定婚约，为了礼金讨价还价。不过，总体而言，男性的地位凌驾于女性之上。即便是在女人掌控的领域，最终的决定权还是掌握在男性手中。在乡村共和国里，有领主，有臣民，人们身在其中，各安其位，每个人按照社会的期望做事，同时也被赋予相应的权利。

阿富汗的村庄几乎都能自给自足。他们自己生产粮食，制作木器，缝制鞋子，给马匹钉上马蹄掌（如果有马的话）。女性们纺纱织布做衣服，在自家的院子里烹煮食物、烘烤馕饼——每户人家都有烤炉，因此，女性大可不必为此抛头露面。她们还会将鲜奶发酵成黄油或干酪，将酸奶干燥后制成令人垂涎的克鲁特（q'root）。妇女们还会想尽办法储藏蔬菜与肉干用于过冬。杏仁、核桃与水果干搅拌在一起，就成了男人外出旅行的口粮。男人在外面从事繁重的工作：挖水渠、修水坝、分配水源、耕种收割等。村中来了陌生客人，他们也要前往照应。如果有战斗（事实上经常有），男人就会去参加战斗。

村庄虽然大体上自治，但并不是完全孤立的。一个村庄的人认识其他村庄的人，邻近的村庄里，大多也有熟人居住。有时候，村民还会带上酸酱之类的农产品，骑着毛驴前往附近更大的城镇。他们要用这些东西换取现金，以购买火柴、汤勺、化妆品一类的精巧工业品。在城镇的市集上，他们能听到外面世界的种种消息。然而，外面世界的人与事不会对他们的日常生活产生太大影响。对村民来说，总督只是一个故事；至于国王，不过是一个传说而已。大家只是模模糊糊有些印象：一个硬汉带着军队在遥远的地方征战。国王对人们日常生活的影响近乎为零。当然，倘若国王御驾亲临，大家还是会对他毕恭毕敬。不过，国王总不可能在一个地方久留。很快，

26 国王又会成为传说，成为人们的谈资。“我见过国王，没错！当时他就站在那个地方，就像那匹马一样真实！”

不过，村民即便是不出户，也有和游牧部族打交道的机会。游牧民约占总人口的10%或更多。他们虽是少数，却是拥有成千上万人的少数。他们过着迁徙的生活，遍布各地，操波斯语的居民叫他们“库奇”（kuchi），即移动的人。普什图语人称他们为“波文达”（powinda）。他们成群结队地在各地游走、迁徙，从几十人到几百人。他们会在合适的地方停留几天，或者说最多几个星期，然后继续上路。[7]

小的游牧营地可能有10顶帐篷，大的营地则可能多达50顶，他们可能会有数百只羊和数十头骆驼。牧民视牲畜如珍宝，从来都是小心伺候，几乎寸步不离。无论驻足还是迁徙，他们都要带上所有牲畜一同来去。因此，每个游牧部落都有自己的狗，牧民的狗并非优雅的阿富汗猎犬，它们大多形如马士提夫犬，块头足有拉布拉多的两倍大，而且体壮头宽，下颚似斗牛犬。我还在阿富汗生活的时候，几乎没人注意过游牧犬的独特性，人们只是觉得它们是可怕的杂种狗。不过，既然这些看家狗的外貌如此相似，我倒觉得它们可能系属一种有待发现的纯种犬。小时候在喀布尔，我可没少遭它们的惊吓。游牧犬到了主人身边，立即变得恭顺异常，不是跟着畜群一溜小跑，就是守在帐篷之外寸步不离。由于它们的存在，外人大多不愿踏进游牧民的营地。

游牧部族过着危险的生活方式。由于总在外国领土上游走，他们常会遭到其他游牧民族，或是以打家劫舍为生的部群的袭击。在古老的阿富汗，特别是在北方，这样的劫掠者多不胜数。各位读者可能觉得奇怪：为什么盗匪偏要盯上一无所有的游牧民？奥秘与牲畜有关。的确，这些带蹄的生物都是宝贵的财产，而且游牧部族当中还有女人。为了保护女性，游牧部群采取的方法和拓荒时代（pioneer days）历经千辛万苦穿越北美大平原的先驱差不多。在方阵之中，男人守在外面，妇女、儿童围在中间。不同的是，美国人有火车，游牧民则只能策马前行。在下马扎营的时候，妇女、儿童的 27
帐篷也位于营地中心，男人的居所则设在外围，而且男性还得时刻警惕敌人来犯。凡是有人接近，都会被拦下质询，直到弄清身份和来意为止。

游牧部群一旦进入一个村庄的领地，双方往往会爆发冲突。双方都有牲畜需要放牧，自然都需要牧场。村民们自然理直气壮，毕竟他们首先来到这里，这是他们的地盘。眼见如此一群外人赶着几百头羊浩荡而来，一下子就占据了整片山坡，村民的心里肯定很不高兴。

当然，这不能说是游牧民与村民之间处于战争状态。事实上，如果上溯几代，很多农耕民的祖先也曾过着游牧生活；而有些游牧民原来也是一些定居耕种的农民，因为干旱之类的天灾降临，他们的耕地变得荒芜，这才过起游牧生活。不过，既然祖先也曾四处迁徙，他们倒是乐呵呵地接受了游牧的生活方式。很多人甚至觉得，逐水草而居的生活要好过天天种地。游牧部落与城镇居民是一种脆弱的共生关系，这一点对游牧民尤其重要。比起农民，游牧民无法做到自给自足。诚然，他们可以制作食物，但他们不得不进城，在集市上讨价还价，购买器皿、金属制品以及缝制帐篷的布料。此外，他们还得向农民换取蔬菜、水果以及面粉，毕竟阿富汗人三餐都离不开面包、馕饼。当然，游牧民带来的奶制品、肉干、兽皮、刺绣、珍珠和其他轻便的手工艺品，也得到了城镇与乡村居民的欢迎。

因此，游牧民即便过着游牧生活，也不意味着与世隔离。他们属于部落，并受到部落体系的约束，有些游牧部群和定居村民之间甚至系出同源。他们中也有毛拉，也有指定的卡兹作为宗教法官。村民敬仰的宗教学者，也得到他们的崇敬。游牧部群与定居村民之间的区别在于距离：村民终其一生，可能都局限在家乡附近的 20 英里区域。游牧部群一年走过的路，可能就有几百英里之多。他们的足迹南至印度，向北则跨过了阿姆河，他们几乎不知道“边界”这个词的含义。出身游牧部群的人可能保守顽固、生性多疑，但是，他一定也见过世面，甚至会说三种以上的语言。但国王并不喜欢这些到处游荡的子民。国王想要弄清他们的具体人口都十分困难，更
28 别提向他们征收税款了。而且，他们还会时不时地洗劫朝廷和领主的财产，甚至加入反叛军队与国王作战。正因如此，对待游牧部群，国王从来不敢怠慢。

尽管除了征税之外，艾哈迈德国王在臣民的生活之中没有一点存在感，不过，他们之间还存在另外一种联系。臣民如果觉得自己含冤在身，又在支尔格大会和卡兹那里求告无门，他可以向国王请愿为自己主持公道。毕竟，除了教法，还有王法。传统的教法基于宗教教义，以及一些原本属于流俗后来被误认为带有宗教属性的规矩。它们有着悠久的历史，代表了几代人的共识。而王法则源自王公大臣的智慧或者怪癖，王法的解释权掌握在国王的手里。

艾哈迈德拥有军事权，他的裁决自然有着无与伦比的权威性。不过，任何寻求国王正义的人都是在冒险，因为国王的裁决是不能更改的，而且可能是武断的。要想上达天听，需要历经漫长的过程。国王只有一个，他的官僚队伍有限。最终，只有极少数人能够等来国王的裁定。如此一来，臣民自然不会为一些鸡毛蒜皮的小事去打

搅艾哈迈德。实际上，由于没有熟人打通关节，一般臣民从来不会向国王求助。因此，只有可汗和其他权贵才会选择这条路。对于乡村地区的普通百姓而言，贤明的国王好过愚昧的国王，仁君比暴君更受欢迎。不过，即便改朝换代，他们的日常生活也不会受到太大影响。诚如阿富汗的一则谚语所言："院子里的一条好狗，比首都的好国王更有用。"[8]

第 3 章

隔壁的法兰奇人

29 关于艾哈迈德·沙阿是不是阿富汗的第一位国王这个问题，尚具争议，但不容置辩的事实在于，他确是从这里走出的最后一位征服者。他和之前的许多征服者一样，集结部落武装，在中亚与南亚之间开疆拓土。当他死的时候，邻近地区的地缘环境进入了一个前所未有的大变局，新的势力开进了这片区域，这些势力是当地战士在公开战斗中无法击败的，有些人把他们叫作“法兰奇”（Farangi）［这个单词乃是“法兰克”（Frank）在波斯语中的变体］。7 个世纪以前，法兰克人走出欧洲，袭击了圣城耶路撒冷。正是他们的行动，引发了长达几个世纪之久的抵抗“十字军”的战争。从那时起，法兰奇便成了对欧洲人的通称。艾哈迈德逝世的时候，帝国边界的那一侧已经有不少法兰奇人定居。

当地人称他们为“因格雷齐”（Engrayzee），也就是波斯语和普什图语中的“英格兰人”。早在 150 多年前，英格兰人就已来到印度。1613 年，英国人在印度海岸设立了第一个通商据点。建立据点并非出自政府行为，而是寄托了东印度公司一众股东的发财梦。1707 年，英格兰与苏格兰正式合并，形成了大不列颠联合王国。此后，印度不再只有英格兰人，移民来自整个不列颠。当时，这些移民大多从事商贸活动，他们得到莫卧儿帝国的批准，得以在几个小岛栖身，并默默地操持着自己的生意。30

当时，在印度的欧洲商团可不止不列颠一家，每一家商团都想从贸易当中赚取好处。为此，他们经常互相攻伐。不过，战争只在欧洲人之间进行，印度当地势力从未卷入其中。最初，英、法联手驱逐了葡萄牙人。而后，英、法商团又开始互相攻伐。1743 年，艾哈迈德还未登上王座，英、法军队已在印度东海岸开战。这只是当时全球冲突的前线。在欧洲，这场冲突被称为七年战争，在北美，即是法国 – 印第安人战争。1763 年，印度的战事终于有了结果，英国人大获全胜。此后，法国人虽然还能在印度定居，不过得“接受英国的保护”。

对法战争期间，英国人并没有意识到他们正在征服印度，因为他们并不想要统治印度，他们的主要利益全在商业上。那时，英国政府还未向印度次大陆派驻任何官员，英国在印度次大陆的存在仍局限于东印度公司。严格意义上来讲，东印度公司属于私人企业，尽管它得到了英国政府的充分支持，并充当了英国利益的代理人。因此，东印度公司只管不惜一切代价追求最大利润，而这个目标与英国政府的利益诉求不谋而合。

1756 年，英、印双方在贸易港口加尔各答爆发冲突。莫卧儿帝国驻孟加拉省的总督纳瓦布（Nawab）下令逮捕了一批英国公民，并将他们关进一间小牢房。他们在狱中的容身之地实在逼仄难受，为此，欧洲媒体还发明了一个全新词汇——“加尔各答黑洞”（Black Holes of Calcutta）。只在小小的黑洞中待了一天，就有不少人丧了命。恶行很快传到了东印度公司设在本地治理（Pondicherry）的总部。盛怒之下，东印度公司决定教训一下纳瓦布。罗伯特·克莱武（Robert Clive）率领一支小型武装，北上袭击了加尔各答，纳瓦布的势力一触即溃。在克莱武的扶植下，纳瓦布的侄子接替了叔叔的职务。这次军事冒险被英方称为“普拉西战役”（battle of Plassey）。其实，这谈不上是一场战役，倒更像是一种行政程序。此前，英国人浑然不知，孟加拉的大局早已落入己方的掌控。经此一役，他们才恍然醒悟。殖民活动的起点已经无法考证，不过，普拉西一役过后，东印度公司在孟加拉和印度的任何其他地方愈发为所欲为，类似的
31 军事冒险也越来越多。

“加尔各答黑洞”事件爆发的同一年，艾哈迈德·沙阿的军队正在德里大肆劫掠。那一刻，阿富汗的国势似乎还要强过大英帝国。后者不过推翻了一位总督，艾哈迈德却直接废黜了莫卧儿帝国的皇帝，扶植了一位听话的傀儡。正当英国人在印度东部展示赤裸裸的权力时，艾哈迈德·沙阿直接占据了印度西部的大片领土。简单的事实表明，英、阿两股势力即将展开对决。

英国与阿富汗确实将会产生不小的纠葛。不过，一切都是后话。从加尔各答到德里，起码有1000英里的距离。从德里出发西行，还要走过500英里才能到达艾哈迈德的家乡坎大哈。阿富汗与英国之间没有交集，也没有理由发生冲突。

“加尔各答黑洞”事件过后的数年间，英国人在孟加拉的统治日渐稳固。同时，英国也在大力向西拓展势力。当时，莫卧儿帝国已经分崩离析，肢解成了一个个独立的邦国。英国人步步为营，一一控制了这些邦国，分而治之。如有需要，英国殖民者会对其实行直接统治；有时候，他们会扶植地方势力代行统治，自己则身居幕后进行操控。

对于东印度公司的代管活动，英国政府渐生不满。东印度公司在孟加拉的横征暴敛，几乎危及了英国的殖民统治。可是，印度又是如此重要而不容失去。英国政府决心对印度实施直接统治。1773年，英属北美殖民地开始分崩离析的时候，英国政府派了一名总督来到印度履职。东印度公司作为一个强大的力量仍在次大陆运转，不过，英国对印度的统治正式拉开了帷幕。尽管殖民政府的总督经由议会提名任命，其作出的决定也须经议会批准，但他在印度有相当大的自主权，拥有一整套内阁班子辅助左右，帮他制订外交政策。

1772 年，艾哈迈德 · 沙阿因罹患颌骨癌而离世。这一年，马萨诸塞州的爱国者正在筹建“茶党”，这不仅是对英国政府的反抗，也是对东印度公司的反抗。没错，这家公司在印度与北美都曾开展业务。那个时候的阿富汗，还是一个庞大的帝国。疆土从现代伊朗的 32
心脏地带延伸到印度洋，东北部的克什米尔也被纳入其中。在伊斯兰世界，阿富汗是仅次于奥斯曼帝国的第二大强国。

但是，随着艾哈迈德的离世，第二强国也行将崩溃。此前数年，艾哈迈德一直卧病在床，无法理政。他一撒手人寰，阿富汗便由盛转衰。这时的英国殖民者正在步步紧逼。不过，阿富汗的衰落与当时的英国人毫无干系，内部因素才是帝国衰微的根源。这是一个王朝帝国，这是一种本质上就不稳定的政治形式，毕竟王朝的兴衰起落完全系于统治者的个人才能。艾哈迈德 · 沙阿即便再伟大，也无奈儿子能力平庸。他的孙辈就更加不堪了，为了夺取王位，互相残杀，打成一片。短短 30 年里，王位便六易其主。持续的内乱，演变成了普什图两大家族之间的血腥内战。这与英国的玫瑰战争颇为相似。当年，约克家族和兰开斯特家族曾进行过一场持续数十年的战争。

玫瑰战争之后，亨利七世登基为王。他开创了都铎王朝，其作为使他在很多方面被认为是英格兰的缔造者。阿富汗版的“玫瑰战争”之中，同样走出了一位杰出君主，阿富汗人至今仍敬称他为多斯特·穆罕默德大王（Dost Mohammed the Great）。内战期间，艾哈迈德的孙子要么失明，要么死去，要么流亡国外。当然，这些孽债大多是他们互相残害所致。1826年，多斯特·穆罕默德自立为埃米尔（amir）①，开启了巴拉克宰王朝。他虽非艾哈迈德·沙阿的直系后裔，却也和国父一族血脉相连。毕竟，多斯特·穆罕默德同样来自杜兰尼部，也是一颗“珍珠”。

多斯特·穆罕默德体形瘦长，蓄着长长的胡须，他有着黑黑的眼珠、高大的体格。少年时代，多斯特·穆罕默德曾经放浪形骸、沉溺酒精。不过，他很快回归正途成熟了起来，成为一位外表严厉但言语温和的君主。与国王有过接触的人，都觉得他是位完美的绅士。[1] 显然，一位历经内战并最终获胜的人，本性不会太过谦和温柔。如果情势需要，多斯特·穆罕默德从不吝惜雷霆手段。当然，在王室与上流社会的交际场合中，国王还是一如既往地优雅得体。

多斯特·穆罕默德着手建立了一个统一的国家，并定都喀布尔，他将在此对国家实行统治，这也将成为阿富汗历史的基本内容。
33 无论是内因还是外力，仿佛都要对这项工作加以阻挠和破坏。我们的阿富汗故事正是从多斯特·穆罕默德开始讲起。

新君施政不过几年，国内的秩序便稳定下来。对此，广大臣民感激不尽。农民终于可以回归家园继续耕作，游牧部群也重新开始

① 埃米尔：原意为“受命的人”“掌权者”，是对上层统治者、王公、军事长官的称呼。——编者注

迁徙放牧。女人们在家中料理花园，安排政治婚姻；男人们则溜进市场闲逛取乐，和一干朋友大扯闲篇。贸易已经恢复，骆驼商队再次出发，他们穿过兴都库什山口，前往印度河平原，用羊毛、兽皮、亚麻籽油、青金石、华丽的地毯和马匹、骆驼等牲畜，换取大米、茶叶、香料、棉花和其他令人垂涎的货物。[2]

在多斯特·穆罕默德的治理下，艾哈迈德·沙阿帝国的核心部分已经收复。可是，多斯特大王对此并不满足，因为他还没收复整个帝国。马什哈德（Mashad）易于人手，国王倒还能够容忍，毕竟那座城池本来就在波斯的势力范围之内。可是，国王也失去了印度河沿岸的丰沃土地以及白沙瓦城。夺取领地的兰吉特·辛格（Ranjit Singh）甚至不是穆斯林，而是个锡克教徒！要知道，白沙瓦及其附近地区的大部分居民，是信仰伊斯兰教的普什图人，白沙瓦更是阿富汗国王长期以来的冬都。同为普什图人的阿富汗统治者，不能不觉得心痛万分。于是，多斯特·穆罕默德决心要用一战之功夺回白沙瓦。但他的雄心反而让他一度跌落王位，由此生成的裂痕，不但他再也无力补救，甚至直到今天仍在作祟。

第 4 章
熊与狮之间

35 多斯特·穆罕默德崛起前的阿富汗内战时期（约 1792—1826），欧洲经历了翻天覆地的变革。整个 18 世纪，欧洲进入了前所未有的扩张期。由于航海技术的发展，短短 100 多年里，英国、法国、荷兰、葡萄牙、西班牙等国的船队几乎把五洲四海游了个遍。他们抵达了遥远的彼岸，并在那里开拓出殖民地，建立了贸易据点。不过，随着殖民活动的深入，欧洲列强之间渐渐生出嫌隙。为了争夺万里之遥的殖民地，他们之间时常爆发战争。与此同时，在整个西欧文化中，科学正在取代宗教的地位，成为理解自然的一种方法。技术革新由此不断涌现，蒸汽机、铁路、机械化工厂以及大规模生产等技术变革，都具有深刻的经济与政治意义。

1789 年，法国大革命爆发。这场革命是人类历史上最伟大的社会革命之一。法国人推翻王室，推翻了依靠土地生存的贵族。资产阶级成为新的统治阶级，是未来政治精英的代表。欧洲各国的保守势力试图颠覆这一全新的秩序。不过，保守派的反攻倒算都被革命派一一击退。战争中，走出了一位全新的征服者，一个小记者出身的士兵——拿破仑·波拿巴（Napoleon Bonaparte）。拿破仑并不满

足于捍卫法国，他带领法军主动出击，征服了德国和东欧的大部分
地区。此外，拿破仑还扶植了一些温顺的保护国，如西班牙和意大 36
利等。

然而，拿破仑一生征战，面对英国人却始终未有胜绩。他试图远征俄罗斯，最终也因灾难而不得不选择放弃。滑铁卢惨败过后，他被逐荒岛，孤独而终。从法国大革命到拿破仑战争，波澜壮阔的历史事件改变了国际政治的面貌，英国成为世界上的头号强权。英国的权势主要来自强大的海军。论海上实力，没有一个国家能与英国匹敌。拿破仑战争印证了海上力量是称霸全球的一大关键。

技术变革则是又一关键。在这方面，英国同样执天下之牛耳。这个国家建造了世界上第一条铁路，率先利用蒸汽动力完成了大规模生产改造。蒸汽动力需要消耗大量的资源，英国虽是岛国，却拥有无与伦比的资源优势，它的殖民地遍布全球。若把殖民地比作房产，英国拥有的印度定然是其中最为昂贵的那一间。有了强大的海军、领先的技术以及可供支配的印度资源，大不列颠的国力几乎让所有对手难望其项背。

拿破仑战争同样刺激了另一个国家的野心，那就是沙皇俄国。沙俄给了拿破仑致命一击，拿破仑的雄师劲旅在进军莫斯科的途中沦丧殆尽。沙皇俄国在很多方面与英国完全相反。英国很小，俄罗斯却广袤无垠；英国技术先进，沙俄却寒酸得几近原始；英国拥有一个规模不小、受过良好教育的中产阶层——按照亚当·斯密的说法，这是一个“店主民族”，[1]而沙皇俄国根本不存在中产阶级，一小撮的贵族统治着数百万的农奴阶层，两个阶层甚至说着不同的语言。

长期以来，沙俄一直在向东扩张，越过乌拉尔山，向中亚挺进。

不过，沙俄的殖民势力并没有扩张到远方。这个缘于它与英国的另一个关键区别：沙俄几乎是个内陆国家。其北面的海岸线虽然漫长，却因濒临北冰洋，绝大多数时候海面完全冰封无法航行。沙俄在黑海有港口，但是黑海本身就被陆地包围，唯有达达尼尔海峡的小小豁口可供远洋通行。在海权时代，一个强国有志于争霸全球，自然需要通达四洋的良港。

沙俄摆脱困境的唯一出路是向东扩张，而后南下夺取阿富汗。
37 那样一来，俄国人就可以在阿拉伯海上设立港口。由此出发，他们面前便只剩下浩瀚无边的海洋了。这个目标当然值得奋斗。现在，沙俄的光明前途上，只剩下阿富汗这块阻路的石头了。

沙俄向印度洋的扩张，英国自然不会袖手旁观。毕竟那样一来，印度边境会多出一个强大的竞争对手。对于英国人而言，一两个港口并不值得顾惜；但印度一旦失陷，大英帝国的财富和国力将有枯竭之忧。所以，英国当然要保卫印度！沙俄的扩张图谋必须得到遏制！于是，两大强权围绕中亚的主导权，开始了一场你争我夺的较量。鲁德亚德·吉卜林[①]在其小说《基姆》(*Kim*)里，把英、俄间的这场较量称为“大博弈”。但对即将变得残酷血腥的斗争来说，“博弈”的说法多少有些轻佻。

38 1831 年，东印度公司决定对印度河上游流域进行考察。这项任务落在了雄心勃勃的亚历山大·布尔内斯（Alexander Burnes）身上。这个年轻人溯流直上，穿过阿富汗，到了布哈拉（Bukhara）[②]，

① 鲁德亚德·吉卜林：英国小说家、诗人。1907 年，他凭借小说《基姆》获诺贝尔文学奖。——编者注

② 布哈拉：乌兹别克斯坦城市，是中亚最古老的城市之一。——编者注

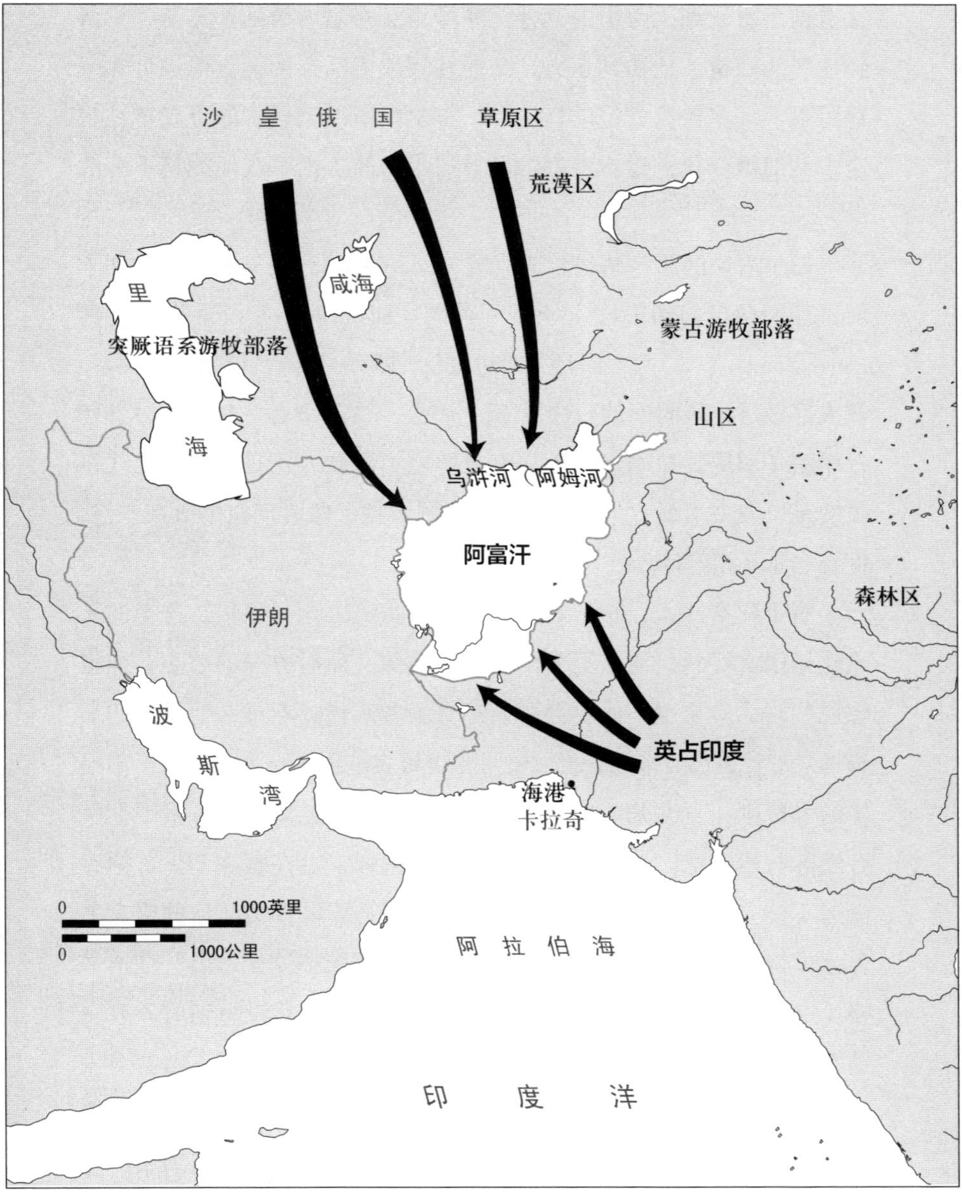
沙　皇　俄　国
草原区
荒漠区
里
咸海
突厥语系游牧部落
海
蒙古游牧部落
山区
乌浒河（阿姆河）
阿富汗
伊朗
森林区
波
斯
湾
英占印度
海港
卡拉奇
0
1000英里
0
1000公里
阿　拉　伯　海
印　度　洋

“大博弈”形势下的阿富汗

又造访了古丝绸之路上的其他几座城市。布尔内斯的任务是考察所经地区的商机。他初到东方，又向往冒险生活，因此，他满怀热情地写下了一本旅行日记。日记中，布尔内斯以记录者的眼光审视旅途中的细微变化，途中看到的风景与听到的言论都在他的笔下鲜活动人。

布尔内斯的第一站是卢迪亚纳（Ludhiana）。在这里，他见到了阿富汗的两位前国王——舒贾·沙阿（Shah Shuja）和泽曼·沙阿（Shah Zeman）。[2]两人同是艾哈迈德·沙阿的孙子，更是兄弟关系。两人都做过一段时间的短命君王。泽曼·沙阿下台之时，还被继任者刺瞎了双眼，以确保他不再有复辟之力。此人正是舒贾，他让自己的兄长失去了视力。前尘往事如过眼云烟，两人现在生活在一起，带着悲凉互相陪伴。

对于阿富汗人，布尔内斯总是不吝赞美之词。显然，这里的人民让他很有好感，他甚至生出了一点敬佩。面对曾经的君主，他也想说些好话。至少，他觉得两人都有王者威仪。不过，他描述的那幅场景却让人感觉非常黑暗：失明的哥哥表情阴郁吓人，纨绔子弟模样的舒贾则一直悲悲戚戚。舒贾穿着一件粉红色短上衣，帽子上坠有流苏与祖母绿。他体型肥胖而且脾气很坏，总在喋喋不休，抱怨命运不公。被废黜之后，舒贾逃到了白沙瓦，向占据此地的锡克王公兰吉特·辛格寻求庇护。为了活命，他甘愿把“光之山”献给辛格。这颗钻石是舒贾逃走之前从国库偷拿出来的。没想到对方收下钻石后，却把他投入了地牢。

舒贾挖了条地道通往下水道，最终逃出了白沙瓦。在他短暂统治期间，他和英国人一直关系不错。他甚至签订条约，把国家的外交政策的控制权割让给了英方。此举为舒贾带来了后福，英国人觉得，此人日后还有利用价值。于是，英国人批给他一处房产和一笔津贴，足够容下他那几百名妃嫔（和他的哥哥泽曼），并维持一大帮人的生计。但是，舒贾对此还不满意。他表示，自己志在统治一个国家。布尔内斯告诉舒贾，信德省还有不少友人仍对他念念不忘。舒贾对布尔内斯的宽慰不屑一顾："哦，那样的朋友比敌人更糟糕， 39
他们什么也帮不了我。"[3]最终，布尔内斯不得不承认，舒贾实在没有统御国家的能力。

告别兄弟俩，布尔内斯拜访了兰吉特·辛格的王宫。奢华的宫殿里金光闪闪，到处都是奇珍异宝。这里的主人是个军阀头子，沉溺于酒色，而且是个瘾君子。不过，他倒也十分虔诚。为此，他还特地念诵了一段锡克教经典《阿底格兰特》(*Granth*)。经典用十层布包着，而且每层的颜色都不相同，最外面那层是黄色的。兰吉特的王宫每天都要更换陈设，且每日的陈设在色调上须保持一致。布尔内斯造访那天的颜色是黄色。他看到的每个人都是一身黄色衣装，戴着黄色头巾。房中摆放的鲜花也是黄色的，就连花园里放养的鸟儿也是黄灿灿的。读罢经文，兰吉特·辛格骄傲地拿出那颗"光之山"请布尔内斯一同品鉴。按照布尔内斯的说法，钻石"足有半个鸡蛋大小"。[4]

继续旅程的布尔内斯等人转道西北，来到白沙瓦。此地的大部分居民都是普什图人。[5]城市虽在兰吉特·辛格的统治下，总督却由多斯特·穆罕默德的兄弟苏尔坦·穆罕默德（Sultan Mohammed）担任。这位普什图领主亲临城门迎接布尔内斯一行，布尔内斯记得，主人的衬衫裁剪得体，还衬着孔雀的翎毛。

布尔内斯本以为苏尔坦性情可能相当怪诞，没想到白沙瓦的这位头号人物举止得体、有教养，简直就是一位绅士。那天，布尔内斯和他的朋友们得到了和这位杜兰尼酋长共进晚餐的机会。菜品是酸汤炖羊羔、烤米饼配柑橘片以及蜜饯、鲜果和果子露的甜食。布尔内斯觉得，阿富汗人善于交际、见多识广、幽默风趣，而且他们对人毫无偏见。苏尔坦·穆罕默德多次提到欧洲，而且没有任何恶意，他表示，“每个国家都各有风俗”。[6] 布尔内斯注意到，白沙瓦领主就在自己的城市里自由地走动，没有警卫，他的身边只有亲戚与仆役，他们之间似乎没有地位上的尊卑之别。

离开白沙瓦，布尔内斯一行继续沿着喀布尔河行进。1831 年 4 月底，他们来到了多斯特·穆罕默德的首都。布尔内斯说，这座城市异常熙攘和喧嚣。下午如果两个人肩并肩走在大街上，必须大声
40 说话才能让对方听到。喀布尔河把城市一分为二，河畔布满了各种各样的林荫树。城中果园数不胜数，空气中弥漫着果子的芬芳，是桑葚、杏、梨和榅桲的味道。喀布尔的风气虽然还算开放，但并没有酒精。曾经沉溺杯中物的多斯特·穆罕默德早已“改过自新”，他下令彻底禁绝了酒精饮料。城中的亚美尼亚人和犹太人现在离开了，他们大多以酿酒、卖酒为生，多斯特·穆罕默德的酒精禁令剥夺了他们的生计。

多斯特·穆罕默德设宴款待了布尔内斯。宴会地点陈设朴素、干净整洁，唯一的装饰是一条华美的地毯。[7] 几人席地而坐，用手抓食。布尔内斯发现，阿富汗的埃米尔虽然少言寡语，但让人印象深刻。他向客人提出的那些问题充满了智慧：欧洲有几位君主？关系如何？英国政府如何征税、募兵？埃米尔从布尔内斯那里了解到，英属印度的部队当中征召了不少当地人作为步兵。国王又问他们是否对喀布尔也有类似的企图，英国产品的价格为何如此低廉。布尔内斯向他介绍了蒸汽机，多斯特·穆罕默德对此非常感兴趣。

布尔内斯似乎很得主人欢心。这也难怪，布尔内斯是个热情、聪慧、迷人的年轻人，而且能说一口流利的印地语和波斯语。布尔内斯不但通晓当地语言，还读过阿拉伯语写成的苏菲派诗作。布尔内斯的访问，可能有助于阿富汗与英国开启一段亲善关系，至少多斯特·穆罕默德觉得两国可以和平相处。

布尔内斯出版了一本有关他伟大冒险的书，这本书在伦敦畅销一时，布尔内斯也成了城中的风云人物。达官贵人纷纷发来邀请函，请他去府上赴宴畅谈。交际场合中，布尔内斯总喜欢戴上头巾，穿着各种东方式样的服装。因此，大家都叫他“布哈拉来的布尔内斯”。他的另一个雅号则是“东方的伊斯坎德尔”。“伊斯坎德尔”（Iskander）是波斯语中对希腊征服者亚历山大大帝的称呼。毕竟，布尔内斯去到的地方是如此偏远，难得一见，难怪英国公众对此表示惊奇。

当然，也有好些人对那些地方并不陌生。布尔内斯足迹所至之地，他们也曾去过，他们甚至就一直住在那里。他们感兴趣的异国风情来自布尔内斯本人，而且，他们并不觉得自己地处“偏僻”。要 41
知道，巴尔赫、布哈拉、撒马尔罕、塔什干等北部城市，都曾是丝绸之路上的重镇。商路荒废之前，这里曾是世界上最为繁忙的贸易通道，是连接中国、欧洲及印度的枢纽。那时候，这些城市的居民常常奔赴印度寻求商机。当然，作为一个穆斯林聚居地，踏上麦加朝圣之路的人同样很多。总之，他们并非闭塞的蛮夷，反倒是欧洲，似乎很少有人踏足。世界上如果真有一个遥远而充满异国情调的地方，恐怕就在那里！

多斯特·穆罕默德和兰吉特·辛格曾经数次兵戎相见。多斯特·穆罕默德一心想通过战争夺回白沙瓦。征战中，他虽未尝败绩，但是也没有取胜。白沙瓦仍在锡克人的掌控之中。为了打破僵局，多斯特·穆罕默德自觉需要一点外力相助。于是，他开始环顾周边寻觅盟友。

很快，他就有了两个选择。这两个选择似乎同样可行，但也都暗藏危机。其中一个选择是统治印度次大陆的英属印度。英国何以统治印度？多斯特·穆罕默德并不清楚。他只知道，英国本土远在万里之外，而且驻印英军人数也不算太多——不，应该说英国只派出了几个军人，其中大多数还是军官，士兵基本来自印度本土。事实上，英国在印度有两支这样的部队：其中一支直接听命于英女王，被称为“女王部队”（多斯特·穆罕默德不免吃惊，大不列颠的君主竟然是个女人！）；另一支军队则受东印度公司差遣。东印度公司是英国渗透印度次大陆的开路先锋，这组人马被称作“约翰军团”。虽然各为其主，两支军队却又经常合作。英国军队中，九成以上都是印度人，但是英国人却控制了印度。这无疑是一种新的力量，但没人知道它的运行奥秘和组织结构，只知道它规模庞大、战力过人。

另一个选择是与俄国结盟。多斯特·穆罕默德知道，俄国的国王叫作沙皇，和英国一样，其国都遥在远方。但即便如此，他的势力仍能扩张到中亚，他的部队跨越千里，就驻扎在阿富汗的北疆之外。沙俄军队跨越高加索，已经征服了阿塞拜疆。他们还穿过里海，
42 抵达了咸海沿岸，沙皇的军队越来越近了。事实上，沙俄军队甚至为波斯国王效力，袭击了阿富汗控制的赫拉特，那次攻击失败了，但它让多斯特·穆罕默德认识到了俄国人的实力。于是，他又有了一个潜在伙伴。

与沙俄结盟，无疑是与虎谋皮。沙皇军队可能是个好帮手，但

就怕他们到时候太过投入。不过，转而向英国求助，也有同样的风险。于是，多斯特·穆罕默德想到了第三条出路：用一种力量对抗另一种力量，利用一方的势力把另一方驱逐出阿富汗的领土。但如此一来，又有谁能帮他收复白沙瓦，他又将如何重建艾哈迈德·沙阿的帝国呢？

思来想去，多斯特·穆罕默德较为倾向英国人。尽管英、俄两国兵力雄厚，也都存在反噬的可能，不过，国王觉得英国人似乎没有那么热衷于扩张。而且，那个叫亚历山大·布尔内斯的苏格兰年轻人，曾在 1831 年给多斯特·穆罕默德留下了很好的印象。

此外，英属印度总督奥克兰勋爵（Lord Aukland）曾向多斯特大王发来亲笔信，相当直接地向他保证："我的朋友……干涉主权国家的内部事务，绝非女王政府所愿所为。"[8] 虽然这封信是对阿富汗请兵求援、合力攻打兰吉特·辛格的拒绝，不过，多斯特·穆罕默德认为，既然英国政府无意干涉他国内政，那对阿富汗来说，英国会是个可靠的盟友。

1837 年的一天，多斯特·穆罕默德收获了一则好消息：奥克兰勋爵派出的一支贸易使团行将抵达喀布尔，为首的正是亚历山大·布尔内斯！国王对客人表示欢迎，并盛情款待了布尔内斯一行。那一次，排场极为奢华。阿富汗方面为了尽到地主之谊，真是费尽了心思。表面上，布尔内斯此行是为东印度公司寻找商机。因此，他没有权力谈判任何形式的协议。临行前，奥克兰勋爵召见了布尔内斯，他叮嘱布尔内斯在王宫里尽量拖延，以了解沙俄在阿富汗的影响力。但强调，绝不能向阿富汗埃米尔许诺任何援助事宜，也绝对不要问及他的任何计划或心愿。总之，布尔内斯这次其实是怀着一份谍报使命而来。

43 就算是刺探情报的任务，也无须布尔内斯太过挂心。因为奥克兰勋爵正在听取一位资深外交政策专家的意见，此人名叫威廉·海伊·麦克纳顿（William Hay Mcnaghten）。20世纪50年代的美国，活跃着一群麦卡锡主义分子。麦克纳顿和麦卡锡分子一样草木皆兵，他觉得自己的身边到处都有“熊”迹，大英帝国在从中亚到东欧的漫长战线上与沙俄形成了对立之势。作为中亚事务专家，麦克纳顿认为这种威胁主要集中在中亚。他甚至预见了俄国人的最终目标——吞并印度！

与友好的多斯特·穆罕默德结成强有力的同盟对抗沙俄，或许是阻止沙俄扩张的一个好办法。不过，麦克纳顿和奥克兰并不信任多斯特大王——没错，这就是他们对这位阿富汗君主的称呼。他们认为多斯特·穆罕默德实力太强，很难引为盟友。毕竟实力越强，就越容易生出二心。

无论是在宫廷宴会上，还是随后的私下会面，布尔内斯都谨慎小心。对于白沙瓦、军事援助、盟约以及英阿友谊等话题，他只字未提。多斯特·穆罕默德意识到，布尔内斯将在不做出任何承诺的情况下返回印度。

就在这时，一位自称伊万·维特克维奇（Ivan Vitkevich）的陌生人到来了。他自称沙皇特使，和多斯特·穆罕默德有事相商。其实，直到今天，也没人知道维特克维奇的真实身份。不久之后，沙俄的外交部长声称并不认识此人。沙皇也出面表示，维特克维奇并非自己的特使。当然，这对君臣公开否认，可能只是想要保守秘密。伊万·维特克维奇可能是个间谍，也可能是个冒险家，一个自由外交家，试图通过与多斯特·穆罕默德达成一项协议来取悦沙皇，谋得晋升。

不过，伊万·维特克维奇还真和多斯特·穆罕默德见了一面。维特克维奇表示，国王不妨和沙俄皇室缔结一种亲密关系。他并不是鼓励双方和亲，所谓亲密关系，是指两国的邦交。当然，维特克维奇并非是要怂恿阿富汗与沙俄联手入侵印度，他不过是希望俄国 44
派出几名外交官在喀布尔常驻……而后，一支部队将顺带驻扎到阿富汗首都，以便保护外交使团的安全……

关于这次会谈，多斯特·穆罕默德并没有隐瞒的打算，相反，他巴不得布尔内斯尽快知悉个中细节。因此，国王一五一十地向布尔内斯作了转述。其实，多斯特·穆罕默德愿意接见维特克维奇，不过是想借此给英方施加压力，并迫使他们采取行动。他和“熊”打打闹闹，只是为了撩拨“狮子”的醋意。一切的一切，都是为了向心爱的白沙瓦进军。

阿富汗国王会晤俄国使者的消息在英属印度引起了轩然大波，麦克纳顿为此恼羞成怒，多斯特大王如他想象中的一般狡诈。奥克兰勋爵甚至发去了一封问罪信警告埃米尔：“未经我方许可……请勿要再与波斯及俄国密切来往，请勿随意接见对方来使。”[9]与两年前相比，奥克兰仿佛变了个人。那个时候，他还信誓旦旦表示：“干涉主权国家的内部事务，绝非女王政府所愿所为。”

即便到了这个地步，多斯特·穆罕默德也不愿疏远英国人，他甚至还惦记着对方能够答应结盟。于是，他在给奥克兰的回信中没有提醒对方自己是一个主权国王，而是希望奥克兰勋爵把他的条款写下来，特别是关于白沙瓦的条款。

条款？殖民当局的一众高官顿时紧张起来。多斯特大王为什么就这样服软了？他到底打着什么主意？麦克纳顿觉得，多斯特·穆罕默德已经投靠沙俄成了傀儡。因此，英国应当迅速出兵推翻他的统治。而且，有一个现成的国王继任者——舒贾。此人当时就在英属印度靠英国的“养老金”过活。考虑到王权的合法性，舒贾确实是合适的人选，他是国父的孙子，还一度登上王位（1803—1809）。在那个血腥的年代，王位更替频繁，刺杀行动层出不穷，兄弟之间甚至发生了剜眼的惨祸。舒贾也是在乱局之中忙于厮杀的一分子。

45 多斯特·穆罕默德确在要弄两面手段。眼见英方迟迟没有回信，他便再次召见了维特克维奇。好吧，英国人终于抓住了阿富汗国王的把柄。奥克兰决定实施所谓的“前进政策”。他不会坐以待毙，他要直接介入阿富汗的局势，制造一些事端。很快，奥克兰勋爵签署了《西姆拉宣言》（*the Simla Manifesto*），公开宣布：每一条事关政策和正义，引导总督支持舒贾及其复辟事业的意见……通过这些可对阿富汗的自由、商贸安全、人民的团结和幸福进行合理的展望。[10] 此后的170多年，《西姆拉宣言》中的内容还会反复被提及：英国人来阿富汗并非为了征服，而是“为了确保阿富汗独立与领土完整”。使命一旦完成，英军就会撤离。

第 5 章

奥克兰的蠢行

1838 年的最后几个月，奥克兰召集了一支军队，总人数达 3.18 万人，其中包括兰吉特·辛格派出助阵的锡克军队。[1] 到了 12 月，大军行至奎达。1839 年 3 月，坎大哈不战而降。当年夏天，英军一路东进，向着喀布尔步步进逼。加兹尼是一座防御工事极为坚固的城池，英军在此受到了阻碍。阿富汗方面觉得，在坚不可摧的城墙面前，英军会败退而去。

一个炎热的 7 月天，英军开到了加兹尼城下，他们发出最后通牒，命令守军打开城门投降。城中的阿富汗人拒绝了。就这样，几个晚上过去了。一天，英国人趁着暮色发起攻势，顿时大炮轰鸣，士卒高喊，子弹迸射而出，但这只是一阵佯攻。阿富人匆匆起身迎敌，却让另一侧城池完全空虚。此前，炮兵亨利·杜兰德早已潜到城墙下，并在那里埋好了炸药。爆炸过后，英军有了入城的豁口。很快，加兹尼城完全落入了英国人的控制。

加兹尼失守的消息传来，喀布尔朝野震惊。多斯特·穆罕默德弃城而逃，逃往北方向他的亲戚布哈拉埃米尔寻求庇护。不过，这位亲戚早已被英国人买通。投奔而来的多斯特·穆罕默德反而被投

入了监狱。数百英里之外的南方，英军不费一枪一弹便挺进了喀布尔。舒贾再次登上王位，英国人让他在巴拉希萨尔宫暂住。这是一
48 座令人敬畏的堡垒宫殿，高高耸立在狮门山（Lions-Gate Mountain）的一侧，俯视着整个喀布尔。宫门之下，除了喀布尔河，还有喧闹无比的市集朔尔巴扎。

很快，多斯特大王逃出牢笼，他又招揽了一批乌兹别克人为自己效力。英国军队出城迎敌，却在喀布尔北部的科希斯坦山口遭遇惨败。接下来的一两个星期，多斯特·穆罕默德和他的部队盘踞山中，和英军打着游击战，英国人不堪其扰，只得撤回喀布尔城中。就在英国人似乎即将失败的时候，一件怪事发生了。多斯特·穆罕默德带着一名随从来到英军营地，表示向英方投诚。个中原因，没人知道。但您可以肯定，狡猾的多斯特·穆罕默德另有计划。无论如何，多斯特·穆罕默德“退休”到了印度，住进了舒贾腾出的地方，靠领取英国“退休金”过活。

英国人承诺舒贾一旦复辟成功，会立即撤离，但他们决定推迟撤离。一方面，舒贾的种种行为实在不似人君，大多数时间都在后宫厮混。他的妻妾实在太多，甚至超过了800人。[2]与此同时，国内各地动乱频仍。虽不是真正的叛乱，只是各种犯罪活动，但因为数量多，因此足以干扰日常生活。但这并不意外，因为喀布尔有数不胜数的“坏种子”——暴徒和黑帮。一些暴徒可能是收了穆罕默德扎伊家族的钱财，潜入首都有意施行破坏。因此，所谓的犯罪，也可能是政治阴谋。一些“坏种子”可能是沙俄间谍。局势日益失控，英方再也无法坐视不管。他们需要采取措施，帮助舒贾安定局面。

为此，英国方面派出了一支顾问团。麦克纳顿以女王陛下在喀

布尔的特使身份主持工作，并同意担任国王的首席顾问。在他的主持之下，阿富汗建立起了行政系统，招募了一支军队，并新建了一支警察部队。

顾问团中，亚历山大·布尔内斯算是二号人物。作为一名政治代理人，他的工作就是发现阴谋，粉碎阴谋。当时，多斯特·穆罕默德的儿子阿克巴（Akbar）正躲在北部某地煽动叛乱。为了防止他 49
率军南下，英军专门在巴米扬山谷的隘口筑起了一座要塞，又在坎大哈等城市派驻了军队。整个阿富汗都在英方的重兵监管之下，除了一点犯罪活动，完全无须担心局势生变。

多斯特·穆罕默德还有个姐姐。英方觉得，公主无力构成威胁，所以对她未加管束。哪曾想到，弟弟一逃，姐姐就只身前往北方，徒步从一个村庄走到另一个村庄，呼吁阿富汗人为捍卫信仰而与英国人作战。受宠若惊的村民自然要为贵客张罗盛宴。可是，公主威胁道，倘若大家不拿起武器反抗，她就一直不吃不喝。因此，公主所到之处，人们纷纷宣誓效忠，捍卫尊严。[3]

对阿富汗的征服实在太过容易，想来甚至有些不可思议。但英国人并不单靠武力来控制这个国家，他们的金钱攻势击垮了多斯特大王（至少殖民当局是这么认为的）。因此，他们决定拿出一笔钱，以保证白沙瓦到喀布尔的道路通畅平安。这些金钱全部流进了吉尔扎伊部族的口袋，因为道路正好从吉尔扎伊部族的聚居区域穿过。有人觉得，吉尔扎伊部族收了钱之后就会派兵守护道路。事实上，他们收了钱却按兵不动，对于道路只是睁一只眼闭一只眼。这样也好，至少当地没有引发动乱，英属印度和喀布尔之间还能畅通无碍。只要道路通畅，加尔各答就可以慢慢将这片蛮荒之地纳入其治下。

几个月内，喀布尔的英国人越来越多。除了英国官吏和印度随员，他们的家属、情妇和仆役也来到了阿富汗。一个整洁的英国小社区在喀布尔兴起。英国人带来的殖民新风吹过兴都库什山来到了喀布尔，阿富汗人第一次见识到了许多新奇玩意儿：华丽的家居、精美的玻璃器皿、各种西洋乐器、葡萄酒、蒸馏酒、法国酒，还有雪茄和香烟。晚餐之前，英国人会舒舒服服地来上一杯威士忌，饭后再吞云吐雾，美哉乐哉！[4]

英国人聚居的地方被称作“营地”，它沿科希斯坦大道延伸了近一英里，这里有生活区、办公楼和营房，还有一大片英式庭院。一堵城墙圈起了整片区域，但它并无任何防御功能。毕竟，营区两边就是高耸的山地。一些官员在这个区域外另觅居所，亚历山大·布尔内斯的家就安在了喧闹市集的附近。

50 在他们的住所和营地里，英国人努力营造家的感觉，他们举办舞会和茶会，组织板球和马球比赛，一些女性甚至组织了业余戏剧表演。营地外面，阿富汗人从高处的山坡上俯视英国人的一举一动，他们感到大惑不解。这些法兰奇人来到阿富汗居住生活，阿富汗人却和他们毫无交集可言。

不幸的是，英国人从未让阿富汗真正安定下来。坎大哈的局势一直动乱纷纷，城市之间的道路总不那么安全。在波伦山口（Bolan Pass），几个身份不明的俾路支人袭击了史密斯太太。她虽然带了一名卫士，但也没能逃过劫难。喀布尔山口临近首都，但是詹金斯中尉和他的几十名手下却在这里惨遭杀害。即使到了城中，也不能脱离危险。斯图尔特上尉在城里被一个年轻人刺伤了脸。事后，英国人一直没能找到这名凶犯。[5]

各种反叛活动愈演愈烈，麦克纳顿却在信中吹嘘局势太平。他在写给加尔各答的信中说，“阿富汗形势一片大好”。至于布尔内斯，也乐得让上司继续报喜不报忧。毕竟阿富汗局势一旦稳定下来，麦克纳顿即会另得重用。作为副手的布尔内斯，会顺理成章地接替特使一职。对于一个如此年轻的人来说，这是一种莫大的荣誉。

不料，多斯特·穆罕默德的儿子阿克巴，却突然出现在了与喀布尔相去不远的巴米扬，这时，阿富汗人都要尊称他一声“瓦济尔·阿克巴·汗”（Wazir Akbar Khan）。“瓦济尔”又称“维齐尔”（Vizier），即是宰相之意。宰相是国王的左膀右臂、首席执行官，是王国权力的核心。当时，阿克巴虽只有20岁出头，却已经是出了名的骁勇善战。画像中，阿克巴总是身穿铁甲，头戴尖尖的战盔。他月亮般的脸上有一种天真无邪的神气，眼神之中的杀气却说明此人的心性并不单纯。阿克巴曾和兰吉特·辛格交战数次，他的无畏和嗜血让对手胆寒。在反叛喧嚣的科希斯坦，阿克巴的威名传来，酋长们纷纷追随其后举事。 51

1839年，威洛比·科顿（Willoghby Cotton）将军率领英军进入喀布尔。1841年初，将军任满回到印度，需要任命新的驻阿英军最高统帅。接替威洛比·科顿的空缺，威廉·埃尔芬斯通并不情愿，也并未主动请缨前来阿富汗解困救急。埃尔芬斯通有过辉煌的战绩，但那已经是拿破仑战争时期的老皇历了。25年过去，当年的英雄已经是个风湿病人，肩膀酸痛，行动迟缓。但是，埃尔芬斯通还是像忠诚的士兵那样坦然接受了使命。

与此同时，英国议会觉得阿富汗只是一个销金窟，特别是自特派团入驻以来，大英帝国已经在那里花费了太多钱财。既然阿富汗的形势“一片大好”，为什么还要加大投入呢？吉尔扎伊部何德何能，需要向其支付如此巨额的费用？他们看起来温顺无害，根本无须安抚。于是，议会停止了对吉尔扎伊部族的补贴。

没想到，吉尔扎伊部立即宣布反叛。由于阿克巴的积极活动，科希斯坦走向全面叛乱，甚至在喀布尔，阿富汗人也开始蠢蠢欲动。其他地方的武装暴乱层出不穷，大有燎原之势。可是，驻阿英军的指挥棒却握在一个老弱病夫的手中。英国政府担心，阿富汗的局势即将失控。

麦克纳顿倒是颇为乐观。那年 8 月底，他写信给印度的一位同事说：“从丹（Dan）到比尔示巴（Beersheba），阿富汗处处宁静安好”。[6] 11 月 1 日，一位阿富汗随从找到布尔内斯，表示喀布尔很有可能发生暴乱。布尔内斯不以为然，他表示只要自己接过麦克纳顿的职位，一切都会好起来。[7]

显然，布尔内斯并非对局势毫无察觉，不过，他和他的同事们很有可能低估了事态的严重性。毕竟，阿富汗之乱并不在于街头的偷抢拐骗，也不是科希斯坦的部落武装。英国人的麻烦和阿富汗女性有关。在当地人看来，有些英国男性一直想和阿富汗女性建立“亲密关系”。“亲密”这个字眼，可能有些不当，而且大多数英国男士还算绅士得体。如果是在伦敦，他们的行为不会引起任何争议。在
52 那里，礼貌的绅士主动结识亲切的淑女，是社交场合当中再常见不过的。不过，伦敦的礼貌举止到了喀布尔，可能就是冒犯和不敬。按照阿富汗人的社交规矩，年轻男子可不会把同龄女性带到房间角落，然后和她彬彬有礼地交谈。女孩的父兄发现，这些英国男青年不但和自己的女儿或者妹妹相谈甚欢，还会时不时伸出手去，拍拍女孩的肩膀或者手臂。

更别提，英国使团中真有一些人可能涉嫌不轨行径。有谣言称，

某些职位较低的英国士兵可能曲解了“前进政策”。对于这段历史，英国历史学家兼外交家弗雷泽－泰勒说道：“需要乃发明之母；有需求的人，则会成为混血儿之父。”[8]数十年后，一名英国士兵这样为同伴当年的荒唐行径辩护：血气方刚的小伙子远离家乡、远离异性，孤独之中自然会有追求异性之心，而且“阿富汗女性真是太过主动了”。[9]

这种说法，笔者难以置信，那可是在1841年。当时，受人尊敬的喀布尔女性可不会“太过主动”。在私下里，阿富汗女性可以挑逗和调情，她们的言语可能尤其撩人。不过，身在当时的阿富汗，每个人都清楚什么能做什么不能做，什么是不能逾越的。当然，大家也不会当面挑明——这就是文化的魔力。可以想见，1841年的喀布尔，社交场合中时时面临尴尬的局面。无意之间，客人就得罪了主人，主人又坚持认为，客人不可能不知道他们自己刚才的行为有违礼仪。

但也不都是无辜的。一次，阿富汗酋长阿卜杜拉·汗去某位英国军官的住处拜访，其间，他偶然瞥见隔壁房间里女子的身影——竟然就是自己的情妇！她竟在光天化日之下，跑到一个陌生男人的住处！盛怒之下，阿卜杜拉·汗找到亚历山大·布尔内斯反映情况，布尔内斯表示会立即彻查。不过，事情终究没有结果。也许布尔内斯有心纠错，但世事变迁太过迅疾，容不得他有所作为。[10]

11月2日，即布尔内斯说一切都会好起来的第二天，他的住处突然被人包围。来人抓住布尔内斯并把他狠狠折磨了一番，这就是英国人玩弄阿富汗女性的代价。可怜的布尔内斯，他对阿富汗文化评价很高，而且他也很喜欢阿富汗人。在书中，他对阿富汗的喜爱表露无遗，他觉得阿富汗人也愿意接纳自己，毕竟他通晓阿富汗人的主要语言。可是，布尔内斯也喜欢女人。他是大胆的冒险家，外貌英俊且又足智多谋。他曾是伦敦社交场合的红人，因此他很有信心：没有女人能够抵抗自己的魅力。遭到袭击的那天，布尔内斯的府上
53 还有好几个女人。严格意义上说，她们是克什米尔人，并非阿富汗人，但愤怒的人群已经失去了理智。

布尔内斯走到二楼窗口，想要安抚闹事人群，他表示自己可以支付一笔巨款作为赔罪。可是，外界早有传言，布尔内斯家中有大量黄金。这样一来，对方反而更加起劲，双方开始互相推搡。布尔内斯的护卫朝天鸣枪示警，直接导致抗议人群化身凶恶的暴民，骚乱开始了。待到事态平息，"布哈拉的布尔内斯""东方的伊斯坎德尔"已经咽了气。[11]

消息传到英国人的营地，大家立即恐慌起来，高级官员无不觉得应该尽快离开这个国家。麦克纳顿还想以钱为饵，驱使一些部落首领加入英方阵营。但是，暴乱早已不可收拾，喀布尔附近的两座军营先后失陷。情况紧急，麦克纳顿只得向他心目中的阿富汗人的领袖寻求帮助。在他看来，瓦济尔·阿克巴·汗堪能担起领袖的职责。

可惜，阿克巴的名望还没有这么崇高。当时，阿富汗并不存在一位全民领袖。多斯特·穆罕默德倒台之后，阿富汗的局面已经注定不会太平。好几位酋长都有很高的威望，但没有一位拥有无可争议的最高地位。因此，英国人想要讲和，却找不到和谈对象。阿克巴也许深得民心，可是，他的威望主要来自战功。一旦阿克巴和英国人达成协议，他的光辉形象就会黯淡下去，从而削弱他达成协议的能力。各大部族的首领正在为了最高权位争来夺去。身处当时的情形，谁最能给英国人带去重创，谁就最有可能登上高位，和谈则等于自行退赛。因此，英国人苦苦求和，却始终没人答应。

最终，阿克巴还是开出了自己的条件：他可以保证英方人员的安全，不过，英国方面得向他支付一笔津贴，并以摄政的位置相许，来年夏天之前，英国使团必须离境。其实，阿克巴的保证并无实际效力。也许，阿克巴也很清楚这一点：他是杜兰尼部的一员，与控制阿印边界的吉尔扎伊部互为世仇，即便他下了命令，吉尔扎伊部族也根本不可能从命。这点情况麦克纳顿本该明了，可是，英国人实在急于求和，阿克巴愿意伸出援手，已让他们感激不尽了。麦克 54
纳顿立即表示，愿与阿富汗的各位实力派人物举行和谈，时间就定在圣诞节前的两天。

还有几个星期，和议就要进行，可是英国方面却昏招迭出。首先，麦克纳顿致信坎大哈的诺特将军，请他赶快率领大军赶往喀布尔。麦克纳顿在信中毫不避讳地表示，他会拖住阿富汗人，直到诺特率军赶来。那样一来，他们就能一起击溃叛军。不知何故，这封信竟落到了阿富汗人的手里。

麦克纳顿的女婿约翰·康诺利（John Connolly）在一封密信中提议，提供一万卢比作为悬赏，索取各位酋长的项上人头。这封信也落到了阿富汗人手中。[12]具有讽刺意味的是，信件的内容不仅激怒了名单上的酋长，也激怒了那些未列入名单的酋长，因为他们被排除在外，意味着康诺利不认可其实力。

与此同时，阿卜杜拉·汗也捅了麦克纳顿一刀。本来，阿卜杜拉也接受了英国人的讲和条件，但是，他眼看时局有变，干脆将英国人给自己的交易条件告诉了其他酋长。阿卜杜拉表示，这些就是英国人试图离间阿富汗人的铁证。其他酋长随即披露，英国人也在试图贿赂他们。

1841 年 12 月 23 日，一群英国官员和一群阿富汗酋长在一处空旷的场地碰了面。此地远离双方各自的要塞，正好适合公平谈判。此前的一系列图谋算计、阳奉阴违和深切敌意，让双方都积压了一肚子怨气。谈判没多久，便宣告破裂。麦克纳顿和阿克巴等人甚至直接厮杀起来。有人——可能就是阿克巴本人——一下子结果了麦克纳顿的性命。很快，暴乱的阿富汗人砍掉了麦克纳顿的头颅，并将其插上旗杆，竖在河边示众。

麦克纳顿和布尔内斯现在都死了，英国人只得依靠埃尔芬斯通将军主持大局。骇人的事件吓得这位老人几乎手足无措。驻地之外，喀布尔已经陷入大规模的、无组织的暴乱。英国人只能蜷缩在营地，苦苦思索对策。也许，他们可以杀出营地，冲到城市的那头，去高地之上的巴拉希萨尔宫，向国王寻求庇护。不过，天知道舒贾会不会开门援助。近来的几个星期，住在巴拉希萨尔宫的傀儡国王舒贾发现形势有变。于是，他顺应时事，把自己塑造成一个反对英国的阿富汗爱国者，表示要和英军对抗到底。

55 没办法，英国人只得选择另一条路，这也是一条疯狂之路。他们打算弃城而去，然后一路朝英属印度奔去。1 月，他们就能徒步穿越兴都库什山口。1 月 6 日，大部队出发了。其中，军人只有 4500 人，家眷、随从、杂役等则有 12000 余人——喀布尔英印社区的全体成员都在逃亡的队伍之中。[13] 他们大约需要走上 60 英里才能脱离困境，这还只是直线距离，途中数不胜数的蜿蜒曲折并未计入里程之中。这条路万分艰险，峡谷之中的一些羊肠小道根本算不得路，“丝绸峡谷”（Silk Gorge）因为陡峭崖壁间如丝线般纤细的空间而得名。天寒地冻，大雪纷飞，许多人因为寒冷天气而一病不起，一些人则死在了吉尔扎伊武士的弯刀之下，好些人则沦为俘虏，耽误良久才恢复自由。最终，撤离喀布尔的那群人中，仅有一个人活着走到了贾拉拉巴德。从这位名叫布莱顿的军医口中，全世界才知道了整个故事的来龙去脉。

接下来的 9 个月，英国人一边舔舐伤口，一边总结教训。其间，舒贾遭人暗杀，舒贾众多儿子中的一个曾短暂称王，不过，最终还是逃往了印度。舒贾的一名卫士从王族中揪出一个小字辈，给他扣上了王冠。傀儡一上台，便向英国人发出邀请，并保证他们在阿富汗随时都会受到欢迎。那年秋天，波洛克将军和诺特将军率领的两支部队进入喀布尔，他们决心要在这座城市“留下一些难以磨灭的报复痕迹”。

经过仔细考虑之后，两位将军把任务交给了总工程师阿伯特。阿伯特接到的命令是摧毁喀布尔的商业中心大巴扎。根据命令，阿伯特要把整个集市付之一炬，但不能殃及附近的社区，也不能破坏国王和英军的驻所。他们只给阿伯特几天的时间来完成这项工作，任务紧急。阿伯特思来想去，发现除了火药和火柴，没有其他可行的办法。于是，一场大火殃及了周边的大片建筑。英军冲上大街，摧毁了他们所能破坏的一切。不少市民趁乱闹事，大肆哄抢，想要 56
发上一笔灾难财。这场灾难也成了另一些人暗中报仇的好机会。“那个疯狂的时候，灾难就像一双无情的手，它打倒敌人，却也害了朋友。”提起当年的惨祸，英国历史学家约翰·凯耶（John Kaye）如是说，这时距离火灾已有十年之久。不过，凯耶也表示：

想一想那些军人的愤怒与委屈，想一想他们的几千名兄弟和同胞在阿富汗边境惨遭杀害的经历，想一想我们遭受的羞辱以及敌人的各种暴行，那些军人实在无法忍耐，也无力控制自己的愤怒。罪孽的城市就在眼前，那些士兵怎么能够克制自己的情绪。那一刻，大家本就应该不管不顾地疯狂一把。[14]

大火吞噬了喀布尔的大片城区，毁掉了许多人的家园，也葬送了无数生命。而后，英国人降下巴拉希萨尔宫上空的米字旗，开始撤出这个地区。1842 年 10 月 11 日，英军全体撤离，也带走了他们扶植的王室残余——舒贾的子嗣与亲戚，也包括那位失明的泽曼。

回到印度，波洛克和诺特受到了英雄般的待遇。英印当局为他们的归来鸣放礼炮，随后又组织了盛大的游行。此时，奥克兰勋爵已经丢了官位，新总督根据《西姆拉宣言》签署了新的文件，解释了整个事情的来龙去脉：

此前，英印政府派军越过兴都库什山，驱逐了一位被认为敌视英国利益的阿富汗酋长，取而代之的是一位被认为尊重英国利益且深受人民爱戴的新领导人。[15]

这份文件没有明确是谁“声称”多斯特·穆罕默德敌视英国利益，也不清楚是谁“认为”舒贾深受爱戴。事实证明，结果正好相反。
57 多斯特·穆罕默德没有敌视英国，而舒贾根本不得民心。英国政府决定纠正错误，恢复多斯特·穆罕默德的王位。这则文件的结论是：

悖逆当地民意而干涉主权国家的内部事务，有违英国政府的一贯原则……阿富汗人民的任何选择，英印政府都乐意接受并予以承认。[16]

第6章

多斯特·穆罕默德的回归

伟大的多斯特·穆罕默德得胜回来了。他被囚印度期间，阿富汗人发起一场又一场抗争，打击了英国人——这是多斯特·穆罕默德所期待的。相形之下，多斯特·穆罕默德比英国人更胜一筹。如今，骄傲而不可战胜的人民，要用歌声与鲜花欢迎王者归来——嗯，至少在阿富汗的历史课本上，多斯特·穆罕默德就是这样光荣回归的。 59

当然，事实和课本的描述不太一样。回到阿富汗之前，多斯特·穆罕默德曾和英属印度总督有过一次会面，双方达成了一份协议。这份协议与舒贾签下的并无区别，这也是战前多斯特·穆罕默德一直渴望与英国人签署的协议。他承诺绝不允许俄国或波斯使者进入喀布尔，不与英国以外的任何国家打交道。如有第三方人员来到喀布尔向他发出诱惑，阿富汗国王将会第一时间向英印当局通风报信。[1]

多斯特·穆罕默德同意放弃对阿富汗五大城市中三个城市的所有权。他将以喀布尔为首都，统治喀布尔以北、阿姆河以南的区域（马扎里沙里夫纳入其统治范围），以及喀布尔以南贾拉拉巴德以外

的区域，但不包括白沙瓦。坎大哈和赫拉特则将作为自治省，由其
60 部族中的反对派进行统治。白沙瓦仍将留在锡克人的手中。可想而知，多斯特·穆罕默德为此肯定咬碎了牙齿。不过，他仍然接受了英国人的一切要求。

他为何如此大方呢？因为多斯特·穆罕默德的诸多让步，换来了英国人的一系列承诺。英方向多斯特大王保证：国王可以不受任何干涉地统治他的领地，英国不会派出任何特使。最重要的一点在于，多斯特·穆罕默德还能从英国方面获得一笔津贴。虽然给出了种种优惠，英国政府倒也不算战争的输家，他们得到了想要的一切：阿富汗作为缓冲国，将遏制沙俄的扩张势头；阿富汗一分为三，内部纷争将使其再无余力觊觎印度；失去了开伯尔山口以东平原上的白沙瓦，阿富汗人将很难染指英属印度的领土。

多斯特·穆罕默德的儿子瓦济尔·阿克巴·汗，如今已是阿富汗人心中的战神。英军撤离之后，喀布尔一直由他和几位部落首领负责驻防。一小撮部落首领请求阿克巴登基为王，他们无不认为，除了阿克巴，国内再无人选能够担此重任。不过，阿克巴拒绝了他们，他是孝子，而不是篡位者，让他废黜自己的父亲是不可想象的。的确，在历史上，儿子有时会废黜父亲，但这在阿富汗不常发生。阿克巴视父亲有如高山一样伟岸，这样的事不会发生。

在阿富汗历史学家霍巴尔（Ghobar）看来，当时的阿富汗统治者白白错失了一次收复失地的机遇。[2]英国人立足未稳，兰吉特·辛格也垂垂老矣，其统治下的人民为远离英国人的魔掌，倾向于和他们的阿富汗亲属结盟。一个真正的阿富汗民族主义者本可以建立一个强大的国家，恢复印度河沿岸从克什米尔到信德那些失落的故土，甚至如今的巴基斯坦的很大一部分也会是阿富汗的一部分。

显然，那些曾经击败英国势力的革命者，无一不想完成这样一份伟大的使命。他们需要领袖的一声令下，而领袖又对瓦济尔·阿克巴·汗寄予希望，但王子只会听从父亲的命令。

多斯特·穆罕默德重登王位后，很快把矛头指向了那些反抗英国的军阀势力。洛加尔省的阿明曾在抗英斗争中和阿克巴并肩作战， 61
而且他还曾将王冠献给阿克巴。多斯特·穆罕默德再度掌权后，阿明被捕下狱，他生命的最后 15 年，是在巴拉希萨尔城堡下的地牢之中度过的。[3]

战争中，穆罕默德·沙阿·吉尔扎伊（Mohammed Shah Ghilzai）的威名大震，英国人为之深深忌惮。穆罕默德·沙阿·吉尔扎伊在喀布尔拥有自己的领地，是一位有实力的领主。在战争结束后，多斯特·穆罕默德的手下袭击了他，他和家人被带到喀布尔东南山区的一个偏远地区，过着与世隔绝的流亡生活。

苏尔坦·穆罕默德（Sultan Mohammed）是另一位令人畏惧的战争首领，他被流放到坎大哈。不过，国王仍然不放心，这个危险的家伙似乎还没有撤到足够安全的地方。埃米尔命令苏尔坦·穆罕默德继续往西走，最终到达了伊朗。此后，他和多斯特大王再也没有见过面。但是，此人仍会在阿富汗的历史舞台上留下浓墨重彩的一笔。

就这样，在战争中得势的人一个接一个地遭到国王的罢免和驱逐。他们的领地被剥夺，官职被削去，有人被迫远走他乡，有人身陷囹圄，有人甚至不幸丧命。国王虽然放弃了坎大哈、赫拉特和白沙瓦，但是，在他能够控制的领地里，已经没人能向他发起挑战。

毫无疑问，多斯特·穆罕默德是一个伟大的人物，如果时势需要他拿起武器，他也能够勇敢投入战斗。但是，他并不擅长战争，他擅用政治手腕——在这方面，他是个才华横溢、冷血的现实主义者。当年，英军还未开到喀布尔，他便已经匆匆出逃。那不是因为他是懦弱怯战之辈，而是因为他是一个精明的幸存者。留得青山在，不怕没柴烧——这是他一贯的信仰。如今，他已重掌国政，虽然地盘大为缩水，但他欣然接受。他并不喜欢山河破碎的感觉，只是暂时忍受现状，他认为等待时机是最好的选择。

如此一来，多斯特·穆罕默德又该如何治理手下的这片领土呢？那个时候，他仍是个部落领袖，而非现代意义上的国家统治者。他缺乏议会的辅佐，也没有内阁可以分担职责，甚至无法向大臣问政求计。政府日常工作主要掌握在一个叫作阿加西的副手手中，此人承担着仆人和首相的双重角色，就如欧洲君主政体中的知名人物张伯伦。[4]

话又说回来，多斯特大王也不需要那么多的官吏，因为他的朝
62 廷职权有限，没有太多的管理工作。现代政府的诸多职责或提供的服务，当时的多斯特·穆罕默德完全无须挂心。

例如，朝廷没有警察部队，地方安全保障由部落与村社负责；朝廷也不用兴办教育，教书育人由伊斯兰神职人员中最低级别的毛拉负责，而培训和任命毛拉与政府无关。有人可能以为，毛拉是自发产生的。在大多数情况下，那些想要成为毛拉的男孩从毛拉那里学会了阅读，得到了宗教上的指点，并帮助毛拉或者伊玛目处理一些琐碎事务，比如打扫清真寺、给蓄水池加水等。当他们渐渐地得到伊玛目的赏识，会负责做更重要的事。直到有一天，有人需要一个毛拉，而年长的毛拉分不开身，才会让自己的学徒去代替，久而久之，学徒就正式成为毛拉了。

除了国王和官吏的个人判决外，这里也没有像样的世俗法庭。

非宗教人士之中，唯有国王及其重臣拥有审判权。支尔格会议可以帮助裁决地方上的纠纷，其中的成员大多是当地的乡绅和头人。有些不涉及社区的个人纠纷可以支付一笔费用请毛拉来论断。乡村之外，法律掌握在高级神职人员手中，他们依据沙里亚法作出裁决。这些法官不需要政府的批准，他们普遍由自治的宗教机构选出，并受其管理和控制。他们的资质不由朝廷审定，教士制度完全建立在民间的土壤之中。每一步晋级，朝廷方面都无从置喙。

当然，国王要负责抵御外侮。中亚草原上的游牧势力常常南下劫掠，西方的波斯军队也是个严重的威胁。国王确实提供了一些安全保障，如驱逐盗匪，保证商路安全，镇压可能引发战争的反叛。政府还督促市场执行严格的度量衡标准，在城市颁布了一些法律，国王的军队还拥有国内重大事件的最终裁决权。

军队是国王的力量来源，有了军队，他才能向地方征收税款。
征收所得，大部分用于维持王室生活和军费开支。其中，修筑桥梁 63
道路、采买军需物资、整修神殿与新建清真寺，都是增加国王威信的必要举措。由此而来的浩大工程自然需要征调大量的民夫，不过，大多数阿富汗人都任劳任怨。约翰·肯尼迪总统一定非常羡慕多斯特·穆罕默德，因为多斯特大王的臣下从来不问国王能为自己做些什么，而总是为了国王倾其所有。

国王需要每个行省有一名忠诚的总督，以确保没有人反抗王权。在多斯特·穆罕默德统治第一个时期，也就是英国入侵之前，他任命他的兄弟作为各省总督。不过，事实证明，兄弟之情并不可靠。再度掌权之后，他转而相信自己的儿子们。普什图人有句谚语：“在部落里，你最好有个大家族；在家族之中，你最好能有很多兄弟；在兄弟之间，你最好能有很多儿子。”多斯特·穆罕默德也许并非人丁最为兴旺的那一个，但是，他绝对是个竞争者，14 房妻室给他诞下了 56 个孩子（100 年后，他的直系后代已经多达 7000 余人）。[5]

多斯特·穆罕默德在世时，已经子孙满堂。众多的子嗣，正好可以占据重要的职位。他的长子是巴达赫尚省总督，次子则负责巴尔赫省的大小事务，哈扎拉贾特等地的要职，也一一派给其他儿子，每个儿子都担起了一份守土之责。为了维持境内的安全与稳定，他们必须组建军队；为了给旗下的将士提供薪饷，各位王子拥有征税的权力。因此，每一位总督都近乎是半独立的藩王。但是，多斯特·穆罕默德知道如何管住他的儿子们，让他们对自己俯首帖耳。同时，国王还要一边仔细应承英国人，一边小心翼翼地与沙俄周旋。外国势力对其统治施加的限制，他不得不接受。不过，他可以对他的儿子们行使绝对的权力。[6]阿富汗与其说是一个国家，不如说是一个家族企业；与其说是穆罕默德扎伊家族统治着这个国家，不如说他们才是这个国家的所有者。

诸多王子之中，唯有一人未获封地。其实，此人才是王子之中的翘楚，他声名显赫、英勇无畏、深孚众望，他就是阿克巴·汗。
64 多斯特·穆罕默德把他立为王储，并让他留在了自己身边。阿克巴十分精明能干，做一省总督实在有些大材小用。多斯特·穆罕默德需要阿克巴在身边提供有关国家事务的建议，而且，阿克巴既有名望，又具帅才，能帮助国王指挥战役。

瓦齐尔·阿克巴·汗确实胸怀大志，他一心想要收复白沙瓦。而后，他还将以此为起点，把整个信德地区纳入版图，更不用说克什米尔了。总之，年轻的王储想要重现艾哈迈德·沙阿的帝国荣光。不过，英国人不会让他达成愿望。按照英国人的打算，白沙瓦将永远与阿富汗分离。多斯特·穆罕默德不会违背他与英国人签署的协议，所以儿子的志愿，自然不是父亲的打算。

一次，喀布尔南部某省发生部落起义，阿克巴受命前往平定。没想到，王储一到城外，叛军便打开城门，向他表示热烈欢迎。他们说："我们并没有背叛您，也没有背叛您的父亲。我们只想夺回白沙瓦！带我们去战斗吧！"[7]

阿克巴写信给他父亲，请求他重新考虑。他告诉国王，人们想要战争。"请您下令作战吧！"阿克巴向多斯特·穆罕默德请愿。

阿克巴的请求，被多斯特·穆罕默德严词驳回，他要求阿克巴立即班师回朝，北方的一个重要任务，需要阿克巴前去执行。于是，忠诚的阿克巴遵循王命，赶往北方的巴尔赫省。途中，王子突然一病不起，可能是疟疾。为了救治儿子，国王特地派出了自己的御医。这位来自印度的医生专门研究"希腊医学"。该学派认为，疾病都是空气、土、火、水四大元素不调之故，可以通过泻药、膏剂、草药和放血疗法，帮助病人祛除病灶、恢复平衡。御医用一种通常有毒的草药治疗阿克巴。很不幸，毒药就是毒药，医生只能表示遗憾。看来，真主对于王子的命运已有安排。就这样，阿克巴死在了路上，死因并非疾病本身，而是他接受的治疗。他的尸体被安葬在了马扎里沙里夫。多斯特·穆罕默德虽然痛失爱子，但自此之后，却无须担心阿克巴抢班夺权了。

阿克巴的死，并未削弱埃米尔的政府，毕竟多斯特·穆罕默德膝下的儿子比他治下的行省还要多。那个时候阿富汗的"行省"和 65
阿富汗这个"国家"一样，并不具备完全的现代意义。阿富汗的国家边界十分模糊，行省与行省之间的区隔也并非那么清楚。不过，也有一些不同的区域。阿富汗中部的高地被称作哈扎拉贾特，因这里的主要居民是蒙古裔的哈扎拉人而得名"哈扎拉人的土地"。再往北的巴尔赫省曾在阿富汗最古老的城市巴尔赫的统治下，13 世纪时被蒙古大军摧毁。此外，巴达赫尚、迈马纳、卡塔干、卢格尔、楠格哈尔等地，也由于这样或那样的原因登记为地理上的不同地区。为方便起见，我把它们称作“行省”。

1855 年，坎大哈与赫尔曼德自治区的 14 名封建领主引发了一场纷争，其实，他们都是亲戚关系，因此，所有人在坎大哈都有亲人。每个人都在觊觎着别人的土地，并由此开启了一场争执不下的战争。但战争终归未能解决问题。交战的领主们召开了支尔格大会，试图议定和平方案，但会谈无果。看来，他们需要一只强有力的手腕才行。于是，14 名领主联名上书多斯特·穆罕默德，他们表示，倘若多斯特·穆罕默德能够保证他们的财产权，维护和平，就接受他为他们的国王。虽然和英国人有约在先，绝不攻击坎大哈，但这并不是攻击，而是受到了邀请。多斯特·穆罕默德欣然接受了各位领主的请愿。就这样，多斯特·穆罕默德在不违反与英国协议的情况下，收复了他放弃的三大城市之一。[8]

1857 年，一伙印度士兵把枪口对准了英国军官，反对英国统治的印度民族大起义爆发。多斯特·穆罕默德的诸位大臣立即劝他出兵白沙瓦，他们觉得收复故土的时机就在当下，毕竟兰吉特·辛格刚刚去世，锡克人的势力趋于衰微，英国人则自顾不暇。不过，国王拒绝背弃与英国人的和约。虽然他也认为时机已到，却坚决不愿出兵白沙瓦。在那个时代的阿富汗人之中，大概只有多斯特·穆罕
66 默德认清了事实：兴兵白沙瓦就是枉费血汗和金钱。虽然英国势力无力染指开伯尔山口以西的土地，但是，到了开伯尔以东的平原，他们的优势实在明显。哪怕阿富汗能获得一时的胜利，控制白沙瓦，但英国人一旦平定印度民族大起义，就会立即展开反击，夺回白沙

瓦。对于阿富汗国王而言，按兵不动反倒是一张王牌。只要他摆出隐忍的姿态，英国人反而会时刻有所忌惮。多斯特·穆罕默德趁着印度民族大起义的当口，和英国方面展开秘密谈判。国王承诺不会出兵白沙瓦，但是英国人必须允许他有一天武力夺回赫拉特。困境中的英国人接受了他的条件，心满意足的多斯特·穆罕默德把协议放进口袋里，等待“有朝一日”的到来。

1861 年，15 年前被多斯特·穆罕默德流放伊朗的苏尔坦·穆罕默德率领军队杀回了赫拉特。苏尔坦宣称，自己比多斯特·穆罕默德更有资格成为阿富汗国王。对此，他很有底气。毕竟他已经认定，伊朗是他的后盾，沙俄也默许了他的野心，而且，苏尔坦认为英国人定然不会纵容多斯特·穆罕默德发兵赫拉特，自己这次应该是胜券在握的。

苏尔坦·穆罕默德并不知道多斯特大王与英国人之间的密约，其中的游戏规则已经改变。当多斯特·穆罕默德的军队开进赫拉特时，英国人并未进行阻止。事实上，英国人有足够的力量阻止伊朗政府“干涉阿富汗内政”。俄国方面对于苏尔坦的默许，并没能落实到金钱与武器方面。事实证明，这只是空谈。就这样，苏尔坦·穆罕默德反而成了孤家寡人。

1862 年，多斯特·穆罕默德的军队包围赫拉特城，围城行动一直持续到第二年。其实，交战双方亲缘深厚（这种现象在阿富汗内战中并不鲜见），苏尔坦·穆罕默德是国王的女婿，围城期间，他的夫人，也就是多斯特大王的千金不幸离世。双方的敌对行动一时间都停止了，以便两人都能参加葬礼。[9] 多斯特·穆罕默德离城而去后，围城行动继续。

最终，苏尔坦·穆罕默德死于压力和痛苦，多斯特大王终于夺回赫拉特。4月的那一天，当他骑着马穿过城门时，他一定是志得意满。回首往事，他一定感到兴奋又害怕。他是21个兄弟中最小的一个，可谓前途黯淡，他在内战中一步步上升到主宰地位，结果却把他的国家输给了英国人。之后，他又死而复生般地回来了，开始苦心经营，一点一点地重建他的王国。

67 多斯特·穆罕默德的一生征程就这样走到了终点，他的任务完成得还算圆满，现代阿富汗的疆域和边界得到奠定。他是这片领土上每一个人的国王，从最卑微的农民到强大的可汗。要不是痛失白沙瓦，他本可以安度晚年。重新夺回赫拉特之后，他很快就一病不起。6个星期后，70岁的多斯特大王与世长辞。

第 7 章
短暂的黄金岁月

阿富汗的大部分君主，都没能和平顺利地将手中的权力交接给继任者。多斯特·穆罕默德与先辈不同的是，他培养了一个接班人。他死之前，将自己的第三个儿子希尔·阿里（Sher Ali）立为王储，并让他参与对赫拉特的围攻。当这位伟人去世时，希尔·阿里守在了父亲的病榻前。而后，他被拥立为王。不过，为了确立自己的地位，希尔·阿里又和自己的兄弟们鏖战了整整 9 年。其间，他一度差点失去王位。最终，他获得了权力，局势得到稳定。希尔·阿里继承父亲的遗志，试图建立一个不受外国势力干涉的中央集权的大一统国家。 69

1863 年，希尔·阿里初登大宝的时候，一个引人注目的人物在他的宫廷中工作，这是一个神秘、雄辩、机智的人，名叫贾马鲁丁·阿富汗尼（Jamaluddin-i-Afghan）。很难清楚界定他的身份，教师？演说家？政治哲学家？改革派？革命者？他确实教书、演讲、阐述政治理论，并激励了伊斯兰世界的革命运动。但是，他从未著书立说，没有创立过系统的哲学，没有建立过学校、政党，他的目标也并非始终如一。在封建的阿富汗，他寻求一个强大的中央政府。

在拥有强大中央政府的土耳其和伊朗，他敦促民众推翻集权统治。在埃及和印度一类的欧洲殖民地，他提倡民族主义。在北非，欧洲
70 人任意将其划分为毫无意义的国家单位，贾马鲁丁呼吁以泛伊斯兰统一体取代民族主义。中亚的突厥斯坦被俄国人分成不同的国家，贾马鲁丁在这里的主张和北非相似。

其实，贾马鲁丁家族是王室的远房亲戚。其家族在喀布尔东北部的山区小城阿萨达巴德（Asadabad）拥有土地，但由于一些争议，他们被迫在伊朗流亡了一段时间。[1]他们在伊朗的定居点也叫阿萨达巴德，因此，一些伊朗人至今还觉得，这家人自称“来自阿富汗的贾马鲁丁”，其实是在掩盖身份。实际上，他们都是如假包换的伊朗人，甚至以逊尼派穆斯林身份掩盖自己真正的什叶派身份。无论真相如何，贾马鲁丁的事业始于喀布尔，他出任多斯特·穆罕默德诸位王子的宫廷教师，其中一位学生就是希尔·阿里。

希尔·阿里即位后不久，贾马鲁丁来到国王身边，呈上了一份详细的计划。这是一份旨在帮助阿富汗实现现代化，成为世界强国的计划。不久之后，贾马鲁丁不告而别，离开了阿富汗。贾马鲁丁之后的人生都在伊斯兰世界奔走，他一边救济穷人，一边打击既得利益阶层。有生之年，他没再重返故土，直到逝世后很多年，祖国迎回了他的遗体，被安葬在喀布尔大学的校园里。

贾马鲁丁的强国计划，直到希尔·阿里击败所有兄弟后，方才着手实施。这时，已经到了 1868 年。希尔·阿里播下的种子，会成长为另一个阿富汗，终有一天，它会和传统社会形成掎角之势。

希尔·阿里的首要任务是建立邮政系统。喀布尔是全国的邮政中心，在主要省级城镇设立分支机构。从理论上讲，任何两个阿富汗人之间都可以通信。当然，前提是他们都得身居主要城镇，而

且必须识文断字。一封邮件可能要历经数月才能抵达，不过，希 71
尔・阿里的尝试，代表着阿富汗迈出了重要的一步，邮政网络让阿富汗朝着统一国家的方向迈进。

新国王对税法也作了一番改革，改善了私营企业的环境。新法允许商人投资商业和工业企业，这使得少数人能通过商业头脑而不是土地所有权获得财富和权力。这无疑将会瓦解封建社会的生存根基。

以前的国王没有内阁，他们的股肱重臣通常由王亲国戚担任。希尔・阿里组建了一个正式的政府，内阁成员包括首相、财政大臣、宫廷侍卫长及负责外交、内政和军事的专门官员。后宫的意见决定了内阁的人选，其中，希尔・阿里的妻子密尔蒙・阿伊莎（Mirmon Ayesha）的看法最为重要。[2]同时，国王还邀请12位学者组成咨议机构，研究政府和国家面临的问题，并向国王提出有效建议。这项改革促进了一个阶层的诞生，即日后所谓的技术官僚，他们正是在此时登上了阿富汗的历史舞台。

在希尔・阿里统治期间，支尔格大会成了常设机构，这大概可以被视为阿富汗议会的雏形，尽管它的职能纯粹是咨询性的。阿富汗的第一届议会始于1865年，由来自全国各地的2000多名代表组成。会上，希尔・阿里抛出的第一个问题关乎他一位谋反的兄长，国王想知道应当如何处理。“镇压！镇压！”随着全场激昂的高喊声，希尔・阿里决定发兵坎大哈。最终，他在战场上击败了自己的兄弟。[3]

这表明他是一位勇者，但你不会从照片中看出这一点。当时，照相技术刚刚诞生，希尔・阿里成了第一位留下照片的阿富汗国王。他看起来性格沉稳，蓄着浓密的胡子，嘴唇噘起，鼻子弯曲，一双沉思的眼睛看上去有些忧郁。他的头上戴着一顶卡拉库尔羊皮帽，像倒置的蜂窝，但看起来比听起来更时尚。

希尔·阿里的形象在东欧拥挤的钟表铺里不会显得格格不入，如果不当国王，希尔·阿里也许会和机器或者其他设备相伴一生。的确，在10年黄金期间，他设法克服困难，进口了不少工具和机器，并在他的宫殿里摆弄这些设备。巴拉希萨尔宫里有一台平板印刷机，
72 国王借此办起了阿富汗的第一份报纸。这是一份16页的小报，名为《太阳报》。他感兴趣的主题，特别是军事问题，会印刷成册，分发给手下的军官。[4]

希尔·阿里有一支常备军，约5.6万人。[5]他认为士兵就该像照片中西方军队的样子。因此，他无法容忍士兵继续穿着各自的衣服上阵打仗。灯笼裤与头巾被一律禁止，国王为他的士兵设计并颁发制服，要求全体官兵统一穿戴。唯有如此，大家才能整齐划一，看起来像欧洲国家的军队。因此，这支在首都效力国王的部队和过去为国王效力的部落武装是不同的。不过，部落武装仍然存在，他们不是职业兵，他们只有在国家需要的时候才会拿起武器投入战斗。国家现在有了两支武装力量：一支是政府的，一支是人民的（或者简单地说，是人民）。

此前，已有好些阿富汗人去印度参加英国军队。希尔·阿里吸引一些人回来训练他的军队，教他们如何列队行进、使用武器、指挥战斗及其他项目的演习。希尔·阿里还开办了阿富汗第一批军工厂。如此一来，终有一天他能摆脱对国外武器的依赖。

国王甚至认为，如果阿富汗再次遭到大国干涉，他可以凭借一己之力进行有力还击。希尔·阿里命令军队不得在城市驻扎，实行军民分离政策，因为军民混住容易造成摩擦（有时双方甚至会大打出手）。为此，国王在喀布尔北部建造了一座全新的军事城市，叫舍

普尔（Sherpoor），专供军人居住。这个项目在 5 年内征调了 6000 名劳工、1000 名木匠和无数的能工巧匠。[6]不过，这座城市并未完工，因为到了 19 世纪 70 年代，一度沉寂的外部势力又开始蠢蠢欲动，英、俄又开始制造麻烦，这些麻烦让阿富汗故事这一简短篇章画上了句号，阿富汗平静的黄金岁月也走到了尽头。

第 8 章

第二次英阿战争

73 1878 年，欧洲列强之间的斗争进入了新的阶段。普鲁士国王威廉一世在“铁血宰相”俾斯麦的辅佐下，将中欧的德语邦国合并组成了统一的国家。这个新兴的民族国家介入了英、法、俄三国旷日持久的争霸局面。俾斯麦宣称：当代的重大问题不是通过演说，而是要用铁和血来解决。俾斯麦的目标直指法国，法国总统路易·拿破仑三世那打过蜡的胡须两边飞翘，一直延伸到两颊。他那滔滔不绝的吹嘘在铁血政策前将变得不堪一击。

确实如此。俾斯麦要弄手腕，引诱法军主动开战。普鲁士军队突破边境，轻松瓦解了法国人的防线。而后，他又通过和约，攫取了阿尔萨斯和洛林。这两个地区盛产铁矿石，对工业发展具有重要价值，德国由此跻身世界强国之列。俾斯麦和威廉二世开始环顾世界，寻找海外殖民地。

然而，法国战败让英国迎来了进一步扩展的契机。当时，英国占领了全球 23% 的土地，算上殖民地人口，世界上 1/4 的人口都是大英帝国的臣民。[1]英国本土仅有世界 2% 的人口，但其工业产值
74 却达到全球总产值的 45%。当时，英国消耗的能源是美国的 5 倍，

俄罗斯的155倍。[2]大英帝国的国力让历史上任何一个大国都相形见绌。不过，崛起的德国却可能动摇英国的全球霸主地位。

德国的崛起也让沙俄大惊失色。当时的沙俄虽然领土广阔，却落后原始，没有现成的港口，因此，沙俄在全球争夺殖民地的浪潮中步履蹒跚。20年前，沙俄在克里米亚战争中遭遇惨败。随后的条约阻止了沙俄对日益衰落的奥斯曼帝国的扩张，削弱了沙俄海军在黑海的军事存在。如今，俄国人试图卷土重来。黑海上的港口正在重建，如果不能进入巴尔干半岛，那么沙俄将沿着传统方向向东扩张。奥斯曼帝国行将灭亡，欧洲列强虎视眈眈，都想从中分得一杯羹。在地中海东岸的黎凡特（Levant），欧洲列强之间的争夺被称作“东方问题”；在高加索以东的中亚地区，“大博弈”再次上演。

1865年，沙俄军队占领塔什干。两年之后，古城布哈拉也落入俄军之手。次年，他们的势力进一步拓展到撒马尔罕。1873年，希瓦汗国被迫接受沙俄“保护”。这是帝国主义扩张的委婉说辞。三年后，随着浩罕汗国沦为“保护国”，沙俄的势力已经扩张到阿姆河沿岸地区。如今，雄心勃勃的沙俄和虎视眈眈的英国之间，仅有阿富汗这一缓冲带。作为一个小国，这样的地缘环境真是糟糕。

希尔·阿里在阿富汗的统治稳定下来的同时，威廉·格拉德斯通（William Gladstone）率领的自由党在英国执政。自由党实行重商主义政策，这一点和19世纪的美国共和党颇为相近。他们对可能导致动荡的海外冒险保持警惕，因为那可能危及英国的商业利益。至于殖民地事务，自由党人秉持“得过且过、维持现状”的原则。在奥克兰之后的几十年，一个含糊不清、自治的阿富汗在很好地服务于英国的利益。因此，格拉德斯通认为维持现状是最好的。他的印度总督诺斯布鲁克勋爵（Lord Northbrook）和首相意见一致。

75 不过，1874年的选举让英国政坛变了天。以本杰明·迪斯雷利（Benjamin Disraeli）为首的保守党获得胜利上台组阁。作为上流社会的代言人，保守党以大英帝国和女王的荣耀为名，大肆鼓吹海外军事冒险，以扩大他们在工人中的影响力，争取更多选票。迪斯雷利政府用利顿勋爵（Lord Lytton）取代了诺斯布鲁克。和奥克兰一样，利顿勋爵也是“前进政策”的坚决拥护者。

迪斯雷利政府认为，一个自命中立的缓冲国居于印度河和乌浒河之间，似乎还不足以抵御俄国的威胁。希尔·阿里的态度尤其让他们难以心安。他们怀疑，到了紧要关头，希尔·阿里能否阻止俄国人进入他们的国家，毕竟沙皇看起来咄咄逼人。于是，迪斯雷利政府决心在沙俄将阿富汗变成其另一个“保护国”之前，把阿富汗牢牢控制在手中。“前进政策”的新篇章始于英国人干涉阿富汗的王位继承人问题。当时，希尔·阿里已经指定阿卜杜拉（Abdullah）作为王储。另一个儿子亚库布（Yaqub）曾经造反作乱，自然不受希尔·阿里的待见。国王不但讨厌亚库布，甚至还把他囚禁了起来。

当希尔·阿里收到利顿勋爵命令他废黜阿卜杜拉、改立亚库布的信时，可想而知希尔·阿里当时的沮丧。英国人为何钟情亚库布？信中并未明确。也许，他们曾和亚库布有过私下接触，王子的谈吐和思想让英方觉得孺子可教。

这封信还警告希尔·阿里，千万不要指望俄国人的帮助，正如利顿勋爵在信中所说：“在俄国的军队到来之前，我们会向你的国家投入一支军队。”信中还说，如果国王是友好的，英国会对他进行保护。如若不然，英方可以“轻而易举”地推翻其统治。[3] 信的结尾，利顿告知希尔·阿里，一位特使将前来与国王商谈相关事宜。

希尔·阿里自然不会待见英国人颐指气使的态度，这叫他忍无可忍。无忧无虑的黄金时代，看来已经过去。过了一段时间，他才回信告诉英国人，他更愿意自己决定接班人问题，而且不打算接待英国特使，相反，他将派使者到加尔各答，双方可以就任何问题展开协商。

当希尔·阿里的特使到达加尔各答，得到的并不是一场谈判，而是英方列出的诸多条款：英国特使长驻喀布尔，由英国控制阿富 76
汗边境；英国公民可以在阿富汗境内自由来去，受英国法律保护，而不受阿富汗的法律约束；英国商人可以在阿富汗境内自由贸易。希尔·阿里若能答应如上条件，英方就允许其自行选定王储。而且，英国政府还给他和他的继承人一笔丰厚补贴，并向阿富汗提供抵抗沙俄势力所需的顾问和军事援助。

英国人开出的条件，叫国王大为恼怒。希尔·阿里可不像多斯特·穆罕默德那般圆滑，他立即口述了一封回信，大意如下："不！我会坚决捍卫阿富汗的主权，哪怕流干最后一滴血也在所不惜。"不幸的是，沙皇俄国正在阿富汗北部集结，就在希尔·阿里告诉英国人不能进入阿富汗的时候，一个俄国外交"代表团"却径自跨过阿姆河向着喀布尔进发。希尔·阿里频繁警告对方立即停止前进，打道回府。俄国人却对此置若罔闻。他们不但进了城，还在那里住了下来，甚至进宫面见了希尔·阿里。俄国人说，"我们是来交朋友的"。

那个时候，国王正在经历一场家庭变故——他最喜爱的儿子、心爱的王储阿卜杜拉因病不幸身亡，王室都沉浸在悲痛之中。希尔·阿里一向看重亲情，爱子故去，让他备受打击。他独自一人待在宫中舔舐伤口，丢下朝政完全不理。有人再次见到国王时，发现他眼圈红肿，显然是刚刚哭过好几场。这时，利顿勋爵的又一封书信递到国王手中，他希望希尔·阿里做好接待驻喀布尔英国使团的准备。国王下令阻止英国人入境。于是，当一小队英国外交官及护卫队抵达阿富汗边境时，边境指挥官却对他们下了逐客令。“我只是看在以往的情分上，才对你们如此客气。否则，我会立即杀了你们。”[4]

虽然英国使团遇阻返回，但希尔·阿里此举让他们怒不可遏。很快，利顿勋爵就向国王发来了问罪信，希望希尔·阿里道歉。可是，对方只是装聋作哑，没有回信。利顿便集结了军队准备开展行动。第一次英阿战争期间，英印当局曾经派出 2.5 万人赴阿参战。那
77 次战事给了英国人一个深刻教训：区区一支孤军，不足以奠定胜局。于是，他们召集了三支部队，规模是第一次英阿战争投入人数的 3 倍。

此时的希尔·阿里感到痛苦不堪。俄国人不请自来，英国人再次入侵，王储不幸离他而去，除了亚库布这个可恨的逆子，他无人可以托付王位，希尔·阿里决定投靠俄国人。但前往沙俄面见沙皇之前，他得先释放亚库布，并将国家托付与他。对此，希尔·阿里别无选择。英国人一路攻城略地，已经开进开伯尔山口、波伦山口、库拉姆山谷，虽然阿富汗军队在三个地方都抵挡住了，但不知能坚持多久。

希尔·阿里来到阿姆河边，沙俄却不允许他入境，毕竟大国关系远比阿富汗这个国家来得重要。沙皇掂量再三，觉得这并不是正面对抗英国的最佳时机。于是，沙皇无视希尔·阿里的请求，任凭他被围困在阿富汗。可怜的希尔·阿里当即便一病不起。他发起了高烧，不吃不喝。医生劝他补充能量，他完全置之不理。逃亡中，他受了腿伤，却又拒绝接受任何治疗。伤口日趋恶化，国王却只想听之任之。几周以后，亲切和蔼的希尔·阿里国王在凄惨中走到了

生命的尽头。当时，他只有 54 岁。

亚库布成了阿富汗的埃米尔。他的行为有力地表明，问题已经得到解决。亚库布要求军队放弃抵抗，让英国人和平地进入阿富汗。他自己则前往南部小镇甘达马克。在这里，他和英国代表签署了“友好条约”，即《甘达马克条约》。条约确认割让东部和东南部领土给英国，并接受英国使团长驻喀布尔。英国人想让希尔·阿里答应的种种条件，都在他儿子的手中实现了。

很快，一个英国“外交”使团动身前往喀布尔，为首的特使名叫内维尔·张伯伦（Neville Chamberlain）。他是在 20 世纪 30 年代担任英国首相，与希特勒签订臭名昭著的《慕尼黑协议》的张伯伦
首相的先祖。与张伯伦同行的是英国派驻阿富汗的全权政治代表路 78
易·拿破仑·卡瓦格纳里（Louis Napoleon Cavagnari）。他有法国、爱尔兰和意大利的血统，是大英帝国的忠臣。卡瓦格纳里蓄着浓密的胡须，看上去颇有学者气质，但也有一种自命不凡的傲慢，让人想起与他同名的法国总统。此前，卡瓦格纳里参与过多次外交斡旋，因此，他自觉拥有足够的能力去对付普什图人，并吹嘘自己了解他们。卡瓦格纳里认为，如果软硬兼施，普什图人是可以被控制的。如果对方变得好斗，那么就必须对他们展现英方坚定不移的军事勇气，因为这是最能让普什图人折服的。卡瓦格纳里自信，他的勇气足以折服所有普什图人。

约翰·劳伦斯拥有丰富的外交经验，当他得知卡瓦格纳里的使命和他那番夸夸其谈的吹嘘时，他说：“他们都将被杀死。”[5]

卡瓦格纳里一行骑着大象进入喀布尔城，他们坐在镀金的象轿里，向街道两边的民众挥手致意，好像他们是受到邀请来到这里的。不过，阿富汗人没有任何回应。为了营造节日气氛，安抚臣民，亚

库布表示，为庆祝英国贵客到来，朝廷将减税，而且一次性补齐军队的欠饷。不过，民愤依旧，只要国王的承诺没有兑现，他们就不会相信。

巴拉希萨尔宫脚下的一片区域，成了卡瓦格纳里等人的落脚点。就像40年前被证明是站不住脚的营地一样，这个大院的一侧是高山，敌人可以从那里直接向院子里射击。不过，卡瓦格纳里等人毫不在意，他们觉得这一次自己并非不请而来，因此无须考虑安全问题。

当然，如果国王愿意兑现承诺，阿富汗人民倒也乐意热情迎客。亚库布表现得尤为热情。卡瓦格纳里等人日复一日地受到邀请，前往巴拉希萨尔宫和王室成员、大臣一起宴饮。国王的一众亲属、朝臣也都敞开大门邀请英国客人前往做客。卡瓦格纳里的一名部下在写给家人的信中表示，国王坚持动用公帑为我们的军队支付薪饷，
79 就连我们的马匹也得到了国王的照顾。国王真是个好人。他又小心补充道："但是，他的臣民可就没那么热情了。显然，一般百姓还不适应我们的存在。"[6]

与此同时，亚库布和他的军队闹起了矛盾。朝廷一直拖欠薪饷，军人为此很是不满。要知道，国王可是有言在先，表示要为军队补发薪饷的。亚库布说目前资金不足，大家应当耐心一些，但是，朝廷明明又能拿出大把金钱，去博得英国人的欢心和愉悦。流言蜚语很快传遍了军营。后来，不只是士兵，一般百姓也受到感染，对国王和英国客人怨声载道。不过，卡瓦格纳里并不在意，毕竟他自认为很了解普什图人，他说"会吠的狗不咬人！"[7]

亚库布的民望确实不高。这一点，卡瓦格纳里也看在眼里。为此，他有些忧心。不过，从另一方面来说，这会是件好事，他向加尔各答的上级保证，一个弱势的国王将无法号召人民为其效命。如

此一来，他更会一心一意遵守与英国的约定。

1879 年 9 月 2 日，卡瓦格纳里致信英印当局：“喀布尔大使馆一切顺利。”[8] 这样的字句仿佛带有不祥之兆。38 年前，麦克纳顿写给印度友人的信中宣称，“从丹（Dan）到比尔示巴（Beersheba）一切安宁”。几个月后，麦克纳顿便身首异处了。卡瓦格纳里更在写信的第二天就丢了性命。

当时，阿富汗军队的欠饷问题已经迫在眉睫。一位阿富汗将军告诉士兵去和卡瓦格纳里谈欠饷问题，因为“他有很多钱”。于是，部队浩浩荡荡地奔往英国使团的驻地。驻地大门并未向他们敞开，他们便强行闯了进去。在那里，他们开始大肆掠夺，马匹、马鞍和一切其他能得手的东西，都成了抢掠的战利品。如果没能得到现金，就用实物相抵。后来，数以千计的平民也加入了抢劫的队伍。对于英国人，喀布尔的百姓积怨久矣。这一次，他们正好可以发泄情绪。

没办法，卡瓦格纳里只得向国王求援。他想提醒对方，首都正在发生严重骚乱，他必须有所作为。可是，亚库布也是抓耳挠腮、心绪烦乱，他一边流泪，一边告诉英国来使：为了阻止骚乱，他已经做出最大的努力。可是，单凭他一人，又怎能阻拦汹汹的闹事人群呢？

自知援兵无望到来，卡瓦格纳里只得爬上驻地的房顶，向围拢 80
而来的人群施压。他觉得自己的冷静和勇气，也许能够换来普什图人的畏惧，毕竟对方一向赞赏英勇的品质。可是，阿富汗人全然没有理会。卡瓦格纳里命令部队开火。此举真是大错特错，起义人数实在太多，他们将英国人围困在里面，无处可逃。英国的外交官和军队虽然奋勇作战，但终究是徒劳。几个小时后，阿富汗人就把他们都消灭了。

根据英国历史学家莫德·戴弗（Maud Diver）①和其他人的说法，英国人以惊人的勇气战斗到了最后一刻，但仍然无一生还。当然，笔者也不知道这个消息是如何走漏的。英国人的遭遇传进王宫，亚库布的毛拉当即感到不寒而栗。整个城市瞬间笼罩在巨大的阴影中。“那时，我就知道，英国人的部队已经在路上了。”[9]

没错，英国军队已经开拔阿富汗。此前阿富汗人曾经与之交手的三支武装，如今又开进了昔日的战场。由于亚库布早前的步步退让，其中一支英军离开驻地之后，很快就逼近了喀布尔。军队的首领弗雷德里克·罗伯茨（Frederick Roberts）来自爱尔兰，他体形清瘦，留着一脸大胡子，总是一脸坚毅强硬的表情，冷冷的目光叫人不寒而栗。罗伯茨治军严格，自律不辍。正因如此，他赢得了部下的忠诚，他们亲切地称之为“鲍勃斯”（Bobs）。

很快，鲍勃斯的威名再次因为他英雄般的表现得到了同伴们的称赞。鲍勃斯率军赶到时，大批部落武装已经集结在喀布尔近郊，对首都形成拱卫之势。罗伯茨轻松突破防线，冲进了喀布尔，并很快控制了这座城市。

于是，出现了一个棘手的问题，如何处置亚库布？他还能继续担任一国之君吗？不少人认为，当年国王一边与英国人达成协议，一边又和各地的酋长密谋，卡瓦格纳里的死和他脱不了干系。那么，英国人是否就此认为他是个“坏傀儡”，并顺道终结他的政治生命呢？毕竟，一个“坏傀儡”似乎完全没有存在的意义。

亚库布倒是及时把握住了自己的命运。他来到罗伯茨面前，请求免去他的国王职位：“您也看到了，我的这些子民，有谁能辖制他

① 莫德·戴弗（1867—1945）：英属印度作家，著有著名传记《赫拉特英雄：边境传奇》。

们？我情愿在英军驻地割草，也不愿做阿富汗的埃米尔了。”[10]就这样，亚库布得到了豁免，他被送往印度幽禁。这似乎是阿富汗国王的一贯命运。巴拉希萨尔宫上空飘扬着英国国旗，下一位傀儡确 81
立之前，英国政府不得不对阿富汗实施直接统治。

罗伯茨成了阿富汗的实际统治者，他对阿富汗展开了报复性的惩罚。喀布尔的反英暴动，似乎每个市民都参与了，因此他们统统得付出代价。亚库布的朝廷官员对英国人保护不力，因此纷纷被投入监狱。涉嫌策动叛乱的人更被大肆围捕和绞杀，他们的尸体被悬挂在城中最为醒目的场合以儆效尤。英国军队开进乡村，捣毁堡垒，烧毁村庄，迫使涉嫌与叛军勾结或支持叛乱的部族首领投降。

如此雷霆手段让麦克格雷戈上校（Colonel Macgregor）深感不安。“这种做法没有任何震慑作用，只会激怒阿富汗人。如此一来，英国人只会成为阿富汗的敌人。”[11]

此言不虚。面对暴行，阿富汗人并未退缩。对于英国人的所作所为，他们怒火中烧。乡村里的神职人员，对宗教权威有些许要求的人，都开始鼓吹伊斯兰教正在遭受异教徒的攻击，呼吁阿富汗人起来捍卫信仰，抵御异教徒的攻击。穆什基·阿拉姆（Mushk-i-Alam）曾经参与第一次英阿战争，他的名号意为“宇宙之芬芳”，正是从战争当中得来的。第一次英阿战争期间，穆什基驻守兴都库什山口。在那里，他见识了英国使团全军覆没的惨况。那个时候，他就已经不再年轻。英阿战事再起的时候，穆什基差不多已是 90 岁的老翁了。不过，追随者们抬着他从一个村庄到另一个村庄，他到处发表演说，呼吁人们奋起抵抗。“要知道，法兰奇人可是吃猪肉的！”他厉声警告同胞。猪肉在伊斯兰教是完全被禁止的，许多穆斯林甚至不会用手触碰。阿拉姆的讲话振聋发聩，听罢他的演讲，大家回到家中，无不磨枪霍霍、准备战斗。

希尔·阿里那支欧式军队并未发挥应有的作用。虽然他们身着统一的军装，队列整齐，服从指挥，可是到了战场上，他们一触即溃。很快，这支部队逃得不剩一人。英国人现在面对的是部落游击队，他们是农民和游牧民。对他们而言，战斗绝非职业，而是一种生活方式。穆罕默德·詹（Mohammed Jan）旗下就聚起了两万多人。[12] 村民们为他的部队提供粮食和情报，使他能够伺机而动，对英军实施打击。而后，游击队又依靠村民的掩护，退回山区。

82 虽然穆罕默德·詹势力最大，但也只是众多部落武装中的一支。部落武装几乎在每一次激战中都击溃了阿富汗部队，但是，这些被击溃的军队很快就消失不见了，英国人甚至找不到谈判的对象。一次，梅西（Massey）军官遭到伏击，罗伯茨因解救这名军官陷入了阿富汗人的包围圈。面对汹涌而来的阿富汗人，鲍勃斯拼死抵抗，他知道援兵正从贾拉拉巴德赶来，只要他们抵达战场，对手就会遭遇灭顶之灾。一个寒冷的夜晚，援兵终于赶到。可是，围困他的阿富汗军队已经消失得无影无踪，他们全都回家去了。经过一年战斗，英军取得了十多场战斗的胜利，英国人赢得了他们枪支所及的每一块阿富汗领土的管辖权，但仍未能有效控制这片土地。

1880 年 1 月，英印当局陷入了困局。显然，阿富汗人并非不可战胜，在战场上，英方部队是常胜之旅。但即便如此，也难以阻挡阿富汗人继续战斗。英国人虽然可以赢得战争，却无法在战争中取得胜利。英印当局的宝贵资源在迅速流失，这场战争已经变成一个无底洞。于是，殖民政府的官员提议让穆罕默德扎伊家族重新掌管阿富汗，将阿富汗分割成几个部分，然后交给不同的王室成员。英国便可借机将内战的烂摊子留给俄国人，全身而退。

1880 年夏天，希尔 · 阿里的其中一个儿子阿尤布（Ayub）率领手下的 8000 名士兵杀出赫拉特，直指坎大哈。7 月 27 日，阿尤布所率部队和英国人在坎大哈以西平原迈万德（Maiwand）遭遇，对 2 万英军展开了“大清洗”。在英国，“迈万德”成了阿富汗剽悍善战的同义词。西方人因《福尔摩斯探案集》中华生大夫在这里受伤而知道这场战役，那是在他回到英国和夏洛克 · 福尔摩斯一起在贝克街 221B 号探案之前。

可以想见，迈万德一役成了阿富汗人的民族骄傲，据此虚构的英雄故事在这个国家广为流传。迈万德战争期间，阿富汗军队的阵线一度面临崩溃的危险。关键时刻，17 岁的姑娘马拉赖（Malalai）站了出来，她高举旗帜，鼓舞男同胞血战到底。最终，姑娘牺牲了，但她的鼓舞却扭转了整个战局。马拉赖由此成了阿富汗家喻户晓的女英雄，她就是阿富汗的圣女贞德。阿富汗的第一所女校就是因她 83
而得名。

迈万德战役的英雄事迹一言难尽。但是，大名鼎鼎的罗伯茨勋爵（在阿富汗人看来是臭名昭著）闻讯立即从喀布尔赶来，阿尤布的部队最终被击溃，英军占领了坎大哈。迈万德一役也许是阿富汗人取得的关键性胜利，但它不过是更大规模战争的一部分，阿富汗人最终还是输掉了战争。

话又说回来，迈万德和坎大哈战役的成败，并不足以改变第二次英阿战争的格局。这场战争很难说谁负谁胜。迈万德大捷，让阿尤布赢得了阿富汗人民的热切钦佩，但他并未因此在阿富汗历史上有更多作为。当时，他的侄子阿卜杜尔 · 拉赫曼（Abdu’ Rahman）正向喀布尔进军，这就是日后的“铁腕埃米尔”。19 世纪 60 年代，因为涉嫌谋反而遭到希尔 · 阿里的驱逐，他和父亲一起流亡阿富汗北部。英阿战争一打响，阿卜杜尔·拉赫曼就回来了。

此时，英国人已经一心想把政权交还给穆罕默德扎伊家族。阿卜杜尔·拉赫曼似乎是一个上好的人选。他手段强硬，足以统御全国；也足够精明，可以和英国人达成良好的默契。他是“多斯特大王”的众多子孙之一。这意味着他的血统是王室的，他也有继承王位的合法性。于是，英国人将阿卜杜尔·拉赫曼请进喀布尔城。经过一番谈判，双方达成协议，英国人把这个国家交给了他。

英国人的条件是：不允许俄罗斯人进入阿富汗，阿富汗不能和英国之外的任何国家打交道，等等。阿卜杜尔·拉赫曼对一切要求都签字应允，他只想让英国人赶快离去。

不过，阿卜杜尔·拉赫曼也提出了他的条件。其中，最为重要的一点在于，在阿富汗境内，他拥有绝对的权力，英方不能干涉。对于他的条件，英国人巴不得立即答应。阿富汗的内部问题，他们才懒得关心。协约达成后，英国人松了一口气，撤出了他们的军队。因此，很难说谁赢得了这场战争。双方都得到了一些东西，但也都付出了沉重的代价。无论如何，阿富汗已经整合成为一个国家，一度被英国粗暴打乱的故事，如今可以重新开始了。

第二部分　一个国家、两个世界

阿富汗获得其现代名称时，它不是一个国家，而是一个地理名词，85 甚至连边界都尚未敲定。这里民族众多，一个民族中还有数不胜数的部落和氏族，他们拥有共同的宗教、文化和生活方式，但除此之外，什么都没有。国王不过是部落联盟的酋长，对于臣民的生活并不能施加太多管治。他只是名义上统治着王国。

相互竞争的酋长们总在为了霸权而战。但这些小规模的战事结果，对大多数人来说并不太重要。当强大的国王出现时，他们会投入战事，开疆拓土，向外扩张是阿富汗国王的主要作为。

英国势力的介入，改变了游戏的规则。对于阿富汗人而言，这帮外来客是一群真正文化上的“他者”。作为个体，英国人和阿富汗人相处得还算融洽，但作为两种文化，两者没有融合的倾向。当英国入侵者进入阿富汗，他们与阿富汗人的区别就像油倒进水里一样。阿富汗人抵抗英国人，反映的不是统治者的政策，而是阿富汗民众面对他们中的外来者的本能反应。通过战争，阿富汗人终于找到了彼此之间的相同点：我们都不是英国人。

英军尚未撤离，阿富汗统治者的基本任务已经发生改变。他们不再追求广袤的疆域，转而开始清点手中的“财产”，消除全境范围内一

86 切有可能独立于王权的地方势力。多斯特·穆罕默德及其子孙都致力于此，而且干得卓有成效。到了1879年，阿富汗有了明确的边界，喀布尔的首都地位也得以奠定。坎大哈、赫拉特或马扎里沙里夫不再是能与中央王权分庭抗礼的权力城邦。

一个联合的阿富汗让英国人受到了刺激。于是，他们第二次挥师入侵。不过，英国人虽然再次推翻了喀布尔王权，却又一次搅起了阿富汗部族社会里潜藏着的蛮荒之力。因此，英国人再次被迫撤离。不是因为他们的战败，而是因为他们无法统治阿富汗。此外，英国人再次激发了阿富汗人之间的认同感，同时也强化了使阿富汗四分五裂的离心倾向。当一个新的强人登上王位后，他明白巩固边界和恢复喀布尔的首都地位是不够的。他必须组建更加强有力的政府，从而影响并控制其治下的所有臣民。但是，一直以来，臣民眼中只有家，没有国。他们只服膺于宗教和传统，听命于部落和氏族。对于这样的国家，王权又该如何行使日常权力呢？这个问题困扰阿富汗的统治者达半个世纪之久，并将阿富汗分裂成了两个文化世界。

第 9 章
铁血时代

英国人走了，阿富汗又迎来了一位雄主。以往的几个世纪，阿富汗这片土地上走出过许多纵横中亚和南亚的征服者。阿卜杜尔·拉赫曼的方方面面都和这些先辈很是相似，他的才略几乎可与国父艾哈迈德·沙阿相提并论。借以时势，阿卜杜尔·拉赫曼本可以缔造一个从伊朗到德里的不甚稳固的帝国。当然，可以想见的是，他撒手人寰的那天，也是帝国分崩离析之日。

如此一番伟业，阿卜杜尔·拉赫曼却无缘成就。大国和强权已经为阿富汗国王划定了活动疆界，叫他再难逾越半步。既然无力开拓领土，他只能深耕自己脚下的“一亩三分地”。于是，他把一腔雄心壮志都施展在了阿富汗境内。他无法容忍大大小小的割据势力，遍布全国的自治村庄也不合他的心意。他要扫清这一切，建立统一的民族国家。

阿卜杜尔·拉赫曼是阿富汗历史上最强硬的人物之一。年岁尚幼，他的暴虐性情便已显露无遗。他的祖父是多斯特大王，父亲是阿富汗北部大省巴尔赫的总督，可想而知，未来国王的童年生活当然极度优渥。在巴尔赫，他的家庭拥有不容挑战的绝对权力，他享有一切特权。

有一天，阿卜杜尔·拉赫曼想知道他的小口径枪是否足以杀死一个人，于是，他举枪射向自己的侍从。侍从当场倒毙，阿卜杜尔·拉赫曼却在一旁哈哈大笑。那时，他不过十二三岁。如此一桩
88 命案实在太过荒唐，即使他的父亲也无法全然包庇。就这样，阿卜杜尔·拉赫曼被送进了监狱。不过，只为测试武器就敢取人性命，倒也说明他的确胆识过人。一年之后，父亲便恢复了阿卜杜尔·拉赫曼的自由身。17 岁的时候，阿卜杜尔·拉赫曼还被委以重任，成了父亲手下的一名重要指挥官。之后不久，他的父亲因举兵反对希尔·阿里失败遭到流放，阿卜杜尔·拉赫曼也随父亲在阿姆河以北地区过起了流亡生活。这位昔日的王子、未来的国王过了几年很是潦倒的日子。他放下王室的身段，转而干起古董商的生意。他靠在市场上买卖古董和考古奥秘度日。四分之一的收入用于维持生计，剩下的则积攒起来，作为东山再起的本钱。阿卜杜尔·拉赫曼苦苦等候东山再起的一天。[1]

1893 年，距离他从英国人手中接管阿富汗已有 13 年，这位“铁腕埃米尔”即将接待一支来自印度的英国使团。阿卜杜尔·拉赫曼在登基之初曾和英国人谈过一笔交易。这一次，双方将正式确定这份协议。使团本应由弗雷德里克·罗伯茨（Frederick Roberts）将军率领，但是，阿卜杜尔·拉赫曼却对英方的人事安排提出了异议。第二次英阿战争，罗伯茨起了主导作用，阿富汗人无不恨他入骨，阿卜杜尔·拉赫曼也容不下这样一个谈判对象，他表示，纵然王权坚硬如铁，也无力压制臣民的怒火。于是，英方临时换人，改派英印当局的外交部长马蒂摩尔·杜兰德。[2]

这是一次两人会议。杜兰德只身前来，阿卜杜尔·拉赫曼的左

右也没有顾问，地方长老、民意代表更是不见踪影。会谈中，这位英国外交官提出了关于阿富汗南部边界的建议，阿富汗国王表示接受。那次谈判的结果一直贻害至今。杜兰德大手一挥，就把普什图人的聚居区一分为二。他这一笔是如此随意，甚至丝毫未曾考虑所在区域的地貌和环境。如果你到了那里，除非有人告诉你，否则你不知道这条线在哪里。“杜兰德线”（Durand Line）两侧的村庄住着同一个部落的成员。对他们而言，界线那一头往往就是自家亲戚的住地。那么，杜兰德是如何决定这条线的呢？其实，这条线标志着在某一特定时刻的混战线。杜兰德线是英国在不被击退的情况下推进阿富汗领土的最远处。因此，它肯定是一个长期冲突的地方。它埋下了阿富汗因失去白沙瓦而产生的怨恨火种，由此而来的种种政治争端将持续久远。

然而，为了实现他的最终目标，阿卜杜尔·拉赫曼需要一片确 89
定的领土，以实施绝对的统治。因此，阿卜杜尔·拉赫曼接受了杜兰德线。其实，任何能将世界其他地方排除在外的提议都能得到埃米尔的认可。国界一经确定，便立即遭到封禁。此后，少有阿富汗人能够得到出国游历的机会，而外人也基本无法进入阿富汗，埃米 90
尔的政府还对输入的工业品、信息严加控制。为了更有效地将他的国家与外部世界隔离开来，他颁布法令，禁止在其境内修建铁路。阿卜杜尔·拉赫曼切断了阿富汗与现代文明的联系，阿富汗境内了无一丝现代风气。不过，他觉得自己得到了天赐良机，可以大展宏图了。

宏图大展之前，阿卜杜尔·拉赫曼还有几块心病亟待祛除。迈万德的英雄阿尤布最让他惴惴不安。阿尤布的民望实在太高，在埃米尔看来，此人断不可留。终于，阿卜杜尔·拉赫曼和阿尤布兵戎

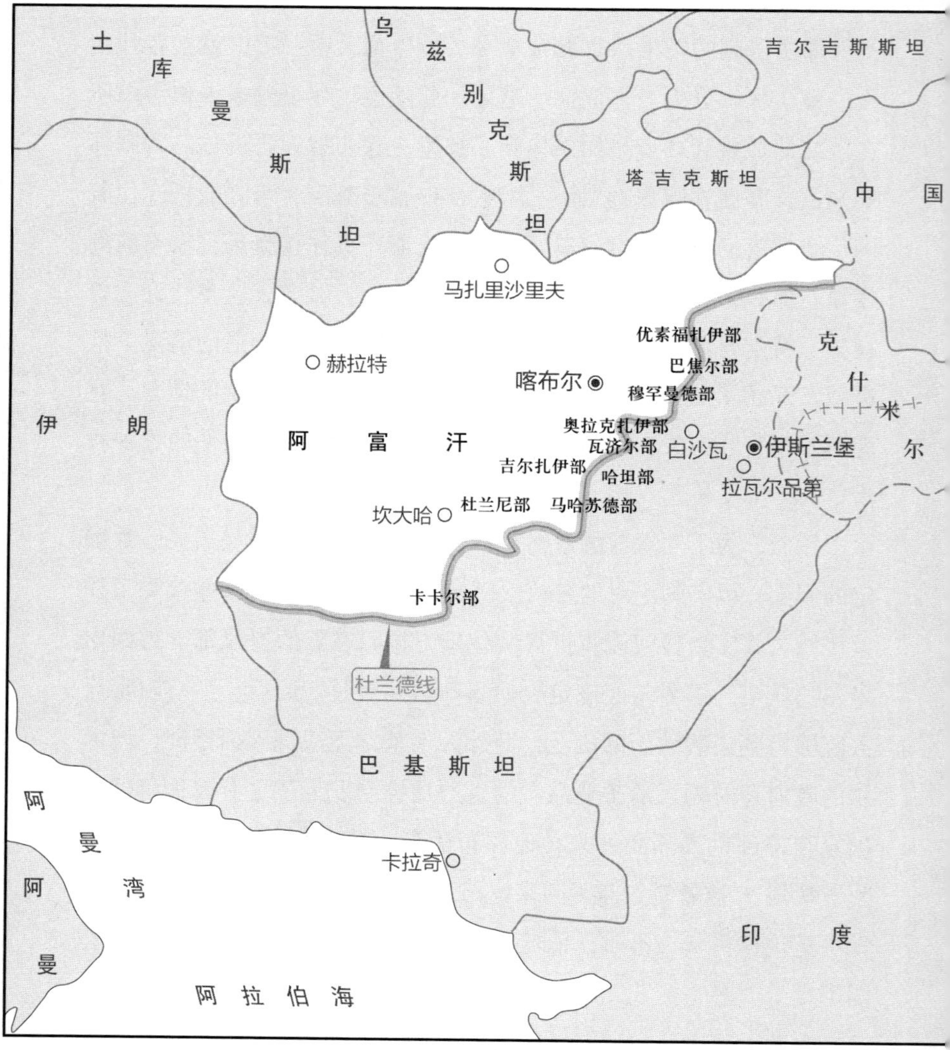

土库曼斯坦
乌兹别克斯坦
吉尔吉斯斯坦
塔吉克斯坦
中国
马扎里沙里夫
优素福扎伊部
巴焦尔部
赫拉特
喀布尔
穆罕曼德部
克什米尔
伊朗
阿富汗
奥拉克扎伊部
瓦济尔部
白沙瓦
伊斯兰堡
吉尔扎伊部
哈坦部
拉瓦尔品第
杜兰尼部
坎大哈
马哈苏德部
卡卡尔部
杜兰德线
巴基斯坦
阿曼湾
阿曼
卡拉奇
印度
阿拉伯海

杜兰德线的位置

相见。战事终了，国王获得胜利，一位强敌就此倒下。

依斯哈克（Ishaq）和阿尤布同是阿卜杜尔·拉赫曼的堂兄弟，也需要小心提防。依斯哈克是阿富汗北部的实力派，他虽不像阿尤布那样战功赫赫，但因为精明善治、公正严谨而深得属下和子民的拥戴。阿卜杜尔·拉赫曼自然容不下他。这一次，国王主动兴师问罪，不善战事的依斯哈克没有正面应战就逃亡国外了。就这样，阿卜杜尔·拉赫曼又为自己祛除了一大敌手。那么，接下来的"铁腕埃米尔"又有何作为呢？

不多久，孟格尔（Mangal）部举族叛乱，结果遭到阿卜杜尔·拉赫曼的平定。而后，吉尔扎伊部的叛乱也被他镇压下去。阿卜杜尔·拉赫曼在位期间，打了 40 场部族战争并获得全胜。当然，几十场胜仗还不能叫国王完全安心，他要这些手下败将彻底失去反抗的能力。于是，随着阿卜杜尔·拉赫曼的一声令下，很多民族被迫离开了自己的祖居地。如此一来，他们便要和盟友分离，转而去和曾经的对手做邻居。由于阿卜杜尔·拉赫曼的安排，比邻的两个部落之间往往存在很深的猜忌。同样的政策，亚述人早在 3000 年前就已经实行过；几十年后，斯大林也会实施这一政策。由此，整个普什图部落一路由南转迁来到北方，数以千计的家庭被迫从北方大草原南迁到喀布尔以南地区。阿卜杜尔·拉赫曼的专制政策确也产生了一个有益的副作用：它将阿富汗各民族融合在一起，鼓励他们融入一个单一的政体。

对于大多数国王来说，21 年内打赢 40 场战争足以耗尽一位王者的心力，还有多少时间来完成其他事情？但对阿卜杜尔·拉赫曼来说，如上种种战绩不过是他政治生涯的冰山一角而已。埃米尔征服普什图部落的同时，也让一个国家得到了重建。曾几何时，阿富汗境内的行省和政区不过就是部落势力范围的代名词，一个区域往往为一个部族所占据；不同区域之间的区别，往往在于住民的部族身份。这样的行政区划，倒是符合部族社会的生态。可想而知，各地区的封疆大吏当然要由当地主要部族的首领担任。

这样一番局面并不合阿卜杜尔·拉赫曼的心意。在他治下，行省的数量大为增加，行省下面的行政区划更是多得犹如雨后春笋。而且，他还有意确定边界，以跨越部落的领土。如此一来，各位封
91 疆大吏治下的子民便不再是一族同胞，而过去一个部落的专属领地也被划分为两个或两个以上的地区。更重要的一点在于，地方长官再也无法利用部族亲缘进行串联和勾结；普通臣民在听命于部落长老的同时，还得接受地区官员的管辖。这是两个独立而不相关的系统。

为了增加地方官员的权威，阿卜杜尔·拉赫曼可谓不遗余力。这些人都由他亲自任命，相较于基层的部落长老，更加容易掌控。毕竟，无论他的官员攫取多少权力，他仍然可以随时将其撤换，甚至直接剥夺他们的权柄。但他对可汗或部落长老不能这样做。

话又说回来，被任命到某个省级办公室的官员总会有机会扩充自己的势力，特别是如果埃米尔不对其密切监视的话。试问，国王一个人哪里看得住如此众多的官员？事实上，阿卜杜尔·拉赫曼建立了一个有效的情报系统，有相当多人为他服务。他的情报机构无人能及，并影响至今，成了阿富汗政治的永久特征。

有了情报机构的效力，国王可以随意操控地方官吏的命运。埃米尔可以在他认为必要时羞辱和降职他的总督，他还经常罢免他的宫廷事务官，声称有人指控其贪污。为了洗脱嫌疑，大臣须拟好陈情表，公布家中的种种账目，以证明自己并未挪用国库、损公肥私。可是，哪有一个人的自白书能够毫无瑕疵，找不出哪怕一点矛盾之

处呢。要知道，一笔记录不清的钱款、一件来历不明的器物、一点似是而非的小错误，都足以叫一个人不得翻身。他将因此丢掉官职，没收财产，最终落得名誉扫地的下场。当然，声名狼藉的官员可以指望国王法外开恩，以保全自由。可是，国王的恩典常常十分有限，若是能以活罪抵偿死罪，已经算好运了。不过，这种情况只是偶尔有之，久而久之，大家便都噤若寒蝉了。一次，一位大臣得到阿卜杜尔·拉赫曼的赏识，即将接受一份要职。此人是国王的老朋友， 92
他听到升迁的消息，立即收拾了家中所有财物，放上马车，奔赴王宫面见国王。

“你这是何意？”国王见到老朋友的所为，不禁皱了皱眉头。

“国王陛下，”大臣说：“我知道您一旦任命一个人担任要职，他的命运就是在几年内失去一切。我现在提前交出全家的财产，免得您日后费事劳神。”[3]阿卜杜尔·拉赫曼看在他们友谊的分上，才饶了这犯上的大臣一命。

埃米尔在他的宫廷里保留着大量官僚机构，其中有不少都属于“古兰巴洽”（Ghulam Bacha），意即“童仆”（slave boys）。几百年来，伊斯兰世界的政治传统赋予“奴仆”这个词一种特殊含义。这些童仆自幼便脱离了原生家庭，宫廷才是他们长大成人、接受教育的地方。君主将童仆打造成为一个特权阶层，把一些重要官职托付给他们。这些官奴的权力完全得自君主的授意，而不像一般官僚那样拥有民意基础等其他权力来源。在阿富汗，要数“埃米尔的孩子”（amir-zada）最为得宠。后来，这一称谓缩写成“米尔扎”（mirza）。

阿卜杜尔·拉赫曼有一支米尔扎军团。他安排他们进入内阁，指挥军队。国王给他们荣华富贵，允许他们享受奢华、优雅的生活，而且还坚持这样做，毕竟这些童仆就是他这个伟大君王的化身。因此，他们无论走到哪里，都要以一袭锦衣、身跨名马的形象示人。不过，这些人养尊处优惯了，难免会生出二心。埃米尔也总在猜忌这些近臣。他花了很多精力，派出不少探子，专门监视这群童仆的动向。对此，他那个绰号“波波·古尔”（Bobo Gul）的宠妃哈丽玛很是不解，她觉得既然信不过童仆，国王大可一杀了之。

“不管用的。”国王说，“我不相信任何人。”[4]

哈丽玛不仅是埃米尔最喜欢的妻子，还是某种程度上的共同统治者，她本身就是一个令人敬畏的人物。人们说全天下都怕阿卜杜尔·拉赫曼，而阿卜杜尔·拉赫曼只对波波·古尔服软。哈丽玛为埃米尔执行外交任务，与部落首领和敌对指挥官谈判。她的女仆受过使用枪支的训练，她有自己的保镖队伍，核心是女战士。[5]

阿富汗需要一支常备的职业军队——在这一点上，希尔·阿里和阿卜杜尔·拉赫曼这对叔侄的看法完全一致。面对外来侵略者，
93 部落武装确实可以实施有效抵抗。但是，国王需要一支效忠自己的亲兵，如此他才能够打压那个他不好明说的对手，也就是他的人民。即位三年，埃米尔的雇佣兵就达到了4.3万人之众。到1887年，国王的部队扩大到6万人。1890年，阿卜杜尔·拉赫曼已然成为一支10万大军的最高指挥。他的麾下兵种齐全，包括步兵、骑兵和炮兵，各个师团都配有一名毛拉。神职人员的主要职责是宣讲，他要让各位将士相信，如果他们临阵脱逃，伊斯兰世界就将遭遇灾难，而逃兵会堕入火狱，永远不得超生。[6]

枪械，曾是埃米尔幼年时期的爱好（出乎意料吧！）。称王之后，这点爱好升级成了激情。一次，一位法国工程师献上一台望远镜，想要博得国王的欢心。他把望远镜对准天空，对国王说：“陛下，通过这台仪器，您可以观赏月亮。”

“月亮和我有什么关系？”阿卜杜尔・拉赫曼咆哮道，“如果你那杆玩意儿能够射出子弹，我可能会有点兴趣。”[7]

国王军队的装备主要来自英国。同时，他在喀布尔及周围设立了军械厂。在阿卜杜尔・拉赫曼统治巅峰时期，平均下来，阿富汗生产的枪支数量几乎可以和欧洲任何一个强国等量齐观。如果国王愿意，足以使全国的成年男性每人手中至少有一支步枪。[8]当然，阿卜杜尔・拉赫曼不会把枪支交到别人手里，除了他的军队。

阿卜杜尔・拉赫曼一生征战无数，他的对手几乎都是自己的穆斯林臣民，不过，他却又以信仰的捍卫者自居。阿富汗历任国王的权力来源于人民的意愿。没有各位长老在支尔格会议上的支持，艾哈迈德・沙阿无法登上权力的巅峰。不过，阿卜杜尔・拉赫曼并不觉得自己的王权合法性来自人民。17 世纪的欧洲，“君权神授”思想十分盛行，阿卜杜尔・拉赫曼认为其权威来自上帝。他通过挥舞伊斯兰旗帜，就可以指控反对他统治的人反叛上帝。

为了宣扬他的宗教主张，阿卜杜尔・拉赫曼执行了最严格的正统法律和最保守的宗教法律。国王的手下豢养了一群穆赫塔西卜，其职责相当于道德监察官。穆赫塔西卜的活动地点并非清真寺，他们在大街上巡视，保证每位妇女都面纱遮脸，确认每位男性都能按时祷告。倘若有人在斋月期间进食，一定会遭到穆赫塔西卜的鞭笞。他们甚至惩罚在公共场合讲粗话的人。显然，这是出自阿卜杜尔・拉赫曼的授意。通过与极端的社会保守派结盟，阿卜杜尔・拉 94
赫曼将自己定位在他想要攻击和击败的阶层——长老和毛拉——的右边。

阿卜杜尔・拉赫曼一直在打压国内的传统势力，他竭尽全力，意图用自己的权威取代长老的权威。其实，这也是“铁腕埃米尔”

最为宏伟的一项抱负。对了，这里所谓的长老，是指各地的酋长、马利克、可汗和家长。他们都是各自地盘上有威望的人，其尊贵地位不但根基深厚，而且由来已久。他们的权威来自与其一起生活并直接与之打交道的人。这样一个阶层自然很难控制，更别说被连根拔起。因为长老们只有当地的隶属关系，他们不属于更大的组织，不能通过打败其领导人来瓦解这个阶层。阿卜杜尔·拉赫曼想要消灭他们，必须与之一一开战并将其击败。因此，埃米尔的敌人并非一个政治实体，甚至不是一种政治制度，他是在对一个国家长久以来的文化开战。征服这些部落与征服成千上万的部落长老相比，毫无意义。就他获得的成功而言，这是他取得的最惊人的成就了。

按照“铁腕埃米尔”的命令，每个村落、每座城镇、每个城市的社区都必须选出一名代表，负责与政府接洽。这样的代表被称为卡兰塔（kalantar）。国王还任命了一大批自己的官员担任警察局长（kotwal），负责监察地方事务。

卡兰塔的职责可不是为民请命。他们要收缴税款，在自己的辖区内推行国王那一套严苛的教法；报告他们听到的反政府言论、对抗王权的行为、可疑的活动迹象，无论他们发现了什么，都必须向所在区域的警察局长一五一十地报告。从本质上说，卡兰塔实际在为阿卜杜尔·拉赫曼的情报系统添砖加瓦。

卡兰塔的另一项重要任务在于记录辖区内居民的详细信息，居民的姓名、身份、住址和财产等，他们都要心里有数。每个阿富汗人都得到了一张编号的身份牌，上面详细记录了他们的信息。没有官方许可，臣民不能随意离开家乡。签发旅行许可证正是卡兰塔的权力。当然，没有警察局长的批准，卡兰塔即便发出许可证，最后也会沦为一张废纸。

卡兰塔的工资是由政府发放的，埃米尔对其兼施“胡萝卜＋大棒”的双重手段。卡兰塔因为工作得力而得到奖励，也就是胡萝卜；但是，如果没有完成任务，或者有意包庇谋反的邻居或亲戚，国王便会举起惩戒的大棒，让他们丢掉身家性命。 95

埃米尔给每位卡兰塔、警察局长都定了“指标”。在指标的压力下，他们需要按时定量举报逃税分子、骗子、盗贼、杀人犯，以及各种各样的违法者。如果没有完成指标，国王可不会因此觉得那个地区政通人和、治安良好；相反，只能说明官员渎职怠工，其薪金将会遭到罚没。如果辖区内发生劫案，而案犯又没能按时缉拿归案，那么官员必须自掏腰包，弥补受害者的损失。

警察局长的日子也不好过。如果有人在纳税上作弊却没有发现，警察局长就会遭到惩罚，至少他们需以薪水相抵。当然，更多的事务官无法拿钱赎罪，只能乖乖地去蹲监狱。敢谤议国王的人一旦落网，通常会落得两种下场：要么被处以割舌酷刑，要么把嘴巴用针线缝上。对待那些谋逆者，国王会把他们关进铁制的囚笼，吊在路边示众，直至饿死。同样的惩罚，有时也会施加到劫匪或其他犯人的身上。严刑峻法之下，阿卜杜尔·拉赫曼也有了吹嘘的底气。他曾向来访的英国使节表示：贵国的犯罪率实在太高，相较而言，阿富汗简直是个升平世界。[9]在他统治期间，这可能是真的。

犯下重罪的人，往往会遭受极其严酷的刑罚，比如，国王会把谋逆者绑在炮口上，活活把人炮轰成碎片。（在这方面，阿卜杜尔·拉赫曼并不算先驱。英国殖民者早已利用类似的办法，惩治那些反抗的印度士兵。）粉身碎骨的可怕场面叫人头皮发麻，遭此厄运的人会很快倒毙。阿卜杜尔·拉赫曼的另一项发明，更为残忍恐怖。一种名为“黑井”（Siah Chah）的酷刑到底是怎样的，还是留待各位读者自行去想象吧。

埃米尔遇到的另一个难以打破的阶层，是毛拉和其他神职人员。同样地，这个阶层的权力来自社会共识、习惯和传统。阿卜杜尔·拉赫曼没法通过破坏他们的组织来制服他们，因为他们并无组织可言；他也不能捣毁他们的总部、抓捕他们的领导人，因为他们并不效力于特定的机构，更没有领袖。所以，他用另一种方式打击他们，即向他们支付薪金。

并不是每一个自称毛拉的人都能得到国王的薪酬。只有那些按规矩行事，并让警察局长相信他们忠诚的人才会得到薪水。阿卜杜
96 尔·拉赫曼的这笔钱，大多数毛拉都选择接受。他们实在没有理由反对国王：他不反对伊斯兰教，从未推动任何有违阿富汗文化的社会变革。事实上，国王宣称自己比任何人都更虔诚和正统。面对这样一位王者，毛拉们怎么会反对呢？

一旦他们开始依靠政府的钱生活，国王便拥有了他们。他可以施加条件，而他确实也这样做了。他要求毛拉必须证明他们真正了解自己的宗教（这个要求相当合理）。国王特地派出一支考核队伍到全国巡查，考核各地毛拉的知识水平。相关的试题由国王和高级神学家设计。结果是，近九成的毛拉都吃了瘪。当然，阿富汗人的宗教观本来就很独特。他们的伊斯兰信仰中，掺杂了不少传统立法、乡规民约和传统习俗，即便他们能够阅读，可供阅读的书籍也少得可怜。

在证明毛拉的无知之后，埃米尔颁布了一项规定：毛拉必须通过考试，取得相应资质后，方可担任神职。没有许可证的毛拉无法得到工资，敢无证上岗的毛拉会遭到严惩。然而，出于对子民的同情，对上帝意愿的崇敬，埃米尔建立宗教学校，人们可以在那里学

习所需的知识，以便为考试做好准备；此外，国王还在喀布尔开办神学院并亲任督学，学生无须参加考试，只要完成学业便可拿到执照。阿富汗以外的一些著名伊斯兰大学的文凭也被接受为宗教能力的证明。

全国的毛拉被阿卜杜尔·拉赫曼管得服服帖帖，卡兹和穆夫提也得服从国王的差遣。阿卜杜尔·拉赫曼特意提拔了一名宗教法官进入内阁。此人掌管阿富汗的教法事务，其权威凌驾于所有卡兹之上。同时，埃米尔还组织学者对伊斯兰各派法理学进行研究和整理。逊尼派穆斯林承认四种学派的法理学，也就是四种不同的教法解释，并认为他们都是正统的。虽然其原则上相似，但在细节上则千差万别。委员会审议多时，最终决定尊奉哈纳斐派（Hanafi）作为国家的立法基础。于是，阿富汗有了一套国家法律。哈纳斐派之外的派别从此失去了对教法的解释权。 97

当然，不是每个神职人员都乐于顺应王权。但是，反抗的人不是被迫出走他国，就是锒铛入狱。横遭虐待、死于非命的例子也不少见。埃米尔虽对神职人员多有弹压，却仍然宣称自己是信仰的捍卫者，他甚至以“最忠诚的穆斯林”自居。如此一来，他才可以把“胸怀异志”和“背弃信仰”的帽子扣在反对者的头上。毕竟，有哪位忠于真主的毛拉会忤逆他这位无比虔诚的君主呢？

埃米尔的制度有赖于数量庞大的政府雇员，他们都拿着薪水：士兵、毛拉、探子、卡兰塔、警察局长、省长和地方官员，还有喀布尔那帮“王的男孩”。因而，阿卜杜尔·拉赫曼对于钱财的渴望要远远大于任何一位前任国王。阿富汗人身上的苛捐杂税又因此沉重了几分。除土地税、牲畜税之外，还有树木税、种植税和收获税、所得税和营业税、贸易税和旅行税。商业活动也逃不过税收，不但卖家需要按时交税，买家也得承受同等负担。新婚夫妇必须小心，因为埃米尔设立了婚姻税；如果你死了，嗯，这也是征税的，这笔钱落到了你的家人身上。一切都能成为国王榨取金钱的由头。待到统治末年，阿卜杜尔·拉赫曼的税收收入，几乎达到了希尔·阿里的四倍。

国王需索无度，手下自然要尽力征缴。卡兰塔、警察局长、乡村执法者、探子都是不可或缺的，如此才能确保每个人缴纳他们“所欠”的税款。阿卜杜尔·拉赫曼担心，其手下很可能和百姓勾结欺骗他。于是，他组建了一个间谍网络来监视他的间谍们。国王的特务人数众多，报备的事务也从来不少。因为无论国王的手段多么强硬，总是有人选择揭竿而起，毕竟他们是阿富汗人。

特务不过是政务部这个恐怖体系的一部分。内政大臣米尔·苏尔坦专门负责夜间抓捕。每到晚上，大家都担心苏尔坦及其手下会突然“造访”。谁会成为苏尔坦的目标？没人知道。有哪些人已经沦为内政部的阶下囚？同样无人知晓。他们获罪的原因、入狱后的命运，更是一个未解之谜。人们发现，身边总有面孔不断消失，总有熟人落得没籍除名、不知所终的境地。

终于，因为米尔·苏尔坦制造的冤孽实在太多，就连包括王储在内的最高法院官员也认为他应该收敛。这一次，国王倒是顺应民意。于是，米尔·苏尔坦不再是国王的得力助手，反而成了可怜的
98 替罪羊。在法庭上，这名穷凶极恶的酷吏努力辩驳，为自己洗脱罪名。埃米尔告诉各位法官：“在座的各位必须清楚，此人夺取了6万人的性命！他呈上的死刑命令当中，我本人只应允了15或20起死刑。剩下那些都是此人为泄私愤而一手炮制的冤案。这样一个血债累累的屠夫应当如何处置，相信各位自有公论！”[10]

国王的意思，各位法官心知肚明。最终，米尔·苏尔坦被判公

开绞刑。国王为民除害，似乎可以收获人民的爱戴。其实，对于苏尔坦的死，百姓们固然鼓舞欢腾，不过，每个人也都清楚，真正的暴君到底是谁。阿卜杜尔·拉赫曼的残忍暴虐，从他设立的监狱就可见一斑。他的每处宫殿之下，都设有一处地牢。喀布尔城的中心地带，有一座德玛赞监狱，可以关押 9000 名囚犯，监狱数量不断增加,（根据一些报道）一度有 7 万人被监禁在喀布尔，已占到喀布尔城市人口的三分之一。[11] 异见人士，贪污受贿的官吏，偷逃税款、散布谣言之徒以及涉嫌悖逆的商贩，无论年龄和性别，也无关出身高低，任何人都有可能沦为国王的囚犯。

阿卜杜尔·拉赫曼一生征战无数，其中最惨烈的一役不是针对其他普什图部落，而是针对其境内的其他民族。哈扎拉人信仰伊斯兰教什叶派，并以波斯语为通用语言。论及源流，这个民族是蒙古后裔，生活在阿富汗中部。阿卜杜尔·拉赫曼统治之前，哈扎拉人享有很大的自治权。不过，埃米尔无法容忍任何不服他教化的势力。为了迫使哈扎拉人就范，他派出自己的军队，又征召了一些部落武装，进军哈扎拉贾特（Hazarajat，即哈扎拉人的土地）的武装足有 10 万人之众，而哈扎拉部落全员不过 34 万人。[12] 哈扎拉人的抵抗异常激烈，战争分外血腥。最后，哈扎拉政权惨遭倾覆。埃米尔曾短暂地使奴隶制合法化，但仅限于哈扎拉人。由此，许多哈扎拉人被拉到市场公开贩卖，贵族之间甚至兴起了一股赠奴的潮流风气，几个哈扎拉儿童就可以表示“真挚的谢意”。

阿卜杜尔·拉赫曼的最后一场战役把他带到了喀布尔东北部的偏远山区。这里的人们长期以来信奉万物有灵论，惯用木制雕像装点墓园，因此那个地方被称为“卡菲里斯坦”（Kafiristan），意即“异教徒之地”。卡菲里斯坦的五处山谷和众多的侧壁峡谷是如

此狭窄和崎岖，以至于亚历山大大帝以来没有人能够征服这里。埃
99 米尔在六个月内便征服了此地。他将卡菲里斯坦更名为“努里斯坦”（Nuristan），意为“开化之地”。此役之后，境内的最后一块领土也归于阿卜杜尔·拉赫曼的管治之下。很快，“开化之地”遍布卡兰塔和毛拉，变得和其他地方毫无差异。

想当年，“国父”艾哈迈德·沙阿也曾创下一番功业，并成为阿富汗各大部落的公认领袖。但这无法满足阿卜杜尔·拉赫曼的胃口，他不甘心只做个部落酋长，他要成为真正的王者。要达成目标，就必定得改变阿富汗这个社会。埃米尔的目标几乎已经达成。他逝世之前，阿富汗有了一个中央政府，它的官僚机构遍布全国各地，可以让人们感受到它的权力，并将其影响带给每一个人。

但是，阿卜杜尔·拉赫曼到底没有成功。他没能让阿富汗拂去旧貌，换上新颜。他想创造一个单一、完整、同质的新社会，但只创造了一个二元对立的双重世界。一方面，毛拉、马利克、村庄、部落社会中的可汗和首领，仍深深扎根于阿富汗土地上；另一方面，阿卜杜尔·拉赫曼播下的新制度种子在生根发芽：以喀布尔为中心的中央及其附属机构的神经向全国各地延伸，其代理人和管理者遍布全国，新旧两套政治体系由此呈犄角之势。

这并不是说每个人都完全属于其中的一个社会。许多为中央政府工作的人有不少乡下亲戚，有人出身封建领地，后来进入城市，并成了政府官僚体制的一部分。私人生活中，阿富汗社会的二元对立不那么清晰，相关的情况并非一言两语能够说清。

阿富汗，还是那个阿富汗。乡村社会仍很封闭，国王的代理人无法进入乡村的中心地带，他们无法进入家族大院，无法进入隐秘的家庭世界，而这构成了阿富汗人生活的主体。“铁腕埃米尔”只是

引发了一场斗争。斗争的一方由中央政府、城市精英阶级领导，他们较为开明，渴望进步；他们的对手则倾向保守，多是乡村地区的传统领袖。双方的角力不但左右了国家的命运，而且企图干预阿富汗局势的外国势力也会受其影响，这种影响将贯穿整个 20 世纪。

第10章

新的开始

101 1901年，阿卜杜尔·拉赫曼与世长辞。死讯如同飓风席卷过阿富汗大地之后，只留下一片静寂。而后，王储哈比布拉（Habibullah）和平地继承了王位，噢，他真是一位好命君主。他的父亲采用雷霆手段扫除了障碍，继任的他除了享受之外没别的事情可做了。

哈比布拉确实非常放浪。他是个老饕，在位期间，他的体重因此大涨。他喜欢运动，尤其是骑马和打猎。这点爱好倒是让他免受了肥胖之苦。他还是个好色之徒，娶了教法所允许的几个妻子后，仍不满足，继续纳妾。他的后宫规模放在一百年前舒贾那个时代是再正常不过的，但是，哈比布拉可是生活在20世纪，就连国王身边的近臣也觉得他的作为招人厌恶。况且，哈比布拉不单想要纳妾，还时时刻刻惦记着别人的女儿和妻子。每到周三，国王都要大摆筵席，邀请各位大臣带着妻子和女儿进宫赴宴。这种“女士之夜”（Lady's Night）的背后藏有何种目的，大家都心知肚明。一次，一位大臣拒绝了哈比布拉的宴请，他表示，自己愿毫无保留地为君主服务，但他的妻子可没有这个打算！为此，国王赏了他一记狠狠的耳光。[1]

哈比布拉是个暴君，他会毫无由头地惩罚一个人。哈比布拉没有什么远大理想，这一点和他的父亲毫不相像。阿卜杜尔·拉赫曼想要重塑这个国家，让历史按照他的意愿发展，所以他把村庄、部落、民族、国家都肢解了，以实现他的抱负。父亲的遗志，儿子未曾继承。哈比布拉只想纵情享乐，他就像一个被宠坏了的、脾气暴 102
躁的大男孩，如此过分的特权以致让他忘了国王的本职。他可能会打一个惹恼他的人，但不会去故意伤害任何人。毕竟，他才没有那个闲工夫！如果有时间，哈比布拉宁愿美餐一顿，然后躲进后宫逍遥快活。

哈比布拉统治时期，阿富汗有了休养生息的机会。他父亲当政的 21 年间，实在过于严酷。当然，在先王的励精图治和百姓的苦干下，国家的实力得到了极大增强。这位“铁腕埃米尔”将阿富汗巩固为一个可以阻止英、俄入侵的缓冲国。有了这段铁血时期，朝廷的政令畅通了不少，国王的权力也不再是镜花水月。新君如若胸怀大志，完全可以利用手中的权力去创建一番功业。

偏偏哈比布拉胸无大志，不想追求什么功业。当然，他倒也不是完全无所作为。1904 年，以他的名字命名的哈比比亚（Habibia）学校成立，这是阿富汗第一所世俗中学。阿富汗有不少宗教神学院，但哈比比亚这种世俗学校却是新生事物。入读这里的男孩需要学习数学、地理、英语、乌尔都语，可以接触绘画、历史、土耳其语及各种科学。有朝一日，一个崭新的精英阶层将会从哈比比亚的校门走出，他们的所学所知，足以发展和管理阿富汗，使之成为一个现代国家。希尔·阿里曾委托 12 名专家组成的顾问委员会提供建议。如今，哈比比亚培养了许多专家，如果国王需要的话，他们会提供建议。

此外，哈比布拉还从国外带回了不少新鲜玩意。当然，他引进这些东西大多不是为了享乐，就是出于好奇。访问英属印度时，他见识了电话机。那个时候，电话算得上是新发明。他带回了几部电话机。1908 年，喀布尔和其他几个重要城市已经形成一个小小的电话网络。同一时期，连接阿富汗各大城市的电报网开始成型。1910 年，喀布尔近郊的水电站动工了。很快，首都的精英阶层至少每晚都能享受一段有电灯的时光。国王购买的汽车，也让权贵们趋之若鹜。[2] 哈比布拉想要以车会友，自然需要场地。于是，随着他的一声令下，王宫周围多出了几条公路。

103 取得这些发展其实大部分要归功于埃米尔雇用的一位金融专家。此人名叫穆罕默德·侯赛因（Mohammed Hussein），他和王室没有关系，精通经商之道，擅长财务管理，哈比布拉将他提拔为穆斯陶菲（mustaufi，会计和财政主管）。没过多久，侯赛因就成了国王的亲信。手握财政大权的他，在阿富汗是一人之下、万人之上。[3]

穆斯陶菲要将阿卜杜尔·拉赫曼新征服的地区纳入其统治，并将这些地区的人民纳入合理的税收制度。上任伊始，侯赛因巡视了哈扎拉贾特。这里本是哈扎拉人的故乡，后被纳入“铁腕埃米尔”的治下。战争期间，当地人民饱受蹂躏。穆斯陶菲此行，是为了了解此地到底能为朝廷奉献多少税款。我对他的这次哈扎拉贾特之行略知一二，是因为我的祖父艾因努丁是穆斯陶菲的私人医生。侯赛因出巡期间，祖父一路随行，还治愈了某个地方的村长。为表谢意，对方送祖父一个哈扎拉女孩。虽然当时奴隶制已属非法，但所拥有的奴隶仍可买卖赠送。女孩最终成了祖父的第四任妻子，两人共育有5个儿子，其中就包括我的父亲。

现在的阿富汗相对和平安全（当然，胆敢招惹国王的人仍会陷入险境）。不少在阿卜杜尔·拉赫曼时期逃离的人回来了。其中有一个人很快就成了埃米尔的首席顾问，他的5个儿子也都成为朝廷的栋梁。长兄纳迪尔是他们之中的领导，是个严肃、魁梧的人，戴着一副金丝眼镜。他和他的四个兄弟在英属印度长大，自幼接受英式教育。五个人的举止都是那么优雅得体，身材健硕。他们还都很沉静，总是跟着纳迪尔的指挥棒在行动。他们和埃米尔是亲戚，但只是远亲。两支血脉在多斯特·穆罕默德之前的一代就已分开。回国之后，兄弟五人很快得到了哈比布拉的信任。纳迪尔成了禁军统领，其他兄弟则成了封疆大吏。他们的妹妹尤利娅·贾娜卜（Ulya Janab）嫁给哈比布拉之后，他们的地位进一步得到巩固。喜欢西式服装的尤利娅是位才女，她创作了不少诗歌，而且通晓多门外语。104
她去世前，正在将先知穆罕默德的第二位继承人奥马尔的传记从乌尔都语译成达里语。1932年，她的哥哥帮她出版了这本书。

回来的另一个人是马哈茂德·塔尔齐（Mahmoud Tarzi）。此人回国之后，曾经掀起过一场政治风暴。去国期间，塔尔齐一家一直在奥斯曼帝国定居。青年土耳其党（Young Turks）掀起的革命风暴，让年幼的塔尔齐兴奋不已。青年土耳其党人发起了一系列的运动，他们呼吁摒弃陈腐、停滞的过去，拥抱崭新的未来。并不是所有的青年土耳其党人都是青年。“青年”不代表他们的年龄，而是代表他们的态度。

塔尔齐将土耳其的这股风潮带到了阿富汗，他成了宫廷里的常客。穆斯林激进现代主义者贾马鲁丁·阿富汗尼给了塔尔齐莫大的影响，是他心目中的英雄。贾马鲁丁曾是多斯特·穆罕默德委任的宫廷教师，当年，他为希尔·阿里起草了一份现代化蓝图。塔尔齐相信他可以通过塑造国王的思想来改变这个国家，他和他的偶像一样，以教师的身份登上了阿富汗的历史舞台。哈比布拉的好几个儿子都接受塔尔齐的教育，塔尔齐希望他们中的一位能够继承大统。他教授的知识并不局限于书写、计算。根据他的计划，他们应当好好认识阿富汗以外的广阔世界，并对国家的未来抱有期望。

哈比布拉将塔尔齐视为亲信，同时，穆斯陶菲和塔尔齐的关系也很亲近，其儿子哈利卢拉（Khalilulah）也是塔尔齐的学生。日后，哈利卢拉将成为阿富汗历史上首屈一指的现代诗人。70多年以后，回想起幼时的求学经历，这位伟大诗人仍记忆犹新。有一天，他在老师的书房玩耍，偶然被老师的几本译作所吸引。他全神贯注地读完了《海底两万里》《环游世界八十天》《神秘岛》和《天空之旅》，这些都是儒勒·凡尔纳（Jules Vernes）的小说。[4]

塔尔齐不仅是翻译家，他还是个作家。他出生于文学家庭，“塔
105 尔齐”这个词在达里语中有“文体学家”之意，原本是其祖先所用的笔名，后来成了姓氏。早在多斯特·穆罕默德时期，塔尔齐家就已经有了文名。马哈茂德·塔尔齐没有辜负家学，在当时的诗坛中占据了一席之地。比起鲁米（Rumi）、贾米、哈菲兹（Hafez）和安萨利（Ansary）等前辈诗人，塔尔齐的作品别有一番新风气。他确实使用了古典形式，遵循了古典韵律，但他不再单调地吟咏爱情和美酒，也不沉迷于飞蛾扑火般的意象之中难以自拔——要知道，老一辈诗人常常以此暗喻人类对真主的尊奉。塔尔齐把自己的浪漫情怀挥洒到了其他地方，他歌颂过电线和疫苗的威力，也曾对柏油路诗兴大发。[5]

塔尔齐创办的《新闻之光》（*Seraj-ul-Akhbar*）是阿富汗最著名

的报纸。《新闻之光》异常关注世界局势，科技进步、文化革新也是报纸的几大主题。《新闻之光》涉猎的内容十分广泛，各种信息让人应接不暇。从电波理论、天气预报到微生物学及其病理，从法国大革命的得失到制宪理论和相关的政治哲学，就连心理学的最新发现，读者也可通过塔尔齐等人的讲述而知晓一二。塔尔齐的妻子阿斯玛・丽斯蒂亚（Asma Restya）也是阿富汗新闻事业的一名先驱。在她的主持下，阿富汗有了第一份女性报纸。不过，这份报纸只局限在城市精英之间传播。[6]

20 世纪初，喀布尔的年轻人逐渐成熟，他们渴望听到这样的想法，渴望了解并随时准备进入那个从未想象过的广阔世界。塔尔齐等人的观点和思想让这些“青年阿富汗党人”很是受用。对于外面的广阔天地，他们十分好奇；未来那些无法预料的日子，更是让他们心生向往。年轻人总是拥有这样的能量，它会在某些时候、某个地点，以某种特殊的强度爆发。在我看来，第一次世界大战之前和期间，喀布尔似乎就处于那样一个时间和地点。对于喀布尔的年轻人而言，他们的城市堪比伯里克利时期的雅典、阿拔斯时代的巴格达、美第奇家族治下的佛罗伦萨及爵士时代的巴黎。至于塔尔齐，则是那个时代的弄潮儿，他是点燃火焰的那根火柴。

塔尔齐的身边聚集着一批青年贵族门生，他们都对他十分崇拜。当然，没人比埃米尔的第三个儿子阿曼努拉（Amanullah）更崇敬塔尔齐。阿曼努拉还娶了塔尔齐那美丽且多才多艺的女儿索拉娅。

那个年代，塔尔齐和他的追随者们风头很盛。不过，他们不是宫廷里唯一的活跃派，国王的兄弟纳斯鲁拉代表了一种不同的潮流。纳斯鲁拉是狂热的正统穆斯林，他鄙视兄弟的懒惰和淫荡。不过，他并没有出面反对。纳斯鲁拉继承了他父亲的性格和志趣，却

106 没能登上父亲留下的那个位置。为此，纳斯鲁拉自然有些懊丧，却也忍受了现实。阿卜杜尔·拉赫曼主政期间，曾经打倒了不少神职人员，把他们玩弄于股掌之间。作为儿子的纳斯鲁拉，却和他们产生了惺惺相惜之感。纳斯鲁拉知道，他们既没有被打垮，也没有被拉拢，他们仍在塑造乡村的公众舆论与民众的热情和影响。阿富汗乡村好像一片汪洋，而朝廷及其走卒不过是海浪上的飞沫。对此，纳斯鲁拉再清楚不过。于是，他主动和保守的神职人员交好，并多次暗示自己是他们在宫廷中的朋友。神职人员自然得投桃报李，要对亲王无限忠诚。纳斯鲁拉不喜欢英国人，这种厌恶源自宗教情绪。为此，他甚至主张发动一场战争，与英国人公开决裂。那时，阿富汗的外交权仍然掌握在英方手中，但纳斯鲁拉已摆出一副最深刻的保守姿态。[7]

表面上，纳斯鲁拉不担任任何公职。事实上，他在阿富汗权势滔天。一次，他漫不经心地对手下说，他可以把哈比布拉丢在一边。不过，他并未这么做，因为他没有必要这么做，他可以等待时机成熟。虽然哈比布拉已把长子立为王储，不过，这个叫埃纳亚图拉（Enayatullah）的年轻人软弱无能，看起来实在不似人君。

那个时候，阿富汗正面临一个重大抉择。当时，所谓的欧洲大战（也就是第一次世界大战）已经拉开帷幕。阿富汗应该站在哪一边？纳斯鲁拉和塔尔齐一致认为，阿富汗应该向英国宣战。只不过，纳斯鲁拉的建议是出于宗教原因，塔尔齐的反英倾向则源自反帝热情。[8]但国王哈比布拉觉得，阿富汗应该宣布中立。显然，国王要比两位近臣棋高一招。阿富汗和沙俄比邻而居，又是英国的“保护国”，两大帝国所在的协约国阵营，哈比布拉朝廷自然开罪不起；另一边的轴心国①成员中，有奥斯曼土耳其帝国，阿富汗不能向伊斯兰世界中的头号大国宣战。毕竟，当时仍有不少阿富汗人把土耳其苏丹当作哈里发（伊斯兰世界的宗教领袖）。万一两国兵戎相见，朝廷的面子多少有些过不去。

英国人知道中立意味着什么。这意味着英方清楚，阿富汗人可以越过杜兰德线，加入“印度”军队，为己效力。第一次世界大战期间，有近 70 万名印度人奔赴欧洲为英国效力。其中 1/3 是穆斯林，超过 80% 来自印、阿边界或阿富汗本土，也就是说，许多人是阿富汗人。[9] 许多阿富汗人参加了第一次世界大战。一战结束后，埃米 107
尔哈比布拉以阿富汗为英国取得胜利做出巨大贡献为由，要求参加巴黎和会。但印度总督认为这样的想法是极其荒谬的。[10]

接下来，各位读者将会见识阿富汗历史上的一桩奇案。若论诡异程度，这起真实的案件恐怕还要胜过侦探小说。事情发生在 1919 年 2 月。巴黎和会刚刚开幕，远在阿富汗的哈比布拉则准备外出打猎。一般而言，2 月可不是出猎的好时节。虽然山区仍是白雪皑皑，但热爱冒险的国王还是欣然前往。不过，侯赛因却没有这样的兴致。于是，他中途脱队，在贾拉拉巴德停驻下来。哈比布拉则继续赶路。国王走后不久，侯赛因收到一封密报（有人亲眼所见，并向笔者作了转述）。读罢信件，侯赛因脸色大变。他立即手书一封，让信使速速转呈国王御览。他特地嘱咐信使骑上黑马，穿上黑衫，如此一来，国王才能一眼得见。信使倒是按时完成了任务，但是，哈比布拉忙于取乐，那封手书被他扔到一边，未曾启封。

当晚，国王用过晚餐后，乘兴回到营帐准备就寝。餐点由御厨

① 原文有误，应为“同盟国”。——译者注

掌勺，主菜是烤肉，辅以几道小菜。营帐外，禁军首领纳迪尔正带队巡逻。帐中除了哈比布拉，还有亲王纳斯鲁拉。营帐四周都有卫兵站岗，门口是上校雷扎。国王照例在三名仆役陪同下进入大帐休息，其中两人负责按摩松骨，另一人则负责说书。[11]

没过多久，哈比布拉进入了梦乡，仆役退出大帐。但是，没走几步，他们就听到一声巨响。随后，只见一个黑影正要闯出门外。雷扎一手抓住那人的胳膊，却未能看清他的身份。禁军首领纳迪尔和亲王纳斯鲁拉闻讯赶来。看他们的样子，似乎早就知晓今晚有事会发生。一片混乱当中，那个神秘人挣脱束缚，消失得无影无踪。此后，他再也没有现身。事后有人声称，因为纳迪尔和纳斯鲁拉有意包庇，才让刺客得以逃脱，这场刺杀本就是两人的阴谋。而哈比布拉则早就断了气。一颗子弹不偏不倚，穿透了他的心脏。显然，刺客一早已埋伏在营帐中。为什么守卫如此疏忽，竟然没有发现刺客的行踪？这样一起谋杀事件，会不会有王族贵胄或者高官牵涉其中？

108 次日，纳斯鲁拉迅疾赶回贾拉拉巴德，并宣布自立为王。哈比布拉的长子、王储埃纳亚图拉一向性格温和，他不曾提出异议，并对新君宣誓效忠。国王的次子在几天前就借口公务繁忙离开了狩猎的大部队。国王遇刺当日，他本该在喀布尔，但在回程途中，因身体不适，在某处村舍耽搁了一段时间。那么，他是如何得知父亲被杀的噩耗的呢？一定是赶往喀布尔传递国王遇害消息的信使经过了王子正在养病的地方。

哈比布拉的死讯在喀布尔炸开了锅，大家都不知所措，唯有热衷改革的三王子阿曼努拉临危不乱，他似乎对当下的局面早有预料。没过多久，财政大权便落入了他的掌控之中，他还接管了军队的指挥权。阿曼努拉宣布军队大幅加薪，以确保军队的忠诚，并承诺要犒赏众位将士。他召集喀布尔的名流贵胄，发表了一场充满激情的演说，他拔出佩剑，发誓“把杀害我父亲的凶手绳之以法之前，这把剑绝不回鞘！”[12]

星期五，纳斯鲁拉来到贾拉拉巴德的清真寺，吃惊地听到以“埃米尔阿曼努拉”名义宣读的布道令。没多久，阿曼努拉的亲兵逮捕了纳斯鲁拉，指控他谋杀哈比布拉。而后，先王的高级顾问先后入狱，那些可能妨碍阿曼努拉的人一个接一个地遭到了审判。哈利卢拉的父亲侯赛因也在阿曼努拉的名单中，那一年，哈利卢拉12岁。目击者看到阿曼努拉拿出一封信，大概是穆斯陶菲给先王的那份手书。显然，信中的内容为穆斯陶菲招来了灾难。阿曼努拉让侯赛因作出解释，侯赛因声嘶力竭地怒斥：“你才是杀人凶手！是你谋害了自己的父亲！”[13]

阿曼努拉下令立即将穆斯陶菲拖到花园吊死。行刑人是来自北方的普通农民，当其中一人把绳索套在穆斯陶菲脖子上的时候，手还有些颤抖。侯赛因嘲笑道：“被吊在这里的人是我，你在那里抖什么？来吧，年轻人，吊死我好了。等你们离开这里，记得告诉全世界，这起冤案是阿曼努拉一手炮制的。”[14] 109

对于阿富汗的统治者来说，暴力的结果并不罕见，但大多数人是在战争中丧生或战败后被处死的。哈比布拉被谋杀，成了一桩公案。谁是幕后主使？谁策划了刺杀行动？杀人者是何身份？没有人知道。早年间的一些“安乐椅神探”（armchair detectives）都把嫌疑指向纳斯鲁拉和纳迪尔，毕竟，前者有动机，后者有机会。机缘之下，两人很有可能串通一气。话又说回来，尽管阿曼努拉大肆宣扬要追捕凶手，但他打击的对象不像是杀父仇人，倒更像他的政敌。由此一来，阿曼努拉自然也有悖逆的嫌疑。

当然，当时没有人对阿曼努拉表示怀疑，因为他是国王。所有的闲言碎语都集中到了纳迪尔的身上。后来，阿曼努拉跌下宝座，纳迪尔成了国王，舆论又将矛头指向阿曼努拉。总之，这一谜团与嫌疑人的政治命运交织在一起，这就是为什么至今没有人知道真相的原因。但这已超出了我们的故事范围，不作多述。

第 11 章
崇尚变革的君王

阿曼努拉这般做派的君主，阿富汗人还是第一次得见。民间流传着新君的一段往事。阿曼努拉还是王子的时候，他曾经穿着农民的衣装走街串巷，和市井民众打成一片。传说听上去有些无稽，但对我来说却有一种真实感，毕竟阿曼努拉的个性便是如此。[1] 在他之前，阿富汗的国王和英国人走得很近，这不符合阿富汗人民的心意。王室拿着英国人的补贴，用他们提供的武器控制自己的臣民，是地方部落和广大民众，而不是王室奋起抵抗，才换来了两次抗英战争中的那些胜利。阿富汗的精英阶层把英国人当成处得来的伙伴；而街头的市井小民却憎恨这群外来客，希望他们快点离开。在这个问题上，阿曼努拉和民众看法一致。

阿曼努拉的授业恩师塔尔齐是个狂热的民族主义者。老师的思想，得到了学生的全盘接受。即使阿曼努拉对追求民族独立并没有那么强烈的热忱，但他仍可以喊着“独立”的口号来巩固自己的权力。无论动机如何，1919 年，初登大宝的阿曼努拉立即宣布阿富汗摆脱英国的控制，实现“完全自主”。阿曼努拉的举动颇让英国人感到意外，谁能想到，阿富汗的国王竟然拒绝表示臣服！

为表独立之志，阿曼努拉特地致信英属印度总督。他在信中表示，“独立自主的阿富汗”愿与英国缔结新约，建立互利互惠的双边
112 关系。这意味着英、阿两国是平等的关系。[2]英军最高统帅对阿曼努拉的这番天真言论嗤之以鼻，根本懒得有所回应。

不久，又一封喀布尔来信摆在了殖民当局面前。这一次，阿曼努拉宣布阿富汗已建立外交部，部长由马哈茂德·塔尔齐担任。一直以来，阿富汗的外交事务都在英印当局的操控之下。多斯特·穆罕默德以降的各位阿富汗国王，无不对此表示认同。正因如此，阿曼努拉这种自命不凡的行为几乎算得上挑衅。不过，英印殖民当局仍然决定不予理会。

接下来的几个星期，美国、法国、波斯、日本、土耳其和俄罗斯政府先后接到阿曼努拉的照会。如此一来，阿富汗建立外交部的事情便成了举世皆知的国际新闻。殖民当局似乎应当忍无可忍，但是，英国人对待阿曼努拉就像对待木箱里“吱吱”作声的老鼠。

自然，阿曼努拉还得制造一点更大的动静。1919 年 4 月 13 日，他的机会终于来了。那天，印度北部城市阿姆利则爆发要求印度独立的示威游行。虽然游行的人群并无暴力举动，但英军将领雷吉纳尔德·戴尔（Reginald Dyer）还是下令向示威者开枪。十分钟的暴力屠杀，造成 379 人丧命，超过 1200 人受伤。[3]阿曼努拉抓住机会，号召民众向英国殖民者发起“圣战”。国王的命令得到了众多普什图部落的热烈响应，英、阿边境地区很快陷入混乱，第三次英阿战争打响。

人们常说的第三次阿英战争，其实并不是一场真正意义上的战争。阿曼努拉任命纳迪尔·汗（Nadir Khan）为总司令，派他和另外两名将军向边界的英国驻所发起进攻。其间，双方进行了一些小

规模的战斗，但没有领土易手。

英国方面表现得很克制，他们担心战局一旦扩大，又会演变成一场部落大起义。部落起义，可是英国人最大的噩梦。于是，英国人想要速战速决。为此，他们用上了一件当时最新的武器——英国飞机使用炸弹对贾拉拉巴德市实施了空中打击。受惊的当地居民纷纷撤离，一夜之间，贾拉拉巴德人去城空，变成了一座鬼城。

不久，两架英国战机（与《花生漫画》里史努比狗狗的那台座驾差不多）向喀布尔投下了炸弹。虽然那场空袭未造成重大伤亡，但是，空袭带来的严重后果却长久地萦绕在喀布尔市民的心头。即便事情过去了40余年，当年的噩梦还是挥之不去。有一次，我的父亲需要填写文件中的个人信息，于是向祖母咨询自己的出生日期 113
（阿富汗当时尚未普及西式历法，人们也没有庆祝生日的习惯，一个人不知道自己和家人的生日实属正常）。出乎父亲的意料，祖母确切地记得他的生日。她记得儿子周岁那天，英军正在空袭喀布尔。因此，我的父亲出生于喀布尔大空袭的前一年。

空袭的效果立竿见影，殖民当局很快收到了阿曼努拉的来信。国王表示，诉诸武力无助于消除分歧，他建议双方不妨平心静气地坐下来好好谈判，这才是文明国家解决纠纷的应有方式。但英国人根本懒得回应。这本是一种令人沮丧的羞辱，但阿曼努拉利用了这一点：他要求和平，而英国人甚至不予理会，有违普什图人一贯的行为准则。国王的臣民也很愤怒，他们想不到这帮“法兰奇”竟然如此野蛮！相比起来，阿曼努拉就是个碰了壁的和平主义者。阿曼努拉通过呼吁追求民族独立成了民族英雄，通过号召“圣战”，又让他赢得了虔心卫教的名声，现在他通过呼吁和平而遭冷落，获得了殉道者的光环。一场风波过去，他的民望已经登峰造极。

与此同时，边境上的一座英军要塞落入了纳迪尔的包围圈。除了朝廷的正规军，1.2 万余名部落出身的义兵乡勇也在助阵剿敌。[4] 他们的枪械实在原始，为此，那头的英军很是嘲笑了一番。不曾想，纳迪尔切断了英国人的水源，英国人自然再也笑不出来了。

对于英方而言，坏消息还不止于此。阿曼努拉掀起的反英浪潮在边境地区的阿富汗人中间蔓延，殖民当局又一向担心部落起义。当时，边境地区的部落蠢蠢欲动。英国人可不想和这些部落同时开战。1919 年，大英帝国尚在大战后的恢复期。于是，英国人接受了阿曼努拉的和谈动议。双方特使在拉瓦尔品第（Rawalpindi）会晤。英方选择和谈，不是慑于阿富汗军队的勇武，而是考虑到当时的世界形势。

就这样，第三次英阿战争宣告结束。其间，双方发生过几次小规模冲突，造成少量伤亡，有四五枚炸弹落到了两座城市。虽然规模不大，但英国人觉得足够了，因为这让阿富汗人恢复了理智，阿曼努拉已在修书乞降。那么，阿富汗需要承受怎样的惩罚呢？对此，伦敦的诸位官员意见并不一致。不少人觉得，英国应当借机直接占
114 领阿富汗。可是，巴黎和会刚刚落幕，伍德罗·威尔逊那震惊整个西方世界的“十四点原则”言犹在耳，关于“民族自决”、尊重弱小国家利益的讨论满天飞。直接接管阿富汗看起来并不酷，即使这样做，也必须以一种含蓄的方式进行。[5] 和谈开始之前，英国政府内部对此已经达成了共识。

来到拉瓦尔品第谈判的阿富汗代表意气风发，仿佛他们是战胜的一方。英方谈判代表团由汉密尔顿·格兰特（Hamilton Grant）率领。英国人企图对阿富汗代表团进行一些羞辱，有意挑起矛盾，却都被阿方代表阿里·艾哈迈德（Ali Ahmad）巧妙反驳。阿里·艾

哈迈德可谓举止得体、表现亮眼，他的巧舌如簧和诡辩技巧派上了用场。谈判持续了整整一个夏天。几个月的口舌交锋下来，英国人总算从艾哈迈德的嘴里探得了阿富汗国王的底线：在外交上保持独立。这点要求立即得到了英方的首肯。但签订协议的那天，事情又起了波折。阿里·艾哈迈德要求，文书中提及阿曼努拉的地方，都应以"殿下"相称，因为"埃米尔"之称实在不成敬意。对此，格兰特自然不答应。他说，"殿下"这一尊称乃是英王乔治五世的专属荣誉。格兰特提出了一个折中方案：文书中删去两国君主的提法，条约以"英国政府"和"阿富汗独立政府"的名义签署。英国代表满心以为，如上提议保全了大英帝国的尊严，其实，此举正中了阿富汗人的下怀。此前，英、阿之间的每项条约都是两国君主之间的私人协议，国王一旦去世，所有的承诺就化为泡影，这份条约则成了两国政府间的协定，无论谁统治这个国家，都要遵守，而且条约还用了"独立政府"一词。

此次谈判，艾哈迈德还取得了一项重要成果。应他的要求，格兰特提供了一份单独文件，代表英国政府承认阿富汗的主权国家地位，放弃对阿富汗的外交控制。对此，格兰特的解释是："自由不过是一件新鲜的玩具。"他向上司表示："阿富汗对此爱不释手，非常兴奋……如果我们处理得当，玩具坏了，他们会来找我们修补。反正他们只在乎自主之名，并不在意名头之下的实质。"[6]

此后的一件事情让英国人的如意算盘落了空。为了操办独立庆典，阿曼努拉征用了喀布尔的一间大清真寺。阿富汗取得独立自由的那一刻，英国代表团自然不能错过，俄国布尔什维克政权也派代表前来观礼。这时，英国人恍然大悟，阿曼努拉对这个新玩具可能是认真的，但木已成舟。到 1921 年 11 月 21 日，英、阿双方达成最

115 终协议时，阿曼努拉朝廷已先后与日本、法国、意大利和土耳其等国签订了贸易协定和友好条约。

当然，也有那么一个国家让阿富汗人碰了钉子。1922 年，阿富汗代表团来到纽约。没想到，国王与美国建交的愿望却被同期而至的一个可笑冒险家搅了局。这位老妇自称法蒂玛·苏塔娜公主（“princess” Fatima Sultana），是舒贾的后裔，一袭珠光宝气的打扮，充满西达·贝拉式的异国情调，与纽约人印象中的神秘东方甚是契合。她的珠宝包括一颗特别大的钻石：“光之海”（Darya-i-Noor）。“公主”的身边还有一个自称“埃及王储”的流氓。这样的人物，各位读者应该在马克·吐温的小说里见识过，只不过，他们的舞台不在密西西比河的竹筏上，而是在纽约。

更糟糕的是，这两个诈骗艺术家成了韦茅斯这个美国骗子的牺牲品。韦茅斯自称在美国海军部供职，能把法蒂玛公主介绍给总统认识。事实上，他是在打“光之海”的主意。突然冒出的两个阿富汗外交代表团，叫纽约的各大媒体都难辨真伪。不过，他们选择了更有趣的法蒂玛和她的随从。每天“公主”和她的钻石总会在报纸上占有一席之地。与此同时，美国国务卿查尔斯·埃文思（Charles Evans）从英国得知，阿富汗仍是大英帝国的一部分，根本不是一个主权国家。最终，真正的阿富汗代表团一无所获。法蒂玛的钻石则落入韦茅斯的口袋。后来，因为欠账过多，她被酒店扫地出门。

尽管美国对此不屑一顾，但是，阿富汗取得独立已是既成事实。列代先王信誓旦旦想要实现的目标，就这样在阿曼努拉的手中得以成真。如此伟大的成就，是通过外交和谈判而不是战争取得的。那时，阿曼努拉拥有比大多数统治者更多的政治资本，百姓对他拥戴万分，国王也爱惜百姓。国王习惯于晚上把城里的显要人物召集在一个大礼堂，畅谈阿富汗的发展前景。阿曼努拉觉得，天赐良机正摆在国家的面前。他巡视全国，在坎大哈及其他城市召开会议，向普通民众发表演说。他希望国民重视教育，毕竟下一代肩负着阿富汗的未来。国王表示，孩子们必须识文断字，养成学习的习惯。唯有如此，阿富汗才能造出自己的飞机，拥有完备的电力系统和路政设施。他还提到，倘若妇女毫无贡献，国家何谈进步？因此，阿曼 116
努拉希望男性让自己的妻女接受教育，并善待妻子。阿曼努拉说，善待妻子是先知的教诲。先知说，人人平等，男女也是如此。阿曼努拉希望臣民记住这一点。

阿富汗的专制君主之中，阿曼努拉的作风最为开明。即便只是惺惺作态，他的虚情假意也足够感动臣民。毕竟，他屈尊纡贵和民众当面交流，他愿意放下身段和普通人握手，他甚至能够倾听臣下的陈情诉苦。一次，阿曼努拉来到南部边境考察，执意要与一帮在此作业的筑路工人会面谈话。当地地形崎岖，施工难度很大，工人基本来自社会最底层。国王拥抱了他们，并向他们的辛勤工作致以谢意。访问期间，阿曼努拉身边没有任何保镖。列代先王看重的官民之防，他似乎并不在意。“整个国家都在为我保驾护航。”阿曼努拉说。

回到喀布尔，阿曼努拉摇身一变，成了高贵宴会的男主人，他的妻子（也就是塔尔齐的女儿）索拉娅则在一旁作陪。阿曼努拉和男宾高谈阔论之时，索拉娅也会召集到场的女士，发表同样慷慨动人的讲话。这对夫妇以启蒙先驱自居，他们觉得，自己的演讲能把人民引向光明的未来。对于宗教事务，阿曼努拉夫妇并不看重，世俗生活才叫他们万分向往。毕竟，世俗化才是西方世界强大力量的来源。

第12章
王法还是教法？

117 1923年，阿曼努拉昭告全国，推行新宪法，这部新法是国王自掌权以来的心血结晶。他称之为“尼扎姆纳马”（*Nizamnama*），也就是“秩序之书”。这部法典是阿曼努拉的新鲜发明。他借鉴了凯末尔在土耳其主持的改革。而凯末尔又从瑞士、法国和意大利的法典当中得益良多。阿曼努拉的立法之举在阿富汗掀起了不小的风波。广大神职人员认为，人类是不能制定法律的，如此至高无上的权力，只属于真主。而且真主早就已经颁布法律约束人间的生活，任何人为的规矩都不应凌驾于沙里亚法之上。

阿曼努拉并未称他的法典将取代沙里亚法，他没有提及沙里亚法。“秩序之书”的种种条文，和国王制定法律的举动一样具有革命性，其中的某些法条令人兴奋，但也有些令人不安。

阿曼努拉的法典禁止酷刑，禁止强行进入私人住宅，政府公职人员也要遵守。新法赋予公民检举贪腐官吏的权利。求告无门的下层民众可以直接向国王提出申诉。此外，法典废除了奴隶制。对于以上法条，阿曼努拉的臣民莫不表示欢迎。

可惜，“秩序之书”的内容不仅如此。神职人员发现，法典白纸黑字写明要保护“宗教信仰自由”。没人知道阿曼努拉所谓的宗教自由限度何在。显然，他绝不容许穆斯林自行脱教——如此行为严重 118
违背沙里亚法，阿曼努拉恐怕没有反对沙里亚法的勇气。那么，他所谓的宗教自由有何意义呢？难道他是想把《古兰经》和《圣训集》的解释权下放给每位穆斯林？但即便如此，他也会把全国上下大大小小的神职人员都开罪一遍。要知道，教士阶层在阿富汗可是树大根深、难以撼动。

在新宪法规定下，童婚成了一种犯罪行为。阿曼努拉规定，18岁以下的女子不得与人婚配，男性的法定婚龄是22岁。关于彩礼，新法也有一番规定。过去，男方需要向女方支付一定的彩礼，方能迎娶新妇过门,具体金额由双方家长商定。在阿曼努拉等改革者看来，此等行为无异于卖女牟利。不过，国王并未彻底废除这种习俗，只是规定了彩礼的上限。如此一来，男人至多花费29卢比，便可迎娶一位妻子。几房妻室加在一起，礼金也不会超过1万卢比。[1]

女性的头巾、面纱和罩袍也是新法关注的一大问题。按照伊斯兰教法，面对家人之外的男性，女性须用面纱遮住脸部。阿富汗的罩袍令（purdah）以严苛闻名于世。在公共场合，女性需要穿着一种名为“却德里”（chadri）或者“布卡”（burqa）的罩袍，从头到脚被包裹得严严实实，只留下眼部位置的一小块网纱供女性看到外面世界。阿曼努拉的新法规定，罩袍不再是女性外出的必穿衣物，男人也无权要求她们穿戴。即便是丈夫也无权要求妻子穿戴。如果女性愿意穿着，法律不会干涉。这样的规定，简直就像一场革命。

法律之外，国王还向国民提了不少建议。伊斯兰教允许男人拥有四名妻子,前提是丈夫必须对每位妻子都平等相待。阿曼努拉指出，除了先知本人,没有哪个男人能把一碗水端平。因此,他认为《古兰经》

其实反对一夫多妻。阿曼努拉本人也只有一位妻子。他表示，男人拥有一个妻子已经足够了。*

此外，“秩序之书”禁止鞋匠制作老式的翘头旁遮普风格的鞋子，这是大多数阿富汗男性的用鞋。从此，阿富汗制鞋商只能制作西式
119 鞋子。蓄须人士不能为政府工作，他们必须刮脸修面，方能继续担任政府公职。官员上班必须着西装，打领带，戴有帽檐的帽子，而不能穿戴头巾、长衬衫和灯笼裤。

可想而知，新法一经面世，就会在社会上造成爆炸般的轰动效应。对此，国王和王后倒是不太担心。他们觉得，阿富汗人需要时间接受教化，臣民们只需学习。有鉴于此，阿曼努拉在全国各地大办学校，而且这些学校不仅仅招收男生。在这个崭新的阿富汗，女性也有接受教育的权利。虽然第一批学校不是男女同校制，不过，男女学生一起读书已经成为趋势。阿曼努拉之前，阿富汗已经有一所高中，那是他父亲哈比布拉的政绩。阿曼努拉登基后，又主持开办了三所同等规模的学校。每所高中都会教授一门外语，而且到了高年级，所有自然科学的课程都通过欧洲语言讲授。加兹（Ghazi）和哈比比亚（Habibia）中学用英语教学，内贾特高中（Nejat）用德语教学，埃斯特格拉尔高中（Istiqlal）用法语教学。毕业于这些学校的男生，可前往法国、英国和美国继续深造。他们所学的知识，是国王夫妇实现新阿富汗愿景所需的必备技能。

在纳迪尔和他的兄弟看来，国王的新法既是灾难，也暗藏机遇。第三次英阿战争中，纳迪尔身处前线，冲锋陷阵。其间，他和南方的部落首领建立了牢固的联系。他可不想因为国王的新法而和这些

* 阿曼努拉没有提及他的第一任妻子，两人是包办婚姻，但未办理离婚手续。

朋友断了联系，继而失去乡村势力对他的支持。不过，纳迪尔为人精明，他并未对新法提出高声的非议。阿曼努拉毕竟还是一国之君，纳迪尔不好驳了国王的面子。但在私底下,他并没有掩饰自己的态度。纳迪尔对英国人大献殷勤，声称自己对英国的制度、风物甚是倾慕，认为阿曼努拉国王大刀阔斧的激进改革是受苏联影响的产物。相较之下，他更愿与英方交好。后来，纳迪尔得到一个外交职务前往巴黎赴任。如此一来，他可以一边保持安全距离，一边观察阿富汗局势的走向。

阿曼努拉推动的改革深受塔尔齐的教导和影响。不过，眼见国王如此激进，塔尔齐生出了一丝不安。塔尔齐建议国王，改革不妨缓行。但阿曼努拉和索拉娅却不以为然。在这方面，国王和王后都有一点青年人的脾气。在他们的心目中，塔尔齐曾在过去引领一时的风气，如今却已经有些落后守旧。不过，岳父的一点教导，国王倒是牢记在心。塔尔齐曾经谏言阿曼努拉借鉴土耳其国父凯末尔的
改革。当年，凯末尔大刀阔斧改革之前，先掌握了军权。塔尔齐建 120
议阿曼努拉，不要让改革先于军事准备。

君王应当掌控军权。对于这一点，翁婿两人看法相同。于是，阿曼努拉恢复了祖父阿卜杜尔·拉赫曼的“哈什特－纳法里”（hasht-nafari）制度。根据该制度，每8名成年男性中，就有一人得去服兵役。

阿曼努拉的改革走得太远了。城市之外，宗教领袖已经在鼓吹国王成了异教徒，他建立军队是想策划阴谋，实现他的异教徒意志。他会闯进各家各户，强行摘掉妇女的面纱。接下来，天晓得阿曼努拉还会做出什么事情。1924年，杜兰德线附近爆发部落叛乱。不过，事情很快平息下去。当时，朝廷的军备远远强于叛军，而且国王也

尚未失去大多数部落的支持。[2]但是，胜利过后，阿曼努拉却陷入了两难的境地。

阿曼努拉的困境关乎阿富汗境内最有权势的宗教人士。他们是兄弟，被称作“朔尔巴扎的哈兹拉特”（Hazrat of Shor Bazaar），意为喧闹市集走出的圣人。唯有最受尊敬的宗教人士才能被授予“哈兹拉特”的尊衔，他们的学识也因此得到承认。同时，哈兹拉特拥有很强的权势和号召力。诸位信徒不仅追随他们，甚至愿意为他们献出生命。

哈兹拉特兄弟来自穆贾杰迪（Mujaddedi）家族，即“新来者”。一开始，他们是阿曼努拉的支持者，其长兄亲自把皇冠戴在了阿曼努拉头上，并于1919年在清真寺宣布他为国王。不过，长兄在叛乱开始时便去世了。弟弟舍尔·阿迦·穆贾杰迪（Sher Agha Mujaddedi）反对国王的改革，不再支持阿曼努拉。事实上，他是煽动那场暴乱的帮凶。

尽管如此，阿曼努拉却不能把舍尔·阿迦逮捕下狱，因为这不是某个在山区传教的与世隔绝的毛拉。相反，舍尔·阿迦是具有全国影响的宗教人物，在这个国家，人们对宗教的态度比对任何其他事情都要认真。人们对舍尔·阿迦抱有高度的敬意，甚至容不得舍尔·阿迦遭受非议，更别提指控他犯有叛国罪。即便是国王，也不能。于是，阿曼努拉召见了舍尔·阿迦，并暗示他去另一个国家可能会更舒适。舍尔·阿迦领会了国王的暗示，来到印度，落脚在德奥班德（Deobande）附近。

121 事后看来，舍尔·阿迦的出走，在阿富汗的未来之路上埋下了灾难的种子。德奥班德有一所著名的神学院，那里兴起了一场德奥班德运动。几个世纪以来，德奥班德神学院走出来的人活跃在印度的穆斯林中，鼓吹伊斯兰教应当回归“本来的模样”，即公元 7 世纪麦加和麦地那实行的形式。这不仅是一场宗教运动，也是一场政治运动。德奥班德学派认为，伊斯兰教已为社会提供一个全面的指导，穆斯林有责任建立一个受沙里亚法指导的国家，在这个国家，安拉的法律是唯一的法律。

他们认为，要想达成目标，穆斯林必须摒除异教徒的影响。欧洲帝国主义殖民者带来的种种事物，自然受他们唾弃，先知及其伙伴的朴素作风，方才值得他们学习和追随。各位读者可能据此以为，德奥班德学派一定都是坚定的反英分子。事实上，至少在那个年代，德奥班德学派更关注的是他们自己倒退的兄弟，特别是穆斯林现代主义者。为了打击这群“近敌”（奥萨马·本·拉登后来称之为世俗穆斯林），德奥班德学派准备与英国达成协议。他们相信，除去“近敌”之后，才能着手对付那些远方的祸患。阿曼努拉的所有作为，都是德奥班德学派反对的；德奥班德学派的主张，又正是阿曼努拉一心摒弃的东西。

为了平息叛乱，阿曼努拉被迫取消了他的改革，以求得部落的支持。不过，事态一经平息，国王又开始实行“秩序之书”。与此同时，舍尔·阿迦·穆贾杰迪和阿富汗的亲近盟友保持着密切联系。不少德奥班德学派人士带着情报，在杜兰德线两侧来回穿梭。由此，阿富汗多地的神职人员和部落首领在哈兹拉特的煽动下，起来反对国王的统治。阿曼努拉已经背弃信仰、沦为“卡菲尔”（kafir）的言论在疯传，阿富汗阴谋论者认为，英国秘密煽动并支持了这场有腐蚀性的行动。

1927 年，阿曼努拉又做了一件史无先例的事情。虽然国内局势并不稳定，但他仍执意前往欧洲进行访问。他将国事托付摄政处理，

自己则以普通公民的身份经印度前往孟买。在那里，阿曼努拉和索拉娅登上海轮前往埃及。途中，王后换下了沉重的阿富汗面纱，新
122 的面纱只遮掩了脸的下半边。当她戴着这张面纱抵达开罗时，狗仔队拍下了她的照片。

在埃及，阿曼努拉夫妇受到了热烈欢迎。大家视阿富汗国王是以弱敌强的英雄。伊斯兰世界的众多君主之中，唯有他让国家摆脱了欧洲殖民统治，实现了国家的完全独立。埃及人民的热情引起了欧洲媒体的关注，一场阿曼努拉旋风在西方席卷开来。

阿曼努拉夫妇在东方也引起了轰动。阿曼努拉访问了埃及拥有千年历史的伊斯兰古老高等学府爱兹哈尔大学（Al-Azhar），这里走出过无数的穆斯林神学家、学者和圣人。阿曼努拉来此访问，却并没有换上传统的穆斯林服装。他身着一袭鸽子灰西装，戴着礼帽而不是头巾，在清真寺里祈祷。对此，在场的学者和教士又是皱眉，又是咋舌。远在阿富汗的一众政敌，倒是有些幸灾乐祸。

离开埃及之后，阿曼努拉夫妇驾临意大利。当地记者无不觉得，阿富汗国王的优雅风度，比身为东道主的维克多·埃曼努埃尔（Victor Emmanuel）国王要胜出许多。索拉娅彻底摘下了面纱，她的美貌倾倒一片。媒体把这对夫妇吹捧成童话里的王子和公主。为了尽到地主之谊，意大利政府可谓是费尽心思。摄影记者手中的相机快门更是一刻也未曾消停。

之后，阿曼努拉和索拉娅来到法国，在这里出现了更热烈的人群。法国人绝不允许自己输给意大利！阿曼努拉夫妇乘坐的列车抵达巴黎车站的时候，法国总统已在月台上恭候。索拉娅走上站台时，总统先生低头鞠躬，握住索拉娅的手，殷勤地把嘴唇贴在她的手背上。这一幕，自然没有逃过无处不在的摄影镜头。

新闻界都为索拉娅着迷。他们注意到，“索拉娅”听起来像 sourire，法语中是“微笑”的意思。出席国宴的王后换上了巴黎定制的时装，相当高级得体。在那个摩登的年代，索拉娅并未选择短裙，但是，当晚的那件晚礼服还是让她香肩半露，她戴的小面纱十分轻薄，只遮住了下半边脸。法国人民又一次发出赞叹，阿富汗王后的扮相美 123
丽且神秘，摩登又不失异国风情。

没过多久，德国人民也迎来了一睹风采的机会。身处现代的各位读者要想体会当时的那种激情，不妨联想一下摇滚乐巨星巡演欧洲时的场景。德国东道主不希望在风格上与意大利、法国相提并论，苦苦思索该为不喝啤酒、不吃猪肉香肠的客人提供什么。为了周全礼数，德国政府颇费了一番心思。最终，他们决定用贸易订单、经济援助及各种贵重礼物来弥补差距。阿曼努拉还接受了几架飞机、一批卡车以及好些工业机械。阿曼努拉想要建设一家肥皂工厂，德国立即表示全力支持。一家德国公司与阿富汗达成贸易协议，提出在未来三年，每年从阿富汗采购价值 83 万卢比的青金石。[3]

阿曼努拉的欧洲之行超越了政治的范畴。当然，“超越”一词可能并不贴切。这不是真正的政治，而是娱乐。回首世界媒体的发展历史，我们可以发现，那个年代的大众传媒已不再专注于沉重的国政事务，转而为公众提供各种乐子。阿曼努拉的到来，正好可以促进报纸的销量。待阿富汗国王和王后离去，媒体会忘掉先前的热情，而去发掘其他新奇有趣的卖点。当然，阿曼努拉和索拉娅可没有意识到这一点。他们只记得，到访的每个国家（包括英国）都在竞相给他们留下深刻印象。无论他走到哪里，阿曼努拉都能收获一堆礼物和援助。他怎能不开始认为，即使在这一巅峰时刻，他可能也低估了自己。

不过，欧洲各国的民众确实非常欢迎这对王室佳偶。摄影记者的镜头记录了他们的风采，相关影像登上报纸杂志，甚至漂洋过海，从欧洲传播到了印度。国王夫妇旅欧期间的所作所为，自然也被德奥班德学派看在眼里。哈兹拉特派人把那些照片送到了阿富汗。

一张张王后的露肩照片，在阿富汗的山区传播开来。满脸胡须、戴着头巾的老男人目瞪口呆地盯着这些照片，美丽的王后半裸着身子和外国男人坐在一起，还露出了半张脸！薄纱下的半张脸也是若隐若现，如此招摇，显然是为了撩拨那些浪荡的看客。她甚至大大方方伸出手去，供人抚摸和亲吻！她的丈夫居然对此熟视无睹！国王心里到底在想什么？男子汉大丈夫，如何能够容忍妻子如此丢脸
124 卖乖？阿曼努拉到底是国王还是皮条客？

照片风波之后，又一则骇人的新闻传进了山区。国王在德国获得了好些机器，并准备在喀布尔筹建一家肥皂工厂。肥皂的原料就是穆斯林的肉体——对此，各位政敌深信不疑。传说国王会把国内的老者集中处决，将尸体熬煮成蜡，制成肥皂，然后销售到英属印度乃至欧洲（类似的传说至今都有市场）。

阿曼努拉的欧洲之行还剩下最后一站——莫斯科。面对阿富汗国王的到访，当时的苏联政府有些进退两难。一方面，他们也想热情待客，从而不被资本主义国家抢了风头；但另一方面，无产阶级专政的国家又怎能逢迎一位封建君主呢？不过，苏联政府还是为接待阿曼努拉找到了一点理由。他们记得，阿曼努拉的改革举措曾经得到列宁的高度评价。伟大的革命导师列宁指出，阿曼努拉是亚洲的进步领袖，并称赞他是自己的兄弟。所以，对阿曼努拉小题大做应该不会违反正确路线。于是，在几名外交官的带领下，阿曼努拉夫妇参加了各种公开活动。他们的车队驶过大街的时候，得到了几

万名群众的热烈欢迎。虽然这里的晚宴不如巴黎那么光鲜亮丽，但是苏联方面也向国王表达了提供军事援助和开展经贸合作的真诚意愿。可以想见，大陆那一头的大英帝国的诸位官员，肯定已经气得咬牙切齿了。

就在那时，身在法国的纳迪尔似乎察觉到了英国人的心思，找到驻尼斯的英国领事表明自己的态度。他想让英国人知道，他仍然存在，他在阿富汗还有势力，他愿意提供帮助，也不知道纳迪尔有没有对英国人的“贡献”表示感谢，毕竟双方曾是生死较量的对手。

最后，阿曼努拉取道伊朗回到阿富汗。综观全球各国的历史，也很少见到如此意气风发的君主。国王亲自驾车驶入国境，同行的王后戴着轻薄的面纱。回国的第一站是赫拉特。阿曼努拉召集了城 125
里的知名人士，带着孩子般的兴奋，向他们讲述他这次伟大的旅行。他甚至保证，假以时日，赫拉特会像巴黎一样光彩夺目，但首先要荡涤旧的东西，他嘲笑宗教圣地加祖尔噶（Gazurgah）。此地乃是11世纪的苏菲派诗人胡瓦贾·阿卜杜拉·安萨利（Khwadja Abdullah Ansary）死后的长眠之处。这是一处神圣的避难所，无论是国王、军阀，还是任何政府官员，都不敢闯入此地捉拿任何人。但是，阿曼努拉称那是一堆胡说八道的迷信。他决定将圣殿夷为平地，并在那里建一些有用的东西，也许是一家医院，[4]也许是肥皂厂？

回到国内的阿曼努拉，好心情渐渐消去了大半。相比欧洲，这里的一切都如此落后，心中不觉有些丧气。行至坎大哈，他已经转忧虑为愤怒。当整座城市都展现出迎接游子归家的热情时，却遭到他的一顿冷言训斥。他批评人们压迫家中的女人，而且傲慢懒惰，如此一来，他们的生活永远不会改善，除非他们全力以赴，努力工作，改变自己的生活方式。也就是说，阿富汗人不能再像以前那样过活，一切都要向欧洲看齐。

改造阿富汗社会的工作势在必行。不过，这对夫妇显然是在做梦。他们举办了一次宴会，要求宾客换上路易十六时代的宫廷礼服。首都的一些公园，是国王特设的“无罩袍街区”。一天，阿曼努拉在一处无罩袍街区撞见一位穿着罩袍的妇女，他勃然大怒，当即命令妇女脱下罩袍，他甚至把罩袍付之一炬。那位女性只好赤身露体跑回了家。[5]

秋天到了，阿曼努拉的妥协也已近极限。他宣布自己将不再宽容国民的旧俗和陋习，“秩序之书”将完全施行。自此，新法严禁蓄须，不得穿戴传统的头巾，否则将会遭到重罚。接受教育是每个国民应尽的义务，即便女孩也不能偏废。此外，一百余名男性被派往欧洲留学，宗教考试让位于学术资格考试。他还给了 10 名女性留学的机会，虽然只是去土耳其，只学习助产术。不过，这仅仅是一个开始。
126 阿曼努拉在会见喀布尔女界名流时，发表了特别演说：在座各位女士，你们的丈夫如果哪天起了再娶之心，你们可以杀了他，我非常乐意提供武器。

当年 10 月，阿曼努拉召集首都的 600 位知名人士，发表了长达 5 天的演说。国王的演讲着实震撼人心。为了保证索拉娅王后等一众女性能够列席旁听，会场中央还围起了一片专门区域。当国王宣布，其实宗教并未规定妇女必须佩戴面纱时，会议达到了高潮。那是戏剧性的一刻，只见索拉娅王后站起身来，扯下了脸上的轻纱。王后的举动激励了好几位勇敢的女性，她们甚至一鼓作气，脱下了罩袍。[6]

第 13 章
王朝分崩离析

阿曼努拉回銮之时，喀布尔以北的科希斯坦闹出了新的乱子。一名传奇的塔吉克土匪正在这片山区出没横行，人称巴洽·萨考（Bachey Saqao），意即“挑水夫之子”。阿富汗的城乡间，有不少挑着羊皮水袋卖水的萨考［读者可联系鲁德亚德·吉卜林的《营房谣》（Gunga Din）］。运水者是最卑微的街头小贩。萨考出身山区，体格强壮得好似一座山丘，萨考的名字因为他那骇人听闻的力量而闻名。一次，白沙瓦发生一起盗窃案，某户人家的一只大号铁制保险箱不翼而飞。警察很快把矛头指向了萨考，因为只有他具备这般神力。

萨考可不是一个普通的暴徒。他十分狡猾，特别擅长从天罗地网中脱身而去。阿富汗的民间流传着不少关于他像佐罗那样挫败警察的故事。据说有一次，警察已经把他堵在了一间屋子里。情急之下，萨考决意险中求生。他放了把火，然后趁着烟雾弥漫中的混乱逃走了。[1] 在很多人的眼里，萨考是罗宾汉一样的人物，他行侠仗义，劫富济贫，高利贷者、商人是萨考的目标，为穆罕默德扎伊贵族服务的政府官员更是其首要目标。所得的金钱被萨考分给穷苦的乡亲，当然，他本人也从中渔利不少。[2]

一开始，萨考还只是个独行大盗。慢慢地，他的身边就聚起了一伙人，后又演变成为私人武装，萨考的声望也在与日俱增。再加上他旗下的这支精悍武装，朝廷眼里的萨考不再只是一个劫匪，而是政治上的威胁。特别是萨考已经表示，自己效忠于国内的穆斯林神职人员，这些神职人员在喀布尔与异教徒作战。

一次，萨考洗劫了朝廷的一支运输队，“挑水夫之子”收获颇丰。阿曼努拉终于坐不住了，他打算和这个土匪谈条件，希望对方
128 能够归顺朝廷。国王的邀约让萨考受宠若惊，而且，国王还许了他一个将军的头衔。萨考不愿错过招安的机会，他已经迫不及待想要在朝廷的委任状上签下自己的名字，虽然萨考目不识丁。

与此同时，一个看似更严重的问题爆发了。1928 年的最后几个月，喀布尔南部强大的辛瓦里（Shinwari）部落突然发难，部落武装把贾拉拉巴德围得水泄不通，连接喀布尔和白沙瓦的贸易通路因此横遭切断。而后，蓄力已久的地方势力蜂拥起兵，一场反对阿曼努拉的武装暴乱席卷开来。国王当即下令，所有部队开赴南方打击叛军。阿曼努拉觉得，他可以集中优势兵力迅速平息乱局。

阿曼努拉的决策真是大错特错。他致电负责与萨考谈判的省级官员，电话里两个人狠狠嘲笑了那个无知的土匪，说他竟然相信国王会任命他为将军，真是愚不可及！谁能想到，命运却和国王开了一个玩笑。他与臣下的对话并非通过专线进行，他口中的“无知劫匪”人脉广布，电话室里有他的眼线。就这样，国王的真实想法，萨考听了个一清二楚。幡然醒悟的匪徒很快召集人马，宣布他们要向喀布尔进军。[3]

喀布尔是阿富汗的第一大城市，萨考的部队不过几百人。一般

而言，这是无法取胜的，萨考的行动无疑愚蠢而又鲁莽。但是，在那个当口，喀布尔正处于不设防的状态。所有军队都已经开拔南部，电话和电报线路被全部切断。朝廷纵有万千精兵，也无法立即返回勤王。

军事学院是前往喀布尔的必经之地。虽然大多数师生已经提前逃走，但仍有 18 名学员（其中包括我的叔父穆扎法鲁丁，当时他才十几岁）驻守此地。他们从一个窗户跑到另一个窗户开枪，愚弄了萨考，不明就里的萨考误以为学校里有重兵驻守。为了避免遭遇伏击，萨考所率人马不得不放慢了前进的脚步。没过多久，萨考就回过了神。但是，阿曼努拉已有足够的时间逃离险境，他那已有身孕的妻子、妹妹，还有一众王子、公主、亲族乘飞机来到了暂时安全的坎大哈。

萨考重新开始了对喀布尔的进攻。稍稍定下心神的国王发布了一则悬赏令，鼓励国民夺取反贼的人头。岂料第二天早上醒来时，阿曼努拉发现另一则悬赏公告已在城中散播得铺天盖地，上面写着萨考为夺取国王的项上人头，愿意出更多的赏金。阿曼努拉这才意 129
识到，这个“挑水夫之子”有一批追随者，对方的黑手一早就伸进了自己的地盘。

屋漏偏逢连夜雨，南方叛军的最后通牒也递到了阿曼努拉的面前。他们提出了社会保守派所尊崇的那一套要求：恢复罩袍，政府不得干预婚姻事务，降低税收，保证沙里亚法作为阿富汗唯一法律的地位。除此之外，叛军希望国王以身作则，办好以下几件事情：和王后索拉娅离婚，把岳父塔尔齐关进监狱，将塔尔齐的家人驱逐出阿富汗。唯有如此，他们才能继续奉他为王。

叛军还有最后一个奇怪的要求，国王必须驱逐除英国人以外的阿富汗领土上的所有外国使节。正是这个要求，引起了阿曼努拉支持者的怀疑。不少人都觉得，英国人担心在无休止的大国博弈中落了下风，所以才导演了这出闹剧。兴兵闹事的普什图部落、煽风点火的德奥班德分子，还有那位出自朔尔巴扎的哈兹拉特，都是伦敦操控下的棋子。

面对质疑，英国政府矢口否认。其实，我们大可不必怀疑英国人的清白。看一看当时英方高层之间的往来通信，就会发现他们确实对此一无所知。那场起义完全出乎英国人的意料，他们也没有任何应对之策。但还有一个可疑的情况，为阴谋论者提供了一点理据。一个名叫劳伦斯（T. E. Lawrence）的英国人，当时正在白沙瓦开展活动，化名肖（T. E. Shaw），这就是著名的英国情报人员，“阿拉伯的劳伦斯”。第一次世界大战期间，此人策划了反对奥斯曼帝国的阿拉伯起义。虽然他在白沙瓦很可能与阿富汗无关，不过，劳伦斯在白沙瓦的具体作为至今仍是一个谜。

部落叛军发出的最后通牒击垮了阿曼努拉的精神防线。那个时候，他已经众叛亲离。即便身边的私人卫队，他也不敢完全托付信任。曾几何时，他信誓旦旦地表示：“整个国家都在为我保驾护航！”这样的豪言壮语，如今想来不免有些令人唏嘘。1929 年的那个冬日，阿曼努拉悲惨地投降了。他冒着大雪走上大街，穿的既不是传统服装，也不是王室的长袍大氅，他甚至没有选择西服，而只是披了一件普通步兵穿用的单调灰色制服。他在城市的街道上找了一个种植
130 观赏植物的平台，站在上面，开始面对路过的民众作可悲的演讲。他放弃了为之奋斗的一切，不再容许女性接受教育，关闭宗教学校之外的一切学校，任命一批毛拉入阁参政，废除“秩序之书”，宣布沙里亚法为国家法律。阿曼努拉还表现出了对多妻制度的赞许，说

他之前搞错了。为了表示自己所言非虚，阿曼努拉回宫后娶了 19 岁的表妹阿利亚。

但一切为时已晚。萨考继续进攻，阿曼努拉只得继续败退。1929 年 1 月中旬，他开着自己的劳斯莱斯汽车，一路向西撤退。阿曼努拉原本打算以加兹尼、坎大哈和赫拉特为据点徐图反抗，可是，当他举起王旗，却无人响应。没办法，他和岳父、妻子只得出国避难。塔尔齐回到了土耳其，阿曼努拉与索拉娅则去了意大利。他们的朋友维克多・埃曼努埃尔国王愿意为他们提供庇护。由于走得匆忙，阿曼努拉没能携带任何财产，除了一点身为国王的经验，他甚至不具备任何专业技能。可惜，当时的欧洲也不缺国王。阿曼努拉只得靠做家具维持生计，他的日子过得非常惨淡。1960 年，阿曼努拉去世，死时的他贫病交加。31 年的流亡生涯，阿富汗对他不闻不问。斯人离去，祖国那边也没有传来半点吊唁之意。

那边，萨考和他的农民军已经成为王宫的新主人。据称，宫里的豪华家具让乡巴佬们目瞪口呆，他们误把夜壶当成盛汤的器皿，吃了散落在地上的水果，并试图将种子吐到窗外，然而惊讶地发现种子反弹回来了，因为萨考等人从没有见过玻璃窗。如上的笑话叫笔者也难辨真假。也许，只是喀布尔城中老于世故的一些人成心编派这些农民而已。[4]

叛军背后的宗教巨头舍尔・阿迦仍在印度。其实，近来的变故让舍尔・阿迦也吃惊不小。他的弟弟古尔・阿迦（Gul Agha）倒是动了野心，一直劝说哥哥自立为王。舍尔・阿迦会见了萨考，赞颂对方为国锄奸的功绩。萨考以阿富汗新埃米尔的身份，承诺要给他奖励。

萨考表示，自己一定和阿曼努拉大不相同，他感激哈兹拉特的支持。为此，他在政府中留了好些高官厚职。在他登基为王的那天，大家知道了他的真名——哈比布拉（Habibullah），萨考与阿曼努拉的父亲竟然同名。为了把他和第一个哈比布拉区别开来，他被称为“哈比布拉·卡拉卡尼”，卡拉坎（Kalakan）是他的家乡。

131 其实，萨考的举止并不粗鲁。他思维敏锐，而且坦率幽默。过去，他掠夺了不少钱财，但是，他从未据富自傲，也不像其他军阀那样虚情假意。他非常坦率地告诉喀布尔人民，自己不会读书写字，因此非常需要他们的帮助。他任命的内阁成员中，有好几位是阿曼努拉的大臣。他还保证了英国公使馆的安全，他从没和他们争吵过。[5]

一介匪徒忽然成王，萨考的头脑不免有些发昏。他需要争取民心，以他能想到的简单方式。他一声令下，废除了所有税收，除伊斯兰教法规定的慈善募捐外。在他的家乡，人们对政府的诉求就是不征税！没过多久，他就意识到，朝廷需要收入。这笔钱财，他打算向那些搜刮民脂民膏的寄生阶层收取，即富商、高利贷者和政府官吏。萨考长期混迹民间，他非常清楚，百姓早就对这些人深恶痛绝。榨取钱财的差事，被他托付给了几个亲近的手下。这些人敲骨吸髓的本事很大，使出了折磨、恐吓和杀戮的新手段。通过这些手段榨取了一些钱财，不过还是难以满足萨考的胃口。[6]

新的社会立法方案也在同一时间得以实施，和阿曼努拉的改革基本就是两个极端。萨考取缔女性的受教育权利，规定她们必须穿戴布卡。女性公开外出，须有男性陪护左右。即便身着罩袍，也不可以独自出行。至于男性，则必须蓄须，佩戴头巾，身穿西服或戴帽子的人将被殴打或罚款，或是直接落得个人财两失的命运。

从 1929 年 1 月到 10 月，“挑水夫之子”试图统治阿富汗。其实，教士和部落首领的愿望，他从来都是有求必应。他尽量用宗教的外衣把自己裹得紧紧的。不过，一旦他成为国王，这一切就都不重要了。他的民族出身和农民身份让很多人都不大高兴。萨考是塔吉克人，而且出身最低贱的苦力阶层，和任何贵胄王家都搭不上关系。这样一个人居然能够成为国王，可想而知，普什图部落的各位首领一定满怀怨愤。

时机已然成熟，阿富汗的马基雅维利自然应当出手了。阿曼努拉刚刚倒台，穆萨希班兄弟中最年长的纳迪尔就从巴黎赶到了白沙 132
瓦。在这里，他受到了广大群众的热烈欢迎。列宁当年从芬兰取道回国，见识的场景也不过如此。接下来的几个月，纳迪尔和南部的诸位酋长取得了联系，这些地方上的实力派都是纳迪尔在 1919 年对英战争中结识的。纳迪尔一再表示，当年正是自己英勇奋战，才让阿富汗取得了独立，阿曼努拉的贡献则被他抛到了一边。历史在他的口中被巧妙改写。纳迪尔正是部落一直在寻找的人选：他倾向保守又立有战功，和英国人关系良好，又拥有与多斯特・穆罕默德一脉相承的王室血统。

没过多久，穆萨希班兄弟率领部落人马开到了喀布尔城下，他们很快又和萨考碰了面。萨考以为穆萨希班兄弟打算和自己议定城下之盟，于是亲自前来谈判。没想到，萨考掉进了纳迪尔的陷阱，这名匪徒就这样被吊死在王宫的院子里。阿富汗历史上的一段小插曲就此告终。

随后，纳迪尔召集各部长老召开了一次支尔格大会，就像当初批准艾哈迈德・沙阿为王那样。会上，纳迪尔称他此次回国并非图谋王位，而是要拯救国民脱离水深火热的境地。阿曼努拉的支持者以为纳迪尔会迎回阿曼努拉。没想到被废国王的名字，他根本没有提及。纳迪尔说他会效忠国家所选择的国王。

就在那个时候，会场里响起了（似乎是自愿的）请纳迪尔为王的呼声，他们恳请纳迪尔接受王冠。纳迪尔一再表示婉拒，但第三次呼声响起时，他说，自己将服从国家的意志，心怀谦卑地接下国家元首与绝对统治者的重担。[7]

因此，在1929年行将结束，纽约股市崩盘，西方经济陷入大萧条前的两周，阿富汗开启了一个新时代。

第三部分 喀布尔的规则

阿卜杜尔·拉赫曼统治阿富汗长达21年。事实证明，这段时期是 133
阿富汗历史的转折点。他确定了这个国家的疆界，更重要的是，他与英国人达成了一项协议，阻止外部势力进入，阿富汗得到了喘息的空间。他开始着手建立一个完全由他直接控制、以喀布尔为权力中心的国家。然后，他创造了另一个阿富汗，与旧有的那个阿富汗形成了对立。埃米尔领导下的阿富汗，是一个由城市、省、区、省长、市长、监察员、官僚、技术人员、行政人员、国家供养的神职人员、庞大的间谍系统和国家军队组成的矩阵。在这张大网下，古老的阿富汗继续生存和呼吸，农民和封建领主、部落首领和乡村教士、游牧部族及部落酋长、自治的乡村和部落游击队组成了一个有机网络。

新旧世界壁垒分明，并走向分化。首都的精英阶层拥有和外界接触的机会，并因此吸收了不少新鲜玩意：思想、梦想和时尚。不少人甚至雄心大发，既然西方如此强大，阿富汗为何不采纳他们的新技术、新科学和新思想，从而也能享受西方社会的繁荣、富强、舒适和便利呢？

但另一个阿富汗，那个封建领主、部落首领和保守神职人员的农村世界，抵制了这种拉力。他们没有开眼看过世界，自然不可能接受他者的文化。他们对于英国人及其文化万分警惕，小心翼翼地接受了旧的价值观，享受着独自实践自己方式的奢侈。就这样，阿富汗内部开始了一场拔河角力。一头是喀布尔，另一头则是那个旧的阿富汗。双方都竭尽全力，想把国家拉上自己的轨道，形势时有逆转。阿曼努拉的改革，标志着一个令人震惊的极端转变。然而，巴治·萨考带来的反击十分强劲，混乱过去，国家满目疮痍。即便秩序恢复，新王朝的工作已被切断，新的统治者也面临巨大的问题：阿富汗社会的矛盾仍然没有解决。西方列强仍然虎视眈眈，统治阶级仍然渴望将这个国家推向现代世界。如果他们重视的事情发生任何改变，那个旧的阿富汗仍有可能揭竿而起。引导国家走过困难重重的坎坷道路，成为接下来半个世纪阿富汗统治者的基本任务，而这促进了喀布尔的统治。

第 14 章

风暴之后

初登王位的纳迪尔，看起来是当年的“铁腕埃米尔”的翻版。他自称是旧制度的拥护者，誓言要维护传统的部落社会，捍卫赋予他个体和意志的信仰。纳迪尔的花言巧语使神职人员和封建领主认为，他会拨乱反正，阿曼努拉的一切革命都将被彻底清除。在纳迪尔的治下，女性再次遭到禁锢，不能轻易走出家门，宗教警察又开始在街上巡逻。如上两项措施，仿佛让阿富汗人回到了阿卜杜尔·拉赫曼统治下的铁血年代。纳迪尔确认了封建地主的财产，并承认哈纳斐派沙里亚法的权威。纳迪尔宣布，任何裁决都不能取代它，任何法典都不能与之相违背。[1]

尽管表面如此，但纳迪尔和他的兄弟都是现代主义者。他们心中的理想社会和阿曼努拉的看法相似。他们之间的区别，大概只在实现理想的手段。纳迪尔的关键词是谨慎。他崇尚变革，但希望这种变化悄无声息、易于操控。阿曼努拉的倾覆，足以给他提供前车之鉴。阿富汗的保守势力如此强大，随时可能聚众生事、击垮王权。农村、封建世界是那只狗，而城市不过是尾巴。对此，兄弟几人最清楚不过。他们并不打算同神职人员及部落长老翻脸，而是把他们当作伙伴对待，而后抓住机会，慢慢削弱他们的权力。

纳迪尔并没有做太多这方面的工作，他的国王生涯不过四年。如此短暂的岁月，坐稳位置尚嫌不够，又何谈宏图伟业呢。那个时候，阿曼努拉的不少追随者都觉得纳迪尔不但谋权篡位，还有里通外国的嫌疑。恰希（Charkhi）家族和阿曼努拉关系匪浅，是纳迪尔
136 最大的威胁。纳迪尔以一种阿卜杜尔·拉赫曼时代以来罕见的残暴手段摧毁了他们。他那无情的手段，颇有阿曼努拉父亲的风格。恰希家族的长老先是遭到囚禁，而后未经审判便处决了他们。其他成员则被人殴打致死，纳迪尔旁观了整个过程。[2]

阿曼努拉的支持者自然要展开报复。没过多久，纳迪尔的一位兄弟在德国遇刺身亡，凶手是一位阿富汗留学生。六个月后，纳迪尔本人也遭遇噩运。那一天，纳迪尔到一所高中为学业精进的优秀学生颁奖。我的父亲正是其中之一，当时，他还在读十年级。另一位获奖者是在恰希家族长大的男孩。有一天，父亲和那男孩放学后一起踢足球，男孩吹嘘说，他很快就会有一记被历史记住的射门。父亲还以为同学是在谈论足球。没想到，第二天，他就目睹了同学走出队列、枪杀国王的全过程。国王的三个幸存兄弟对此展开了报复，恰希家族的所有成年男子均遭处决，女眷和孩子被投入监狱。[3]如上短短的两句话已让人不忍听闻，事件背后的种种细节更叫人惨不忍闻。直到 1934 年，冲突才结束，阿富汗陷入了通常被委婉描述为“稳定”的残酷平静中。

纳迪尔横死之后，阿富汗发生了一件前所未有的事情。当然，我们也可以说，当时的阿富汗什么事情也没有发生。纳迪尔被刺之后，他的一干亲戚却不曾起来野蛮地争权夺利，将这个国家分裂，部落势力老老实实的，其他民族也没有试图分裂出去。取而代之的

是纳迪尔19岁的儿子查希尔·沙阿（Zahir Shah）。加冕礼上，三位叔父宣誓要对国王忠诚。当然，实际的权力都掌握在年纪最大的叔父手里，他担任首相一职，另外两位叔叔则占据了国防大臣和外交部长的要害位子。其他亲戚和亲密伙伴则在政府的其他部门各有安置。接下来的44年里，阿富汗的真正统治者并非一个人，而是一个像机器一样运转良好的家庭。一位首相下台，会有另一位执政家庭的成员取代上台，即使这些变化反映了幕后的权力斗争，但从外部看并不明显。在公众看来，这个家庭在私人会议中以协商一致的方式做出决定，向世界展示了其天衣无缝的一面。

是的，查希尔·沙阿是个有名无实的领袖，但也是至关重要的人物，是一个执政集团的重要组成部分。广大臣民都觉得，查希尔
国王气度雍容，颇有君王风范。掌握权力意味着杀戮、破坏和折磨， 137
这些恐怖的事情都发生了，但是，臣民眼中的国王可亲可敬，所有那些黑幕似乎和他毫不相干。人们总是看到他穿着一身裁剪得体的军装，或是一套完美无瑕的西装。即便有他穿着传统服装的照片，我也没见过。他的肖像出现在每一个公共办公室的墙上，或是每一本小学课本的扉页。国王不断老去，肖像却永远是他年轻时的样子。查希尔·沙阿35岁左右的时候，肖像就不再随年龄增长变化了。实际上，国王渐渐白了头发，谢了顶，一道道皱纹爬上了脸庞，但画像中的他却永远那样年轻有活力。

在接下来的40多年里，阿富汗偶有几次部落叛乱，都被穆萨希班家族平定了。朝廷的武装军备精良、实力强大，任何地方势力都不能与之匹敌。更重要的是，即便某个部落举族反叛，其他地方势力仍然和朝廷站在一起。穆萨希班家族虽然残暴，政治手腕却很高超。他们懂得阿富汗文化的微妙之处，使用外交手段和武力把国家

团结在一起。一次，一位异见分子发表檄文，猛烈抨击穆萨希班家族的统治，他还对阿曼努拉时代怀念不已。没过多久，此人就没了声音。他的生命应该终结在了某座秘密监狱。阿卜杜尔·拉赫曼那密不透风的特务网络和警察系统在纳迪尔的手中得以复兴。一旦感到威胁，朝廷从不吝惜采用恐怖手段。

在很大程度上，穆萨希班家族的残暴镇压、优雅文化和内政外交相结合，使阿富汗从30年代至60年代后期维持了相当平静的局面。

乡村又回到了过去，阿曼努拉的革命痕迹被扫荡得一干二净。虽然政府的官吏仍在各地坚守，各项税款也是征收不辍，但他们或多或少保留了农村的权力结构，对部落长老、教士谦恭有礼，部落的自治权力也得到了保全，还允许游牧民不受边界约束自由出入国境。

最重要的是，政府放弃了对家族内部事务的任何干涉。每个家
138 族都是一个城堡，这是官方的态度。只要家长愿意，完全可以为尚在婴儿期的儿子指认一门娃娃亲，即便对方是堂兄弟家尚未出生的女儿，等女孩长到青春期，他们便能如愿以偿。政府不会提出异议。那些想在家中痛饮威士忌的人，只要不去公共场合招摇过市、被人闻到酒气，政府才不会予以理会。当然，他们所在的家族可能会予以处罚，但政府完全不关心人们在家里做了什么。简而言之，新王朝不仅尊重，而且加强了阿富汗传统文化中公私之间的区隔。

穆萨希班朝廷的君主制是一种暴政，这一点毋庸置疑。不过，这是为西化发展服务的暴政。一方面，朝廷对国民思想严加禁锢，极力安抚保守的乡绅和教士阶层；另一方面，穆萨希班朝廷一开始就已朝着梦想迈开脚步，哪怕步履蹒跚，国家好歹走上了现代化的

道路。

纳迪尔死之前，就已经拟好了一部宪法。法典内容趋于保守，它赋予王室绝对的控制权，使神职人员和大地主的权力合法化。不过，颁行宪法本身就具有重大意义，它树立了一种观念：即便贵为王者，也受法律约束。

一个类似议会的国家委员会或舒拉·米利（Shura-i-Milli）也是纳迪尔的遗产。这个机构的部分成员由王室任命，其他成员虽在名义上经过选举，实际也出自支持王室的选区。虽然该机构的职责仅限于盖橡皮图章，即签发朝廷已经决定的指令。不过，它至少植入了民主的形式，一个在日后可以填充实质内容的外壳（多年以后，议会确实发挥了其应有的作用）。

阿曼努拉倒台之初，他建立的大多数学校都被穆萨希班朝廷强制关闭。而后，这些学校又慢慢恢复招生。阿曼努拉统治期间，全国学生的总人数曾经达到 8.3 万人。纳迪尔统治时期，这个数字一度降到 4.5 万人，[4]但至少皇室培养了现代教育是一件好事的观念。的确，学生必须修习《古兰经》，诵读伊斯兰经典，还要接触神学和阿拉伯语。这减少了神职人员可能提出的任何抱怨。与此同时，数学、物理、化学、生物、欧洲语言，以及地理、绘画和世界历史，也是学生的必修课，从而形成了一个完整的世俗课程体系。

政府还专门开办了一些面向女童的小学。到了后来，保守势力的气焰有所收敛，其中的一所小学得以升格成为女子高中。为了纪念迈万德（Maiwand）之战中的那位巾帼英雄，女子高中还以“马拉赖”为名。女中既收贵族小姐，也向寒门小户的女儿开放。眼见马拉赖高中没有引发什么争议，政府又着手筹建第二所女校——扎尔胡娜高中，之后又开设了更多的女子高中。

这些学校培养了阿富汗妇女运动的领导人，而后，她们走上
139 历史舞台发光发热，影响了40余年。1965年，成为卫生部长的科布拉·努尔扎伊（Kobra Noorzai）便是其中的一位杰出代表，她也是阿富汗女性中进入内阁担任职务的第一人。另一位明星学员玛苏玛·艾斯玛泰-瓦尔达克（Massouma Esmatey-Wardak）曾担任教育部长。她撰写的《阿富汗女性在阿富汗社会中的地位与身份》，是一部具有里程碑意义的重要著作。

阿曼努拉时期，政府每年都会遴选4至5名最优秀、最聪明的高中毕业生，送他们前往欧洲、美国的大学深造。纳迪尔上台之后，恢复了这一政策，只是阿曼努拉的先驱作用再也没人提起了。

我的伯父纳吉姆丁（Najmuddin）就是第二批公派出国的留学生。他就读于塔夫茨大学，成了一名牙医。他回到阿富汗执业以后，因为那些显贵顾客实在难以伺候，从不按预约时间就诊，颐指气使，命令他必须随叫随到，伯父一气之下，关了诊所，退休了。最后，为了不浪费对他的教育投资，政府聘他为教育顾问。到了全新的岗位上，伯父为公办学校编写教科书，并把《大英百科全书》译成了波斯语和普什图语。

塔吉克裔学者哈玛德·安瓦尔（Hammad Anwar）也是20世纪30年代的公派留学生。此人作风颇为新潮，归国之时，他带回了一位美国妻子。安瓦尔的夫人不受约束，想去什么地方就去什么地方，而且拒绝穿罩袍。为此，安瓦尔和王室发生了巨大冲突。事到最后，出于安全考虑，夫妇二人离开了阿富汗。这一去，安瓦尔再也没有回来。政府的又一笔教育投资打了水漂。[5]

纳迪尔遇刺事件，一度让王室对学生很是忌惮。为此，政府的奖学金计划暂停了好些年。直到1937年，5名来自喀布尔各高中的

拔尖学子再次获得出国留学的机会。根据他们学习的外语，政府安 140
排他们分别前往德国、法国、英国和美国。我的父亲毕业于哈比比亚，精通英语，他和 4 名同学被送到了美国。临行之前，首相对他们提出了警告：不许和美国女人搞在一起。父亲违反了禁令，他在芝加哥和我的母亲结婚了。为了爱情，父亲到底付出了代价。政府取消了他的奖学金，而且命他回国。母亲和父亲一起来到了阿富汗。此后的 20 年，他们一起生活在阿富汗。父亲的 4 位同学中，有两人娶了美国妻子，还有一人和同在美国留学的印度女子结为夫妇。他们都和自己的外国妻子回到了阿富汗。眼见木已成舟，政府也只能睁一只眼闭一只眼，决定忽略这些婚姻带来的破坏，他们进入政府担任公职，为国家发展尽心尽力。通过放宽与外国人的婚姻限制，政府从奖学金计划中收到了回报，国家朝着 20 世纪的世界向前迈进了小小的一步。

1932 年，在法国的帮助下，阿富汗有了第一家医学院。这是喀布尔大学的最早萌芽。而后的 10 年里，留学生纷纷归来，成为大学的顶梁柱。学校在医学院的基础上，开设新的科系。一座囊括科学、工程等诸多学科的学府开始形成。我父亲是文学院院长，教授心理学和教育学。就这样，喀布尔大学渐渐发展成为一个成熟的学校机构。

在政府看来，高中教育不仅是培养受过教育的劳动力，适当的教育还能整合人心，让国民团结起来。政府规定普什图语是阿富汗的官方语言，学校里的孩子必须学习这种语言。虽然那个时候一大半的阿富汗公民并不会说普什图语，之所以选择普什图语，是因为它是统治家族最初使用的语言，它帮助统治者巩固了与南部和东南部强大的农村部落的联系，而这些部落只会说普什图语。其实，王室精英成员在喀布尔长大成人，达里语才是他们的惯用语言。那所谓的母语，他们还得去学校学习。正因如此，宪法将达里语定为第二语言，达里语是大多数阿富汗人实际使用的语言。

每到夏末，阿富汗会迎来它的“独立日”（Jeshyn-i-Istiqlal）。
141 这个节日由阿曼努拉创设。穆萨希班家族统治阿富汗后，将“独立日”作为培养国家意识的工具，恢复了庆典活动。节庆长达一个星期，政府会组织许多娱乐活动，举国庆祝。其中最盛大的活动在喀布尔举行。每年 8 月，全国各地的人群纷纷涌向首都朝圣。节日的现场，随处可见查希尔・沙阿的海报，还有他父亲纳迪尔・沙阿的照片，那是一位严肃的、看起来像学者的形象，他为国家带来了独立和尊严，是祖国之父、民族英雄。至于阿曼努拉，却不再被人提及，在这里看不到他的肖像，好像这个人物从来不曾存在过。事实上，阿曼努拉当时生活在意大利的某个地方，以做家具为生。时光荏苒，他渐渐地消失在了阿富汗人的集体记忆中。

喀布尔电台是阿曼努拉的另一项创举，新政府让电台恢复了服务。重新开张的喀布尔电台向每一个能获得收音机的国民播放音乐，电台还成了政府的宣传工具（以新闻的形式）。农村的阿富汗人也为拥有电台这样的现代物件骄傲不已。当然，阿曼努拉的开创性贡献，大家已经绝口不提，这成了新政府的荣光。

哈比布拉和阿曼努拉统治时期，阿富汗已经出现几个资本主义企业家，到了穆萨希班时代，他们得以进一步壮大。阿卜杜勒・马吉德・扎卜里（Abdul Majid Zabuli）本是一个棉花商人，后来成了棉花大亨。他还垄断了国内的食用油贸易，获得了运输专营权，积累了巨额资本，开办了自己的银行，从而有了发展私人工业的本钱。20 世纪 40 年代，阿富汗的企业家兴办工厂，加工棉花，制造纺织品等。当然，这些新兴产业都操控在政府手中，毕竟开厂兴业需要政府的批文；要获得批文，就得打通各种关系中的重重关节；想要打通关系，就需要削减皇室成员的利润份额——是的，这一切都是真的。无论如何，阿富汗的一小部分工业发展在那个时期开始了。

1946 年，阿富汗与美国正式建交。外交大臣哈比卜·塔尔齐（Habib Tarzi）向美国杜鲁门总统递交了国书。阿富汗还成了联合国的一员。同年，塔尔齐来到旧金山，参观了莫里逊·努德森
（Morrison Knudsen）公司总部，这是一家工程和建筑公司，横卧在科 142
罗拉多河谷的胡佛水坝，便是莫里逊·努德森公司的建筑成就。前来参观的塔尔齐，正怀抱着一项大胆的建坝计划。

当时的阿富汗政府现金充裕。二战期间，由于严守中立，阿富汗的坚果、水果和食品源源不断地输入印度，为其军队提供补给。卡拉库尔羊皮热卖一时，这是一种用于制作轰炸机飞行员夹克的皮毛。当时，参战各国实行战时经济，他们没有出口产品，只能通过现金支付。阿富汗朝廷赚得多，花得少。待到战事结束，阿富汗便有了强大的购买力。

对于这笔巨款的用途，政府是有打算的。阿富汗的第一大河赫尔曼德河流经国内最广袤的平原。如果能将河水引济到干涸的平原地带，大片的荒漠即会变成千顷良田，使之开花结果。在这方面，加利福尼亚州早有成功先例。他们建造了胡佛水坝，利用科罗拉多河水灌溉帝国谷，把沙漠变成了肥沃的农业区。

现在，塔尔齐想知道努德森公司是否会考虑接受聘请，在阿富汗修建几座大坝和运河网，阿富汗政府愿意出资 1000 万美元。对于这番提议，努德森公司非常有兴趣。双方组建了联合公司，即 MKA 公司。美国工程师、菲律宾建筑师和阿富汗的行政人员搬到赫尔曼

德河谷开始工作。阿富汗政府建造了查因杰尔（Chainjeer）和拉什卡加赫（Lashkargah）两座小城，为他们提供住所。

二战结束初期，乐观情绪在喀布尔和阿富汗的各大城市弥漫。巨大的变化摆在面前：谁也不知道会发生什么，但可恶的大英帝国已经崩溃，世界上最强大的美、苏两国结成了反希特勒联盟，并取得了胜利。有了这样两个大国的共同努力，一个和平、繁荣的世界一定会到来，阿富汗可能是这一切的一部分。

首相哈希姆（Hashim）是一个冷酷无情的人物，与乐观的时代
143 精神实在不相合。因此，哈希姆下台，首相职位改由善良温和的弟弟马哈茂德（Mahmoud）接任。把一个兄弟换成另一个兄弟，不会引发任何乱子。这不是政变，也不是政权更迭，这是一次公关行动，这个家族决定向全国展示一张不同的面孔。马哈茂德颁行了不少改革措施：言路大为放宽，一批政治犯重获自由，并组织了新的议会选举。如此一来，议会将不再是一枚橡皮图章。王室任命上议院成员，下院成员则由人民经过公平、自由和可信的选举产生。当然，所谓公平自由的选举仅仅是理论。

1949 年，新议会举行了第一次会议。胡须满腮、头戴头巾的保守派占据了不少议席。但是，一个新兴的西方现代主义阶层同样不可小觑。议院当中，他们的代表有四五十人。其中的一些人是自由主义者，他们相信王室所说的议会拥有真正的权力和责任，他们召集内阁成员到下议院说明预算，他们在贪污腐败、裙带关系一类的敏感问题上提出了具有挑战性的问题。内阁大臣个个出身高贵，他们不是和王族血脉相连，就是国王的亲信，面对如此无礼的责问和质疑，他们当然老大不高兴了。

自由派知识分子不仅在议会上发声，他们还办私人出版物，在

上面自由发表言论。政府不由得警觉起来。要知道政府标榜的“言论自由”，可不意味着出言无忌，而是人们应该自由地、以他们想要的方式赞美王室。可是，在这些出版物中，王室看到了危险政党的前兆和令人担忧的政治野心。

1953 年，赫尔曼德工程出了麻烦。工期大有拖延之势，开销也到了不可承受的境地。毕竟，修筑水坝所需的每一件设备都需要从国外引进。当地的路政设施又落后至极，要把设备运抵工地，实在是费时又费力。所以在项目开始前，只得先修路。最初的 1000 万美元已近告罄，但几乎没有成果。同时，美国专家和当地行政官员之间还存在配合问题，他们正在就管辖范围问题展开争论。赫尔曼德工程的混乱，反映了喀布尔日益严重的无政府状态。事实证明，温和的马哈茂德不起作用，仍然要实施坚韧、有纪律的统治。王室政策又来了个 180 度大转变，马哈茂德的“阿富汗之春”被证明是错误的。

新的策略，需要新的面孔。王室也发生了代际更替，父辈已经 144
走完他们的路，是时候将接力棒传给下一代了。家族年轻一代有一个候选人——国王本人。查希尔 · 沙阿早已成熟稳重，再也不是当年的孩子。可是，他不能做王室需要他做的事。近 20 年来，他一直以宽厚慈爱的形象示人。如果国王摇身一变成为大独裁者，开始钳制言路、逮捕政敌，那么谁又能接替他留下的仁君角色呢？不，国王必须继续他的工作：欣赏音乐、支持艺术、打猎出游，这些工作更适合他的性情。最终，接力棒，或者我应该称之为警棍，交到了国王的堂兄弟达乌德（Sardar Daoud）和纳伊姆（Sardar Na’eem）的手里。

达乌德和纳伊姆都曾赴法国留学。回国之后，兄弟两人又得到叔叔哈希姆·汗（Hashim Khan）的有意栽培。纳伊姆曾在外交和经济部门工作多年，达乌德则被赋予军事和政治等权力。现在，他们就像一个摔跤球队，开始分管这个国家。

纳伊姆体形瘦长，长着一张马脸，有一个鹰钩鼻子。他穿着西服，看上去优雅贵气。他的声音很悦耳，钟爱美食、古典音乐，对于东西方的诗歌也很了解。健谈儒雅的外表之下，有一颗坚韧机敏的心。他的优雅和外交天赋，使他有能力应对阿富汗四周环伺的强邻。正因如此，纳伊姆被委以重任，担任国家的外交部长。

达乌德是个身材魁梧的壮汉。他嘴唇很厚，浓眉大眼，秃顶脑袋如子弹。年岁见长之后，达乌德养成了佩戴墨镜的习惯。黑超加上光头，让他与特利·萨瓦利斯[1]（Telly Savalas）更加接近。从外表一看便知，这是个强势人物。作为内政部长，处理本国内政要比和全世界打交道困难许多。达乌德还是国防大臣，拥有军事指挥权。同样，作为首相，他要把持全局。

国王查希尔·沙阿未曾改变，他依旧保持着绅士形象，端坐在劳斯莱斯后座，亲切地向人们挥手致意。

达乌德和纳伊姆上台之后，阿富汗历史上第一个充满美好的时代结束了。1949年的自由议会被解散，那些敢把王亲国戚叫来问话
145 的国民议会议员全都丢了工作，前任首相任内兴起的私人出版物被关闭，那些热情呼吁世俗改革的自由派知识分子被投进了监狱。喀布尔大学教授穆罕默德·霍巴尔（Mohammed Ghobar）曾在《历史进程中的阿富汗》一书里忠实讲述了国家的发展历程和统治家族的

---

① 特利·萨瓦利斯（1922—1994）：美国电视与电影演员、歌星、喜剧演员，以光头造型闻名，美国电视艾美奖得主。

严酷手段。而后，霍巴尔因书获罪，被流放到西南部荒漠的小镇，在特务的严密监视下艰难度日——阿富汗版本的“流亡到西伯利亚”。[6]一些人就这样消失了，这不禁让人想起了阿卜杜尔·拉赫曼统治下的恐怖日子。

不过，达乌德、纳伊姆和查希尔·沙阿三人想要的不仅是权力，他们想要改变一切。他们都曾开眼看过世界，清楚阿富汗之外世界人们的生活。绝对权力是强大的，问题是它统治着什么。是默默无名的农民、封建领主、游牧民族和宗教“学者”，他们中的一些人几乎只字不识，他们统治着连一根针都生产不出来的国家，更不用说汽车了。他们想要统治一个富裕而发达的国家。

尽管达乌德专制冷酷，但他也是一位真正的现代主义者。在20世纪五六十年代，发展中国家有不少这样的强人型现代主义者。伊朗的巴列维国王（Shah Reza Pahlevi）和埃及总统纳赛尔（Gemal Abdul Nasser）就是其中的代表。达乌德年轻时，与一个名为“觉醒的青年”（Wikh-i-Zalmayan）的组织有联系，拥抱现代主义、民族主义，认为发展是好的，教育是必要的，过时的习俗应该摒弃，妇女应该解放，外国影响应该被抵制，发展本国工业，总之，阿富汗是阿富汗人的。如今，达乌德已经手握大权，他打算不遗余力地把理想付诸实践，推向极致。[7]

然而，发展资金是一个问题。在一个农牧业国家，又从何募得如此庞大的一笔资金呢？前景似乎让人绝望。这个问题的答案在国境外，那里集结了各种力量——该地区正在成为冷战的一个关键舞台。这场全球的权力斗争在20世纪后期占据了主导地位。

第 15 章
不结盟国家

147 冷战序幕拉开的时候，热战其实还未结束。第二次世界大战末期，各大盟国都感觉胜局已定，他们开始为本国在战后的地位问题争论不休。罗斯福和斯大林先后在德黑兰与雅尔塔会晤，制定战后世界新秩序。但是为时已晚，已无法阻止即将到来的一切。那个时候，英、美军队正从西线进入德国，东线的斯大林也取得了同样的战绩。当他们最终会师柏林时，苏联已经控制了整个东欧，从保加利亚到波罗的海之滨，都是苏联的卫星国。西方阵营担心斯大林打算效仿希特勒，想要征服世界。1949 年，中华人民共和国成立，这让西方的忧虑进一步加重。然而，美国及其盟友无法通过发动战争来阻止苏联，因为双方都有核弹，而且很快就会拥有热核武器，这些武器能够终结地球上的人类。

美国战后的第一任总统杜鲁门对共产党政权的突然扩张作出了回应，这一政策被称为“遏制”。美国及其盟友扶植了一批敌视共产主义、亲近西方的国家，以隔离苏联的影响。为此，美国的外交官们拼凑了一些军事联盟。在西方，有北大西洋公约组织；在东方，有
148 （较弱的）东南亚条约组织；在中东地区，有巴格达条约组织，后更

名为中央条约组织，土耳其和伊拉克是该组织的成员国。不久，新建国的巴基斯坦相继加入中央条约组织和东南亚条约组织，成了反苏链条上的关键一环。有了巴基斯坦的加入，东南亚条约组织、中央条约组织和“北约”连成一线，再加上美国的东亚盟友日本等国，西方阵营对共产主义国家形成了包围。[1]

当然，不是每个国家都愿意在两大阵营之间选边站。摆脱英国统治的印度，迎来了国大党执政的年代，表现出令人不安的独立。印度总理尼赫鲁提出不结盟主张，呼吁不结盟国家联合自强，这一主张后来发展成了“不结盟运动”，印度、斯里兰卡和印度尼西亚等国先后宣布中立，他们得以在美、苏两大阵营之间灵活游走。“不结盟”的构想，得到了阿富汗的热情拥抱。

冷战从来不乏“热点”。在朝鲜半岛、越南及第三世界的许多地区，两大阵营都在挑选各自的代理人，驱使他们为各自的利益操戈相向。[2]冷战的另一个特点，是对“不结盟”国家进行“和平”渗透，在这些国家中，每一方都试图把另一方挤出去。这些不结盟国家成了秘密间谍、宣传战、援助战角力的舞台。

在阿富汗，这场竞争的激烈程度是首屈一指的。这个国家正好位于两大阵营的交锋前沿。当时，阿富汗领导人面临三个选择：要么投入苏联的怀抱，要么被哄骗加入“自由世界”，再就是保持中立。那么，阿富汗的前途到底何在呢？答案和一个古老的话题息息相关——地缘，地缘，还是地缘。阿富汗毗邻巴基斯坦，而巴基斯坦又是中央条约组织和东南亚条约组织的连接。阿富汗一旦选择依附苏联，苏联就有可能以阿富汗为跳板进占巴基斯坦，如此一来，就相当于在遏制共产主义的围墙上打开了一个缺口。因此，美国不会让阿富汗继续“赤化”。

149 于是，美国和19世纪的大英帝国形成了战略上的默契：阿富汗绝对不容失手，要阻止这个国家成为北方强国进攻印度（或者至少是现在的巴基斯坦部分）的平台。当达乌德与纳伊姆放眼世界时，他们在冷战中看到了机遇。

赫尔曼德河谷上的那座水坝，是美国发挥影响的关键。这项工程规模巨大，耗资良多，是阿富汗历史上最雄心勃勃、引人注目的发展项目。如果工程失败了，美国的面子自然不大好看。其实，喀布尔中央政府的声誉也和工程息息相关。就这样，一项工程让美、阿有了共同的利益。阿富汗故事发展与冷战息息相关。

达乌德一上台，便下令组建赫尔曼德河谷工程局，负责该工程一切事务（以“田纳西河流域管理局”为模型）。虽然最初的1000万美元早已消耗一空，但美国现在投入了相当于原来2倍的资金。达乌德组建了一个管理团队，领导人阿卜杜勒·卡尤姆（Abdul Kayeum）博士是我父亲的好友。1938年，5名来自哈比比亚高中的毕业生前往美国留学深造，卡尤姆博士便是其中之一。父亲作为卡尤姆博士的助手来到工程现场，此外，还有几十名受过西方教育的阿富汗人在工程局中任职。

在美国方面，赫尔曼德河谷是国际合作署［后更名为国际开发署（AID）］的一个项目，这是美国利用发展援助实现冷战目标的主要工具。美国方面派出工程师、地质学家、土壤科学家等专家来到阿富汗西南部，与当地的官员合作共事。赫尔曼德河谷工程局的局长被提拔至内阁部长的级别。工程局的中枢神经、政府建造的拉什卡尔加小城，则成了阿富汗人所说的“小美国”。虽然“小美国”被杜兰尼和吉尔扎伊普什图部落——阿富汗最保守的势力包围，不过，拉什卡尔加的房屋一改阿富汗的建筑传统，没有建造围墙。“小美国”

里面，游泳池、俱乐部、现代化医院、公立学校一应俱全。从该地区村庄挑选出来的孩子在那里接受世俗教育（尽管宗教仍是学校课 150
程的重要组成部分）。

该项目的核心包括两座水坝的建设，一座在赫尔曼德河上，另一座则位于赫尔曼德河的最大支流阿尔甘达卜河（Arghandab River）上。在水坝的下游，工程人员还规划了一个运河网络，配有水闸、机械化水闸和其他技术发明。水流沿着运河河道，便可以达到引济荒漠的目的。接受灌溉的区域——政府经营的试验性农场，很少将水输送到现有的田地。在试验农场，部落居民学会了用拖拉机和化肥种植从美国进口的新作物种子。

朝廷建造的模范城镇在运河网络地区像蘑菇般冒出来。纳迪·阿里（Nadi Ali）和马尔贾赫（Marjah）这样的小镇，其特色是整洁的平房、厚厚的墙壁和圆形屋顶，以保持凉爽。要知道，这在酷热气候地区是非常必要的。这里的房子都配有现代化的水电设施，小花园是每个房子的标配，房子之间有很好的碎石路。

这片土地上的生民大多是季节性迁徙的游牧民，现在政府不允许他们到处迁徙，要求牧民迁入“模范城镇”，并从事农业生产。每户人家都能分得一块土地，这些土地距离定居点有一到两天的脚程。

水坝造成的影响不止于此。这两座美国建造的大型水坝被改造成水力发电厂，产生的电力足以造福阿富汗的西南地区，包括大城市坎大哈。

阿尔甘达卜水坝全长 1740 英尺，坐落在坎大哈附近。赫尔曼德河上的那座水利工程则与城市相距甚远，建在上游很远的山区中叫卡加开伊（Kajakai）的地方。第一次建成时，它是世界上最大的土坝之一，它的后面形成了一个 32 英里长的水库。[3] MKA 在水坝下游几英里处，在一处陡峭斜坡上，建了一个小小的村庄，供工程师和技术人员居住。建筑以石头和混凝土为材质，其坚实耐用的程度远超当地传统民居。整个村庄看上去像意大利的休闲胜地。这里约有 100 余栋房子，每栋楼都有一到两间卧室，厨房配备了现代电器，还有西式家居床、沙发、椅子、桌子等。

151 水坝建成后，所有的专家都撤走了。卡加开伊只剩下一户人家——来自意大利的科列加（Corriega）夫妇。科列加先生是一名工程师，驻守此地是要看管水电设施。由于通常每天只需下坝检查一次仪表，因此，科列加先生拥有大把的自由时间制作各类手工艺品。科列加先生是位高超的金属工，卡加开伊的每座房子都安装了锻铁栏杆或其他装置。这里每条街道的尽头都立着装饰性的灯柱，而且形态不一。此外，他还煞费苦心地收集了数吨五颜六色的鹅卵石，并按形状和大小进行分类，然后用它们铺成人行道和步道，用绿的、红的、黑的、白的和其他颜色的石材呈现花纹和几何图形。到了后来，这个村庄似乎再也没有美化的余地，于是他又打造出一艘豪华远洋客轮的比例模型。透过舷窗，甚至可以看见房间里的小床和小衣橱。

可惜，科列加的精心雕饰没有几个人能够亲眼得见，少有的几个观众也是赫尔曼德河谷工程局的官员。每年的开斋节，局里的官员会和家人从拉什卡尔加来到卡加开伊度过为期 3 天的假期。剩下的 362 天，科列加夫妇住在一座鬼城里。

高达 300 多英尺的混凝土突然堵住了河流，住在附近的阿富汗人作何感想？据我所知，没人问过他们。

美国对阿富汗的援助让苏联感到沮丧，尤其在苏联先行一步的情况下。早在 1950 年，苏联就和阿富汗达成易货协议，苏联将用石油和天然气换取阿富汗的羊毛和棉花。两年后，斯大林政府提议向阿富汗提供水泥，并签署了协议。苏联人满心以为，通过一揽子的援助，他们买下了阿富汗。

但是，不讲信义的阿富汗政府没有在一棵树上吊死的打算。1953 年，斯大林去世，阿富汗的最高权力易手。达乌德掌权，之后美国援助涌入了赫尔曼德河谷工程。苏联人绝不可能放弃。即使在 152
斯大林逝世之后的混乱中，苏方仍向达乌德施加新的恩惠，在喀布尔兴建一座规模庞大的面包厂（名为“西洛”[*]）。此外，他们还打算增加援助，帮助阿富汗北部的纺织产业扩大规模。

然而，这还不够，因为此时西方列强已经深入阿富汗教育系统。喀布尔各大高中的课程体系，就是德国、法国、美国规划的，阿富汗学生还学习他们的语言。综观全国，却没有一所以俄语为教学语言的高中，学习俄语的阿富汗人寥寥无几，也很难在这里看到俄语出版物。与此同时，喀布尔大学正在与哥伦比亚大学、怀俄明大学、科罗拉多大学和印第安纳大学等美国学校建立伙伴关系。这些学校还派出学者、教授来阿富汗担任教职。赴美留学的学生队伍也呈壮大之势，涉及农业技术工程、医学、公共管理等多个领域。教育是文化，文化是意识形态。在阿富汗，苏联人花费的真金白银远远超过美国，却失去了阿富汗人的心和思想。

为了挽回局面，1955 年，继任的苏联领导人赫鲁晓夫访问喀布尔。阿富汗政府筹备了盛大的迎宾礼，准备组织群众夹道相迎、沿

---

*营业之初，西洛的生意相当惨淡，主要生产百吉饼，但阿富汗人更喜欢本国那种拖鞋形状的扁形全麦面包。不过，随着口味的改变，西洛至今仍在运转。

街喝彩。然而，与保守的宗教机构有关联的几个人却对此发出了不和谐的声音，因为赫鲁晓夫是自豪的无神论者，政府却为他如此大费周章，待若上宾。年轻的激进分子西卜加图拉·穆贾杰迪（Subghatullah Mujaddedi）试图组织反对赫鲁晓夫的示威活动，但他被关进了监狱，直到苏联人安全离开。西卜加图拉与为推翻阿曼努拉立下大功的哈兹拉特是亲戚关系。假以时日，西卜加图拉将成为阿富汗政坛上的风云人物。当然，这一切都是后话。50年代中期，他还只是当局眼中一个天真的讨厌鬼。西卜加图拉在狱中的时候，赫鲁晓夫和达乌德在王宫签署了一份协议，苏联将向阿富汗提供1亿美元的基础设施援助。如此慷慨的援助，在阿富汗历史上前所未见。

美国也不甘落后，促成了一项协议，帮助阿富汗建立一家国有航空公司“亚里安那”（Ariana），公司部分股权由泛美航空公司持有。达乌德也请求美国的军事援助，但这与美国的冷战政策相违背。阿富汗和巴基斯坦是敌对的邻邦，其原因可追溯到多斯特·穆罕默德那个时代。可是，美国和巴基斯坦是亲密的盟友，巴基斯坦通过连接中央条约组织和东南亚条约组织，在美国的遏制链条上成了至关重要的一环，美国万万不敢忽视。正是由于巴基斯坦桥头堡般的重要地位，美国政府没有应允达乌德在武器问题上的请求。毕竟这会激怒巴基斯坦，破坏联盟关系。

美国政府的顾虑给了苏联人可乘之机。苏联很快承诺，愿向达乌德提供坦克、米格战机、喷气式轰炸机、直升机，及足够装备一支十万大军的小型武器。苏方还将帮助阿富汗建立三座空军基地，其中一座大型空军基地位于喀布尔北部的巴格拉姆（Bagram），另外两座基地位于阿富汗北部。

美国尽其所能对抗苏联的这些行动。他们不仅出资改善喀布尔机场，还将在坎大哈建造一座全新的空港。根据美方的规划，坎大 153
哈机场将成为世界上最大的国际机场之一。美国专家还希望坎大哈机场能成为长途货运飞机的加油站，从而使阿富汗成为一个繁荣的国际商业中心。过去的几个世纪，阿富汗一直扮演着这样的角色，巴尔赫就曾是陆路商队的中转站。机场跑道等级很高，可以服务比当时任何机型都大的飞机（对今天使用该机场的大型美国军用飞机来说是完美的）。

苏联当局很快作出回应。一大批地质学家和工程师受命对阿富汗境内的油气资源进行勘探。他们在阿富汗北部探得巨大的天然气储量，并铺设了天然气管道，将天然气输送到为阿富汗北部城市服务的发电站。此前，苏联帮助在阿富汗的北部建立了不少工厂，天然气资源正好支持当地工业的发展。毗邻阿富汗北部的苏联中亚地区，也在天然气管线的照顾范围内。此外，苏联还出手整顿了阿富汗的通信设施，长达 600 多英里的电话和电报线路在各地铺设开来。

1959 年，两个超级大国的慷慨程度真是让人震惊，以致艾森豪威尔总统觉得访问喀布尔是值得的。赫鲁晓夫之后，阿富汗又迎来了一位大人物。访问期间，美国总统与阿富汗商人阿卜杜勒 · 马吉德 · 扎里布握手的举动让民众十分吃惊，那一刻，家资亿万的富豪 154
似乎和王亲国戚同等尊贵。艾森豪威尔的这次访问为阿富汗带来了价值数百万美元的捐赠和贷款，并有一项重要的基建项目得以开启：修筑一条喀布尔与坎大哈之间的柏油路，其中包括穿越沿途无数河流所需的桥梁。

然而，说到援建道路，美国只能说是在追赶。苏联正在建造一条更重要、更雄心勃勃的公路，这条公路从喀布尔通往该国北部边境，其中包括一条世界上海拔最高的隧道——萨郎隧道，全长 2 英里，海拔 11100 英尺。这是一条坚固的道路，可以承受坦克的重量。事实上，它能承受的重量比阿富汗当时拥有的任何坦克都大（倒是 20 多年后，苏军的钢铁洪流体验了一把道路的舒适感觉，堪称完美）。从 20 世纪 50 年代中期到 60 年代末，美、苏在阿富汗实施的一揽子援助计划，在地球上一些最困难的地形上修建了超过 1200 英里的优质柏油路，建立起了连接阿富汗主要城市的公路网络。[4] 可以想见，达乌德和纳伊姆该多么喜欢这场冷战啊！

第 16 章

不要停滞，要发展

阿富汗的基建形势如火如荼，文化与社会改革也取得了进展， 155
王室面临的最大挑战是妇女解放问题，以及为妇女平等参与社会生活开辟道路。阿曼努拉的革命因为妇女问题失败了，纳迪尔在这个问题上作出了巨大让步。

达乌德自有一套应对这一问题的方法。他的举措并不激进，先通过一些小举措来试水。1957 年，喀布尔电台开始播放女歌手的音乐，电台里也有了女播音员。政府并没有反对，这可被视为批准。也没有引发骚乱，保守派认为女人只要不被看见，她们的声音可以被听见。当年晚些时候，亚洲妇女大会在锡兰（今斯里兰卡）举行。达乌德让阿富汗妇女代表团前往参会。1958 年，在政府获得父母同意书后，40 名穿着罩袍的女工得以入职一家国营制陶厂，与男性一起工作，没有发生流血事件。

而后，朝廷终于向前迈出了大胆的一步。1959 年 8 月，独立日假期的第二天，王室成员在包厢里观看常规的阅兵仪式，但有一个不同寻常的地方：王室女性没有穿罩袍！一张张贵妇的芳容，就那
样展现在公众面前，人们第一次见到了哈麦拉王后、比勒吉斯公主 156

的容貌。达乌德妻子扎米娜·贝古姆（Zamina Begum）的脸，同样被看了个一清二楚。想知道这在阿富汗引发多大的震动，联想一下美利坚的第一夫人赤裸上身出席总统国情咨文演讲时的情景就可以了。更别提，此事实在来得突然。王室没有发布任何关于这一举动的公告，也没有通过任何法律，就毫无征兆地这么做了。

这一次，宗教机构很快作出了回应。国内几位最有权势的神职人员联名上书达乌德，表示了震惊，他们希望达乌德能把国家带回沙里亚法规定的正轨上。达乌德回信说，他非常希望能按照教法的要求去做，但他翻遍了《古兰经》，也未找到先知强制执行罩袍的只言片语。达乌德谦称自己学识有限，恳请学者们到首都来，把相关段落找出来给他看。然后，他们带着书来了。他们仔细钻研着，却没有任何发现，怒火中烧。最后，他们无法提供无可争论的圣经支持。

既然如此，达乌德宣布：王室女性将不再穿着罩袍，其他的女性也无须继续穿着。当然，王室并不打算强制其他女性怎么穿着，每个家庭都可以做他们认为正确的事。只是，王室将会遵从伊斯兰教法的规定：不穿戴罩袍。

之后，不少勇敢的平民女性也这么做了。科布拉·努尔扎伊（Kobra Noorzai）作为女学校督学，她从事工作时并没有戴面纱。还有扎尔胡娜女校的校长玛苏玛·艾斯玛泰－瓦尔达克。要知道，朝廷并未明确发布反对罩袍令。这些女性是冒着生命危险这么做的，但正是她们对阿富汗女性在公共事务上拥有一席之地的主张，才使王室的政策得以实现。

每个人都为暴乱做好了准备，但一切都风平浪静。王室的“赌博”获得了成功。虽然达乌德多次表示，政府不会强迫人们遵从某种特定的生活方式，但政府官员不得不允许家中的女性在公开场合露面。当年晚些时候，女孩开始在拉什卡尔加的公立高中上学（第一个是我姐姐贝丽卡）。男女同校在阿富汗实现。更重要的是，她们没有穿罩袍，而是穿灰色的制服，一条黑色的长袖连衣裙，搭配黑色长袜、白色头巾。1978 年，伊朗爆发伊斯兰革命。电视新闻里，不少女性活动家身上的服装和当年的阿富汗女校服如出一辙。我的几位美国友人见此情景，对霍梅尼革命强加给伊朗女性的压迫嗤之以鼻。那一刻，我不禁想到了近 20 年前的阿富汗，那些在公共场合那样穿着的阿富汗女性是如何做出令人震惊的女性解放的革命姿态的。 157

脱下罩袍，阿富汗女性迈出了勇敢的一步。但是，她们的活动没有获得太多的支持。王室将女性从基于性别的权利剥夺中解放出来，只迈了一小步。罩袍仍然未被禁止，男人仍然拥有摆布女性命运的权力，可以合法迎娶四位妻子；父亲为了敲诈大笔金钱，有权把未满青春期的女儿许配给富有的老人。而且，王室没有把罩袍倡议与更广泛的计划联系起来。毕竟，改革力度越大，越有可能遭遇风险。

哪曾想到，如此细微的一步，也招来了麻烦。坎大哈一个名为“赤脚男孩”（paylucha）的帮派打算对该地区不戴面纱的妇女和外国工人下黑手。美方承建的赫尔曼德河谷工程就在坎大哈附近，因此不少外国人聚集到了那里。阴谋很快传到达乌德那里。达乌德部署坦克进行镇压，日落之前，暴乱便被平定，且没有爆发更多的抗议活动。当时的阿富汗民智渐开，罩袍一事，人们已经不像以往那般坚持。某些毛拉的所作所为，倒像是在阻碍社会进步。他们甚至和黑帮流氓勾结，阴谋作乱，对于民众的性命安危毫不顾惜，这引起了公众的不满。达乌德就这样利用此事，让保守派败坏了自己的信誉。

王室的步伐虽然不太大，但他们开启了一扇门，变革随之缓缓到来。接下来的5年里，阿富汗女性仿佛走完了5个世纪的进程。她们终于获得了接受高等教育的权利，并在教师、护士甚至医生的岗位上发挥作用。政府部门、工厂和私营商业机构中，也出现了女
158 性职员的身影。亚里安那航空公司开始雇用女性乘务员。喀布尔电台的女播音已经成为常态，大家不但可以欣赏女歌手的歌声，还能听到女性播报的新闻。随着晶体管收音机的普及，阿富汗各城镇的人们已经习惯听陌生女人的声音，这对阿富汗男性来说是一种陌生的经历。

1963年，喀布尔已经拥有6家电影院，其中的3家放映欧美电影，其余3家则放映印度电影，也就是大家熟知的宝莱坞电影。尽管宝莱坞电影已是出了名的循规蹈矩，接吻一类的镜头从来难得一见，不过，那里面有未经遮掩的女人面孔，有女人唱歌、说话的影像，女人穿着展现身体的紧身衣跳舞！阿富汗的其他城市也有了电影院。

冷战仍在继续，大国之间的竞争不仅资助了阿富汗的经济发展和技术进步，还推动了随后的社会进步。如此一来，反而给王室带来了挑战。现代化的浪潮滚滚而来，君主的绝对权力自然会遭受冲击。过去，政府里的关键职位都为王亲国戚所把持，这是出于巩固政权的考虑。但现代化产生了一个庞大的工业和官僚系统，这需要大量受过良好教育的人来维持运转。一个如此庞大的系统，没有任何一个家族能胜任其所有关键岗位。因此，政府不得不打破王室圈子，面向平民招揽贤才。

政府求贤若渴，从欧美学成归来的专业人才也越来越多。一方面，王室需要这些专业人士发挥才智，促进社会建设；另一方面，又不想让他们掌握政权，但这是没有希望的。管理人员、技术人员、官僚和行政人员拥有事实上的权力，无论这些权力是否合法。阿富汗的教师、技术人员和金融专家的人数不断积累，远远超过了王室及相关部落贵族。他们发展成了一个全新的阶层，一个足以挑战王朝的技术官僚阶层。

对于这个新兴阶层，王室抱有很大的戒心，但也离不开他们，因为这个国家不可能永远属于一个家族，几千人去对抗数百万人。所以必须创造各种途径，实现更广泛的（也许不是普遍的）政治参与。一批经过挑选的非王室成员确实已在参与国家治理，社会的进 159
步的确给了技术官僚跻身精英阶层的机会。

与此同时，阿富汗故事和冷战之间出现了分歧。杜兰德线——那根老毛刺，制造了很多麻烦。白沙瓦这个地方，一直被阿富汗人所挂念。从多斯特·穆罕默德那个年代起，普什图部族就在不断进言，希望重新征服白沙瓦，夺回失地。这个愿望仅限于普什图人，其他民族并不在意，但他们的想法并不重要，阿富汗的政权从来都把持在普什图人的手里。多斯特·穆罕默德以来，阿富汗的历代国王都不得不照顾同胞的情绪，至少，他们的言辞强硬，信誓旦旦要把所有的普什图人统一到一个国家之下。不过，为了保住王位，每一位国王都必须被迫接受强加的东部边界，因为他们需要金钱、枪支和大国的保护。

1947 年，一个重大事件戏剧性地改变了这个故事的面貌。当时，英国势力正在慢慢撤出印度次大陆，国大党领导的印度独立运动似乎就要开花结果。在长期追求独立的斗争中，穆斯林独立运动脱离了甘地领导的国大党领导的主流运动，这个由穆斯林联盟（Muslim League）领导的民族主义运动，要求为穆斯林建立一个独立的国家。英国人通过支持成立两个独立的国家来解决纷争，英属印度由此一分为二：印度教徒组成的世俗国家名叫印度，穆斯林则会得到一个名为“巴基斯坦”的家园。

巴基斯坦的建国让一个古老的问题重新被提及。既然英属印度的穆斯林可以独立建国，那么，杜兰德线以东的普什图人又当如何寻求自己的前途呢？巴基斯坦的建国会不会是阿富汗的一次契机——迎回沦落异国的同胞，收复失落多年的故土？英国人决定正视这一问题，于是在英属印度的普什图人聚居区举行了全民公投，要求人们选择更愿意加入哪个国家，印度还是巴基斯坦？

印度还是巴基斯坦，难道就只有这两个选择吗？

是的，那就是唯二的选择。大多数人叹了口气，投票赞成加入
160 巴基斯坦。部分民众完全抵制公投，“都不是”。不愿加入任何国家的普什图人不在少数，他们希望独立建国，组建独立的“普什图斯坦”。那么，“普什图斯坦”和阿富汗如何相处呢？他们会组成联盟吗？又或者成为阿富汗的一个自治省？

如上问题太过遥远，自然没人关心。1947 年，阿富汗政府简单地认为，在没有详细说明的情况下，宣布支持普什图斯坦是一种政治行为。因此，阿富汗政府表态，“普什图斯坦问题”尘埃落定之前，反对巴基斯坦加入联合国。哪怕巴基斯坦建国已成事实，阿富汗政府仍在暗中支持巴基斯坦境内的普什图分裂主义运动。

普什图独立运动的领袖阿卜杜勒·加法尔·汗（Khan Abdul Ghaffar Khan）是杰出的和平主义者，被称作“边境地区的甘地”。阿富汗政府让他来到喀布尔定居，通过喀布尔电台向巴基斯坦境内

的普什图人发表充满激情的讲演。[1]巴基斯坦展开报复，一家“自由阿富汗电台”在奎达（Quetta）设立，阿富汗境内的普什图居民不断收到另一侧“兄弟”的邀请，敦促他们脱离阿富汗，加入巴基斯坦。

尽管加法尔·汗主张非暴力，但是他的宣讲却诱发了武装冲突。电波来往间的唇枪舌剑，演变成为实实在在的枪林弹雨，造成人员伤亡。巴基斯坦前后三次封锁两国边界，只为炫耀它对内陆国家的影响力。

相关冲突甚嚣尘上的时候，正值达乌德执政初期。达乌德本就是个狂热的普什图民族主义者，他应该支持这一事业，因为普什图民族主义者是他执政的基础。即便他没有这样的诉求，也会为了争取民心而一意孤行。由此可见，即使是拥有绝对的权力，政治家也得讨好自己的支持者。因此，达乌德开始谈论有史以来最强硬的反巴基斯坦普什图主义。

与此同时，达乌德向美国请求军事援助却遭到了拒绝。对于美方而言，人口上亿的巴基斯坦比1200万人口的阿富汗更具战略价值。华盛顿担心，普什图人的独立愿望可能会危及其盟友——巴基斯坦这个大杂烩国家的生存。毕竟建国不久的巴基斯坦已被分成了两个互不相连的部分。东巴基斯坦很快会分裂，成为孟加拉国；印度声称对克什米尔拥有主权，“普什图斯坦”若实现，信德省（Sind）的一部分及俾路支省（Baluchistan）可能追随而去。如此一来，偌大的一 161
个巴基斯坦岂不只剩下一个旁遮普（Punjab）？如此一个小国求得生存尚且不易，即便幸存下来，又怎能承担起连接中央条约组织和东南亚条约组织的纽带作用，如何作为该地区唯一的力量抗衡不结盟、偏左的印度？正因如此，美国绝对不能放弃巴基斯坦。无论如何，

土库曼斯坦
乌兹别克斯坦
吉尔吉斯斯坦
塔吉克斯坦
中国
克什米尔
阿富汗
伊朗
杜兰德线
巴基斯坦
大普什图斯坦国
阿曼湾
阿曼
卡拉奇
印度
阿拉伯海

普什图人聚居区

这个国家的生存必须得到保障。因此，美国的外交官试图劝说达乌德接受杜兰德线。 162

“普什图斯坦”的梦想始终在达乌德的心头回荡。不过，他也未能在这方面取得进展。1960年，达乌德决定要对巴基斯坦施加压力，于是阿富汗单方面关闭了两国边界。综观达乌德的执政生涯，这个决定真是愚蠢之极。边界一关，双边贸易立即陷于停滞，边界地区的游牧民无法自由来去，城市里大小商店的货架变得空空如也。一个内陆国家，为什么要切断通往外界的唯一通道？难道达乌德当真以为如此举动能让巴基斯坦感到压力？反正世界各地的观察家们挠破头也不理解达乌德的决定。达乌德这是在向巴基斯坦以死相逼吗？如果不能满足他的要求，他就活活憋死自己。对此，巴基斯坦政府只是笑而不语。惊慌失措的美国政府将150多名技术顾问撤离阿富汗，并警告达乌德收敛他的小孩子脾气。

不过，达乌德不肯让步，拥有无限权力的独裁者一般都难得认错服软，相反，达乌德指望苏联来为他摆脱困境。达乌德的请求得到了苏联的热情回应。边界关闭之前，卡车每天载着上千吨阿富汗出产的葡萄，开赴巴基斯坦的港口城市卡拉奇。现在，苏联以飞机作为运输工具，倒也运走了几百吨葡萄。有传言说，其实苏联并不想要这些水果，苏联本就有不少葡萄产地，他们实在没有理由引进一批外国货来打压本国产品。可是，达乌德的面子又不能不给。无奈之下，苏联人只得把阿富汗葡萄倒进咸海。[2]不过，只要能让阿富汗政府投入己方阵营，其他事情都不在话下。总之，达乌德的蠢行让阿、苏两国关系变得十分紧密。美国人看在眼里，怒在心里，却没有一点阻挠之力。

不过，王室可不希望和苏联走得太近，不结盟仍是阿富汗的国策。如果达乌德让不结盟国策变得困难，那他必须下台。1963 年的这场外交风波，让查希尔国王下了决心。国王亲自出面，撤掉了达乌德的首相职位，他感谢堂兄多年来为国家所作的贡献，希望他退休之后生活愉快。查希尔国王宣布亲任首相一职。

第 17 章
民主的时代

达乌德下台了，这是一个重大的转折。要知道，达乌德可是主动请辞的。试问，哪位强人能在军队、警察、情报及特务系统尽数听命于己的情况下主动放弃权力？我想不出第二个例子。作为一个在阿富汗长大的孩子，我并不喜欢达乌德，他是我的噩梦，我向你保证，他是个可怕的人。不过，回首往事，我也得承认，达乌德有他的伟大之处。毕竟，他让妇女摘下了面纱，后来他还和平交出权力，避免国家陷入喋血境地。尽管他的主要动机可能不是他的国家，而是为了家族利益。显然，家族政治、幕后交易和未公开的压力，让他作出了辞职的决定。但同样可以肯定的是，由于他大权在握，他有了选择，他选择了辞职。 163

接下来发生了更加不同寻常的事件。国王决定削弱自己和王室的权力，他下令制定一部新宪法，对王权进行限制，赋予人民更多权利。综观阿富汗历史，这样的事真可谓史无前例。*

一开始，大家都非常怀疑，人们说这不过是马哈茂德虚假的 164

---

* 即便是阿曼努拉这样的民粹主义者，也丝毫未曾削弱王室的权力。

“阿富汗之春”的重演。政府假借取消审查制度、举行选举来打击潜在的异己，待政敌的人头纷纷落地，一切又将回归高压统治的老路。

可是，人们都错了，国王是认真的。他不仅要求达乌德辞职，还解散了整个内阁。接下来，一名技术官僚被任命为首相。在查希尔国王的支持下，新首相组织了新内阁。新内阁成员中，没有一人拥有王室背景，其中两人甚至不是普什图人。他们所处的时代确实在改变。

久居囹圄的政治犯得到释放。在监狱长大的恰希家族成员不曾想到，他们还能重见天日。历史学家霍巴尔（Ghobar）结束了长达10年的流亡生涯，回到喀布尔大学继续从事教职。

在查希尔国王批准下，新首相和内阁任命了一个由学者组成的专门委员会来制定新宪法——一部真正的宪法。该委员会共有7人，我的叔父纳吉姆丁便是其中之一。他的一生甚是离经叛道，虽然学习医科，却从未正经执业。另外还设有一个咨询委员会，作为磋商机构。前文提到的杰出女性玛苏玛·艾斯玛泰-瓦尔达克和科布拉·努尔扎伊都是咨询委员会的成员。另一位成员莎菲卡·齐亚耶（Shafiqa Ziaie）后来被任命为内阁部长，但不担任部长职务。也就是说，齐亚耶虽然参与内阁会议和政府决策，但不具体管理某个部门。拟订宪法草案花了一年多的时间，最终获得批准也耗费了数月，最终出台的宪法着实震撼了整个阿富汗。

根据新宪法，阿富汗将建立一个真正的议会，议员通过真正的选举产生。同时，议会是阿富汗的立法机关。

宪法明确限制君主的权力，国王将变成英国伊丽莎白女王那样的象征性君主。

新宪法第二十四条最令人震惊。

第二十四条规定：任何王室成员和国王的近亲都不得在议会、内阁、最高法院任职，也不得加入任何党派。 165

天呐！

我写到此处的时候，还是目瞪口呆的。人类历史上，何曾有过这种事情？请不要以美利坚合众国为例：北美殖民地天高皇帝远，为了摆脱大洋彼岸的王权束缚，美国人可是经过了八年苦战。法国大革命也不能算。法国从绝对专制到极端民主，是通过血腥革命和恐怖统治才实现的。可是在阿富汗，这种变化一夜之间发生。主持这场变革的，还是曾经的专制君主。

当时的喀布尔人，都不敢相信民主已经成真。大家在茫然中走来走去，等待美梦化为泡影，等待达乌德挥舞斧头突然出现。不过，这样的事情没有发生，达乌德在喀布尔过起了平静的退休生活，十足是个安享晚年的老绅士。他只是观察事态发展，与朋友私下讨论，而不公开发表意见。平民内阁开始运作，选举也顺利进行，最终有 4 名女性获选。由此形成的新一届议会开始顺利履职。一些知识分子开始尝试办报纸，在政府没有反对的情况下，涌现出了更多出版物。

阿富汗和巴基斯坦两国边界重新开放，货物得以流通。各大商店的货架上商品琳琅满目，不仅有本地产品，还能买到荷兰巧克力、法国香水、意大利面条、坦噶尼喀咸牛肉、挪威沙丁鱼罐头、瑞士手表、法国钢笔、德国相机、英国自行车和美国唱片。[1]

在外交上，1963 年的“天鹅绒革命”（the Velvet Revolution）将阿富汗重新归位于它原来的位置——东西方两大阵营的夹缝中，坚定走不结盟的外交路线，不抗拒两边的“勾搭”，对双方提供的各种馈赠更是一应笑纳。

那个时候，外界送来的大礼包可谓接连不断。德国人为喀布尔大学建造了现代化的校园。苏联方面慷慨解囊，建起了 60 多栋现代公寓大楼，配有完备的水电设施。这是一个带遮阳行道、商店和娱
166 乐设施的住宅开发项目。一座座高楼拔地而起，银行、现代化高级酒店、百货商店等不断入驻，城市里还有了现代化的公共汽车，这些都是拜冷战时期阿富汗的“追求者”所赐。除了老城区，喀布尔的街道都铺上了沥青，人行道路也成了标配和时兴。驴和骆驼不再经常进城，卡车和轿车变得普及起来。主要的河流上建起了巨大的水力发电厂，它照亮了喀布尔的夜晚，照亮了每晚喧嚣的婚礼宫殿，照亮了遍布主干道的现代西式餐厅和咖啡馆。市中心新开了不少书店和音像店。茶室、冰激凌店和烤肉店多得有如雨后春笋。风和日丽的日子里，新兴的中产阶级会驱车前往近郊的风光胜地，如度假小镇帕赫曼（Paghman），卡尔哈（Qargha）水库也是大家喜爱的度假选择，那里有一家俯瞰水面的大型露天咖啡馆。

每到夏末，会迎来阿富汗的独立纪念日。独立日的庆典活动本就是阿富汗人狂欢的上佳时机。现在，庆典变得更加隆重。每年，政府会将举行庆典的广场周围布置得张灯结彩，充满了节日气氛。

在这个节日里，会举行阿富汗的传统体育项目“布兹卡谢”。这是一场残酷的马术比赛，骑手们为抢夺一只山羊的尸体进行搏斗，他们需将山羊拖过球门线。传统上，布兹卡谢属于个人之争，这些参赛队伍代表各自的省份。操场中心的人工湖畔还会大放烟火，政府部门赞助了露天茶室，乐队在这里演奏，人们可以免费聆听知名歌星的演唱。半古典歌唱家萨拉罕格（Sarang）曾经在此献唱，流行明星艾哈迈德 · 查希尔（Ahmad Zahir）更是在这里大放异彩。他弹着电风琴唱情歌的神采迷倒了万千少女。那些情歌歌词是数百年前波斯的古典诗人写的。美术馆里，展出了现代阿富汗画家带有些许

野兽派色彩的风景画。

更重要的是，独立日还为贸易博览会创造了契机，也是冷战各国较量的“战场”。各国纷纷设立展馆，展示自己的商品。阿富汗人涌进展馆，大开眼界。美国、法国、捷克斯洛伐克、波兰、中国和 167
苏联，都在不遗余力地展示自己。从摩托车、收音机、电动打蛋器、冰激凌机、唱片机到鞋子、帽子等各种机器制造的时尚物品，应有尽有，还在不断增多。

展馆附近，还有各国自设的剧场，观众可以欣赏到花样百出的异国演出，有来自美国的艾灵顿乐队爵士乐表演、中国传统京剧，还有来自莫斯科的马戏团表演，那些空中飞人、杂耍高手在钢丝上辗转腾挪，表演高难度动作。两大阵营都在竭尽全力争取东道主的芳心。“来吧，做我们的盟友吧！”这可是他们共同的心声。

资金和技术援助源源不断地涌入，用于建设阿富汗的公路网。到 20 世纪 60 年代末，人们可以在一天内驾驶汽车从巴基斯坦边境穿过喀布尔，直抵苏联边境。苏联援助的萨朗隧道则是途中的必经之地。

大量的外国人使喀布尔人口激增。俄罗斯和其他东欧国家的家庭条件相当不好，他们拥挤在公寓或小房子里，有时甚至是两三户人家同住。人们可以看到他们在集市上采购当地物品，与阿富汗人手忙脚乱地挤在一起。

在喀布尔，美国人和西欧人同样随处可见。不过，他们自有他们的生活空间，和阿富汗人几乎互不相干，就像 19 世纪来到喀布尔的英国人一样。他们在物资供应所购买的商品全部来自各自国家。不过，60 年代中期“和平队”（Peace Corps）志愿者涌入阿富汗，他们与阿富汗人有密切的生活和工作联系，不仅是在喀布尔，他们还深入边远城镇，担任教职，参与医护工作，还有不少人投身到了阿富汗的农业振兴事业当中。其实，这些年轻人一无专业经验，二又缺乏真正的技术，他们对于阿富汗社会发展的贡献相当有限。不过，这一张张来自美国的面孔十分和蔼可亲，至少，“和平队”促进了国家间的互相理解（也促进了美国的冷战事业）。

20 世纪 60 年代，世界革命形势风云激荡。到 1967 年，激进浪潮更是达到了巅峰，嬉皮士开始涌入阿富汗。[1]这些人就像现代社会中的游牧民，他们从欧洲开始流浪，经伊朗进入阿富汗，经赫拉特、
168 坎大哈、喀布尔，然后一路向印度奔去。他们喜欢阿富汗的一切：这里的大麻劲头十足，人民友善平和。阿富汗有严格的社会规定，不过，至少在最开始接触外国人的时候，他们对他人的标准是豁达包容的（这是千真万确的！亚历山大·布尔内斯写于 19 世纪 30 年代的阿富汗见闻，足以为此提供例证）。

“嬉皮之路”上的阿富汗人在这群新的外来者身上发现了商机。聪明的商家很快发现，嬉皮士口口声声说要体验生活，但他们毕竟来自欧美国家，又怎么会挤进烟馆，和本地人一起吞云吐雾呢？当时的阿富汗，大麻虽早已合法，但声名狼藉。任何人都可以吸，不过，真正沉溺其中的阿富汗人，是一些白天辛勤的苦力、经常挨更守夜的司机以及浪荡江湖的暴徒和恶棍。相形之下，上层人士更喜欢酒精。尽管饮酒违反教义，不过，也许正因如此，上层人士才会趋之若鹜。因此，阿富汗的“创业者”们为嬉皮士创造了一个浪漫的梦想，他们建立了酒吧和俱乐部，在这里，嬉皮士们可以获得他

---

① 20 世纪六七十年代是阿富汗的“黄金时代”，长发披肩、身着奇装异服的放浪青年沿着“嬉皮之路”，一路穿越欧洲、土耳其、伊朗，来到阿富汗、巴基斯坦、印度等地。——编者注

们想象中的阿富汗体验。[2] 为了保证这一点，商家还对本地客人进行特别筛选，拒绝接待地痞流氓、贩夫走卒，允许入内的阿富汗人必定地位较高、受过教育。当然，和商家熟识的关系户也能加入这种毒品俱乐部。正因如此，嬉皮士们都很热爱阿富汗。毕竟，这里的一切都是那么周到而可爱。不过，正如“和平队”志愿者为西方国家塑造了形象，嬉皮士也是如此。当他们的数量寥寥，像一股细流时，并不会给阿富汗带来多大麻烦；但一旦他们变成洪流，这一形象就会在阿富汗人的心中留下深刻印象。

1969 年，阿富汗的城市结构正在经历迅速、激烈的变化，尤其是喀布尔。当时，城里的许多人（包括女孩）都接受过高中教育，进入高校继续深造的女性也不在少数，她们大多入读师范学校或医学院，阿富汗的女医生、女教师因此越来越多。

这个时候的阿富汗，男女同校已成常态。男女同学之间开始了谨慎的约会。当然，这不是两个人之间的约会，阿富汗的风气还不至于如此开放。男孩和女孩们会在公共场合相见，然后进行双向选择，再让各自的家庭出面安排婚姻。这些爱情的婚姻会让两群互不相识的人参加婚礼，他们来自新娘和新郎的家庭。这为参与其中的青年男女提供了另一个场所，让他们单独约会，安排自己的婚姻。 169

与此同时，喀布尔的女士开始出现在公共场合，她们不仅展露容颜，还露出了手臂、腿，甚至是乳沟。西方的时尚风潮也在技术官僚阶层的下一代之间流传开来。迷你裙和低胸衬衫，她们已经习以为常。夜店越开越多，啤酒和威士忌一类的东西，也不再仅向外国客人开放销售。对于酒精，阿富汗人愈加适应。城市当中，不会有人对饮酒提出异议。前文提到过的那位科列加先生，也从卡加开伊搬到了喀布尔。毕竟，首都是个大都会，只有在这里，他才能更好地行销自家酿造的葡萄酒。总之，如果文化也是一片阵地，冷战双方已经在阿富汗分出了高下。这一次，西方阵营取得了一场完胜，他们的流行音乐、蓝色牛仔裤和超短裙在喀布尔随处可见。不过，在政治和外交领域，美国和他的盟友却一步步败下阵来。美方寄予厚望的赫尔曼德河水电站非但没能撑起华盛顿的面子，反倒成了不可承受的负担。工程开启之前，没人做过足够的土壤研究，新的灌溉方式反倒加重了土壤中的盐碱成分，使大部分土地无法耕种，寸草难生。

此外，没有人研究过水坝与运河修建带来的社会影响，受到工程影响的一干村民本就在调查人员的考虑之外，自然不会有人苦口婆心向当地人介绍大坝的功能和意义。人类学家路易・杜普利（Louis Dupree）曾经指出，阿尔甘达卜大坝落成之后，距离大坝 20 英里的村民仍对这个庞然大物的存在茫然无知。[3]

卡贾卡伊大坝完工之后，大坝下游仍有一些事务需要处理。于是，我父亲开着一辆路虎汽车前往那里的几个偏远村子。附近地势崎岖，甚至没有像样的公路。在一个地方，前来迎接他的村民询问阿曼努拉国王的健康状况。当时，距阿曼努拉下台已逾 30 年了，相关的消息却一点也未曾吹进这处偏远山区。上游那座宏伟的水坝，村民同样毫无察觉。他们只是觉得，河道的水文状况变得有些奇怪。有时候，河水湍急异常，水量大到不可思议的地步。村民那套古老的水资源管理系统根本无法处理这些令人费解的新型水资源情况，村里的土地被淹，粮食歉收，村民陷入了饥馑的境地。

河流突然发生了令人费解的变化，这破坏了围绕水资源管理而
170 形成的错综复杂的社会传统。过去，米拉布受人敬仰，由他来组织与水利相关的工作，并裁决水源纠纷。上游的大坝一拦，他们在村

里的地位一落千丈，这种权威的侵蚀还产生了一系列微妙的后果。

与此同时，模范城镇并没有真正发挥作用。政府本来指望不同民族的人聚居在一起，能够相互理解、互相融合。可是，大家到底没有找出一条共存之道，相关的冲突倒是层出不穷。一些新城镇的居民受够了，他们离开模范城镇，重新过起了游牧生活。

在新灌溉区，为给大型试验农场项目腾出空间，许多居民被迫迁出了他们的农场。后来，一些农民想回到自己的农场，但政府不允许这么做，这导致相关的矛盾不断积聚。

至于坎大哈机场，整个想法都落空了。设计建设的机场是为了能给螺旋桨飞机提供完美的服务。但机场建成时，正是螺旋桨飞机被淘汰、新兴的喷气式飞机兴起之时。而且，机场的油泵无法正常工作，长途货运飞机自然不会把坎大哈机场作为加油站。飞机络绎不绝的情景从未在此出现，坎大哈空港虽然摩登气派、规模宏大，却始终门可罗雀。

一些发展项目已成功完成，但只限于较大的城镇，农村并未获益。沿着任何一条神奇的现代高速公路去往任何一个方向，都会通向不知电力为何物的村庄。村子里的人没听过“冷战”这个词，至于日新月异的城市生活，他们也只是从其他村民那里听来的，而这些“报道”已经被不认同的“记者”歪曲了。

这就是那个旧有的阿富汗。阿卜杜尔·拉赫曼曾试图摧毁，让阿曼努拉跌下王位的旧阿富汗仍然存在，而且绝大多数阿富汗人仍属于这里。更重要的是，旧的阿富汗和喀布尔政府及其技术官僚居住与管理的城市阿富汗，还在日益疏离、渐行渐远。

第 18 章
左翼兴起

171 达乌德在向苏联寻求军事援助后，开始派人前往苏联和一些东欧国家接受军事训练。到了 20 世纪 60 年代初期，随着数百名受过良好教育、具备管理才能和掌握技术的西方留学生回国，数百名留学社会主义国家、接受军事训练的留学生也回来了，他们训练有素，已做好进入军队的准备。在社会主义国家求学期间，他们不仅收获了军事知识，还接触了马克思列宁主义。他们看待祖国前途和个人命运的角度由此也发生了重大变化。按照马克思主义史观，阿富汗尚处于向前工业社会过渡的封建社会阶段。而他们是阿富汗迈向工业文明的开路先锋，要消除所有关于天堂和地狱的胡言乱语，把阿富汗打造成天国乐园，工人的天国乐园。

随着时间推移，马列主义思想从军营传到了喀布尔大学。大学毕业生走上教师岗位，又把共产主义思想带进了中学课堂。当时的喀布尔工作机会十分有限，许多大学生只能远走他乡，到各地的公立学校从事教职；年轻军官则被派到全国各地驻防，共产主义思想由此播撒到了阿富汗地方社会。在喀布尔，不少持有异见的知识分
172 子秘密结成学习小组，探讨马克思列宁主义。每个小组的成员不过

10—12 人。在议会时代，其成员也只有几十人，但他们的思想在不断传播。

1965 年，来自马克思主义研究领域的 30 多名代表齐聚在记者努尔・穆罕默德・塔拉基（Nur Mohanmmed Taraki）的家中。塔拉基因写过一些说教小说及有关阿富汗工人和农民的小说，从而在苏联引起了一些关注。塔拉基出身贫穷的普什图家庭，通过就读公办学校晋升成为技术官僚。他还曾经前往美国，在阿富汗大使馆当过一阵子助手。他的一部小说被翻译成俄语，并受到苏联读者的欢迎，称赞他是“阿富汗的高尔基”。1965 年，塔拉基已是两鬓添霜的老人，而与会者大多是刚刚走出大学校门的年轻人。塔拉基由此确立了他的领导地位，毕竟在阿富汗这个社会，年长即等于权力。

然而，会上有那么一位人物并不服气。此人名叫巴布拉克・卡尔迈勒（Babrak Karmal）。时年 36 岁的他虽然华发未生，但在一众大学毕业生当中也算得上半个长者。求学期间，卡尔迈勒曾经组织过多场反政府学生运动，并因此招来了一段长达四年的牢狱之灾。正是由于这段经历，卡尔迈勒在喀布尔的激进分子当中闯出了名声。在达乌德的黑狱中，他的狱友——一些持不同政见的知识分子——向他介绍了马克思主义。出狱之后，卡尔迈勒继续求学，取得法学学位。与此同时，他这个拥有特殊牢狱经历又富有领袖魅力的大龄学生，在年轻的同龄人中拉起了一支规模不小的拥趸队伍。1965 年，卡尔迈勒已经离开校园，但左翼学生运动仍和他有很多联系。

30 多名参会者连夜决定成立一个政党，角逐即将到来的国民议会选举。这个政党就是“阿富汗人民民主党”（the People’s Democratic Party，PDPA）。那天晚上的这些与会者，不仅是党的领导人，也是党的大多数成员。他们中的半数出身普什图农村家庭，

来自那个旧的阿富汗，通过公立学校得以进入新的阿富汗。剩下的那部分党员出身城市。塔拉基是第一个群体的代表，他的父亲是个
173 牧羊人，其先祖是游牧民。第二个群体的代表则是卡尔迈勒，他的父亲是个将军，与达乌德来往密切。

选举结果出来了，卡尔迈勒为代表的群体几乎全部成功当选，塔拉基的团队则无一人当选。不过，新兴的人民民主党到底是在阿富汗政坛有了一席之地。议会开幕那天，一帮学生涌进了会场，他们的抗议行动让不少人对学生运动心生反感。学生们觉得，各位议员并非真正的民意代表，而且大多有贪污与结党营私之嫌，他们要求一年前国王任命的首相及内阁集体请辞。会场里嘘声阵阵，议员的讲话频频遭到打断。显然，这是人民民主党策划的一次示威。一片喧闹中，大厅里的一名议员突然站起身来。此人身着衬衫袖子的便服，看起来像学生，他就是卡尔迈勒。示威者安静下来，给了卡尔迈勒发号施令的光环。他开始了一番慷慨陈词，痛陈国家面临的困境和农民的悲惨遭遇时，卡尔迈勒相当动情，好些反对派议员听了都为之落泪。卡尔迈勒讲话期间，每个人都在认真聆听。当他坐回议席，会场又开始喧闹起来，议会不得不休会。[1]

接下来的几天，学生们仍在议院中抗议。没办法，议会只得动用警力，把一干学生逐出大楼。但是，抗议活动还在继续，只不过把阵地转移到了街头。四面八方的学生还在源源不断地加入示威人群，能有机会成为这历史性时刻的一部分，每个人都十分兴奋。至于抗议游行有何目的，又有什么打紧呢。

游行仍在继续，官方渐渐难以容忍。1965 年 10 月 25 日，当局授意警方出马驱赶示威人群。警方开了三枪，造成三人不幸身亡，其中两人是学生，还有一人是围观者。在很多人的心中，阿富汗可

能就是政坛暴力的代名词，区区三条人命是小事。这样的想法真是大错特错。这桩惨案一直被阿富汗人铭记至今，大家都不会忘记，那天是阿富汗历 8 月的第三天。此后的十多年里，这一天不仅仅是日历上的一个日期，还是那场运动的象征。

1965 年，示威游行进一步升级成一场罢工。喀布尔大学的学生发动罢课，还把一封请愿书递到了副校长（碰巧是我父亲）手里，请求政府彻查整起事件，惩罚下令向学生开枪的人。如若这样的要 174
求不能得到满足，他们将让大学今年内无法再复课。

示威活动已经导致第一任首相被迫辞职，继任者哈希姆·麦万德瓦尔（Hashim Maiwandwal）接受了请愿书，承诺会进行调查。最终，一位默默无闻的大学老师被指控，罪名模棱两可，实际上调查并没有结果。街头流言称，国王的堂兄、喀布尔驻军司令阿卜杜勒·瓦里（Abdul Wali）嫌疑最大。如果真是这样，调查毫无结果也就不足为奇了。阿卜杜勒·卡尤姆（Abdul Kayeum）因为“八三事件”辞去了内政大臣的要职并流亡海外，人们认为，无论他是否真的要对此事负责，他都应该承担责任。

到底谁应该为“八三事件”负责呢？时至今日，没人清楚问题的答案。事实上，这可能并不重要。当年的喀布尔就像一个火药桶，“八三事件”不过是导火索。此后的十年里，每逢阿富汗历的 8 月 3 日，广大学生都会走上街头游行示威。

在当今世界的绝大多数地方，学生激进分子会等同“左翼”，或至少是“自由派”。在喀布尔，这两个词并不是同义的。在这里，富有煽动性的校园激进分子都是宗教激进主义者。大学里的神学教授是这类学生的带头人，其中最知名的参与者要数布尔汉努丁·拉巴尼（Burhanuddin Rabbani）和阿卜杜勒·拉苏勒·赛义夫（Abdul Rasool Sayyaf）。两人是校友，都曾在埃及著名的伊斯兰神学院爱兹哈尔大学就读。一帮留苏学生为阿富汗带回了马克思列宁主义，拉巴尼与赛义夫则带回了穆斯林兄弟会的思想。穆斯林兄弟会的宗旨是，全世界的穆斯林应当生活在统一的哈里发国，摒弃民主、人文主义之类的西方思想。拉巴尼和赛义夫认可穆斯林兄弟会建设一个完全以伊斯兰教法为基础的国家的愿景。

175 在众多的学生追随者中，有两位活跃的学生：塔吉克人艾哈迈德·马苏德（Ahmad Massoud）和普什图人古勒卜丁·希克马蒂亚尔（Gulbuddin Hekmatyar）。希克马蒂亚尔是个凶残狡诈的人物，他一开始是共产党员，但最终滑向了另一个极端。他和他的同伴们抗议喀布尔的社会变革，在学校里跟踪不戴面纱的女性，将硫酸泼向她们的脸。[2]

阿富汗的学生激进分子从一开始就两极分化。更重要的是，他们没有统一的领导，左派和右派都分裂成许多派别，反映了潜在的种族、部落和个人冲突，因敌对产生的分裂愈演愈烈。1965年，阿富汗人民民主党正式成立。一开始，全党不过30人。经过两年的发展，党员发展到35人。35人的小团体却很快一分为二，由于塔拉基和卡尔迈勒政见不合，他们各自拥有12—15人的追随者。他们通过所创办的报纸发声，抨击政府，指责王室，视另一派为政敌。塔拉基及其追随者创办党报《人民》（*Khalq*），因此被称为“人民派”，其成员来自农村。卡尔迈勒所代表的一派因为机关报《旗帜》（*Parcham*）而得名“旗帜派”。旗帜派由城市技术官僚组成，有些人嘲笑他们是阿富汗皇家共产党（The Royal Communist Party of Afghanistan）。两大派别对立严重，几乎无法共存，其中甚至有更小的左翼团体分离出来，他们是更特殊的种族亚族或领袖。[3]

不幸的是，在“新民主”的十年里，达乌德邀请他精心挑选的左翼人士到他家中进行私下会面，试探他们的派别、忠诚度和思想，并以阿富汗的传统方式建立了一个新的联盟网络。达乌德在年轻军官中寻找朋友和同盟是很自然的，他们中的许多人属于旗帜派。他们团结在这位曾经的强人周围完全是可能的，当年，正是达乌德的政策，他们才得以前往苏联留学，变得训练有素、思想激进。60 年代末期，喀布尔充满了活力，来自西方的嬉皮士蜂拥进来，夜店与派对的喧闹声响彻整个喀布尔。工厂越来越多，工人阶级队伍逐步 176
壮大，学校教育逐渐普及。学生们常常因为课业上的要求（如更宽松的考核）而罢课，工人要求雇主缩短工时、提高薪酬而罢工。仅在 1968 年夏天，阿富汗就出现了 15 次学生大罢课和 25 次工人大罢工。与此同时，军队里的下级军官也在小声说着“革命”，大学和清真寺里的宗教学生都在妖魔化“世界末日”——那是最好的时代，也是最糟糕的时代。

喀布尔的活力麻木了人们的感觉，但寻欢作乐的背后却隐藏着麻烦。沿着任何一条公路或从政府哨所步行几个小时，就会来到那个古老的阿富汗，乡村世界和游牧部族里的毛拉、马利克、汗仍在沿着自己的轨道隆隆前行。

1973 年，查希尔·沙阿前往意大利度假。他的堂兄达乌德趁机发动政变，夺取了国家的控制权。行动十分迅速，几乎未发生流血事件。这很可能是一次精心安排的政变，达乌德把至少一辆劳斯莱斯轿车送去了意大利。如果你能得到它，这是一次不错的政变。核心的王室成员可能认为无政府状态是对国家的最大威胁，必须进行遏制。达乌德已为这天做了许久的准备。他一废黜查希尔国王，就宣布自己任阿富汗的首任总统。你也许会质疑达乌德的合法性，毕竟这世上哪有自封的总统。不过，政治进步并非一日之功，美利坚合众国也不是一天建成的。也许，他只是觉得“国王”的称呼听起来过时了，“总统”这个头衔要摩登许多。

达乌德倚仗旗帜派重登权力巅峰，不过，他并不是人民民主党党员。局势一稳定，他立即着手排挤左翼盟友，把一些人降职，把另一些人提拔到无关紧要的位置，并派遣许多人到国外担任大使。阿富汗与苏联永恒的友谊被达乌德反复强调，但是，他同时又在拉拢美国的地区盟友。他会见了巴基斯坦总统佐勒菲卡尔·阿里·布托和伊朗国王礼萨汗。阿里·布托毕业于加州大学伯克利分校，总是穿着一身萨维尔街出品的考究西装；礼萨汗则是美国在伊朗的“钢铁侠”。三位领导人计划组建一个地区贸易联盟，并考虑签署一份集体安全条约，修建一条联通三国的铁路。苏联远远地关注着这次会谈，警钟开始敲响。

177 打压左派的同时，达乌德也不准备对右翼人士手软。当拉巴尼、马苏德和希克马蒂亚尔等伊斯兰主义者蓄谋叛乱时，达乌德镇压了他们。无奈之下，拉巴尼等人只得逃往巴基斯坦。

再度上台的达乌德保留了自己的一贯强硬作风。他用国家暴力机器镇压政敌，用从德国订购的新刑具恢复权力。[4]但是，总统很快发现，自己的铁腕手段并不足以把整个国家牢牢攥紧，社会的各个阶层似乎都要和他分道扬镳。1978年4月，两名身份不明的持枪歹徒暗杀了颇受欢迎的左派领袖米尔·阿克巴·胡贝尔（Mir Akbar Khyber）。胡贝尔之死引发喀布尔持续数天的示威活动。达乌德决定一劳永逸地解决国内的安全隐患。在一次迅疾的行动中，几乎所有他认识的左派领导人都被逮捕下狱，尤其是人民派的各位领导。只不过达乌德行动还是不够迅疾，人民派的干将之一哈菲佐拉·阿明（Hafizullah Amin）事前就听到了风声，他设法让他的小儿子带着消息到人民派各位地下工作者那里，告诉他们发动政变。显然，人民民主党早就制定了一个计划，只是在等待时机。

逮捕行动刚过一两天，坦克部队的指挥官求见达乌德总统，带来的消息让达乌德大感震惊。来人声称，他得到消息，一个很大的阴谋正在酝酿中，阴谋者计划在4月27日行动。他请总统下达指示，坦克部队进入战备状态，并将坦克部队部署在喀布尔市中心的王宫周围。

4月27日清晨，天气晴朗。整个上午，街道平静如常，难道是一场虚惊？中午12点了，近郊的山顶上传来一声隆隆的炮声。没什么好担心的，每天中午，那个地方都会鸣放礼炮计时，喀布尔市民可以据此对时。但是，那天的一声炮响，听来意味深长。果然，炮声刚落，坦克的炮塔旋转过来，对准了王宫。达乌德恍然大悟，难怪那名军官知道今天有事发生，他也参与其中，是人民派的一分子。 178

装甲部队当前，达乌德已经无路可逃，他退到被围宫殿的最深处。所有的家人和亲信都应召来到他的跟前。达乌德表示，只要愿意，任何人都可以自行离开，他不会轻视他们，毕竟这已是最后的生机。不过，没有人离开。

宫外，枪声密集作响。护卫宫殿的2000名精锐禁军和叛军展开了激战。而后，几架战斗机掠过低空，朝着王宫猛烈开火。事后有人指出，这些飞机并非来自巴格拉姆空军基地，而是来自塔什干（Tashkent），苏联人正是从那一刻起介入了阿富汗局势。不过，据我了解，尚无依据证明这一点。无论如何，对方把王宫驻防的禁军全部杀了。人民派冲入王宫，与达乌德及其家人展开正面冲突，双方进行了一场生死搏杀。达乌德拿着枪倒下了。那场政变导致达乌德及其18—30名家眷遭到杀害。不过，达乌德的名声实在骇人，哪怕他已经成为一具尸体，叛军也不敢有丝毫懈怠。他们秘密将达乌德的尸体装上卡车，运往某处无名地点草草掩埋。他们没有透露达乌德的葬身之处，也从未提及涉事人员的具体身份。这一切都源于他们对达乌德的恐惧。30年后，其中的一名涉事者还记得那个地点，他带着一批官员发掘了达乌德的骸骨。[1]一代强人终于得以迁葬安息。不过，这一切都是后话。1978年4月27日，达乌德和他的全部家人死于政变，2000多名卫兵在那次政变中丧生，多斯特·穆罕默德家族走到了尽头。

① 2008年，达乌德及其家人遗体被发现。此时，距离1978年达乌德死于政变已过去了30年。——编者注

第 19 章
改弦更张

从理论上讲，阿富汗人民民主党成了阿富汗的执政党。但在实践中，它面临着与多斯特·穆罕默德同样的挑战，他们必须巩固喀布尔的权力，以让广大乡村地区服膺，虎视眈眈的外国势力，也需要他们积极应对。政变之后的几天里，新政权的武装在喀布尔四处搜捕王室的漏网之鱼。能够逃出阿富汗的王亲国戚，全都已经走得一干二净。一位名不见经传的人民民主党官员通过喀布尔电台，宣布大局已在“革命委员会”的控制中。然而，这个国家的大多数人并不清楚这个委员会到底是什么玩意儿。而后，民众从电台得知，空军中尉阿卜杜勒·卡迪尔（Abdul Qadir）掌握了权力。对于卡迪尔，大部分阿富汗人觉得很陌生。这场政变来得太突然，连胜利的一方都不知道谁是赢家，他们花了好几天时间才把事情弄清楚。

记者穆罕默德·塔拉基成了总统、阿富汗人民民主党的总书记，他还是各种组织的领袖。总之，塔拉基几乎包揽了一切可能的尊衔。师范大学的前校长哈菲佐拉·阿明，则成了新政权的二号人物。

新内阁完全由人民民主党党员组成。人民派和旗帜派各占一半席位，似乎形成了力量平衡。不过，各种机要位置都为人民派所把持，并很快摆脱了旗帜派。就连卡尔迈勒也被派往东欧担任大使。
180 两派的矛盾很快公开白热化，他们偶尔会进行西部式的疯狂枪战。最终，旗帜派纷纷败走，人民派成了最高统治者。

长期以来，人民民主党都在地下活动。尽管旗帜派参与政变、帮助达乌德重夺权柄的时候，有好些党员身份公开了，不过，大多数党员仍然是秘密的。因此，在政变后，几乎没有人知道他们的党员身份。

随着人民民主党的自信与日俱增，即使是级别较低的官员也开始有些跋扈起来。在整个行政系统中，就连政府高官也开始遇到一些令人毛骨悚然的不尊重、不服从或随意被下属嘲笑的事件。军官们开始意识到，存在着一种完全不同的指挥系统，下士可能凌驾于上校。大家不知道谁可以信任，不经意的一句话就可能招来灾难，噤声不言才是最好的选择，恐惧在城中蔓延。这时，一个组织开始像海怪一样在技术官僚阶层兴起：人民民主党。这些年，人民民主党的各派别和分支一直在他们的秘密会议中制定“方案”。掌握政权后，曾经的秘密方案终于可以大大方方投入实践。虽然没有一点治国理政的具体经验，但新政府信心满满，他们开始依据“科学”的马克思主义理论颁布法令。

从理论上看，新政府的大多数法令颇具进步意义，甚至可以说是伟大的。例如，妇女的地位得到提高。新法禁止父亲支配女儿、丈夫支配妻子，礼金与童婚也被视为非法——这与阿曼努拉试图颁布的措施相同。新法令规定为女性开设扫盲班，并规定为新母亲提供长达 270 天的带薪产假。

新法虽好，但范围非常有限，很难惠及喀布尔之外的任何地区。

这也难怪，人民民主党的党员来自心怀不满的技术官僚阶层，而非在农村生活的农民。由于村民们没有立即受到影响，所以他们谨慎观望。随后，政府出台了一项对村民有重要影响的法令：取消农民欠地主的所有债务，宣布以土地作为抵押的高利贷非法。你知道这为什么听起来很高尚吗？过去，地主通过借贷巧立名目，将当地的穷人、亲戚和仆人牢牢束缚在农奴般的奴役之下。虽然伊斯兰教法明 181
文禁止债权人谋取利息，不过，地主仍有办法规避教法向穷人放高利贷。不少毛拉也和地主沆瀣一气，成了盘剥农民的帮凶。农民难以偿还高额利息，不得不把土地抵押给地主。人民民主党政权觉得，取消债务能一举消灭这一罪恶，就像用斧子砍头一样。[1]

然而，事态的发展并不如人意。穷人举债通常为了两件大事：年轻男子娶妻需要一大笔钱，家里有人亡故得筹巨款办丧礼。既然新法严禁高利贷，地主和富商干脆收紧钱袋分文不借。如此一来，年轻人负担不起结婚的费用，除非变得富有，从而导致性和情感上的挫败感不断累积。

就连体面的白喜事也成了富贵人家的专利，穷苦百姓的身后事只能寒酸可怜，就连中等富裕家庭也为葬礼不周而苦恼不已。想想吧，家中老人故去，儿女却只能接待少数吊唁者，只能为他们提供寒酸的食物。按照阿富汗人的观念，如此寒酸的丧礼无异于辱没家门。[2]为满足传统社会诸多关键需求而建立的社会机制被一应废止，但是，人民民主党又没有建立新的机制来满足这一需求。封建领主倒是抓住机会大肆蛊惑人心，本就牢骚满腹的劳苦大众对新政府的新政策更加心怀怨愤，身无分文的穷人们觉得，政府的所作所为妨碍了自己的切身利益，甚至在将其逼入绝境。

人民民主党还为个人拥有土地的面积规定了上限。按照新法，每个人名下的土地不得超过 60 公顷（148 英亩）。新法实施的第一年，政府便从各大地主手中收回了近 80 万公顷土地，所获土地被分给了 13.2 万户农民家庭。政府还宣布，下一年将把 100 万户家庭组成 4500 个农业合作社。[3] 政府愿望虽好，却是重蹈了之前的覆辙——在美国受教育的赫尔曼德工程的管理者曾强迫不同民族的游牧民聚居在“模范城镇”。人民民主党认为，他们可以用行政命令创造一个人为的新单位——合作社，取代源自部落和村庄的群体认同（以及由此带来的合作）。

阿富汗气候干旱，没有水的滋润和灌溉，田地即便均分到户，
182 也无法促进生产，水的管理需要复杂的合作。几百年来，乡村地区的阿富汗人摸索出了一套找水、取水和驭水的传统办法。他们开凿井渠、壕沟，还在地下开辟了密密麻麻的坎儿井。这些传统的水利设施并不先进，却绝对行之有效。但这需要得到相应部落社会角色的支持，并与宗教、民间传统交织在一起。

如今，原本完备的系统已经全部崩溃。新政府的新规定好似一枚莫洛托夫鸡尾酒①，炸毁了这个完备的组织体系。在阿富汗，绝大多数地主并非身居城市、敲骨吸髓的食利阶层（当然，类似的人物也有不少）。相反，他们控制着大片土地，是当地的酋长，当地人也把这些土地视为酋长们的土地。当大片土地被分配给数百个家庭，这些家庭却没有建立起合作的社会机制，因此也无法通过合作来管理他们的水资源。为了抢夺灌溉资源，家庭之间争斗不休。到头来，没有人能够得到他们所需要的水源。我的表弟马扎尔当时在阿富汗居住，他记得，当时许多农民来到首都向政府投诉，说在新法实施

① 一种土制燃烧弹的别称。——编者注

之后，他们的土地每天得到的供水不足30秒。换在以前，同等份额的土地可以养活土地上所有居民，现在却无法养活任何一个家庭。现在虽然人人平等，却都饱受饥饿之苦。

水源之争导致乡村社会的人际关系十分紧张，而且传统观念与宗教习俗根深蒂固，就连改革的不少受益者都觉得，自己获得的土地本就该是地主的产业。为此，他们甚至有些心怀愧疚。土地改革之后作物歉收，饥荒接踵而来，有关水源的争端看起来永无休止。农民们还非常担心自己会受到土改这宗“罪孽”的拖累，在死后堕入地狱。再加上礼金不足造成的婚事不遂，又让不少男性感到雄风受挫。重重困难之下，民怨自然沸腾。人民民主党那套说辞完全无法平息民愤，一项项旨在推进社会公平的施政措施，反倒给这个国家带来了无穷无尽的麻烦。

人民派政权却不觉得危机将至，因为他们从阶级斗争的角度对阿富汗社会进行了严格分析：因为他们站在多数人一边，领导人民打倒那一小撮剥削阶级，那就一定会获得斗争的最终胜利。对此，政府很有信心。可是，阿富汗农民并未认识到什么阶级利益，民族出身、部落关系与宗教信仰才是他们认同的起源。他们觉得，自己和地主并非阶级敌人，而是血脉相连的亲戚。即便抛开这层血缘关系 183
不讲，穷人和富人之间也有各种各样的相互羁绊，几个世纪的家族史、人际交往和情感上的相互义务与纽带让他们联系在一起。有人说，“可汗”（khan）这个词起源于“桌布”（distar-khwan），就是指为别人安排宴会的人。[4]

菲茨杰拉德问海明威：你知道有钱人和普通人有什么不同吗？海明威说：他们就是有钱一点而已。在阿富汗，这样的回答确实站得住脚。在宗教的教导下，农民安然接受了寄人篱下的地位，文化让他们相信，其命运会因为“好人”的慷慨而改善。这种人身依附关系是部族社会的基础。农民从成为更大部落的一部分而获得一些满足感。其实，即便在美国，职员在谈到自己效劳的公司时，不也总以“我们”相称吗？身在强势多金的大企业，好些职员甚至感觉与有荣焉，仿佛劳资双方并非一层雇佣关系那么简单。想到这一点，当年阿富汗农民对于领主的忠诚也就不足为奇了。毕竟农民和领主之间的关系，可不是两周领取一次薪水、圣诞节补贴一点奖金那么简单。它还源自往代人对葬礼、婚礼、拉马丹斋戒和开斋节的共同记忆，由此带来的忠诚情感会更加强烈。

接济穷人并非领主的法律义务（而且好些领主确实为富不仁），不过，宗教传统鼓励乐善好施，慷慨会促进威望，因此，领主们也会时不时表现得慷慨一点。这点恩惠叫农民们感激不已。他们不愿疏远领主，以免被冷落。不过，人民民主党认为，农民完全无须如此谨慎逢迎。领主所谓的善行，不值得他们如此感恩戴德。相反，农民应该仇视领主，农民分配领主的土地是合理合法的，他们大可不必感到惭愧，更不用担心领主不再开恩施舍，毕竟政府会照管农民的生活。

游牧民族是阿富汗的重要组成部分，占阿富汗总人口的12%—15%。[5]游牧民与定居的农耕民有着明显的认同差异。不过，大家并不清楚这种差异是否源自“阶级”。同一部落中，所谓“阶级利益”应该如何体现？不同的部落，所属的“阶级”是否也有差异呢？

部落控制的领地上，酋长们都有自己的部落利益：他们用来走私的路线、多斯特·穆罕默德以来政府发放的补贴，以及用来捍卫自身利益的枪支。这些人会融入一个由“阶级利益”定义的框架吗？

尽管民主决策机制根植于每个村落和宗族，但是，不同的村庄和部落之间，很少有民主决策的经验。人民民主党政权希望血缘、 184
历史、人际关系不再成为部落联盟之间的权力来源，新政权建构的这个框架，其中的附属关系基于政策，但这是徒劳的。

一个正常运作的中央政府可能已经采取措施阻止接二连三的灾难了，不过，人民派政府是启思东警察（Keystone Kops）那样的革命军政府，他们不闹出悲剧才是可笑的。

人民派驱逐旗帜派之后，开启了一场残酷的内部清洗。“亲中分子”难逃厄运，其他小型左翼政党也遭到严厉打击。人民民主党执政初期，曾经大赦政治犯。事后看来，他们似乎只是想要腾出牢房，为内斗失败的一方找个合适的落脚点。

大多数人认为，政变让苏联方面也始料未及，虽然苏方早就希望阿富汗“革命”。人民民主党上台执政，苏联人自然乐见其成，但这一切来得太快了。如此天赐良机，苏联人自然不能错过。于是，他们派出“顾问”来到阿富汗，指导人民派政府。顾问的人数越来越多，仅喀布尔一地，苏联的军事、技术顾问便达到5000多人。几乎每位身居要职的政府官员、军事指挥官，都能配备一名苏联“顾问”。

人民派初掌政权，手腕还不够强硬，一支高效的特务队伍似乎有助于政府施政。新生的人民派政权在克格勃的帮助下，建立了一个不可缺少的政府分支：秘密警察。其间，国内政局几经动荡，这个情报机构几易其名，最终被称为“卡德”（KhAD）。时至今日，这个恐怖的名字仍让阿富汗人闻之头皮发麻、胆战心惊。

人民派把大批敌人、对手、朋友、熟人关进了监狱，同时，他

们也在竭力笼络人心。他们觉得，赢得人民爱戴和尊重的最主要办法，就是弘扬塔拉基同志的伟人风范。喀布尔的大街小巷遍布塔拉
185 基的巨幅海报与宣传画，塔拉基被称赞是“东方的天才”“伟大的导师”。[6]塔拉基的家乡远在加兹尼省，他的童年故居已被辟为圣地。屋外红旗招展，彩灯闪烁。步入屋内，参观者可以了解塔拉基的早年生活，看一看他曾经睡觉的床、使用过的简陋餐具。

政变之前，塔拉基把家安在了喀布尔的一处中产阶级社区。他搬去王宫居住后，此地变成了一座博物馆，屋内的一切都成了展品。这里有伟人曾经伏案写作的书桌，桌上有一瓶墨水、一支笔，那是塔拉基伟大思想的见证。他的鞋子与短裤，他坐在上面思考的椅子，也被展出供人观瞻。馆内的向导会绘声绘色地告诉游客，塔拉基正是坐在这把椅子上，悟出了革命的种种真理。伟大导师的小说及其他著作是阿富汗作家联盟的研究课题，塔拉基的情感小说成了那个时代小说的范本，这是一些充满说教意味的虚构小说。[7]

奇怪的是，这场华丽的运动并非塔拉基本人发起，哈菲佐拉·阿明才是这场造神运动的总指挥。对于分配给塔拉基的每一个头衔，阿明总会给予自己相应的荣誉。塔拉基是“伟大的导师”，阿明就是“伟大导师的忠实学生”。提到这层师生关系，阿明有过一番颇为精妙的比喻：塔拉基如果是一根手指，那他就是手指上的指甲盖。因此，他这个学生将永远与伟大导师血肉相连、形影不离。

其实，阿明和塔拉基的交情远谈不上亲密。阿明心狠手辣、狡黠多智，是个受过良好教育的政治操纵者，行使着实际权力。至于塔拉基，不过是一个智力平平、学业不精的书呆子，他只是权力的象征。阿明并不是唯一能控制塔拉基的人，他不过是其中之一。这样看来，塔拉基与其说是领袖，不如说是大家都争相要坐上去的

椅子。

竞争者中，阿明最有优势。他在党内人脉最广，政敌的把柄他多有掌握，他也最有组织头脑，正是他将人民派的成员扩大到军队，从而比旗帜派更深地渗透到军中。而且，他曾为人民民主党领导的革命立下大功。1978 年 4 月 27 日，几乎党内的所有领袖都遭到了达乌德政府的逮捕。幸好阿明反应迅速，当机立断发动袭击，局势方才得以扭转。若不是阿明指挥若定，人民民主党可能已经覆灭。

诸多优势之外，阿明也面临一重隐患。苏联方面对他这个二号统帅并不信任。苏方属意的领袖另有他人，那就是卡尔迈勒。如果 186
卡尔迈勒无法上位，塔拉基倒也勉强可以接受。早就有人指出，阿明一直在向美国中央情报局输送情报。可能出于这个传言，苏联方面才对阿明如此冷淡。其实，阿富汗本就是国际谍战的角力焦点，身处其中的各位政客，恐怕谁都难逃“间谍”的嫌疑。不过，阿明的个人经历似乎又印证了他的美国间谍身份。60 年代中期，他曾在美国留学，还是当地阿富汗学生联合会的主要领导人。阿富汗学生联合会似乎和中情局有些往来。1967 年，《壁垒》（*Ramparts*）杂志曾经刊文披露过一桩秘闻，一个名叫“亚洲基金”的半政府组织曾向阿富汗学生联合会提供金钱，而美国中央情报局就是“亚洲基金”的幕后金主。

传言可能是假的。[8]不过，苏联方面的怀疑并非空穴来风。因为阿明不希望阿富汗被纳入苏联阵营，成为其名下的附属。他希望阿富汗像南斯拉夫，或至少像阿尔巴尼亚那样，作为强硬的社会主义国家，奉行不结盟的国策。如此一来，他才能给自己和国家留出一些自主空间。可是，阿明想得轻松，苏联人是万万不会答应的。

1979 年 2 月 14 日，喀布尔发生了一件奇怪的事。事件的缘由，也许就和阿明与苏联人之间的冲突有关。当时，距离政变已经过去 9 个多月。情人节当天，一伙武装分子劫持了美国驻阿富汗大使阿道夫 · 杜布斯（Adolph Dubs）。没错，即便人民民主党已经执掌政权，美国政府也没有选择与之断交。美方仍然希望在阿富汗保留一些影响。阿明的不结盟意愿激起了美国人的这种希望。据称，劫持案的元凶来自一个“左派中的左派”（chupi-i-chup）的团体（类似的团体其实不在少数，只是成员寥寥，很难称得上“党派”）。几名绑匪出此计策，据说是为了迫使政府释放身陷牢狱的自家领导人。不过，如果他们真的怀此目的，为什么要针对美国大使下手呢？要知道，美国政府对阿富汗人民民主党没有任何影响力。想要当局服软，绑架苏联大使似乎更有效，毕竟这是一个充当苏联代理人的政权。

此外，一般的绑匪会将人质藏匿在隐蔽处再提出要求，这几位劫持者却偏偏把美国大使带到了喀布尔酒店！在喀布尔，要数这座酒店规模最大、名声最响，而且，它就位于城市中心，是在阿富汗工作的外交官和外国记者下榻的地方。因此，这里的安保措施十分
187 完善，绑匪一旦入内，插翅也难逃。不管他们冒险的结果如何，总之，这是一个奇怪的决定。

美国大使馆向阿富汗政府提出和绑匪直接接触，因为他们知道怎么通过言语来击垮绑匪，救出人质。不过，人民民主党政府一口回绝了美国人的要求——这是克格勃专家的建议。阿方声明，解救人质一事应由阿方全权负责。他们确实快速组织人马展开了营救。一个突击小队冲进了绑匪所在的房间，一通扫射之后，房间里包括人质在内的所有人都被打死。短短的几分钟，问题都解决了。

不出所料，美国大使馆关闭，美国断绝了与阿富汗的外交关系，阿明的自主梦想走到了尽头。阿富汗别无选择，只能完全依赖苏联

的援助和保护。神秘的阿道夫・杜布斯事件，使阿富汗进一步接近成为一个苏维埃社会主义共和国。

接下来的一个月，阿富汗境内再次发生绑架事件。一群叛军在赫拉特绑架并杀害了 9 名苏联专家。事后不久，几架军机从苏联的加盟共和国塔吉克斯坦的首都杜尚别起飞，轰炸了赫拉特。城市的三分之一被夷为平地，死难者人数更是多得叫人心惊。很多观点认为，赫拉特空袭共造成 25000 人死亡（不过，苏联和一些左翼作家坚称这一数字不超过 800 人）。[9]

赫拉特城内尸横遍野，苏联方面却一再表示此事与自己无关。阿明瞅准这个能树立自己令人生畏的执行者威望的机会站了出来，表示赫拉特事件是他的命令。与此同时，白沙瓦的一批阿富汗流亡者也在为绑架杀害苏联人的“功绩”而争论不休。喀布尔大学的知名学者拉巴尼声称，该事件由他一人策划，正因如此，当局才会血腥报复。拉巴尼的对手西卜加图拉・穆贾杰迪抗议说，不是拉巴尼，而是他组织了导致这种破坏的行动。总之，他们都在争先恐后地要为大屠杀负责。

与此同时，宗教激进主义使整个地区对阿富汗共产党政权的好感度越来越低。与阿富汗的政变不同，邻国伊朗经历的是一场真正的革命。最终，巴列维国王被迫流亡他国，霍梅尼开始统治伊朗。这场巨变发生于 1978 年，它标志着一场真正翻天覆地的变化。巴基斯坦的宗教极端分子也已夺取政权。1977 年，阿里・布托涉嫌贿选
的丑闻被曝光，反动宗教组织立即借机发难，所掀起的抗议大潮卷 188
走了布托手中的权力。伊斯兰派军方领导人齐亚・哈克成了巴基斯坦的新总统。哈克一上台，立即对布托进行了审判，判他有罪。在全世界惊愕目光的注视之下，阿里・布托被判绞刑。巴基斯坦的世

俗化改革就此走到了尽头。

人民民主党上台之前，喀布尔也曾是伊斯兰主义者的大本营。如今，他们全都移居到了巴基斯坦。齐亚·哈克看到了机遇，他觉得可以通过扶植这帮人，来削弱阿富汗这个令人头痛的强邻。

阿富汗国内的局势同样也不平静。努里斯坦（Nuristan）一带的农村地区不断爆发新的叛乱，阿明和塔拉基只得一次又一次地“请求”苏联增加各种军事援助。很快，军事顾问已经不能满足阿富汗当局的要求。于是，整编整队的苏联陆军与空降师开始介入阿富汗政局。

即便苏联方面出手相助，人民民主党仍在节节败退。苏联政府觉得，一切乱象都与阿明息息相关。在苏联看来，阿明有三大罪，完全不可饶恕：第一，此人性情暴虐。由于他施政不当，才煽动了阿富汗人民对共产主义的仇恨情绪。第二，此人毫无指挥才能。他煽动叛乱，却又无力平息。其三，不服从命令。总之，苏联人已经认定，塔拉基固然愚钝，却也好过刚愎自用的阿明。1979 年夏末，塔拉基受邀前往古巴，参加一个社会主义国家之间的会议。返程途中，塔拉基被告知请他前往莫斯科会晤。在克里姆林宫，塔拉基接到暗杀阿明的指示——在阿明靠近飞机时，伺机将其打死。暗杀之事非同小可，苏联方面也足够谨慎。克里姆林宫的会晤，只有塔拉基一人获准参加。不料，塔拉基身边的随扈当中，早有阿明埋下的暗桩，他们在塔拉基的西装口袋中装了窃听器，苏联人的一切密谋都在阿明的掌握当中。

离开莫斯科之前，塔拉基已经通知他在喀布尔的四个亲信做好准备，命令他们在机场杀死阿明。然而，当塔拉基的飞机飞至首都上空，飞机却并没有立即着陆，而是盘旋空中、绕来绕去。塔拉基的四名手下按时来到机场，环顾四周，却不见机场工作人员的踪影，取而代之的是阿明的枪手。显然，这里就是一处陷阱，四名杀手倒成了猎物。就在塔拉基的座驾开始缓缓降落时，阿明现身了。他走 189
下自己那台白色大众汽车，对四名杀手笑脸相迎。然后，他又迎向塔拉基。整个过程，阿明不卑不亢，神色难掩轻慢。两人握手时，阿明向那四个人点点头，并对塔拉基说："您还是让他们先走吧！"

一场暗杀阴谋被挫败了。接下来，塔拉基和他那四名杀手又应怎么办呢？五个人秘密碰了头，都显得很是心焦。他们必须赶快除掉阿明，否则，苏联人那边可不好交代。思来想去，塔拉基决定宴请阿明共进午餐。他们计划提前在王宫的马桶上绑一枚定时炸弹。一旦阿明进入洗手间，便锁上门，启动炸弹。随着"嘭"的一声，心头大患就解除了。

厕所炸弹这样的圈套，显然难不倒狡猾的阿明。他提前两个小时来到宴会现场，这时，塔拉基的四个亲信还在手忙脚乱地准备炸弹。伟大的导师和两个卫兵站在楼梯上，看到自己那位忠诚的学生走上楼梯时，当机立断，命令身边的卫兵开火。突袭迅速夺去了阿明随从的性命。不过，阿明从台阶上滚下来，他拔出手枪，奋力还击。就这样，阿明且战且退，朝着自己的座驾逃去。

阿明得救了，他又搬来部队回到王宫。那天之后，塔拉基再也没在公开场合露面。据政府报纸报道，他病了。三周之后，官方发布了一则只有四行字的短讯：伟大导师塔拉基辞去党内外一切职务，死于自然原因，从今以后，他的职务将由他忠诚的学生阿明承担。[10]

苏联一向担心阿明会出尔反尔，这种担心随着一场政变而成了现实。手握大权的阿明立即决定和苏联划清界限。他派出代表前往几个重要的不结盟运动成员国进行访问。阿明此举，显然是想拓展外交空间。同时，他也在加紧平定叛乱。阿明为此真是无所不用其极。一场国内争端，他就采取了刑侦、镇压、折磨乃至空袭等手段。阿明觉得，唯有如此，他才能摆脱对苏联的军事依赖。不过，尽管他费尽心力，武装叛乱的形势却日益严峻。

苏联方面觉得，如果放任阿明继续执政，阿富汗的局势迟早会变得无法收拾。一旦人民民主党倒台，美国人可能会展开报复。
190 1978 年，美国已经失去了伊朗国王这个重要盟友，阿富汗也许会成为伊朗的替补。如上种种可能，叫苏联人再也无法袖手旁观。苏联的不少高层都觉得，应将阿富汗置于直接控制之下，就像苏联曾在 1956 年军事介入匈牙利局势，1968 年对捷克斯洛伐克进行干预那样。

当年 10 月，一个苏方代表团来到阿富汗进行访问。代表团由 60 多名高级军官和一名俄罗斯高级将领组成。他们此行怀着一个不便透露的目的——侦察阿富汗地形。据此，苏方可以作出判断，入侵阿富汗到底可不可行。侦察一圈之后，总参谋部还是难下决定。他们觉得，当下似乎并非出兵的最好时机。当时的苏联仍在勃列日涅夫的铁腕掌控下，腕力虽还强劲，手臂却不住地在颤抖，指挥这只手臂的大脑更是有些不听使唤、稀里糊涂。总之，勃列日涅夫已然年老体弱。到明年，他就将一病不起。在那之后的两年，苏联将由一个有名无实的领导人掌舵，幕后那些穿着黑大衣、戴着紫貂帽的官僚们则在为最高权力展开激烈斗争。但即便阿富汗幅员狭小、经济贫弱，在这种情况下入侵恐怕也不是时候。

根据苏联总参谋部编写的一份文件显示，入侵阿富汗的决定直到入侵开始前的 13 天才最后作出。[11]此时，零星的苏军部队才慢慢开拔前往塔吉克斯坦。一支 8 万多人的预备役部队就此集结起来，他们被称为“第四十军”，也就是苏联入侵阿富汗的主力。他们中的大多数来自苏维埃加盟共和国，他们的家乡与阿富汗接壤。如此安排，还暗含苏方高层的一番苦心。如果苏军与阿富汗人语言相通、容貌相似，那么他们一定心心相通，阿富汗的百姓应该不至于对这些不速之客特别反感吧？可是，参谋总部的将军们这次却打错了算盘。阿富汗是个多民族国家，其中又以普什图人人数最多，无论文化还是语言，普什图人甚至都不是阿富汗北部突厥人的近亲。

第四十军的指挥官名叫伊万·帕夫洛夫斯基（Ivan Pavlovsky）。11 年前，他曾挥师进入捷克斯洛伐克，武装终止了“布拉格之春”。苏联高层对帕夫洛夫斯基寄予很高的期望，既然他在捷克斯洛伐克能取得成功，那么阿富汗应该也不在话下。两个国家似乎差不多，东欧的战略经验自然适用于阿富汗：采取雷霆手段，镇压所有敌人和潜在的异己，让坦克部队在街上巡逻几个星期，待一切恢复平静，再扶植一个亲苏政府重建秩序。苏联人的计划就是如此简单而想当然。

1979 年 12 月下旬，第四十军在边境集结。圣诞节的前一天，一 191
支空降兵部队在喀布尔附近的巴格拉姆空军基地着陆，军队悄无声息地进入城市，在街上呈扇形排列，城中的军事要塞与政府机关都被占领。与此同时，第四十军的工程兵先遣队正在阿姆河上搭设浮桥。跨过这条宽阔的水带，就是阿富汗的北疆。12 月 27 日，桥梁终于完工，苏军的大部队正式踏上了阿富汗的领土。当时，那支部队的士兵并不知道他们真正的任务。此前他们曾经接到通知，边境地区有一股“匪徒”已经破坏了和平。因此，他们以为此行的目的地就在边境地区。然而，出乎意料的是，部队很快接到最新命令，要他们沿着高速公路开赴喀布尔！他们脚下的这条通衢大道，正是 20 年前苏联赠予阿富汗的礼物。

12 月 28 日，喀布尔被苏军完全占领。打头阵的空降部队第一时间就将总统府置于控制之下。苏联人的突然袭击对阿明自然不是什么好消息，不过他也不知如何应对。喀布尔城外的广大农村居民对他和他的政党恨之入骨，因此他无法向他们寻求帮助。他也不能指望城市居民支持他，因为这些人无不惧他三分，鄙视他所在的阿富汗人民民主党，在党内，有一半的干部属于旗帜派，和阿明所在的人民派不共戴天，旗帜派上下隐忍已久，一直试图反击。既然如此，阿明只能依靠人民派的战友。可是，他们都很清楚，阿明就是杀害塔拉基的凶手。虽然不少人都觉得塔拉基酸腐无能、难堪大任，但曾经的伟大导师到底也有一帮忠实的拥趸。即便是身边的亲信随从，阿明也无法完全信任，他只能把自己这条命托付给苏联人指派的“保镖”。这些“保镖”来自苏联的反恐特种部队“阿尔法小组”（Spetsnaz），他们受过专业严格的训练，是个闻之令人胆战心惊的组织。和苏军一样，来到阿富汗的阿尔法小组也身负使命。当其他部队走街串巷的时候，特种兵也开始了忙碌。就这样，苏军的大部队开进喀布尔时，阿明已经死了。事后，苏联方面对阿明的死因进行了调查。相关的报告汗牛充栋，但其死因却仍不清楚。有些报告认为，阿明是死于枪杀；也有调查者指出，阿明似乎有遭遇窒息的痕迹。不过大家一致认为，阿明咽气之前，似乎已经身中剧毒。

按照苏联人的说辞，阿明是死于阿富汗野心家的谋杀。苏联人不得不这么说，以证明他们是被邀请才进入阿富汗的。不管阿明是怎样的人，不管他是怎么得到权力的，当苏联人到来的时候，他是
192 阿富汗的国家元首，是唯一能向苏联发出邀请的人。苏联人第一次通过邀请进入阿富汗，就是为了杀害东道主的事实，自然不能公之于众。

经过苏方安排，旗帜派的领袖卡尔迈勒成了阿富汗的新总统。苏军入侵之前，卡尔迈勒一直避居在苏联。他选择出走他国，也是由于党内的派系斗争太过激烈。苏联人的一种说法是，正是卡尔迈勒提出请求，他们才会来到阿富汗。简而言之，他们是被一个不在阿富汗（直到苏联把他带进来）的人“邀请”到阿富汗的。他们总得找一个合适的理由，为自己的行为进行辩护。

第 20 章
苏联入侵

193 巴布拉克·卡尔迈勒上台之后，人民民主党政权也准备重整旗鼓。肃清乡村地区的反叛势力，成了政府的首要任务。这些穆斯林反政府组织通常被称为“穆贾希丁”（mujahideen），即“进行圣战的人”，或“圣战者”。苏联入侵之前，“穆贾希丁”仍以常规部队的形式运作，并未转入游击斗争。他们与政府军进行激烈的枪战，势均力敌，政府军的装备虽然精良，但并没有好出太多。

苏联人的到来，让这场对峙彻底失衡。装备方面，苏军的优势实在过于明显。他们出动的坦克、战机和大炮，很快就把“圣战”武装逼入了绝境。不到几个星期，“圣战”武装似乎就无力反击了。当然，比起当年的匈牙利和捷克斯洛伐克，“圣战”武装的抵抗还要持久一些。城市里，秘密警察加紧活动，任何涉嫌反政府的人都遭到了逮捕。哪怕只是收听了英国广播公司的节目，也会被带到喀布尔的普里恰希（Pul-i-Charkhi）监狱。每天晚上，都有大批嫌疑犯遭到秘密处决。

2 月 22 日的一起事件，实实在在地震撼了苏联人。当天，喀布尔的居民在院子里、屋顶上高喊“真主伟大”（Auah-u-Akbar）。喀布尔的每个角落都在发出这样的呼喊，苏联人根本无力阻止。况且，当时正值夜晚，城市没有配备探照灯，由于苏联占领军和当地居民杂居共处，轰炸与炮击也无助于解决问题。 194

苏联人试图通过发射火箭弹来掩盖鼎沸的人声，但人们的声音更大了，反而淹没了火箭弹的声音，就连邻近的村庄也听到了城里的动静。于是，村民也加入其中。一整晚，喀布尔及其近郊，“真主伟大”的呼喊声始终未绝。当然，如上的行为并不足以证明参与者的宗教热情。他们选择如此表态，只是因为这句话实在通俗易懂、人尽皆知。唯有高喊“真主伟大”，他们才能向占领者表明一种态度：我们是阿富汗人，我们反对你和你的傀儡！

一波未平，一波又起，苏联占领军面临的麻烦还在源源不断地到来。“真主伟大”的呼喊声余音未了，喀布尔各大学校的学生又涌上街头举行抗议。前来平息事态的警察和一群女性示威者正面相遇。女性示威者对他们又是嘲笑，又是唾骂，直指这帮警察不是男人。她们甚至摘下头巾，套在警察的头上。一些警察并未粗暴对待她们，反而倒戈相向，成了各位女性的支持者。不久，中学生也加入了游行队伍。后来，示威人群中甚至出现了不少孩子摇旗呐喊的身影。面对他们，警察自然不好随意使用暴力。但是，当局豢养了好些流氓走狗，即便游行群众只是妇女和儿童，他们也会毫不犹豫地痛下杀手。一位名叫娜希德的女学生，便成了屠刀下的牺牲品。在一次游行活动中，娜希德走在人群的最前方。身边的同学纷纷中枪倒下，她仍毫不畏惧。那一刻，娜希德甚至单膝跪地，把遇害同伴抱在怀中。最终，一枚子弹夺去了娜希德的生命。她成了大家心目中抵抗运动的象征。过去，阿富汗也曾有过类似的女中豪杰。迈万德之战中的马拉赖面对入侵的英军，也是一样的英勇。人们视娜希德为新时代的马拉赖。

这时，负责平定农村的苏军发现，打败和驱散“圣战者”的军队并没有解决问题。“圣战”武装退入山区，反倒加大了苏军清剿的难度。他们的藏身之处地形崎岖，大大小小的村庄分布在无边无尽的山野里。每一个村落都是“圣战”武装的根据地，“圣战者”们自觉是在捍卫信仰，要驱逐不信神、不信主的可怕敌人。他们的队伍化整为零，成员超过 100 人的武装已经算是大型的，更多的是 20 人左右的小部队。

事实上，并不是所有的反苏力量都有 20 人的规模。抵御这场侵
195 略，不一定要是任何组织的一部分，单枪匹马照样可以对苏联人造成打击。喀布尔的事件已经给苏联人提了个醒：没有秘密集会，不用有人提出行动纲领，只要一声“真主伟大”，就能引起阿富汗人的集体反应。这好像就是一种使命感，早已渗透进阿富汗人的灵魂，从而产生一种智力上模糊但情感上强烈的群体意图、一种令人兴奋的感觉，即“我们”团结起来，与庞大的邪恶势力作斗争。

有了这种情绪，任何团体，无论有组织的成年男性，还是十几岁的青少年，都可以构想出一种使命，通过谋划计策，向入侵者发动进攻。他们只管自己行动，不用考虑什么大局。而且，敌人在这里很容易辨认，毫无隐蔽的余地。

没错，敌人根本无从隐匿，苏联人个个长着外国脸，其盟友的穿着也足够惹眼：西装、衬衫、军便帽，这些玩意儿明显属于城里人。到了游击战场上，它们就是敌人的象征。偏远山区的反抗武装也很好辨认，他们穿着长长的衬衫、肥肥的裤子，戴着头巾，他们视谋杀为高尚的爱国行为，而非犯罪。

敌人不但惹眼，而且总会自己送上门来。政府不断派出工作队

深入农村，向人们宣讲什么是共产主义，以及人民民主党政府将为他们做什么。每个村子都建立了委员会，政府寄望该机构能够发挥作用，在管控地方局势的同时，也能推进苏联的发展项目。苏联人及其附庸政权满心以为，随着农村的形势安定下来，发展项目开始取得成果，村里一旦通电、通路，村民一旦能够享受外界的商品和政府提供的医疗服务，所有反抗活动都将偃旗息鼓。有了丰厚的物质生活，农民就会认识到革命的种种好处，就会理解并拥抱这场革命。

但是，政府派出的工作队总是由几名苏联顾问、一名或多名秘密警察、一些内政官员（掌管警察与监狱）、几名人民民主党的干部以及政府雇用的一两位毛拉或穆斯林学者组成。在当地人看来，这些人不可避免地看上去像装模作样的走狗。工作队也很明白，这里 196
的人民并不欢迎自己。于是，每次工作队入村工作，都要带上十几个卫兵。

从村民的角度来看，工作队也就那么回事。这些人一看就是远道而来，他们的衣着跟可恶的侵略者别无二致，荷枪实弹的士兵与他们如影随形，装甲车保护着他们开进村庄。而后，他们会找到村里的长老，招呼大家听取讲话，宣传政府要为村民造福。第一件福利，就是让村里的女性接受教育。讲话的时候，村里的所有女性都要到场。工作队将对她们进行现场筛选，挑出适合的人接受教育。

教育问题之外，工作队还很热心土地改革。村中土地所有者的身份，他们总要在第一时间予以掌握。随后，地主们会被通知，政府已经剥夺他们的一切资产，他们的土地将被分给农民。曾经的农民成了土地的新主人，而原来的地主则要为农民打工。就这样，土改就算完成了。

男人为什么要掀起战争？阿富汗的一则谚语回答了这个问题：为钱，为地，为女人！话虽粗鄙，倒也不是没有道理。村民们怀疑政府领着外国人涌进村庄也是怀着这样的目的，天晓得村里的女性会接受怎样的“教育”。

工作队的现代化建设，不可避免地遇到了巨大的阻力。他们原本以为，落后的乡村会在一夜之间进步起来。哪曾想到，工作队却卷入了一场又一场的冲突。武器落后的村民自然成了斗争的输家，横死的人因此不在少数。可是，工作队还得开展工作，还得要求村民“让家中的女人接受教育！”[1]他们的帮扶对象，很有可能在冲突中失去了亲人。因此，工作队离开之后，“圣战”武装很快就能夺回局面。在他们的煽动下，村民们纷纷昂起斗志，他们要赶走这帮外国来的恶魔，为亲人报仇，夺回失去的土地。

同时，在乡村地区活动的苏军也发现，他们似乎陷入了一场必输的战争。战争极度血腥，那些支离破碎、不成规模的部队（对方的人数实在少得可怜，几乎不能称之为“部队”）总能占得先机，他们从不与苏军正面冲突，唯有遇上有利时机、进入有利地形时，才会选择出击。

苏联军官彼得罗夫少校的遭遇很能说明当时的战况。1982 年 3 月，彼得罗夫受命前往一个叫作舍尔汗卡勒（Sherkhankel）的乡村附近，那里隐匿着 40 名“圣战分子”，他的任务就是全歼敌人。彼
197 得罗夫打算趁着夜色发动突袭。其间，炮火会为他及其手下提供掩护，会有四架直升机飞抵现场助阵。行动那天，彼得罗夫一伙盯上了一队人马，他们觉得这些人即是“圣战”武装无疑。他们一路追击，走上一条小路。路的一侧是一堵泥墙，另一侧是水渠。显然，彼得罗夫被诱进了埋伏圈。但他们并未察觉，也没有半点畏惧。他

以为对方的武器非常落后，持有的步枪不过第二次世界大战时的水平。不料，手榴弹突然爆炸，机关枪和火箭炮的声音渐次响起。“圣战者”从墙洞后面突然发起攻击。几分钟过去，大惊失色的彼得罗夫才稳定心神，决定予以还击。可是，一转眼，“圣战”武装就钻进了地下灌溉水渠或山洞，消失得无踪无影。苏联士兵只得不停地朝岩石和泥土射击。[2]其实，从1879—1880年，英国军队也有过这样的经历。苏联人本该从历史中汲取一点教训——阿富汗人一向神出鬼没。

在阿富汗战场，苏联军队空有精良装备，却奈何不了对手。他们对这里的地形一无所知，很多地方甚至在地图上都找不到，苏军的坦克与装甲车无法进入。没办法，坦克部队只能留守城市，穿梭巡逻。所谓的车载炮台，同样不适合山地作战。喷气式战斗机倒是可以精确锁定敌人的方位，不过，对方的移动速度实在太快，飞机无法瞄准，更别提火力打击。藏在深山中的游击队甚至总结出了一套规避空袭的有效战法：任何细微动静都会惊扰山间的飞禽，当看到远处的鸟儿成群飞起时，便意味着苏军的侦察机即将到来。收到信息的穆贾希丁会舒舒服服躲进山洞，让风尘仆仆赶来的苏联人扑个空。[3]

苏军发现，“雌鹿”武装直升机大概是唯一真正有用的军事装备，它们可以飞进峡谷，悬停在山谷上空，机上的苏军一旦发现“圣战者”的踪迹，便可以伺机打击。问题在于，不少“圣战”武装也有了苏制武器。这些武器要么来自被俘或战死的苏联人，要么拆自苏方的坦克。此外，境外的盟友也在向他们提供军事装备。苏制机枪的射程足以覆盖300码，为求安全，直升机只能与之保持安全距离，这使“雌鹿”的威力大减。

198 退一万步讲，即便苏军及其代理人控制了深山与荒漠，也不意味着大局已定。唯有彻底消灭“圣战”武装，他们才能彻底安心。可是，赢下一场战斗容易，要想把所有“圣战者”逼入绝境，却是个不可能实现的目标。

几乎所有的“圣战士”都来自乡村地区。从外貌上看，他们无异于普通农民，举枪战斗并非他们的全职工作。放下武器，他们仍过着耕耘田地、放牧羊群的普通生活，也会费尽心思筹备婚礼，反正喜事的风头绝不能让隔壁村的表亲抢了去。

过活之余，“圣战士”会不时出击，他们时不时就能干掉那么一两个侵略者，而后，又一头躲进附近的村庄，消失得无影无踪。那里的亲戚朋友能为他们提供最好的掩护。也许在工作队的宣讲场合，他们也曾驻足聆听。待敌人的大部队离去，他们又会拿出武器，杀死政府派驻村里的代理人。

“圣战者”中的大多数和外部世界几乎没有联系。因此，政府无法通过切断其与外界的补给线来打败他们。他们的后盾往往就是自己的家庭。不少村民虽和他们非亲非故，却乐于收留他们、保护他们。毕竟，他们和村民同气连枝，他们的奋斗目标是一致的。

因此，“圣战者”不用担忧后勤问题，苏联军队可没有这个便利。苏军的补给线路常常遭到“圣战士”的重点打击，桥梁遭到破坏。“圣战者”还会守在通衢大道的一边，等待苏联人的补给车队自投罗网。小规模的伏击战中，他们总在暗地躲藏，让苏联人的车队无所遁形。这场战斗是不平等的，苏联人要抓住最后的救命稻草。

最后，苏联的军事决策者做出了决定命运的决定——剥夺“圣战者”的后勤优势，切断“圣战者”与人民的联系，把人民赶出农村，这在他们看来是唯一可行的办法。就此，这场可怕的战争进入了最为恐怖的阶段，一个永远不应从耻辱的历史中消失的阶段。苏联人采取各种手段，人为地减少农村人口，他们对乡村地区进行密集轰炸，让战斗机在田地上空飞来飞去，散布地雷，使大部分土地难以耕种，甚至无法耕种。他们在空中扫射牲畜，把它们击成碎片，199
他们觉得，如此一来，“圣战”武装便拿不到任何补给了。这也顺便迫使农村人口向城市转移，这样一来，苏联可以用装甲车和大炮控制他们。当然，如果这些乡下人逃往他国成为难民，苏联人也算达到了目的。1985 年的战事尤为血腥。到当年底，已经造成约 100 万阿富汗人丧生，另有 600 万阿富汗人背井离乡成为难民，他们大多逃到了伊朗或者巴基斯坦。

大多数的阿富汗家庭并未举家出逃，敌人的残暴激起了人民的义愤，他们决心抗争到底，直至流干最后一滴血。有战斗力的适龄男性会把家人护送到国外的难民营，然后折回家乡继续战斗。无数个阿富汗家庭就此离散，整个国家也因此付出了沉重的代价。阿富汗人向来崇尚阳刚，男孩小小年纪就被教育要隐忍顽强。父兄的体罚责打，算是铸就男儿本色的必修课程。真正的阿富汗孩子，应该对此一笑置之。亲人的一顿严厉鞭笞，是关爱的体现。男孩甚至应该感恩戴德，感谢长辈给了他们一次长大成人的机会。

阳刚，并非粗暴的代名词。在正常的教育环境下，阿富汗的男孩除了保持勇敢坚韧的品质，还得学会为家族争光，有辱门风的事情，他们绝对不能做。尊重长辈，怜惜幼子，这才是大丈夫所为。好多阿富汗男性都喜欢和自己的孩子腻在一起，爱抚、亲昵，丝毫不觉得有损面子。身为男人，还得不顾一切地保护家中女性——在这方面，阿富汗男性甚至有些过分踊跃。按照阿富汗文化，完美的男性应该拥有救济穷困、帮扶弱小的慷慨品质和阳刚的男子气概。

抗苏斗争进入白热化阶段，数以百万计的阿富汗男性奔赴战场。他们告别亲人，脱离了原来的乡村环境。身边不再有父母妻儿，同伴都是年纪相仿的大老爷们。战争异常血腥，耳濡目染之下，阿富汗整整一代男性的心理渐渐变异，阿富汗的民族性格也开始发生扭曲。在笔者看来，那场战争的一大恶果正在于此。

200 遍布全国的地雷也在戕害阿富汗人的身体。苏联人挖空心思，设计了一种新型武器。它看上去像玩具，内里却暗藏玄机。其中的炸药虽不会致死，却足以带来终身残疾。苏联人放出这种东西，主要是想吸引孩子的注意。他们如此苦心孤诣，不过是为了拖住阿富汗全民抗战的步伐。毕竟，孩子一旦死去，大人会将其就地掩埋，然后继续前进。但是，一般家庭都不忍抛弃残疾的孩子，由于行动不便，他们的脚步会被拖住。历经千辛万苦来到难民营，精疲力竭的一家之主没准会选择留在他乡，而不是回国抗战。从纯科学的角度考虑，这些类似玩具的地雷是解决军事问题的聪明办法。

如今的阿富汗境内，还留有不少地雷。种下地雷的人，大多是生活在苏联某个破败地区的中年男子，而发明这一“科学”方案的人，大部分已自然死亡，不在人世了。[①]

① 事实上，阿富汗境内遗留至今的地雷主要出自“圣战士”之手，内战期间，地雷成了各种武装斗争的杀伤性武器，被不加区分地投放到阿富汗各地。地雷数量之大、分布之广，使阿富汗成了当今世界上受到地雷危害最严重的国家之一。——编者注

第四部分　旧阿富汗的爆发

多斯特·穆罕默德开创的事业几经转手，又轮到纳迪尔一家继承。阿卜杜尔·拉赫曼和阿曼努拉曾经为之耗尽心力，奋斗一生，却收效甚微。而后的穆萨希班兄弟自然变得更加审慎，通过雷霆手段，让这个列强环伺的国家巩固在一个全能中央的统治下。喀布尔的统治精英把发展视为一切的关键。冷战期间，中央政府坚持战略不结盟，如此一来，东、西两大阵营都能为阿富汗提供资源，中央政府才有修公路、建学校、设邮局、架构通信网络等基础设施的本钱。果不其然，所有这些从首都开始的发展，使喀布尔不仅仅是一座城市，无论其规模、实力，还是文化优势，喀布尔都已经把国内的其他城市远远甩在了后面，其他城市加在一起，也难以和首都匹敌。如火如荼的基础建设，催生了一个强大的新技术官僚阶层，他们的出现，对旧贵族阶层形成了挑战。前者拥有的技能和知识，胜过后者仰仗的宗教背景和部落出身。喀布尔成了阿富汗农村的帝国存在，中央政府建立的各种制度，对阿富汗的传统生活方式形成了挑战。新喀布尔与旧阿富汗之间的拉锯战，变成了现代与传统、国际主义与狭隘主义、世俗法律与沙里亚法、西方文化与伊斯兰文化、城市价值观与乡村价值观之间的较量。纳迪尔·沙阿王朝似乎注定要成功，古老的阿富汗正在节节败退，失去动力。

不过，旧势力并没有放弃抵抗。新旧两股力量渐行渐远，矛盾在步步加深。阿富汗社会看似稳定，不过是因为双方势均力敌。平衡不是稳定，终有一天，对垒中的一方会败退而去。重重矛盾之下，失衡的那一刻便意味着天崩地坼。在城市阵营内部，激进分子竭力反对温和派，以推动更大力度、更快速度的世俗化改革。阿富汗人民民主党夺取政权，并非贫与富的决战，也不是农民对地主的革命，而是城市精英阶层内部关于如何追求喀布尔帝国长期目标的一次暴动。

然而，真正的冲突不在喀布尔内部，而在喀布尔和农村之间，双方的决战还未到来。苏联人闯入阿富汗，是为了防止美国人的干涉。但他们不必为此费心，阿富汗新兴的左派可能已经接受了社会主义和资本主义这两个全球对抗势力中的一方，但他们的对手却感觉不到与任何一方的联系，这些都不是美国利益或理想的代言人。在国内，这些人是古老阿富汗的象征，历经阿卜杜尔·拉赫曼等几代君王的剿杀，仍然屹立不倒。在意识形态上，他们代表着全球政治中的一个新因素——伊斯兰革命派。总之，阿富汗的国内冲突和冷战没有多大关系，这场冲突只是阿曼努拉和萨考那个时代，乃至更久以前一场悬而未决的阿富汗争端的爆发。苏联人的介入，打破了过去 140 年来精心设计的平衡，为压制喀布尔现代化改造的势力打开了大门。

第 21 章
穆贾希丁

有人说，唯有面对外国侵略者，阿富汗人才会团结一致，但这只是一种不理性的刻板印象。苏军入侵不到一年，就已有 80 多个抵抗组织在巴基斯坦白沙瓦展开活动。[1]这些抵抗组织大小不同，政治倾向也存在一定差异，有些来自自由主义左派，有些则出自传统的民族主义阵营。但是，大多数抵抗组织都打着捍卫伊斯兰的大旗进行战斗。正因为如此，人们习惯把阿富汗的抵抗力量称为“穆贾希丁”。

既然大多数抵抗组织拥有一致的目标，对抗同一个敌人，他们为什么选择各自为战，而没有形成一股合力？各位读者没准会提出这样的问题。因为这些组织的凝聚力并非源于意识形态的立场或某种思想，而是基于领袖的个人号召力和他们的盟友。组织之间你争我夺，各个领导人都想攫取这场抵抗运动的指挥权。不过，他们都不想接受别人的领导，不愿和其他组织合并。在阿富汗的文化传统当中，领导地位仍然要回到相关的人际关系网络上来，在艾哈迈德 · 沙阿那个年代就是如此，即使到了 1985 年，也仍是如此，人民民主党和穆贾希丁也要这样做。

当然，白沙瓦聚集了80多个抵抗组织，并不代表阿富汗国内就有相应的80余支武装。白沙瓦的大多数组织都是独立的实体，如
204 果有联系，也只是和阿富汗国内武装有微弱的联系，也许有几百个，也许多达数千个。总之，白沙瓦的组织和阿富汗国内武装之间的联系，是建立在领导人之间的个人恩惠和交易基础之上的。

恩惠？交易？没错，白沙瓦的“圣战”组织领袖本质上是集资者，他们从世界各地通过各种渠道争取金钱和武器。某些组织的金主远在沙特阿拉伯，有些则依靠伊朗过活。北非阿拉伯国家的伊斯兰革命党，也是不少“圣战者”仰仗的资源所在。

而且，从一开始，就有少量金钱和枪支从美国、英国等西方国家流出，只不过这一类赞助并不会直接交到“圣战者”的手里，而是流向巴基斯坦政府，后者再把援助物资分配给他们喜欢的人。正因如此，大大小小的“圣战”领袖必须竭力讨好巴基斯坦政府，只有如此，才能分得一杯羹。

负责分配援助物资的职能部门是巴基斯坦的三军情报局（ISI）。表面上看，三军情报局不过是巴基斯坦军队下属的间谍机构。与陆军或空军相比，三军情报局掌握了军内的大小机密，它虽是一个很小的组织，但是，作为各军事部门之间的联络人，加上巨额的西方援助，三军情报局权势滔天。对于这笔巨额资金，三军情报局完全可以自行支配，不会有任何部门提出异议，更不必对其作出的选择负责。巴基斯坦政治体制内的这个秘密集团之所以能在穷凶极恶的阿富汗武装分子中获得制高点，是因为其本身就是一支最为凶恶的军阀。

金钱、武器一旦到手，身在白沙瓦的“圣战”首领会立刻招兵买马，在阿富汗组建起一支武装。只有拥有稳定资源的领导人，才能拥有稳定的追随者。得到金钱、武器的武装分子，则会为了问鼎

全国而继续征战。从某种意义上说，苏联入侵者面对的敌人，并非某一派别的政治势力，也不是轰轰烈烈的爱国运动，苏联人只是稀里糊涂地闯进了阿富汗特有的纷乱世界之中。

“圣战者”希望有一天能统治的国家，不仅已经四分五裂，甚至涣散到了原子状态。农业和制造业几近崩溃，除了走私宝石、军火 205
和毒品交易，国民经济如同一潭死水。阿富汗人只能指望外国援助来求得苟活，城市依靠苏联人的金钱，乡村地区则生存在阿拉伯势力和西方世界的羽翼之下。其实，大多数西方援助没能抵达阿富汗的第一线。三军情报局的诸位官员妙手空空，用西方人的援助填满了自家的钱袋。该组织好像一个国中之国，滚滚而来的战争财让白沙瓦的“圣战”领袖也获益良多。阿富汗百姓得到的，却只有无尽的战争和暴力。

在白沙瓦，诸位首领不但要讨取三军情报局的欢心，还要争夺拥趸的爱戴。大家兴兵造反的目的，都是“保卫伊斯兰”。在这种情况下，标榜“温和中正”的组织可没有什么竞争力。大家无不觉得，“温和中正”之类的说辞，更像是战斗乏力、信仰不坚定和意志薄弱的表现。要想从竞争中脱颖而出，他们必须证明自己是众多武装中“最虔诚”的。不少“圣战者”都把建立“伊斯兰国”当作终极的奋斗目标。其他人只能作出更强硬的表态，试图把对手的豪言壮语贬斥得好像无神论者的呓语。经过这样一番竞争，“圣战者”的整体倾向自然愈发极端。早早闯出名声的宗教极端分子最能得到手下的拥护，也最容易得到三军情报局的青睐。

三军情报局虽然拥有广泛的资源，但并非所有援助都通过它来提供。阿富汗境内的什叶派武装大多听从伊朗的指挥，曾在 19 世纪遭到残暴“清洗”的哈扎拉人，是阿富汗什叶派武装的主体。面对苏联入侵者，哈扎拉人坚决抵抗。但是，他们不愿与逊尼派主导的白沙瓦武装站在同一条阵线上。沙特阿拉伯也绕过三军情报局，与阿富汗境内一些武装建立了直接联系。埃及政府也拥有自己的跟班。就连巴基斯坦的老对手印度，也在扶植自己的代理人。

就这样，反苏战争代表了外部世界的重重矛盾和生死斗争。这些冲突加剧了阿富汗国内原本就存在的种族、宗教和语言分歧，让他们之间的敌对状态进一步加深。不了解阿富汗历史的人常常有一种错觉，认为阿富汗国内各民族都将彼此视为不共戴天的仇敌。其实，他们错了。苏联入侵之前，种族之分、教派之别，从未酿成太大的惨祸。“铁腕埃米尔”对哈扎拉人的迫害是一个例外。长久以来，不同民族杂居共处的经历，早就让他们学会了共存与包容，并形成了复杂的共生关系。敌意自然存在，部落纷争也在所难免，不过，纷争只是战士之间的个人对决，他们的房屋、田园、牲畜和家人从
206 不会受到牵连。苏联的入侵和阿富汗的反应，打破了群体间古老的默契，并为即将到来的野蛮种族战争埋下了祸根。

侵略军与抵抗者不断拉锯，重组了阿富汗原有的社会结构。我在第二章提到的“乡村共和”，在苏联入侵之前，它或多或少还是完整的。土地所有者、部落首领及村中的马利克等世俗长老是乡村社会的真正主人，他们拥有土地、财富、武器，还拥有争权夺利的意志。他们和神职人员合作，但后者起从属作用，只负责批准他们的决定。

战争扭转了这一局面。[2] 如今，当越来越多的“圣战者”在阿富汗寻找合作伙伴时，他们将注意力集中到了神职人员身上。这一阶级以牺牲世俗长老为代价，获得了空前的权力。土地被烧焦、经济被摧毁，苏联军队地毯式的空袭，不仅让几百万人陷于离乱，乡

绅仰仗的部落体系也在轰炸中一溃到底。此外，战火中走出了一个全新的精英阶层，他们的权力建立在战争技能上，而不是部落关系、血统等。

一开始，没人觉得阿富汗的抵抗力量能与苏联抗衡。面对强大的苏军，“圣战”武装落后得像一帮原始人。战争的结果难道还有悬念？假如阿富汗人还想抓住一线战机，他们就必须团结起来——所有的国际问题专家都给出了这样的建议。殊不知，各自为战才是“圣战”武装的力量所在。苏联方面遭遇的问题可以追溯到19世纪，那个时候的英国军队也有同样的烦恼。其实，强如英国、苏联这样的大国，不是奈何不了弱小国家阿富汗。迈万德之战，虽然阿富汗人曾经克敌制胜，在喀布尔与贾拉拉巴德之间的兴都库什山口，他们也击退了英国入侵者，但真正的问题在于，这些战争将阿富汗社会分解成数以千计的单位，每个单位都要和英国（现在是苏联）人死战到底。因此，英国（以及现在的苏联）人无法将他们一一打败，也没有人能代表这个国家与他们谈判，因为谁都不会默许有人治理国家。

四分五裂的局面给苏联人带来了不小的麻烦，阿富汗则承受了更大的灾难。自1826年以来，多斯特·穆罕默德等历代君王取得的统一成就，在短短的一年里就化为了泡影。阿克巴·纳鲁兹的父亲曾在查希尔·沙阿时代担任议长，经历了国家从统一到分裂的跌宕年代，对于国家的前景，他悲观地说：“阿富汗要想恢复到50年前的样子，我看还需要50年的时间。”[3] 207

在众多的“圣战”领袖中，有十几人是杰出的，有两人则特别引人注目：马苏德和希克马蒂亚尔。这两个人都是年轻人，作为20世纪60年代的激进分子，见证了查希尔·沙阿执政最后十年的喧嚣与狂暴。

马苏德来自潘杰希尔，是塔吉克人。从人口数量上看，阿富汗的塔吉克人仅次于普什图人。但是，长期以来，塔吉克人毫无政治影响可言。马苏德的父亲是一名技术官僚。由于工作调动，举家移居喀布尔。马苏德来到法国人兴建的埃斯特格拉尔高中求学。学校的一旁就是王宫，在劫难逃的达乌德在那里作了最后的生死搏斗。我和马苏德是中学校友，我读十一年级的时候，他还是个六年级学生。正因如此，我当时从没注意过这位小学弟。高中毕业之后，马苏德进入苏联建造的工学院。不过，他是如此热衷政治，以至于未能完成学业。

到马苏德开始上大学的时候，他已不仅仅是一名虔诚的政治化的穆斯林了，他还经常抨击同学不遵守教规。他看不惯有人在斋戒期间进食，也见不得有人不按时进行礼拜，他已经改变了以往阿富汗人那种随和的态度。[4]他不仅是穆斯林，还是伊斯兰主义者。

不过，比起希克马蒂亚尔，马苏德还算是温和派。希克马蒂亚尔原是一名反叛分子，曾从军事学院转至喀布尔大学。后来，他也因为关心政治而没有完成学业。在校期间，希克马蒂亚尔选读过一阵子工程课程，这使他后来自称“工程师古勒卜丁”。有人说，希克马蒂亚尔是作为一名阿富汗人民民主党党员开始职业生涯的。对此，他本人及其追随者坚决否认。无论他早年间的思想倾向如何，在政坛闯出名声的希克马蒂亚尔是个宗教激进分子。1972年，他涉嫌谋害一名同学而被捕入狱。然而，没过几年，一位想讨好宗教激进势力的总理释放了他。于是，希克马蒂亚尔重获自由，前往巴基斯坦这一安全地带。

208 马苏德加入了一个名为“伊斯兰促进会”（Jamiat-i-Islam）的

宗教党派，该组织由喀布尔大学的神学教授拉巴尼一手创立。后来，马苏德虽已成为世界上最著名的阿富汗抵抗运动的领导人，但他仍自称是“协会的一员”，拉巴尼才是马苏德心目中的领袖。希克马蒂亚尔原本也是该协会的一分子，后来，他自立门户，创建了“伊斯兰党”（Hezb-i-Islam）。这“一党一会”成了随后几年阿富汗暴力事件中最为重要的两大角色。

1975 年，当达乌德领导一个共产党内阁管理这个国家时，希克马蒂亚尔、马苏德与拉巴尼等伊斯兰主义者试图在潘杰希尔武装起事。但密谋未能成功，所有人不得不流亡巴基斯坦。此后五年，他们一直在巴基斯坦，直到苏联坦克开入阿富汗，他们知道机会来了。

马苏德回到家乡潘杰希尔后，很快组织了一批人马开始抵抗苏军。拉巴尼仍然坐镇白沙瓦，负责为协会笼络资源。武装头目回到国内组织斗争，政治领袖则在国外活动，马苏德与拉巴尼倒真是这种合作关系的典范。

希克马蒂亚尔主要的活动地点仍是巴基斯坦，只有形势需要，他才会回到阿富汗与手下并肩作战。“工程师古勒卜丁”的大部分精力都花在了游说官员、筹措资金与获取政治资源上。虽然他大部分时间并非身处阿富汗，但其影响力又触及这个国家的每个角落。

在激进学生中，马苏德的表现并不出众。他不善演讲，组织游行也非他的专长。正因如此，他才把协会的领导位置让给拉巴尼吧。后来的山里游击作战，倒是让马苏德找到了自己的使命。事实证明，马苏德在军事方面天资卓越，几乎能和切·格瓦拉①、毛泽东相提

① 切·格瓦拉（1928—1967）：古巴革命的核心人物，是古巴共产党、古巴共和国和古巴革命武装力量的主要缔造者和领导人之一。——编者注

并论。很快，他就被崇拜者冠以“潘杰希尔雄狮”（潘杰希尔本就是“五头狮子”之意）之名。他不仅能设下埋伏，击落直升机，还有组织平民生活的天赋，他一手拿着枪，一手枕着头管理着他的社区。马苏德摸索出了一条与苏联侵略者的相处之道。白天，对方战机出动时，山里的百姓会上山躲藏；待苏军撤离，大家又会回家过各自的生活，他们还会趁着夜色犁地、播种，照料其他农活。

209 马苏德也想把所有的游击武装团结在一起。为此，他曾在 20 世纪 80 年代初期牵头组织了一个监督委员会。鼎盛时期，有 130 多个游击武装挂靠在委员会的名下。不过，马苏德毕竟是个塔吉克人，民族关系日趋紧张的情况下，他的身份自然无法服众，占人口多数的普什图势力与马苏德的关系一直若即若离。[5]

马苏德激发了他的追随者们近乎宗教膜拜的忠诚。我曾和马苏德的亲密助手阿卜杜拉·阿卜杜拉（Abdullah Abdullah）有过一次谈话，我问他对马苏德的印象。他回忆起马苏德在历经与苏联人艰难杀戮的一天后，回到家里与孩子们玩耍时所散发的温柔。这样的故事是传说，是后人创造的英雄神话，真实的人与事可能要复杂许多。

希克马蒂亚尔是马苏德的一大劲敌。希克马蒂亚尔并不具备马苏德的领袖魅力，他也不是一个游击战士，这不是他的专长。希克马蒂亚尔过去是（显然现在仍是）杰出的组织者，具有非凡的政治头脑。我预感多斯特·穆罕默德也是这样的人。马苏德转战山间的时候，希克马蒂亚尔在竭力拉拢三军情报局的各位官员，这为他带来了丰厚的回报。三军情报局拨出的金钱、军备，有四分之三流入了希克马蒂亚尔的口袋。希克马蒂亚尔用这笔援助，将伊斯兰党打造成一个强大的部落间（虽然基本上是普什图人）的游击队网络。

阿富汗的每个地区都有伊斯兰党武装人员和特工。巴基斯坦边境地区的难民营里，希克马蒂亚尔派出的人总在招兵买马。每个在战乱中长大成人、慢慢变得麻木残忍的阿富汗男性，都有可能成为希克马蒂亚尔旗下的一名走卒。

无论是马苏德还是希克马蒂亚尔，都在和苏联人及其傀儡政权展开血战。之后，同一阵线的两大势力也交上了火。抗苏战争期间，希克马蒂亚尔武装经常寻衅其他“圣战”武装。有一次，他们差点要了马苏德的命。大家清楚地知道，两位领袖彻底决裂的那一天即将到来。

第 22 章
冷战的最后阶段

211 苏联入侵激起了阿富汗各派势力的强烈反应，伊朗的世界末日革命，布托政府的垮台和伊斯兰主义在巴基斯坦的胜利，阿拉伯世界反政府、反西方的秘密伊斯兰革命组织和政党在崛起。种种迹象表明，世界局势即将迎来一场新的对决。在伊斯兰世界，不仅思想家和活动家，就连集市上的普通百姓都把当前的历史重新定义为伊斯兰与西方之间的较量。

相比之下，在西方，直到 20 世纪 80 年代末期，政治观察家仍然从东、西两大阵营对峙的角度来看待全球问题。两大阵营都具备核打击能力，因此，双方都不能直接诉诸武力。他们要想在世界各地施加影响，只能通过冷战的方式。第三世界时常爆发的代理人战争，正是双方你争我夺导致的后果。

冷战到了 1980 年，西方阵营觉得己方形势不妙。当时，美国的经济情况实在糟糕，承受通货膨胀之苦的同时，经济发展却陷于停滞。此外，失业率一直居高不下。按照此前的经济观点，高通胀、高停滞与高失业率绝不可能同时出现。与此同时，油价一路飙升，就像坐上了火箭。危局当前，美国总统吉米 · 卡特却束手无策，他只是干巴巴地恳请国民节俭一些。当时的情况，需要每个人勒紧裤腰带。悲观情绪在全国迅速蔓延，迫使总统发表电视讲话。面对电视观众，卡特承认，美国正在经历困境。[1] 212

在古巴，卡斯特罗的权位还是那样稳固。美国中央情报局用尽计策，也没能把他整下台。中美洲的左翼游击武装不但控制了尼加拉瓜，还在萨尔瓦多取得了节节胜利。在欧洲，喧嚣一时的团结工会遭到苏联的强力镇压，活动转入低潮。新鲜出炉的 SS–20 导弹，将整个西欧纳入了苏联的核打击范围。在中东，美国失去了伊朗国王这个最强硬的盟友。更糟糕的是，一群年轻的伊朗激进分子占领了美国驻伊朗大使馆，控制了 52 名外交官。一个超级大国，何曾遭遇过如此频繁的羞辱？没过多久，苏联的介入又导致了阿富汗政权的更迭。难道对手真是不可抵挡？

面对咄咄逼人的苏联，卡特政府作出回应：苏联攫取控制海湾地区的任何企图，都将被视作对美国根本利益的威胁，美国将采取必要手段。这就是所谓的“卡特主义”。也就是说，吉米 · 卡特只打算守住波斯湾这一阵线，承认了阿富汗。

卡特的国家安全顾问布热津斯基①却觉得危局之中暗藏转机。在他看来，阿富汗已让苏联泥足深陷，它会耗尽苏联的心血和财力（当年，美国不也在越南触了同样的霉头），有了阿富汗的战事，美国不费一兵一卒，就能让苏联付出不小的代价。对此，布热津斯基很有信心。当然，他并不希望美国对此投入过多，毕竟他可不敢指望阿富汗能战胜强大的苏联。只要美国暗中扶持阿富汗，尽可能拖慢苏军那不可阻挡的胜利进程，让苏联在稳赢的这场战役中尽可能

---

① 布热津斯基：美国著名国际关系学者，鹰派战略政治理论家。——编者注

付出大的代价就可以了。

回想起来，1980 年的苏联为什么会让世界如此恐惧和敬畏，是很难理解的。诚然，美国在当时已经疲态尽显，不过，苏联这个超级大国却在垂死挣扎。一方面，国内的官僚体制已经僵化不堪，甚至连它自己的官员都在鄙视它；另一方面，指令性计划经济除了生产巨型武器和工业设备，无法生产其他消费品，苏联人民梦寐以求的汽车和电视，似乎只有“自由世界”才能供应。

最糟糕的是，政府没有充满活力的理想来弥补单调乏味的日常生活。共产主义曾经履行了这一职责，但如今，即使在共产主义世
213 界，它也失去了号召力，甚至没有了激励共产党人的力量。年老多病的勃列日涅夫早就无力问政，但却无法摆脱，即便哪一天他撒手人寰，政治体制内也找不出合适的接班人。1982 年，勃列日涅夫结束任期，权力移交给了原克格勃主席尤里·安德罗波夫。关于安德罗波夫，外界知之甚少。此人同样年事已高又疾病缠身，上任不过 15 个月就去世了。继任者契尔年科更是个无足轻重的政治局官员，而且他和前两任一样老病交加。不到一年，契尔年科死在了任上。这就是西方人眼中的冷战赢家，一个即将称霸全球的大国。

即便如此，苏联的威胁仍让美国感到不安。罗纳德·里根能够赢得 1980 年总统大选，和他牛仔般好斗的姿态密切相关。里根甚至多次出言攻击苏联，为冷战对手贴上“邪恶帝国”的标签。他宣称自己不会像吉米·卡特那般束手束脚，而要和苏联大干一场。阿富汗（和伊朗）也是里根手中的一把利剑，就此展开的层层诘问，让卡特简直无力招架。阿富汗战争对里根尤其有利，它已经成为里根的主要支持者之一、右翼“反共”老战士津津乐道的话题。右翼政治家虽然对伊斯兰主义知之甚少，却称赞阿富汗的“圣战者”是光

荣的自由战士，视他们为“反共产主义者”。

入主白宫的里根，亟须用实际行动把竞选承诺一一兑现。在这方面，里根还真不是作秀。他的一举一动，无不是为了占据冷战的上风。为此，里根不惜采用核对抗的手段。他在联邦德国境内部署的潘兴导弹，直指莫斯科。对于苏联方面发出的高声质问，他只是微笑以对。里根甚至产生了一个大胆的构想：也许美国可以打造一个全新的防御体系，让苏联的导弹完全瘫痪。他的这个战略防御计划就是众所周知的“星球大战”计划，让一众战略专家闻之心惊。由于“相互摧毁”原则的存在，两大阵营才会陷入僵局，世界和平因此有了保证。势均力敌的情况下，自然没人敢轻启战端。假如美国在防御方面棋高一着，里根就可以选择主动出击，攻打苏联。倘若 214
苏联当局觉得对手已经占据优势，没准会先发制人实施打击。里根冷笑了一声，估计他会冒这个险。

“星球大战”计划也许不可行，不过，对峙的原则在于料敌从宽，苏联人不得不投入大量资金，研制新的核武器。不知不觉中，双方展开了一场军备竞赛。

“星球大战”计划有些抽象，即使对那些赞成的人来说，也是如此。为了支持他的强硬立场，里根不得不在美苏对抗中坚持到底，其中之一是尼加拉瓜，另一个是阿富汗。

对里根政府而言，尼加拉瓜比阿富汗更为迫切。在该国境内，美国一手扶植了反政府游击队（Contras）。游击队表现颇为出色，一度推翻了桑迪尼斯塔主导的政府。当然，里根政府也向阿富汗的“圣战者”提供了许多方便。虽然马苏德等人得到的金钱、装备，加起来不过价值几千万美元，但比起一毛不拔的卡特时代，“圣战”武装的境况好了许多。

冷战总能适时影响阿富汗的局势。1985年，苏联这艘巨舰迎来了一位充满活力的年轻舵手——戈尔巴乔夫。不过，他接手的这艘巨舰已经出现沉没的先兆。为了应对里根的“星球大战”计划，苏联政府投入大量金钱，国家财政几近枯竭。戈尔巴乔夫深知，如若不对军事与战争支出加以控制，苏联的国运恐怕将此终结。他因此推出了好些全新措施：“新经济政策”下，计划经济体制开始接纳市场要素；“新思维”的推行，让苏联国民也享受到了有限度的言论自由。对于戈尔巴乔夫的种种举措，西方大加称赞，称他是一位伟大的改革者。

戈尔巴乔夫还和里根就缓和核紧张局势进行了会晤，并取得一些实质进展。两大阵营由此有了一次真正的喘息之机。会谈之后，里根在国内赢得一片赞誉，戈尔巴乔夫也收获了诸多好评，人们称他是和平的缔造者（除了右翼福音派基督徒，他们认为戈尔巴乔夫额头上的胎记表明他“反对基督教”）。[3]

戈尔巴乔夫的有些作为确实值得称颂。不过，此人的大胆举措却给阿富汗带来了更大的灾难。戈尔巴乔夫认为，入侵阿富汗简直是大错特错，阿富汗就像套在苏联脖子上的一根绳索。为此，他迫不及待想要从中逃脱。但他并没有撤军停战的打算，而是要求军方
215 不惜代价，尽快取得战争的胜利。当年的尼克松不也想在越南“光荣撤退”[4]吗？戈尔巴乔夫想从阿富汗撤军，但他希望以胜利者的姿态离开。那个时候，苏联正在和美国就核裁军问题进行谈判，因此他不能表现得软弱无力。

打那以后，苏联军队明显加大了空袭力度。在狭窄的山谷间来回上下穿梭，直升机上的机枪对准平民的次数明显增多。戈尔巴乔夫上任第一年，也是战争最为血腥恐怖的一年。这一年，苏军参谋

部制订屠杀计划，要把阿富汗的广袤乡村辟为无人区。那个古老的阿富汗在地毯式的空中打击下彻底解体。所谓的“乡村共和”，就此成为历史。同一年，逃亡伊朗、巴基斯坦的难民人数创下历史新高，达到了600万人。而战争开始时，阿富汗的总人口不过2000万人。全世界的难民中，阿富汗难民占了大半。摧毁阿富汗的凶手，并非一个势大力强、莽撞无知的新兴国家，而是一个风雨飘摇的超级大国，它把阿富汗的局势搅得一片混乱。

阿富汗的战事还在不断升级，隔岸观火的美国人却从局势中看到了阿富汗取得真正胜利的可能性。于是，国会参议员戈登·亨弗莱、众议员唐·里特等人开始为阿富汗事业游说。里根总统任命了一位阿富汗事务顾问，此人是阿富汗侨民，名叫扎勒米·哈利勒扎德，在贝鲁特大学接受过高等教育。众议院财政委员会主席、来自得克萨斯州的国会议员查理·威尔森也认为援阿之事可行，与国会和中情局的盟友一道，成功将美国对阿富汗“圣战”武装的（秘密）援助增加两倍。在威尔森的游说下，沙特阿拉伯政府决定拨出一笔同等价值的援助。到1987年，“圣战”武装每年可以从美国方面获取10亿美元的援助。当然，这笔援助还要通过三军情报局获得。此外，沙特阿拉伯还有10亿美元的援助。

除了金钱和武器，威尔森等人还给了“圣战”武装一个重要建议。通过实地勘察，议员们发现了苏军的一道软肋，抵抗组织可以加以利用，穷追猛打。为此，“圣战者”只需要一件方便带进山区的武器，就能随时向苏军的直升机展开射击。216

可惜，当时的世界上还没有如此便携且威力十足的武器。于是，威尔森联合中情局内所谓的“阿富汗别动队”，矢志要为“圣战”武装打造一件实战利器。以色列方面提供了技术支持，埃及政府则在运输方面打开绿灯。最终，著名的“毒刺”（Stinger）便携式防空导弹得以问世。这种导弹有长长的炮筒，可以根据热成像原理追踪目标。发射的时候，只需两个人固定炮筒，另一个人负责瞄准、开火即可。“毒刺”导弹虽谈不上十分先进，但足以威胁苏军。

1986年9月25日，“毒刺”导弹第一次被用于实战。伊斯兰党的军事指挥官阿卜杜勒·哈法尔（他自称“工程师哈法尔”）瞄准贾拉拉巴德机场的一架苏联直升机，发射了“毒刺”导弹。战争一打响，实际上就已经结束了。虽然苏联的空中打击仍在继续，许多人死于空袭，但其经济意义是决定性的。据三军情报局披露，截至1987年，阿富汗抵抗组织发射的“毒刺”导弹，每天都能命中1—2架苏联战机。一枚“毒刺”导弹，花费不到4万美元，而苏联军用直升机的身价却高达1000万美元。美国中情局向“圣战”武装提供了500多枚“毒刺”导弹（一说2500枚）。另外，英国产的类似武器也在源源不断地输送进来。[5]从经济角度而言，这场战争对于摇摇欲坠的苏联实在太不划算，一次就损失了1000万美元，还是败给只有大把猎枪装备的游击队。没办法，戈尔巴乔夫只得选择撤军，越快越好，战果、面子只能统统抛之脑后。

苏联撤军的第一步，就是撤掉卡尔迈勒。此人施政无方，督战不力，已经酿成了不可挽回的损失。继任者是秘密警察部队的头目纳吉布拉。此人体格魁梧，肌肉发达，像一位举重运动员，外号“公牛”。纳吉布拉上任之后，也有一番改革亟待推行：首先，他不再执着于推行社会主义革命；其次，他要和“圣战”武装展开谈判，争取组建联合政府；他还得收买人心，拉起一支声势足够大的拥趸队伍。以上目标达成后，苏联人方能安心离去。

为了维持局面，纳吉布拉可谓竭尽全力，所有能够缓和局势的手段都被他使了一遍。秘密警察的名声实在太臭，纳吉布拉将其更名为“武装警察”（WAD）。每个人都清楚，总统此举纯属换汤不换药。在纳吉布拉统治下，阿富汗人民民主党更名为“阿富汗祖国党”，但却没人高唱爱国歌曲。纳吉布拉主持颁布了新宪法，宣布阿富汗民主共和国改为“阿富汗共和国”，伊斯兰教为国教，保障所有 217
公民的自由。但没有人相信他。纳吉布拉还拨出专款，修建了不少清真寺与神学院。他呼吁反对派放下武器，与政府达成和解，还在议会中为“圣战”武装领导人留出位置。他甚至说，如果某些条件得到满足，他将辞职。

放在十年前，这个计划可能奏效。不过，20 世纪 80 年代的血腥记忆早就关上了和解的大门。阿富汗人如何能够相信，残忍阴鸷的秘密警察局局长是穆斯林民族主义者，会致力于重建阿富汗的价值观。“圣战”武装清洗了枪支，开始向城市进军。

战争之初，联合国就在日内瓦召开会议，呼吁交战方重回谈判桌。数年来，多个国家派出代表参与斡旋，却总是毫无成效。1987 年，戈尔巴乔夫正式宣布，苏联自来年起，将从阿富汗前线分批撤军，阿富汗的内部事务将交由阿富汗人自行处理。如此决定，尚不知是福还是祸。同时，苏联希望美国和巴基斯坦作出以下保证：承认现有边界，美国不再向阿富汗境内的反政府武装提供武器及经济援助；苏联撤军之后，任何国家不得干涉阿富汗的国内局势。苏方提出的要求并未收获切实的承诺，但是，戈尔巴乔夫已没有多余的精力迫使美方作出承诺，毕竟当时的苏联已经走上了解体的道路。

1988 年，第一批苏联军队从阿富汗回国。那一年，苏军在慢慢撤出。与此同时，无论从苏联自身出发，还是站在全球高度，一些更为重大的事件正在发生。在苏联境内，波罗的海沿岸的爱沙尼亚、拉脱维亚与立陶宛爆发群众运动，三个加盟共和国的党组织都遭受了严重挑战。而后，亚美尼亚、阿塞拜疆、格鲁吉亚三国人民先后走上大街抗议示威。风雨飘摇的苏联行将崩溃。

1989 年 2 月，鲍利斯·格罗莫夫上校踏上铁尔梅兹（Termez）大桥[①]，穿过阿姆河，回到乌兹别克斯坦。他是最后一名离开阿富汗的苏联军人。当时人们并没有太多关注苏联从阿富汗撤军的消息，因为东欧剧变更加牵动人心。同一年，戈尔巴乔夫访问波兰，吹响了这场剧变的前奏。访波期间，这位苏联领导人公然否定勃列日涅夫坚持的“有限主权”原则。他表示，任何独立国家的内部事务，苏联都将不再干涉。东欧诸国就此摆脱了苏联的控制。团结工会立即行动起来，迫使政府举行选举。最终，波兰选举以团结工会
218 大获全胜而告终。匈牙利紧随其后，不仅进行议会选举，还将国名从“匈牙利人民共和国”改为“匈牙利共和国”。大量人口从民主德国涌向联邦德国，政府虽然试图阻止，却根本无能为力。态度强硬的埃里希·昂纳克不得不辞去总书记一职。当年 11 月，大批东柏林市民聚集到柏林墙边，开始拆除这堵将国家一分为二的隔离墙。那一刻标志着冷战和苏联的终结。一个如此庞大的帝国在如此短暂的瞬间便走到了尽头，历史上似乎也找不出第二个例子。1989 年前夕，苏联的所有卫星国都摆脱苏联控制。1990 年，苏联境内的加盟共和国相继宣布独立。1991 年，俄罗斯宣布独立。“苏联”正式成为一个历史名词，毕竟在此之后，它已经不剩什么了。

---

① 铁尔梅兹是乌兹别克斯坦的苏尔汉河州首府，位于阿姆河口北岸，是乌兹别克斯坦和阿富汗之间的交通要道，与阿富汗有大桥相连，是 1979—1989 年苏联进军阿富汗的主要陆上通道。——编者注

第 23 章

从恐怖到混乱

这些戏剧性的事件使纳吉布拉成为阿富汗人民民主党政权的最 219
后一位领导人。他仍在努力与“圣战者”达成妥协，但他却在玩一副疯狂八人牌扑克。随着苏联撤军，纳吉布拉没了靠山。还好，苏联人留下的各种武器装备十分精良，还够他支撑好一阵子。喀布尔的城防工事也还算牢靠，虽然“圣战”武装在步步逼近，但纳吉布拉政权尚能维持。就这样，一年又五个月过去了。

正如喀布尔大学经济学家沙姆斯博士指出的那样，[1] 当时阿富汗境内有近 30 万名武装人员，这些人不仅久经战事，而且个个有武器傍身。其中，政府军有 10 多万人，另外的 18 万余人则隶属各个“圣战”武装。同时，阿富汗还是一个巨大的军火库，喷气式轰炸机、坦克、重型火炮应有尽有，1000 余枚“毒刺”导弹[2] 还未开封，机关枪更是泛滥成灾。平均下来，每个阿富汗人都能分到一挺。各派势力囤积的弹药，更是足以支持多年的内战。如果纳吉布拉与“圣战”武装真能组成联合政府，当时的阿富汗可以一跃成为地区第一大军事强国。

当然，如上假设完全不可能成立。纳吉布拉早已形同困兽，但对手仍然没有放弃进攻，反而有大批政府军倒戈相向，投入对方阵营。最为严重的一次叛变发生在 1992 年 4 月。纳吉布拉的盟友之一、乌兹别克军官阿卜杜勒·拉希德·杜斯塔姆与塔吉克军官艾哈
220 迈德·沙阿·马苏德联合作战。人民民主党上台之前，杜斯塔姆一直在工会担任领导人。1978 年政变过后，他投身军旅。此后，杜斯塔姆官运亨通，一路高升，他把大批乌兹别克同胞招至麾下，这些人对他忠心耿耿。政府军中，就此出现了一支杜斯塔姆的私人武装。反苏战争末期，这支私人武装已经发展到 3 万余人。另有数字表明，当时杜斯塔姆武装的规模超过了 5 万人（当然，这些人表面上还属于政府军）[3]。杜斯塔姆之后的经历表明，他既不是人民派，也非旗帜派。他不属于任何意识形态范畴，只是个首鼠两端、嗜酒如命的世俗海盗，他信奉宗教现实主义，只为求得生存。

在 1992 年这个关键时刻，纳吉布拉与“圣战”武装僵持不下，杜斯塔姆看到了他的机会。于是，他选择改换门庭。他这一去，大大削弱了纳吉布拉的有生力量。4 月底，已有成千上万的游击队涌到喀布尔周围的山上扎下营寨，喀布尔行将陷落。不过，也没有哪支武装能够独力掌控这座城市，山上的游击队少说也来自 11 个派别。

1992 年 4 月 16 日晚，马苏德拿起卫星电话，拨通了希克马蒂亚尔的号码。他们的这场对话被录了下来，这段刺耳的录音至今仍在互联网上传播。[4] 马苏德对希克马蒂亚尔说：“我们应该谈一谈，我很担心这个周日会闹出乱子。大家都想进城，个个不甘落后。如此一来，我怕局面会乱。所以，我想和你坐下来好好谈谈。让我们想出一些办法，组建一个可接受的政府，然后举行选举。事不宜迟，最好现在就采取这些步骤，而不至于走到武力解决问题的地步。如果你同意，不妨这个星期天就……”

希克马蒂亚尔打断了马苏德：“目前这个状况不会出什么问题的。只要局势稳定，我和我的追随者及所有“圣战士”都会按兵不动。我们现在大概不会采取侵略行动。”

“原来你是这么想的啊，但是，我可以向你保证。”马苏德说，“我们无所作为，情况会更加糟糕。我和我的兄弟并不害怕。一切取决于你和你的追随者……”

“你的意思我明白了。”希克马蒂亚尔再次打断，“我的意图，你刚才不也听到了吗？”

“看来你决定在星期天进攻喀布尔了？那么，我是否应该有所准 221
备？”

“准备什么？”

“准备保护喀布尔的男女老少。”马苏德大声说道，“我们还要保护这个饱受蹂躏的国家，保护这些流离失所、前途未卜的人民。我告诉你，尽我的能力保护这些人不受任何形式的攻击是我的责任。”

随后是一段忙音，一场对话就此结束。

第二天，“圣战”武装集体开入喀布尔。纳吉布拉带上兄弟和司机，朝机场方向逃去。纳吉布拉事先和联合国方面取得了联系，联合国提供了一架飞机，可以送他们前往印度。不料，纳吉布拉的计划早已被杜斯塔姆知晓，杜斯塔姆下令封锁机场。当天，没有航班可以离境。

看到前方设有路障，纳吉布拉命令调转车头，来到了联合国驻喀布尔办事处。在这里，他们获得了政治避难的许可。联合国的决定，“圣战”武装表示尊重。只要纳吉布拉等人待在联合国大楼，他们就是安全的。于是，接下来的四年里，纳吉布拉等人一直在大楼里，寸步不出。这样的避难和蹲监狱差不多，差别可能就在于，这里可以点外卖，看一些宝来坞电影。

“圣战者”还在巴基斯坦时，已就组建阿富汗临时政府（AIG）制定了一个松散计划。根据计划，将由西卜加图拉·穆贾杰迪出任总统，他是白沙瓦七个主要伊斯兰政党中最小政党的领袖。两个月后，拉巴尼继任总统。四个月后，拉巴尼辞职，举行全国大选。西方媒体心目中的阿富汗抵抗运动的代表马苏德，则会出任临时政府的国防部长（确属机要职位）。党派无论大小，只要在白沙瓦占据一席之地，都会得到至少一个内阁席位。希克马蒂亚尔则是政府总理的不二人选。

希克马蒂亚尔并未领情。他觉得总理一职未免太过屈才。要知道，他所领导的伊斯兰党是第一大政党。希克马蒂亚尔甚至认为，整个政府都该由他和他的党派来领导。巴基斯坦三军情报局也不能
222 容忍希克马蒂亚尔成为次要角色，因为此人是他们操控阿富汗的关键人物。因此，阿富汗的最高职位一定要由希克马蒂亚尔担任。

拉巴尼接任总统之后，希克马蒂亚尔勉强接受了总理职位。不过，他仍然不愿来到喀布尔。他说，如果内阁有事相商，请大家到城郊的住处见他。

事实证明，马苏德的预料没有错，动乱随即爆发。但应该指出的是，马苏德也是阿富汗动乱局势的一大根源。正是他和伊斯兰统一党（Hezb-i-Wahdat）之间的纠葛，导致喀布尔一度陷入混乱。伊斯兰统一党是一个包括哈扎拉人在内的什叶派团体组成的超级大团体，当它占领喀布尔的西南部(哈扎拉人的主要聚居区)时，马苏德采取了行动。他和阿拉伯支持的普什图军阀阿卜杜勒·拉苏勒·赛义夫（Abdul Rasool Sayyaf）结成同盟。赛义夫占领了哈扎拉人的西南领土，马苏德则占据了哈扎拉人的东北区域。如此一来，两派军

阀正好对哈扎拉人形成了夹击。

哈扎拉人进行了激烈的反击，由此而来的后果相当骇人，抢劫、强奸与谋杀的暴行在枪战和轰炸中愈演愈烈。我的堂姐扎希达是那段历史的见证人。那个时候，她正住在喀布尔的西郊。有一天，一群哈扎拉人突然闯进她家，宣布把那里征为要塞。堂姐一家只得离家出逃，前往我叔叔阿塞夫位于市中心的房子。那个时候，叔叔已经流亡美国，留下来的房子正好能容纳扎希达一家。

搬家之后，堂姐过了一段太平日子。但是，她和家人仍能隐约听到远处的枪声。后来，枪声似乎越来越近，次数也越来越多，但具体方位无法确定。她预感战争即将一触即发。不过，她和家人又不敢立即逃走，毕竟那样太危险了。她甚至有些后悔，怪自己为什么不在一开始就一走了之。还好，堂姐和她的家人当时选择留在家中。那个时候，外面早已经陷入战乱。有几发子弹打入庭院，迫击炮打坏了她家的墙壁。那时，他们即便想要逃离，也已经无路可走了。 223

但随后的炮弹开始打在窗户上。他们不得不躲进没有窗户的储藏室，食物只有生洋葱和土豆，没有水。因此，每天晚上，扎希达的丈夫要在夜幕的掩护下到院子里的井中取水。一天晚上，他在院子里被一枚弹片击中。他流着鲜血一步一步爬回储藏室。还好伤势并不太重，扎希达用酒精棉为他清理伤口。那次事故让堂姐下了离开的决心。“继续留在这里，我们只能坐以待毙。”

于是，她戴上她所有的珠宝，那是阿富汗女性的便携财产，一家人把所有的钱款捆在一起。枪声一平息，他们就出了门。街上到处是尸体，在街区的尽头，他们看到一个哈扎拉少年，一手拿香烟，一手握着机关枪。他每吸一口烟，就会朝山上开一枪。一口烟，一发子弹，不间断地重复着。他每开一次枪，马苏德武装就会予以回应，进行还击。

堂姐高声喊叫那个少年，请他稍停片刻。如此一来，她和家人才能安全通过。少年耸了耸肩，答应了。就这样，扎希达一家才来到了河边。他们沿着河畔，走到了一个稍微安全的街区，那里的一位熟人收留了他们。

对生活在 1992—1996 年间喀布尔的人们而言，扎希达的经历很有代表性。从新闻可知，那个时期喀布尔的局势并不稳定。延绵不绝的战火之中，间或有短暂的和平。但对于当地居民而言，这是一场持续不断的屠杀：超过 6 万人因为冲突而丧生，30 多万人逃往农村，最终成为“国内流离失所者”（IDPs），这是对尚未逃出国境的难民的称呼。反复无常的杜斯塔姆在战斗中不断转换阵营。战争期间，他犯下了累累血债。哈扎拉人常常成为暴力的受害者——不过，他们也常常以暴制暴，以血洗血。无论是赛义夫还是马苏德，参与内战的每一方都双手沾满鲜血，与暴行脱不开关系。

然而，所有人都认为，最严重、最不可原谅的流血事件的始作俑者是“工程师”古勒卜丁 · 希克马蒂亚尔。马苏德在喀布尔一站稳脚跟，希克马蒂亚尔就把势力扩张到喀布尔附近几英里的郊外，并用火箭弹无情地袭击城市。1992 年 8 月 10—11 日，希克马蒂亚
224 尔武装向喀布尔发射了上千枚火箭弹，他声称自己的每次攻击都有“特定目标”。但是，他领导的武装人员根本不具备精准瞄准火箭的技术，他的辩解显然并不成立。即便希克马蒂亚尔能瞄准目标，在距城市几英里的据点开火，又何从知道炸弹有没有准确击中目标。有几天，这些火箭弹以每分钟两三枚的频率降临喀布尔市区，无边的战火之下，大量房屋受损，无辜丧命的人更是数不胜数。

阿富汗的乡村已被苏联人彻底摧毁，如今，阿富汗人又亲手摧毁了自己的城市。“圣战”武装互相攻伐，导致半个喀布尔遭到破坏。另一座城市坎大哈，也成了武装割据之地。内战是一场种族战争，它带来的仇恨因此更加难以消弭。对于夺走亲人性命的凶手，很少有人清楚其具体身份。于是，他们就把这种仇恨记在某个民族的账上。

当大屠杀撕裂城市时，军阀们正在为巩固农村的领地而战斗，数以百计的人划出了属于他们的半主权领地。残破的道路上设有无数的检查站，任何通行的路人都得向拦路设卡的军阀缴纳过路费；商店里本就稀少的商品，其价格超出了大多数人的购买力。贫穷和饥饿就像疾病，随着战争蔓延开来，笼罩着整个国家。这些都是苏联入侵阿富汗的遗产。

第 24 章

走出难民营

225 1989 年，苏联人前脚刚走，美国方面就急不可耐地呼唤盟友。大家匆匆召开会议，试图安排人民民主党下台之后的阿富汗。一个稳定的阿富汗，符合与会各国的共同利益。会议能否促成和平？答案尚不可知。不过，那个时候的美国政府至少真心诚意，他们希望和巴基斯坦以及众多“圣战”武装建立合作，保障地区的和平与稳定。

很可惜，没过多久，阿富汗就不再是华盛顿的外交重点。国际政治风云变幻，美国政府的注意力也转移到了其他地区。阿富汗曾是冷战的战场，但是，冷战已近尾声，纠结此地，似乎也没了意义。虽然冷战正式结束还要等到两年之后的那个冬天，但在 20 世纪八九十年代之交，苏联已颓态尽显，它已经在事实上结束了。苏联解体是 90 年代初的政治地震，其余震影响了之后十年的西方政治决策。1991 年，有人曾向布什总统报告喀布尔附近又出现了新的冲突。对此，布什相当惊讶：“阿富汗还在打仗？”[1] 仿佛一切冲突都已随着苏联一起没入历史的尘埃。

事实上，对美国来说，阿富汗的麻烦才刚刚开始，麻烦的种子早在苏阿战争时就已埋下。在此期间，有近 350 万阿富汗人流亡巴基斯坦，逃往伊朗的人数也差不多。难民们居住在边境地区的难民营，如白沙瓦附近的沙姆沙图（Shamshatoo）和奎达附近的哈扎拉镇（Hazara Town）。这些难民营都位于城郊，如此一来，难民才不至于 226
妨碍城市居民。难民不被允许找工作，毕竟巴基斯坦政府不想因此导致本地人大量失业；难民也不被允许创业，因为这会对巴基斯坦人形成竞争，巴基斯坦政府希望他们老老实实地蜷缩在难民营里。那里虽没有空袭之忧，但也没有建立新生活的希望。食物和水由联合国提供，食物包括油、面粉、糖、盐和茶。难民们什么都不用做。

一般来说，这些营地都被铁丝网包围着，身居其中，难免会产生坐牢的感觉。营地门口，巴基斯坦军方派了专人把守。2002 年，我曾经参观过几座难民营，没想到里面有大量的未成年人。在纳斯尔·巴赫（Nasir Bagh）难民营，我和不少孩子聊过天，他们几乎都拥有 10—12 个兄弟姐妹。负责难民营事务的官员告诉我，营地里四分之三的难民年纪都不满 15 岁。血气方刚的年纪却被困在封闭的营地之中，焦躁不安的情绪无处宣泄，也没有任何东西可以让他们在周边建立记忆。

孩子们要想逃离沉闷的日子，可以进入宗教学校。这样的学校有数以百计，由巴基斯坦神职人员建立，由强大的右翼伊斯兰政党控制，如与三军情报局关系密切的“伊斯兰神学者协会”（Jamiat-i-Ulama-Islam）。此外，沙特阿拉伯政府投入巨额资金，以在这些学校推广瓦哈比教义。瓦哈比派运动源自 18 世纪，以追求“纯净的伊斯兰”著称。后来，瓦哈比派在沙特阿拉伯的宗教界占据主流地位，并通过联姻等手段，同该国的统治精英建立了密切联系。几十年来，瓦哈比派发展迅速，正是得益于沙特政府的大力支持。瓦哈比派并不想在非穆斯林中发展追随者，他们希望让穆斯林皈依瓦哈比式的伊斯兰信仰。巴基斯坦官方提供的记录显示，仅在邻近边境的 18 个地区，就有 2000 多所宗教学校，总招生人数接近 22 万人。[2] 未被列入统计的数量想必更惊人。

阿富汗男孩能够免费进入宗教学校，他们还能得到食宿，只要他们把自己完全交给老师。进入宗教学校，这些孩子便和外界断了
227 联系。除了老师，他们无从了解新闻、获取信息。而且，这些老师的教学内容似乎不仅关乎宗教。一位官员向巴基斯坦总理提交的报告指出，大约有 100 所宗教学校在向学生传授作战技能。实际的数字可能远不止这些。[3]

然而，在大多数情况下，宗教老师面对众多的难民学生，不过是在夸夸其谈。他们告诉那些睁大眼睛的男孩，历史上唯一一次完美的世界，存在于先知穆罕默德的有生之年，整个社会都严格遵守安拉的法律，这种服从让他们百战百胜、无往不利，毕竟没有力量能和安拉抗衡。这不是胡言乱语，几乎是穆斯林叙事的核心，其中的内容足以令大家如痴如醉、深信不疑。

近年来，好些势力在伊斯兰世界宣扬这样的思想：末日即将来临，安拉的子民将和魔鬼的信徒展开决战。难民营、宗教学校，正是此种论调的重要阵地。宗教老师们信誓旦旦，战斗一旦开启，一个完美的世界将降临人间。是的，如果穆斯林能像先知引导的麦地那民众那样生活——按照确切的法律与规则——世界就会得救。那些正在经历世界上最糟糕童年的男孩渐渐有了自信，他们惊喜地发现，自己的使命竟然是拯救世界！

关于巴基斯坦政府在其中扮演的角色，总会有一些争论。显然，他们培养了塔利班的未来骨干，但他们知道这一点吗？他们是不是有意识地建立了一支军队，以便让他们日后回到阿富汗展开行动呢？

根据公开的记录，我们很难回答这些问题。即便巴基斯坦方面早有精心盘算，它也从来没有摆上台面。

可以肯定的是，巴基斯坦政府确实很想控制阿富汗。地区中的冲突、对峙及力量对比，让巴基斯坦不得不对本地区小心关注。同时，世界各国也各怀心思，闯进了阿富汗。这里再一次成了国际力量角逐的战场。

克林顿总统第一届任期内，国务卿克里斯托弗从来没在公开场 228
合提到过阿富汗。[4]他的外交重点大多放在了东欧。苏联解体之后，东欧风云激荡，各种武装冲突来势猛烈且持续不断。旧有制度约束形成的原定局面，由于新兴国家的建立而分崩离析。塞尔维亚人大战克罗地亚人，克罗地亚人和波斯尼亚人纠缠不清，马其顿人反击塞尔维亚人的同时，又遭遇了科索沃人的挑战。当每个群体都试图将领土上的其他群体排除在外时，“种族清洗”一词就进入了人类耻辱的字典，难怪全世界的注意力都在东欧。

但苏联解体后的余震波及了东部边境，其影响同样重大，尽管起初这些事件并未引起人们的注意。当年，中亚的哈萨克斯坦、吉尔吉斯斯坦、土库曼斯坦、乌兹别克斯坦和塔吉克斯坦不安地加入了苏联。苏联解体后，它们忆起了久远的历史经验，加盟苏联之前的种种经历，开始受到当地人的重视。

除了塔吉克斯坦，中亚其他四国的主要居民都是突厥语系民族，他们自古以来就在此定居。有那么一段时期，这几个国家（包括塔吉克斯坦）曾是伊斯兰世界不可分割的一部分。苏联解体之后，原来的党员干部摇身一变，成了新国家的统治者。他们不再以共产党人的身份实行统治，而开始凸显自己的崇高地位。全国各地遍布他们的海报与塑像，全国人民得把他们的生日当作民族节日来庆祝。政坛新贵希望个人崇拜能够取代原有的意识形态，从而主导人民的思想。在这种情况下，伊斯兰教重新崛起，这是一种本土的精神观念，能提供有凝聚力的社会意义。

后苏联时代的中亚处于这样的文化变迁中，借由文化上的渊源，许多国家都想在此施加政治影响力，土耳其对此很感兴趣。但伊朗开始感到不安，毕竟，历史上的几大帝国都曾将土耳其草原和伊朗
229 纳入统治，波斯不过是一个被征服的行省，而帝国的征服者就是土耳其人。

最重要的是，巴基斯坦看到了中亚重组的可能性。该国历史不长，却危机四伏，它夹在敌对的阿富汗与印度之间，夹缝中求生存的巴基斯坦只能寄望在中亚打开局面。随着苏联的解体，整个中亚重归伊斯兰的怀抱。伊斯兰教是巴基斯坦的基本政治和意识形态的前提，它为巴基斯坦提供了社会凝聚力。同样地，无论土耳其和伊朗作何感想，古代的贸易、交通和征服，已经以中亚为中心向南北剧烈扩张开来，正如其之前往东西方发展一样，尽管这意味着南亚平原上的城市会沦为中亚骑兵南下劫掠的目标。因此，巴基斯坦和中亚有一种历史联系，而伊斯兰可能是文化溶剂，可以将它们再次融合到一起。

中亚地区以逊尼派教徒为主，巴基斯坦亦然。相形之下，信奉什叶派的伊朗很难在中亚地区发挥真正的影响。毕竟，什叶派与逊尼派的纠葛已经持续了 14 个世纪。至于土耳其，实在相距遥远。如果巴基斯坦能够建立与中亚的贸易联系，它可能会建立一个由伊斯兰堡指挥的松散的逊尼派穆斯林共荣圈。届时，它将在平等的条件下对抗印度和伊朗，巴基斯坦将会成为该地区的第一强国，坐上伊

斯兰世界的头把交椅。

愿景固然美好，现实却有一大障碍，那就是阿富汗。巴基斯坦要想联结中亚，阿富汗是无论如何都难以绕开的。那该对此做些什么呢？

苏联解体，不仅改变了20世纪90年代的世界格局。在冷战正式结束之前，新一轮战争已经打响，政治学家迈克尔·克莱尔 230
（Michael Klare）[①]称之为“资源战争”。

争夺的核心资源就是石油。20世纪70年代，石油政治已经抬头。石油输出国组织（OPEC）突然宣布石油减产，此举是为了报复西方工业国家对以色列的支持。短短一年内，油价翻了三番，西方经济由此进入了衰退期。1974年的石油危机给世人提了个醒，石油实在重要。至冷战结束前夕，世界人口增长了近10亿，第三世界国家的工业化在不断推进，世界各国对石油的需求量在节节攀升。[5]

1990年，伊拉克独裁者萨达姆·侯赛因悍然入侵科威特，从而控制了世界第二（一说第三）大石油资源，仅次于沙特阿拉伯（可能还有伊朗）。而后，萨达姆又在科威特边境大量陈兵，沙特阿拉伯似乎也在他的劫掠计划之中。以伊拉克军队的规模，达成目的并不困难。

不过，沙特阿拉伯的财富不仅限于石油，它还有美国这个重量级的盟友。对于萨达姆的侵略行径，布什总统表示：“此风绝不可长。”而后，他更是牵头组织了一支由38个国家组成的联军，要对

---

① 迈克尔·克莱尔：全球安全专家和防御分析家，是研究全球冲突的权威，著有《资源战争：全球冲突的新场景》《石油政治学》。——编者注

萨达姆进行惩戒。多国部队的行动得到了联合国的批准。近85万人的多国部队开赴沙特阿拉伯，随时准备应对萨达姆的军事冒险。[6]海湾战争从1991年1月17日打响，历时42天。战争期间，伊拉克承受了8.5万吨炸药的袭击。[7]很快，萨达姆的部队溃不成军，只能向巴格达方向撤退而去。途中，他们还得躲避多国部队的空中打击。最终，多国部队付出了358人死伤的代价，而伊拉克军队的阵亡人数接近10万人。[8]美国总统布什随后突然宣布停火，海湾战争因而并未触及萨达姆的统治根基。

第一次海湾战争加深了人们对资源的认识：海湾国家（伊朗、伊拉克、沙特阿拉伯、科威特和阿拉伯联合酋长国）出产世界上绝大部分的石油，他们可能会把整个工业世界扣为人质。世界要想稳定，油气资源必须多元化。随着石油供应的减少，由此而来的竞争也将愈发激烈，主要的工业强国不得不从战略上考虑寻找新的石油资源。

231 20世纪90年代，专家预测世界上50%的石油资源都位于波斯湾地区。不过，该地区的储量虽大，却也在迅速开采。里海盆地则是位居其后的全球第二大富油产区，而且该地区很大程度上尚属一片处女地。[9]土库曼斯坦、哈萨克斯坦与乌兹别克斯坦都是里海沿岸国家。这几个国家正是土耳其、伊朗与巴基斯坦念念不忘的中亚盟友。波斯湾的石油资源在日益减少，里海地区的战略价值自不待言。

里海盆地虽有资源，但西方工业家又当如何获取呢？有三种方案。方案一，修建一条直通西欧的油气管道。不过，这条管道必须经过苏联数千英里的土地，俄罗斯势必会趁机征收巨额关税。此外，还会经过局势动荡的东欧各国，也须向沿线国家缴纳税费。万一局

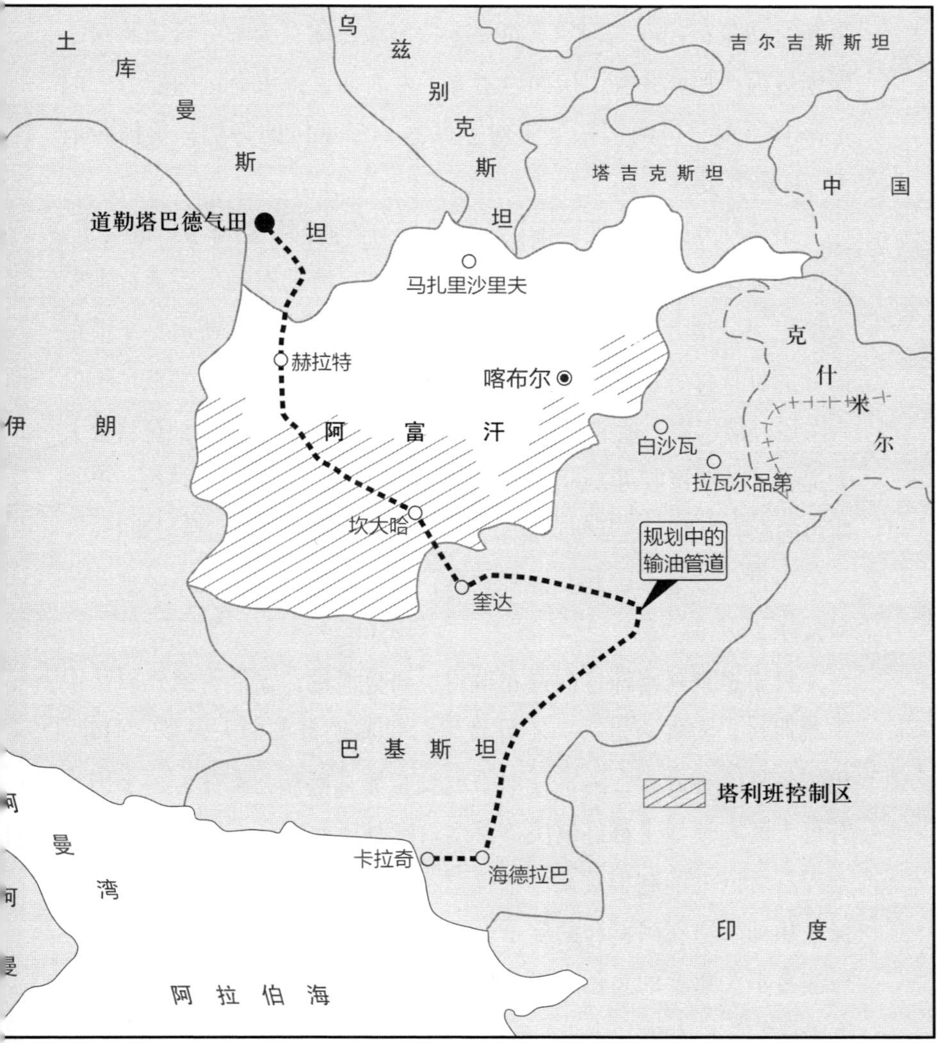

土库曼斯坦
乌兹别克斯坦
吉尔吉斯斯坦
塔吉克斯坦
中国
道勒塔巴德气田
马扎里沙里夫
赫拉特
喀布尔
阿富汗
克什米尔
白沙瓦
拉瓦尔品第
伊朗
坎大哈
规划中的输油管道
奎达
巴基斯坦
塔利班控制区
阿曼湾
卡拉奇
海德拉巴
印度
阿拉伯海

规划中的输油管道

势生变，后果将不堪设想。因此，方案一未获认可。

方案二，通过输油管道将里海的石油输送到波斯湾沿岸港口，再通过油轮运往欧美国家。可是，按照该方案，大部分管道将位于伊朗境内。如此一来，伊朗岂不有了左右西方国家命运的能力？时至今日，美、伊两国还处于对立状态，眼见伊朗得势，美国政府万万不能接受。

第三种方案是架设一条从土库曼斯坦直通阿拉伯海沿岸的管道，在巴基斯坦的沿海港口（比如卡拉奇）将里海的石油资源通过油轮运输出去。该方案立即得到了美方的首肯，毕竟巴基斯坦是个值得信赖的好伙伴。巴基斯坦政府更是坚决支持。其实，巴基斯坦倒没有考虑经济因素，他们只是觉得，如此一来，本国的国际地位将会大大提升，而且管道两头的逊尼派穆斯林关系也会变得更加热络，巴基斯坦的影响力将一直延伸到吉尔吉斯斯坦，相关的前景实在可期！

不过，方案三也并非皆大欢喜，问题在于，这条线路必须经过阿富汗。

只要想到阿富汗境内遍布地雷、局势混乱，输油管道要想从中安然通过，实在有点……不好意思，我想说有点痴人说梦。但是，
232 相较另外两种方案，阿富汗似乎也没有那么糟糕。毕竟，一个国家有再大的麻烦似乎都好解决。总之，巴基斯坦在稳定和控制阿富汗方面有着巨大的利害关系。于是，三军情报局有了一个新任务，即保证输油管道在阿富汗的安全。希克马蒂亚尔在巴基斯坦的计划中扮演着至关重要的角色，巴基斯坦将竭尽全力，让他当上阿富汗毫无争议的头号人物。

233 但是，希克马蒂亚尔却让巴基斯坦失望了。首先，他的军事才能远不如马苏德，即便他对喀布尔发射了无数的火箭弹实施空袭，

也没能让他挺近喀布尔哪怕一步。他没有容人的雅量，其他“圣战”领袖都不想加入他主导的政府。他还习惯出尔反尔，刚拟订的停火协议，转身就撕毁。而且，希克马蒂亚尔毫无民意基础，由他担任国家领袖，实在难以服众。

不过，必须指出的是，其他军阀也好不到哪里去。苏联撤军之后，军阀的名声都在迅速恶化。事实上，穆贾希丁正在作为一个整体丧失作为救世祖的信誉。历经劫掠、强暴、杀戮与战争带来的种种灾难之后，大家都认清了“圣战者”的真实面目。

巴基斯坦方面开始传出质疑声，不少官员都觉得三军情报局所托非人。反对者中，就有巴基斯坦内政部长、前陆军将领纳斯鲁拉·巴布尔。就连三军情报局内部，大家的信念也在动摇。于是，三军情报局开始挑选其他代言人。找来找去，他们注意到了坎大哈的一个小团体。

那是在 1994 年，这些激进分子还不叫“塔利班”或其他任何组织，说他们是“有组织的”，似乎都有些夸张。他们并不是一个团体，不过是一起上过战场、聚到一起的几个年轻人。他们中有一位年纪稍长的人，叫作毛拉·奥马尔。他们尊敬奥马尔，并帮助他采取大胆行动，以保护当地人民不受流氓的侵害。

当时，奥马尔大约 30 岁。他十几岁时就加入了伊斯兰党的一个分裂组织，成年之后大部分时间都在战斗。在与苏联人的战斗中，他失去了左眼。[①]不过，这点伤势足够让他引以为荣。苏军撤离之后，奥马尔把武器交还上级。而后，他进入宗教学校学习宗教，从那时起大家称他“毛拉”。

---

① 关于奥马尔哪只眼睛受伤一直众说纷纭，未有定论。——编者注

像许多阿富汗人一样，奥马尔也对他以前的战友很失望。在他看来，这些人已经失去了信仰，按照沙里亚法，他们都是应受惩戒的犯人。他的激愤态度得到不少同龄人的认可，年轻一代也对他五体投地。这些人都和宗教学校有所联系，要么是曾在那里求学，要么就是在读的学生。阿拉伯语中，学生被称为“塔利布”（Talib），一群学生就是“塔利班”（Taliban）。所以，这个词起初并不是政党或运动的名称，只是描述了奥马尔及其同伴的学生身份。

234 奥马尔的“传奇”始于1994年的一个夜晚。那晚，先知穆罕默德托梦给他，先知不但解下披风相送，还鼓励他要为拯救穆斯林而战。过了几天，奥马尔听闻一名军阀绑架了两个姑娘，并把她们关起来供自己和手下淫乐之用，奥马尔立即号召兄弟准备行动。最终，他们不但救出了被掳女子，还把涉事的军阀吊死在了坦克炮台上。奥马尔觉得，此举足以警示恶人，他也因此成了替天行道的好汉。

上面这则故事堪称“传奇”。一般来说，所谓传奇，大多是杜撰出来的。那个年代，我听过太多类似豪杰的故事，其中的情节与人物大同小异。显然，塔利班分子有意借传说为自己装点门面。传说中的他们行侠仗义又虔心宗教，而且远离腐败政治的影响。不得不说，当时的老百姓对此很是买账，塔利班的表现确实要比一般军阀好许多。

即使这些故事是虚构的，但这些年轻人一定做了一些事来打动当地人，否则巴基斯坦政客也不会注意到他们。三军情报局派驻赫拉特的官员伊玛目上校很快和奥马尔搭上了线。不久，双方就建立了联系。巴基斯坦驻坎大哈的总领事（也是一名三军情报局官员）提供了帮助，巴基斯坦内政部长巴布尔对此表示默许。[10] 而后，据说内政部直接执掌的边境兵团开始向奥马尔的手下提供军事训练。

到当年 10 月，塔利班的武装力量已经足够强大，只待考验的到来。

巴布尔命令一支满载诱人商品的卡车队穿越阿富汗前往土库曼斯坦，他想借此了解一下阿富汗的国内环境，看车队能否通过军阀割据的阿富汗，抵达目的地。如果车队一路顺利，那么一条纵贯南北的贸易路线就在眼前，巴基斯坦的各类商品可以顺道北上，中亚的石油也能找到南下的出口。

车队行至坎大哈，遭遇一伙武装分子的阻截，物资被洗劫一空。抢劫案发生不久，附近的山里冲出一队人马，约有 200 人，武器装备十分精良。双方的交锋持续了整整两天。最终，匪首被吊死，货物得以归还原主。[11]没错，这又是塔利班的一次义举。不过，部分目击者发现，闻风而来的塔利班分子当中，不少人操着一口乌尔都语。这是巴基斯坦的国语，并不是阿富汗人的语言。当然，大家也只是心生疑窦，并未多加考虑。总之，由于奥马尔等人的英勇奋战， 235
巴基斯坦才不至于蒙受损失。这样的局面，巴布尔自然很满意，他决定为塔利班提供更多有利条件。塔利班的发展，与巴基斯坦有着千丝万缕的联系；不过，塔利班很快摆脱了巴基斯坦的影响，发展成为一支不可小觑的力量。接下来的一段时期，才是塔利班真正的“传奇”岁月。

这些传说得以迅速传播开来，是因为塔利班分子确实做了他们声称会做的事。他们曾宣称要重建邻近地区的秩序。后来，经过塔利班的清剿，坎大哈与边境之间的道路上再也没了军阀私设的检查站，商人们不用再缴纳高额的通行费。由此，坎大哈的商品变得丰富起来，价格也趋于合理。

当月晚些时候，塔利班分子又在边境地区查抄了一处军火库，军火库的主人，想来应该是希克马蒂亚尔。奥马尔等人不费吹灰之力，就获得了大约 800 车枪支和弹药。[12]愤世嫉俗的人也许会认为，这些全都是巴基斯坦的安排，他们只是把礼物放在那里，待塔利班分子前去领取。

两个月不到，塔利班有了飞机、汽车、坦克、直升机、大炮、先进的无线电通信设备、枪支弹药和金钱。巴基斯坦方面对这些勇敢的年轻人的迅速进展感到震惊，而且他们否认在支持和武装塔利班。按照巴基斯坦政府发言人的说法，塔利班劫掠了本该属于“圣战”武装的辎重，或是从加入他们的指挥官那里获得了这些物资。[13]与此同时，巴基斯坦官员打开了难民营的大门，让数千名新兵越过边界加入塔利班。

1994 年 11 月，塔利班决定占领坎大哈。他们的行动异常顺利，阿富汗的第二大城市很快易主。全国范围内，要数坎大哈遭受战争蹂躏的程度最为严重。长期以来，当地民众在恐惧中苟且偷生，对于暴力，他们深感厌倦，“圣战士”所激起的民愤更是高涨。自命虔诚纯粹的塔利班分子受到了民众的欢迎。奥马尔打着安拉的旗号，宣称要扫除一切军阀势力，恢复国家秩序，并确立沙里亚法的统治地位。每个人都在期盼救世主的降临，奥马尔仿佛带着拯救世界的使命，难怪大家会对他寄予厚望。

坎大哈一役，给了塔利班极大的信心。他们一鼓作气，先后拿下加兹尼、瓦尔达克和洛加尔。一时间，奥马尔仿佛统帅着一支无敌之师。1995 年 9 月，塔利班已经逼近阿富汗第三大城市赫拉特。
236 此地的军阀伊斯梅尔·汗和马苏德互为盟友。敌军当前，伊斯梅尔·汗选择逃亡伊朗。“安拉的武装”（Army of God）未放一枪，就占领了赫拉特。

6 个月前，塔利班还默默无闻，如今，他们控制了阿富汗 34 个省中的9个。他们日益增加的神秘感和民众对“圣战者”的普遍仇恨，促成了塔利班的成功。当然，他们还有一件利器：大量的金钱。塔利班只需付钱给军阀，他们便会放弃抵抗。奥马尔清楚，大部分军阀都是为了钱才参与进来的。但是，一帮青年学生哪来的滚滚财源呢？好些批评家认为，奥马尔的背后肯定有巴基斯坦政府的支持。对于这样的指控，巴基斯坦官员表现得非常吃惊。无论如何，在第一年里，塔利班的承诺正在步步成为现实。他们每占领一地，就会遣散军阀武装，并悉数收缴他们的武器。奥马尔占领下的区域，安全形势仍然脆弱，不过，人们的生活得以稍稍安定。

就在塔利班征服阿富汗西部的同时，他们也在朝阿富汗东部进军。塔利班出动了好些“丰田”牌的全地形皮卡车，车辆都是崭新的，只需稍加改装，在后厢上搭配机枪与床铺，一台皮卡就能变身成为战地利器。有了汽车，塔利班行军神速，就像几百年前蒙古人的流动骑兵。塔利班的目标直指喀布尔。塔利班现在要进军喀布尔了，那不仅是首都，还是比六大城市总和还大的第一大城市。

1995年9月，塔利班征服赫拉特的同时，另一支部队抵达了喀布尔郊区。面对塔利班武装，希克马蒂亚尔厉声警告塔利班最好远离他的要塞，否则，他会给他们上一堂军事课。希克马蒂亚尔还提出接管塔利班军队，成为他们的老板。荒谬的是，就在他发出警告、提出条件的时候，其手下纷纷投奔塔利班而去。他想向巴基斯坦求援，却发现他们不再支持他了。希克马蒂亚尔只能低三下四地去投靠马苏德，以寻求安全保证（不久，希克马蒂亚尔就背叛了马苏德）。

在“潘杰希尔雄狮”那里，塔利班第一次吃了败仗。但是，奥马尔从不担心人员问题。他只需发出招募志愿者的呼吁，就会有大批青年离开宗教学校，走出难民营，投到他的帐下成为新兵。途中，他们需要穿越两国边界，巴基斯坦自然不会设置障碍，早早就打开了方便之门。于是，塔利班再次包围了喀布尔。接下来的几个月，他们不断展开空袭，喀布尔城中的半数居民被迫逃离家园，成为国内流离失所者，住进难民营。

第 25 章

塔利班对战穆贾希丁

1996 年 4 月，喀布尔之围还在继续，大约有 1000 名乡村神职人员聚集在坎大哈，他们称赞毛拉 · 奥马尔是“穆民的埃米尔”（意为“信徒的领袖”）。这是先知的第二位继承人（也叫奥马尔）所采用的头衔。塔利班的这个奥马尔就这样与伊斯兰历史上最受尊敬的人物“平起平坐”了。为了防止有人忽略这层象征意义，他举着一件声称是先知的披风来到公共场合。这是坎大哈清真寺中最珍贵的文物，民众少有机会能够看到，不过，既然奥马尔想要实现政治野心，清真寺倒也乐于提供帮助。

毛拉 · 奥马尔地位高贵，甚至超越了国王。追随者相信，奥马尔是先知的副手，是受安拉之托来到人间，就像先知穆罕默德的直接继承人——事实上，他对科学、地理、数学和经济学一窍不通，只会说普什图语，他甚至很可能连一张报纸都未曾读过。

第一次对喀布尔的围攻以失败告终，不过，塔利班在秋天卷土重来。他们出动了 400 多辆坦克，喷气式飞机、直升机和重型火炮也参与其中——这对于一个由没受过多少教育的农民领导的学生军队来说，还真不错。杜斯塔姆旗下的 5 万雄兵并未遭遇太大折损，

238 但是，这位乌兹别克军阀觉得喀布尔不宜久留，他打算前往北方，开拓一片属于自己的半独立领地。马苏德的部队也在对手的劝降之下大为削弱，军队人数从原来的 3.5 万人锐减至 1 万人。[1] 塔利班包围了这座城市，每天都对其展开扫射。最后，马苏德觉得应当保存实力，来日再战。于是，他带领部队撤出喀布尔，一路退回到喀布尔以北 60 英里外的潘杰希尔谷地。

1996 年 9 月 26 日，喀布尔市民一觉醒来，发现城中已经变了天。街上到处是蓄着大胡子持枪巡逻的年轻人，他们眼窝凹陷，头上戴着笨重的黑色头巾。对于喀布尔人民来说，这不是政权更迭，而是占领。眼前这些征服者和蓝眼睛的俄罗斯人一样陌生。先前那些军阀，比如马苏德、拉巴尼、赛义夫、希克马蒂亚尔和穆贾杰迪，至少是六七十年代动乱中的风云人物，大家都认识他们。

相比之下，塔利班分子来自西南沙漠和横跨巴基斯坦边境山区的普什图农村家庭，他们来自另一个阿富汗，那个被“铁腕埃米尔”阿卜杜尔·拉赫曼征服，但未被同化的阿富汗。其实，喀布尔与乡村地区的隔阂由来已久，双方早就有了巨大的文化鸿沟。更何况，这些年轻的塔利班分子并非来自和平安宁的乡村，他们来自边境地区的难民营，父辈曾经享受过的传统阿富汗生活，对他们来说是陌生的。[2]

塔利班信奉与“圣战者”组织相同的教义，但更加保守。在每一点上，他们都来得更加粗暴、简单、极端。在他们自己看来，他们拥有更纯粹的信仰。塔利班无意再讨论什么对阿富汗最好，因为他们已经知道什么是最好的：沙里亚法。他们是来执行法律的（根据他们的理解），没有妥协，没有偏差。这无疑是所有塔利班分子所坚信的。

进入喀布尔的第一天，塔利班就诱杀了前总统纳吉布拉及其兄弟。他们引诱其离开联合国大楼，经历一番折磨后，将其殴打致死，并肢解了尸体，将纳吉布拉等人的尸体悬挂在阿里亚那广场的灯柱上，成了士兵练习枪法的靶子。239

暴行背后的用意非常明显，他们并没有对世界舆论无动于衷。既然如此，他们为什么又要大费周章地把纳吉布拉等人诱骗出联合国大楼呢？是什么让这些狂热分子对侵犯联合国权威的外交后果敏感呢？答案也许是，他们并不知道。在这群乌合之众的背后，站着一批经验丰富的、与巴基斯坦有联系的军事战略家，也许正是这些幕后军师策划了这次行动。[3]

但是，巴基斯坦政府的高级官员为什么会对塔利班把社会秩序强加给阿富汗感兴趣？为什么要关心阿富汗女性是否戴面纱、阿富汗男孩是否追风筝？其实，阿富汗的国内局势，巴基斯坦政府并不关心。只要塔利班有利于巴基斯坦的全球利益，伊斯兰堡的官员对阿富汗的内部事务并不关心。

可是，塔利班并不只是巴基斯坦博弈的工具，他们还有自己的“宏图大计”，与巴基斯坦的需要和愿望是分开的。塔利班一有了政府的雏形，就宣布了他们的计划。

直到此时，阿富汗人才发现，塔利班强加的安全措施会让他们失去什么。女性不能在公开场合露面，她们不能外出工作或上学。总之，女性不能离开他们的“营地”，除非穿戴从头盖到脚的罩袍。女性上街，身边得有男性陪同，同时，这位男性必须是她们的丈夫或至亲。出租车不得搭载未穿戴罩袍或无人陪同的女性，商店也严禁向这类女性出售任何物品。反正走出家门的女性不能显示出哪怕一点人类特征，如果她们胆敢露出肌肤，就会被当场鞭笞。

伊斯兰教法中所列的刑事处罚将完全按照规定执行。盗窃犯会被剁去手，有时甚至是脚。医生们被要求放下手中的病人，去进行这些手术。凶杀案受害者的亲属可以被邀去亲手射杀凶手，被指控通奸的女性将被公开处以石刑——用石头砸死。至少有一次，这是在城市的主要体育场进行的，那里原本是人们观看足球比赛或其他娱乐活动的地方。长时间的控辩交锋、对质举证，被视作弊政，判决要迅速作出，要当场执行。

塔利班严禁音乐、电影与摄影，一切表演艺术都在禁止之列。剧院变成了清真寺，音像店被焚毁。电视仍然提供了一种娱乐，但
240 不是节目，而是电视机本身。电视机被搬到大街上，任凭塔利班分子开枪扫射，将其打成一堆碎片。任何带有赌博色彩的东西都是非法的，因此，风筝比赛被禁止，足球与国际象棋遭到严厉打击，因为很多人可能在这上面下注。过去，许多人家都有喂养鸽子或其他鸟类的习惯，如今，他们也不得不放弃爱好，因为塔利班严禁蓄养宠物。

庆祝任何非伊斯兰节日（如阿富汗独立日或新年）都被视为犯罪。无论男女都得按照伊斯兰教法穿着，传统的部落服装，如长衬衫、灯笼裤、男性头巾、女性头巾，符合教法规定；西式服装都是非法的，塔利班禁止任何人穿着西式服饰。男人不得留长发，但必须蓄须。任何违反着装守则的人都会受到惩罚。祈祷也是强制性的，若不按时祈祷，也会遭到政府的惩罚。

如上种种倒行逆施，似乎前所未见。其实，在阿富汗历史上，类似的事情并非第一次出现。巴洽·萨考推翻阿曼努拉之后，也曾出台一样的法令。历史似乎进入了循环。

塔利班执政期间，至少有两名男子因为逃避祷告而被从二楼窗

户扔出去。修面剃须之类的轻微违法行为，也会被鞭笞。所有的惩罚工作，都由一个名为“恶习与美德部”（该机构的正式名称其实更长，但几乎没有人使用它）的机构负责施行。此外，该机构还承担部分外交和国防事务。其实，当年的“铁腕埃米尔”也曾设立过一个同名机构，但并不是常设机构，而且他的本意是处理政务。但在塔利班时期，“促进道德”和“防治恶习”成了国家的核心目标。

虽然塔利班自称代表最纯粹的伊斯兰，但他们是一个压倒性的 241
普什图政党，他们的民族、种族、宗教仇恨主要针对什叶派哈扎拉人。塔利班上台之初，他们对哈扎拉人社区进行扫荡，哈扎拉成年男性与男孩被充作壮丁，在威逼之下去为塔利班卖命。敢于反抗的人，都被杀了。久经苦难的哈扎拉人，进入了历史上最黑暗的一段时期，塔利班政权对待哈扎拉人的种种作为和世界其他地区被称作“种族清洗”的做法并无区别。

然而，在最初的几个月乃至最初的几年，面对塔利班的累累恶行，世界各国采取视而不见的态度。使世界多数国家保持中立的原因，是石油政治。事实上，石油是整个塔利班戏剧的子叙事。为了保证输油管道安全无碍，巴基斯坦政府才会对塔利班进行支持，西方石油公司也是基于这样的考量。早在 1991 年，阿根廷规模较小的布里达斯（Bridas）石油公司董事长卡洛斯・布尔格罗尼就来到土库曼斯坦，寻求获得对该国石油和天然气的所有权。他会见了土库曼斯坦总统尼亚佐夫，提出修建一条横贯阿富汗的输油管道的第一份方案，并与阿富汗的军阀进行了谈判。事实上，布尔格罗尼相信他的工程会为阿富汗带来和平。

巴基斯坦的政治掮客与布尔格罗尼串通，尽管双方的逻辑正好相反。巴基斯坦认为，唯有阿富汗局势稳定，输油管道方可实现。

因此，当务之急便是不惜任何代价结束战乱、奠定和平，而这个任务非塔利班不能完成。

布里达斯公司的代表和塔利班进行了磋商，也会见了其他军阀。阿根廷人是在两面下注。1996 年初，布尔格罗尼同拉巴尼政府草签了一项三年协议。布里达斯公司负责修建输油管道，拉巴尼政府则负责施工区域的安全。可是，拉巴尼开出的是一张空头支票。他仅占有喀布尔一地，而就在那一年，这唯一的地盘也没能得到保全。布尔格罗尼与拉巴尼的协议就此成了一纸空文。

铺设中亚输油管道的方案，美国的石油公司一开始并不看好。可是，眼见布里达斯公司有所进展，美国人开始有了兴趣。总部位
242 于得克萨斯州的优尼科公司反应最快，他们的代表专程前往土库曼斯坦会见尼亚佐夫总统。尼亚佐夫随后表示，当年和布里达斯公司签署的那份协议“并不成熟”，既然优尼科公司有意愿合作，他愿意撕毁旧约，与美国公司重新谈判。

对于布里达斯公司而言，优尼科这个对手的能量非同小可。该公司与美国共和党关系匪浅，其朋友包括亨利·基辛格、亚历山大·海格，以及罗纳德·里根总统的阿富汗事务顾问哈利勒扎德。如今，优尼科公司似乎能够借助哈米德·卡尔扎伊（Hamid Karzai）的力量来达成目的。哈利勒扎德、卡尔扎伊及美国共和党的新保守派一致认为，美国应该支持塔利班，因为他们可以发展成一支稳定的力量。哈利勒扎德预言，塔利班将会发展成沙特阿拉伯那样的政权，而不会成为另一个伊朗，成为美国的敌人。[4] 当布里达斯还在与“圣战”武装谈判时，优尼科公司已经选择了塔利班。

优尼科发起竞购后，美国的军方、情报与外交界的多名官员积极介入。这些官员与不少巴基斯坦政府官员交往颇深，有了他们的

牵线搭桥，巴基斯坦极有可能转变态度。美国政府更是乐见美国公司获得里海的石油大单。不过，华盛顿当局也不是没有安全方面的顾虑，他们担心工程期间或输油管道投入使用之后在当地工作的美国公民的安全问题。对此，巴基斯坦方面请美国政府放心，并表示塔利班已经占领阿富汗大部领土，不久之后整个国家都将归于统一。唯有塔利班，才有结束战争、创造稳定商业环境的能力。

有了这层关系，西方国家对塔利班的纵容无视也就不足为奇了。他们的立场是，阿富汗政府的国内政策只是阿富汗人的私事，西方人对此不该滥加干涉。况且，阿富汗问题专家已经打了包票：塔利班会成为又一个沙特阿拉伯。美国人不一定要喜欢沙特阿拉伯的生活方式才和他们做生意，他们是理性的人。对美国而言，真正的顾虑在于塔利班是否真能稳定阿富汗。哈利勒扎德对此表示肯定。美国国务院认为应该相信哈利勒扎德，毕竟他生在阿富汗，成长在阿富汗，还有谁能比他更了解阿富汗的国情？

美国并没有像一些批评人士后来指责的那样，直接创建了塔利班 243
或向其提供资金。他们只是继续资助其盟友巴基斯坦，无视巴基斯坦政府对塔利班的支持。美国也采纳了巴基斯坦的建议，不再支持马苏德及其盟友。事实上，美国试图确保马苏德得不到任何西方援助。

不过，马苏德远没有到彻底败亡的境地。塔利班占领了喀布尔，马苏德的部队也在潘杰希尔重整旗鼓。1996 年 11 月，马苏德召集多名前抵抗苏联组织的领导人，组成“解放阿富汗联合阵线”（United Front for the Salvation of Afghanistan），其中包括乌兹别克军阀杜斯塔姆、阿富汗中部的哈扎拉武装、东北部的塔吉克什叶派武装，以及几乎所有其他非普什图少数民族代表、南方的几个普什图“温和派”。这是阿富汗历史上第一个真正多民族的政治实体。

我之所以称它为实体，因为它不仅是一个政党，而且是一个政府。“北方联盟”[①]（后来的称呼）追求阿富汗的完全独立，包括巴基斯坦在内的一切外国势力都不得干涉阿富汗，寻求建立一个现代化、多民族的伊斯兰国家。塔利班的极端主义为北方联盟更自由地解释伊斯兰教创造了争取信誉的空间。

经过一致推举，拉巴尼成为北方联盟的总统，马苏德为国防部长。为了寻求巴基斯坦以外国家的军事支持，拉巴尼访问了邻国，他获得了印度和伊朗的支持，就连俄罗斯政府也对北方联盟表示支持。俄罗斯不想塔利班式的宗教激进主义蔓延到本国，伊朗则对塔利班强烈的反什叶派姿态表示担忧，印度则将阿富汗视为其与巴基斯坦斗争的筹码。

而后的四年多时间里，塔利班先后数次进攻北方联盟，地盘失而复得，得而复失，双方在同一区域不断拉锯，交替来去。1997 年
244 春天，塔利班武装占领北方主要城市马扎里沙里夫，聚居此地的哈扎拉人立即遭了殃。塔利班学识丰富的神职人员支持种族清洗，理由是哈扎拉人根本不是穆斯林。他们认为，杀死一个哈扎拉人能够得到一次进入天堂的机会，只要这不是他荣誉的唯一善行。

巴基斯坦政府选择这个时机承认塔利班是阿富汗的合法政府，沙特阿拉伯和阿拉伯联合酋长国也紧随其后予以承认，包括美国在内的其他国家及联合国则没有表态。总的来说，世界各国对塔利班的态度还是那样模棱两可。在此期间，优尼科公司倒在积极活动，

① 拉巴尼、马苏德领导的伊斯兰促进会，势力集中在阿富汗东北部，杜斯塔姆领导的伊斯兰民族运动集中在西北部，哈利利领导的伊斯兰统一党集中在中北部，故而从地理上称之为“北方联盟”。——编者注

塔利班的几名高层应邀前往达拉斯商谈输油管道问题。塔利班在华盛顿开设了办事处以开展业务，而华盛顿的“好心人”则聘请了一家公关公司，负责提升塔利班在美国的形象。

第 26 章
“基地”组织

245 其实，伊斯兰世界早就具备了革命激进主义的条件。从巴基斯坦到摩洛哥，几乎每个穆斯林人口占多数的国家，都有一个由警察力量支撑的威权政府。20 世纪 70 年代以来，随着这些国家的统治精英不断从西方帝国主义那里获得枪支和金钱，以帮助他们维持统治，激进的反西方情绪一直在高涨。社会虽在发展，贫富差距却因此不断扩大。这种差距不仅体现在财富上，还反映在西化的精英阶层和他们统治的大众之间的文化鸿沟上。自阿卜杜尔·拉赫曼时代起，这道鸿沟就已形成，并随着时间的推移不断加深。

冷战期间，一些穆斯林不满者拥护共产主义，仅仅是因为如此作为可以得到强大苏联的资助。马克思主义从来没在伊斯兰世界真正扎根。东欧剧变之后，苏联再也无法提供金钱和军备，于是，伊斯兰革命者转向根植于伊斯兰土壤的斗争哲学，这就是伊斯兰主义。阿富汗成了伊斯兰主义的纽带，因为它的反苏独立战争吸引了阿拉伯世界成千上万的激进分子。他们以激进分子的身份来到这里，以坚定的革命者身份离开，暴力倾向早已深入他们的骨髓。这一代“圣战”老兵，就是众所周知的“阿拉伯裔阿富汗人”（Arab

Afghans）。

奥萨马·本·拉登（Osama Bin Laden）就是这样一位思想极端 246
的阿拉伯青年。他的父亲原籍也门，是一位富商。其家族和沙特王室关系密切，在沙特阿拉伯也算得上是一大豪门。本·拉登有50多个兄弟姐妹，他排行第十七。家族中的大多数成员都是循规蹈矩的富家子弟，但本·拉登走上了另一条路，相对家人放荡不羁的言行，他追求极端的“虔诚”。20世纪80年代中期，他加入了成千上万涌向阿富汗的阿拉伯空想家的行列。在那里，他用财富支持“圣战”，这让他很快就结交了不少当地朋友。他还多次奔赴前线参加战斗，大家对他自然又多了几分敬意，尽管他的军事功绩远不及后来传说的那般神奇。后来，本·拉登在白沙瓦为在这里的阿拉伯激进分子设立了招待所，他们可以从这里冲向战场，回来后洗个澡，美餐一顿。这个地方就是本·拉登打造的一处“基地”（al Qaeda）。1988年，随着阿富汗战事结束和阿拉伯裔阿富汗人的回国，“基地”组织成了他新成立组织的名称，该组织致力于为阿拉伯激进势力提供支持，帮助他们推翻各自国家的政权。

回到沙特阿拉伯的本·拉登志得意满，阿富汗的光荣经历让他有些自我膨胀。那个时候，萨达姆·侯赛因刚刚挥师入侵科威特，伊拉克军队距离沙特阿拉伯本土越来越近。危急关头，本·拉登主动请缨，希望由他领导一支阿拉伯裔阿富汗人组成的军队对抗萨达姆。他的这番豪言壮语并未得到沙特政府的重视。沙特政府不把“圣战英雄”放在眼里，显然有些令人难堪。而后，沙特政府乞援美国的行为，更在这些“圣战英雄”的伤口上撒了把盐。眼见政府大开国门邀请美军进来，本·拉登痛心疾首，他对王室大加挞伐。沙特政府也毫不客气，立即宣布将他驱逐出境。

本·拉登来到苏丹，继续公开抨击沙特王室。最终，沙特政府剥夺了他的公民身份。那时，他正忙于建立“基地”组织，研究恐怖主义的政治可能性，即利用其组织的弱点（人数、资源和地盘的匮乏），通过让个人破坏者和自杀式袭击者偷偷进入“敌国”领土，对平民进行可怕的屠杀。1995 年 11 月，他的阴谋第一次付诸实践。几名“基地”成员潜入沙特首都利雅得的一处美国人社区实施恐怖袭击，爆炸导致十几名美国工程师及助理死亡。

247 事后，美国中情局很快就认定本·拉登乃是罪魁祸首。美国政府还向苏丹政府施压，迫使其交出本·拉登。苏丹政府只能要求本·拉登离境。1996 年，本·拉登回到阿富汗。

反苏战争期间，本·拉登结识了几位三军情报局的重要人物。回到阿富汗，他和他们的关系再次亲近起来。那个时候，塔利班武装正在阿富汗各地扩张，本·拉登支持的 300 万美元，帮助他们收买了喀布尔以南的军阀，这使本·拉登成了塔利班最喜欢的阿拉伯裔阿富汗人之一。五个月后，塔利班占领喀布尔，本·拉登深感振奋，因为塔利班拥护他信奉的一切，本·拉登宣称塔利班统治下的阿富汗是世界上唯一真正的穆斯林政权。

塔利班的盟友在贾拉拉巴德市附近，一个叫托拉博拉（Tora Bora）的地方，为本·拉登提供了一个遍布灌溉渠道的地盘。为了改造这里，本·拉登很是破费了一番。当然，他不光自掏腰包，世界各地的瓦哈比派也向他提供了不少支持，他将这里的洞穴改造成一个可怕的地下军事基地。毛拉·奥马尔喜欢本·拉登的所作所为，在靠近边境城市霍斯特南部的边境地区给了本·拉登更多土地。这里就是恐怖分子的“西点军校”（West Point），本·拉登在此建立了一系列武装训练营，全球各地的宗教极端分子可以在这里学习美国海豹突击队与陆军游骑兵的特种作战技能。

塔利班还向本·拉登提供了一处位于坎大哈郊区的大院，一座塔尔纳克农庄，这里成了“基地”组织的总部所在。本·拉登的妻子儿女也来到阿富汗与他一起生活。他和他的同伙正是在这里策划了那些震惊全球的恐怖试验。

1998 年 2 月 23 日，本·拉登及同伙发表了一份放肆的声明，公开向美国、以色列以及整个西方世界宣战。两年前，本·拉登发表过一篇类似的声明，但由于篇幅冗长，语无伦次，没有引起人们的注意。这篇声明更简短、更大胆。他引用《古兰经》中（关于打 248
击异教徒）的段落，列举了对犹太人和“十字军”的不满，并发布教令，号召世界各地的穆斯林以各种方式杀死美国人及其盟友，无论平民还是军人。

本·拉登称他的声明是一种法特瓦（即教令）。教令并不像人们通常认为的那样，是一种暗杀命令或宣战书，而是一种宗教裁决，涉及现有判例未涵盖的案件。面对前所未有的问题，宗教机构必须决定伊斯兰教法如何适用于这种情况，这种裁决为日益增多的伊斯兰教法提供了新的先例。因为这是一件很严肃的事，因此，只有最高的宗教机构才可以发布教令。本·拉登显然不是这样的权威，毕竟他从未接受宗教教育，在正统的伊斯兰学者中没有地位，他不过是个热心“圣战”的有钱人而已。

不过，伊斯兰教并无教皇一类的人物，也没有等级森严的教会体系，没有人拥有说一不二的权力。教令的认证来自大家的共识，提出的教令若能获得大众认可，自然就有了效力。这样看来，本·拉登似乎有发布教令的权力，而且他有追随者，至少一些穆斯林接受了他强加的“宗教责任”。

对于美国决策者来说，这是一个好时机，让他们退一步，从更广泛的角度看待这一问题。他们本可以研究什么是“圣战主义”（Jihadism），源自何处，吸引了谁，为什么吸引他们，以及它是如何进入巴基斯坦与阿富汗文化的。除了思考这些问题，他们本有机会联络一些穆斯林中值得信赖的宗教知识分子，破除本·拉登等“圣战主义”者的蛊惑。他们本可以察觉伊斯兰探究“圣战主义”者及其对手是如何与穆斯林社会的政治和社会潜流交织在一起的，以便拟定对策，远离实际危机的上游。最后，他们可能已经知道如何区分长期存在的地方冲突和全球冲突，并分别处理他们。

249 但美国策决者走了另一条路，缩小了研究范围，社会、政治、文化与经济因素，他们全都未曾考虑，而是单纯地把伊斯兰主义作为军事问题加以关注。而且，相应的军事行动往往只指向一个人——奥萨马·本·拉登。美国政府认为，压制此人将解除威胁。

当然，追踪本·拉登并非没有意义，他确实极度危险，而且在恐怖分子当中极具威信。克林顿总统认识到了本·拉登的破坏性，强调要留心此人。但是，应该由哪个部门展开行动，又该如何行动？既然没人清楚，就只能一齐上阵。众多情报部门都在为追捕本·拉登而劳神费力，时不时爆出的相关新闻证明，情报部门并非徒劳无功。他们破获了不少劫机谜案，也在很多地方发现了恐怖分子布下的炸弹。可是，一个不知规模的恐怖组织，居然要向整个西方发起挑战！如此言论，倒真是前所未闻。那么，这到底应由哪个部门负责呢？中情局、国防部、国土安全局、联邦调查局，陆军或是海军的情报部门，又或者应先由海军陆战队打个头阵？克林顿任命了一位白宫反恐“沙皇”来协调所有反恐力量，此人名叫理查德·克拉克（Richard Clarke），克林顿还授予他内阁级别。可是，克拉克只是在本已喧嚣的反恐声浪上，添了几声鼓噪而已。

国务院横插一杠，让事态愈发复杂。副国务卿托马斯·皮克林等人认为，若要阿富汗的局势稳定，阿富汗总统只能由南方的普什图人担任，美国政府千万不能错判形势。在皮克林看来，塔利班的最高领导人奥马尔正是这样一位候选人。在皮克林看来，美国应当让塔利班接管阿富汗全国政权，即便要对本·拉登动手，也不能妨碍塔利班。对于巴基斯坦，美国国务院也在全力维护。毕竟，巴基斯坦是美国在该地区不可或缺的盟友。20 世纪 80 年代，正是巴基斯坦从中配合，美国的援助物质才能源源不断地送到“圣战”武装的手中；冷战期间，巴基斯坦也一直追随美国，起到了反苏桥头堡的重要作用。面对宗教极端主义的威胁，美国不能抛开盟友单独作战，无论美国政府要对本·拉登做什么，都最好不要触动巴基斯坦的敏感神经。

不幸的是，本·拉登不但与塔利班打得火热，还得到了巴基斯坦的安全保证，巴基斯坦又与塔利班有着千丝万缕的联系。现在的问题是，如何在不“改变战场”的情况下，把本·拉登从混乱的局面中抽离出来，实施打击。就在这样的情况下，美国的反恐政策却 250
缩到了一种狭隘的执念上。

中情局策划了一个抓捕行动。他们准备派专人潜入阿富汗，然后神不知鬼不觉地把本·拉登绑架出境。这个任务看似简单，毕竟人人都知道本·拉登就在塔尔纳克农庄。此地与世隔绝，被沙漠与灌木包围。中情局 30 人的抓捕小队打算趁着夜色，通过井渠潜入本·拉登的老巢，绑架拉登后乘直升机撤离。

抓捕小队本来已经准备行动，但在关键时刻，克林顿临阵退缩了。1980 年的伊朗人质危机，卡特曾做过相似的决策，但由于一场沙尘暴，冒险救援未能成功，卡特的政治生命也因此走到了尽头。克林顿在一张塔尔纳克的卫星照片中看到一个空荡荡的儿童秋千，于是，他想到了最坏的情况：万一行动失败，本·拉登逃脱，而孩子们被杀了，那会怎么样？克林顿承受不起失败带来的后果，于是下令终止抓捕行动。

中情局很失望，但是，他们很快制定了二号方案。这一次，美方打算通过空袭，直接除掉本·拉登。本·拉登及其同伙在霍斯特训练营的时候，就是下手的最佳时机。但在最后一刻，克林顿再次退缩了。他得到情报，训练营中没有本·拉登及其同伙，而是阿联酋的王室成员，每年他们都要来这里猎鹰。克林顿最不希望看到的就是试图杀死本·拉登，却误杀了阿联酋王室，那样一来，他将面临严重的指控，所以他取消了行动。（当然，我们不能就此指责克林顿优柔寡断。当时，他作出了正确的决定。事实证明，那次行动不会把本·拉登怎么样，反而会导致盟国王室成员死于非命，由此而来的后果实在不堪设想。）

同时，本·拉登也一直在策划他的下一步恐怖行动。包括非洲在内的世界各地都有本·拉登的特工在行动，他决定是时候让他们中的一些人采取行动了。1998 年 8 月 8 日上午 10 点 30 分，几名“基地”组织成员驾驶装满炸弹的卡车，袭击了美国驻肯尼亚内罗毕的
251 大使馆。那次恐怖袭击导致 213 人当场丧生，4000 多名伤者中，有 300 多人不治身亡。受害者中，有 12 名美国公民。9 分钟后，坦桑尼亚达累斯萨拉姆的美国大使馆也成了恐怖分子的袭击目标。袭击导致 11 名当地群众死亡，85 人受伤。

面对如此严重的恐怖袭击，美国总统应该立即作出强有力的应对，但是，那个时候的克林顿因为几桩政治丑闻而有些自顾不暇。

早在克林顿成为总统之前，他和妻子因为参与白水房地产开发生意而赔了钱。克林顿入主白宫后，他的对手要求对此进行调查，国会任命特别检察官肯·斯塔尔（Ken Starr）调查此案。斯塔尔像维克多·雨果笔下的沙威那样坚韧不拔，他无法确定克林顿与白水公司的指控是否成立，但在调查过程中，一名叫宝拉·琼斯的女性对总统提起了诉讼，琼斯表示，克林顿担任州长期间，曾多次对自己实施性侵。

琼斯的指控最终被驳回，不过，该事件已被斯塔尔纳入调查。他发现克林顿和白宫里一位叫莫妮卡·莱温斯基的实习生最近有性关系的迹象。经过斯塔尔的不懈追查，最终还原了事实的全部细节。克林顿曾经一边办公，一边接受莱温斯基的口头性服务，地点竟是在白宫的椭圆形办公室。斯塔尔将调查结果中最露骨的细节透露给了媒体，引起全美国的热议。当时，正是非洲那两场恐怖袭击发生前的几个星期。爆炸发生当日，莱温斯基女士正在向大陪审团就她与总统的性行为作证。8 月 17 日，克林顿出现在电视上，承认自己的性犯罪行为。之后，他从电视台直接奔赴会场，与情报专家举行了一次秘密会议，讨论应对之策。克林顿下令在 8 月 20 日，向霍斯特附近的恐怖分子训练营发射 60 枚“战斧”巡航导弹，并向据称正在制造化学武器的一家苏丹化工厂发射了十几枚巡航导弹。

那次行动一共耗资 5500 万美元，不过，没有一名“基地”组织的重要人物因此丧生。这倒也不奇怪，导弹袭击之前的几个小时，本·拉登便已安全撤离。行动前一天，巴基斯坦总理纳瓦兹·谢里 252
夫（Nawaz Sharif）已经得到消息。至于苏丹的化工厂，“基地”组织的宣传人员声称那是一家生产阿司匹林的工厂。这一说法仍有争议，但在当时，观念占据了主导权，塔利班打赢了这场战争。

克林顿从他这次果断的行动中得到的是嘲笑，丑闻缠身的总统发动空袭，难道真是为了国家安全？大多数选民对此表示怀疑。从专栏作家到深夜电视喜剧演员一致认为，这一切与克林顿和莫妮卡·莱温斯基的丑闻有关。这让人们想起了1997年上映的《摇尾狗》（*Wag the Dog*），电影里虚构的总统为了掩盖性丑闻，选择对阿尔巴尼亚动武。

本·拉登倒成了大赢家，他从他的目标选民那里得到了想要的一切。不满的穆斯林被他的“圣战主义”所吸引，他那冠冕堂皇的“教令”表示，他不希望被认为是甘比尼兄弟和“豺狼”卡洛斯的同类，而应与克林顿、叶利钦等国家政要齐名。为了打击本·拉登，世界上唯一的超级大国甚至出动军队，用上了战争中才会派上用场的先进武器。本·拉登不仅还活着，很快他还发布了关于他胜利的录像带。在巴基斯坦，一时间出现了两本奉承本·拉登的传记，并很快成为畅销书（在美国，非虚构类图书畅销榜上有一本关于戴安娜王妃的书，另一本是关于莱温斯基的）。

那年秋天，国会开始讨论弹劾克林顿在性生活上的撒谎问题。如此一来，克林顿自然三心二意，更没了武力解决本·拉登问题的精力。而且事实证明，军事手段并没有奏效。于是，美国政府决定改变策略，要求塔利班逮捕本·拉登，并将本·拉登移送美国受审。美国的这种试探只会刺激塔利班的自负感，他们欣喜若狂地拒绝了。本·拉登是他们的客人，普什图瓦里要求他们用生命保护客人。塔利班表示对本·拉登的行踪一无所知。

而后，美国政府又转向巴基斯坦寻求帮助。克林顿向巴基斯坦总理谢里夫发出呼吁，要求他帮助美国抓捕本·拉登。谢里夫虽然出口应承，却又表示此事的结果不敢保证。谢里夫还向克林顿抱怨，

巴基斯坦军方没有合适的装备，且缺乏专业技能，抓捕本·拉登谈 253
何容易。于是，中情局给了谢里夫所需的资金、物资和顾问，用于组建这样一支突击队。但这支部队从一开始就不是去追击本·拉登，而是塔利班的敌人。1999年，他们杀害了著名反塔利班军阀阿卜杜勒·哈克（Abdul Haq）的妻儿。这是一次沉重的打击，哈克虽是普什图人，却并不支持塔利班，他这样的人实在是凤毛麟角。

事实上，巴基斯坦政府已不再能够帮助美国，即使他们有心相助。因为这个时候的塔利班，已经不再受制于巴基斯坦。当巴基斯坦决定扶持塔利班的时候，其考虑的是自己的地区和全球利益，他们想在阿富汗建立一个政权，通过它控制阿富汗的外交，至于塔利班如何处理内政，巴基斯坦政府无意干涉。

千算万算，巴基斯坦政府却忽略了一种可能。他们不曾想到，塔利班对本国心怀不满的穆斯林有如此强大的号召力。而且，塔利班不仅是宗教激进分子，他们还是普什图沙文主义者。巴基斯坦境内的普什图人有数百万，他们和巴基斯坦政府的关系向来是有争议的。他们没有预料到这些作风强硬、久经战斗考验、激进的普什图沙文主义者，有能力与巴基斯坦社会中强大的、潜在的叛逆分子建立紧密的联系。他们与巴基斯坦境内的宗教激进党派、游走在杜兰德线两侧的走私黑帮、在贫民群体中影响巨大的宗教学校与清真寺、谴责世俗价值观的乡村教士、边境城市的市井商贩、瓦济里斯坦等地的部落酋长关系密切。这也难怪，毕竟他们说着同一种语言，共享同一种文化。

当年，巴基斯坦将塔利班送到了阿富汗。如今，塔利班主义从边境渗透回来，扰乱了巴基斯坦社会。到1999年，巴基斯坦军方和
情报机构已经意识到他们制造了一个怪物，但为时已晚。两国的边 254

界正在消失，从卡拉奇到克什米尔的巴基斯坦领土上充斥着塔利班主义。军方和三军情报局的中低层人员是忠于塔利班的，结果是，这些组织的高层不敢命令下属对抗塔利班，因为害怕下属抗命不遵，而一旦下级意识到可以违抗上级命令而不受惩罚，那么所有的赌注就都落空了。

第 27 章

美国参与其中

1999 年初，克林顿团队挫败总统弹劾案，克林顿得以走完剩下 255
的总统任期。不过，克林顿到底是被丑闻束住了手脚，就连民主党推出的总统候选人戈尔也被牵连，选情一度告急。因为美国女性在选举中拥有极强的话语权，她们心中的民主党形象已经变得相当不堪。民主党必须努力扭转局面。首先，白宫得转变对待塔利班的态度。塔利班在阿富汗的所作所为，美国的女权活动家已经有所了解。正当克林顿因为“拉链门事件”遭口诛笔伐时，喀布尔的沙里亚电台（Radio Sharia）自豪地宣布，每天都有数百名女性因在公开场合露出手或脸而在街上被毒打。

一个名为“女权主义者领导联盟”（Feminist Majority）的组织开始尽其所能地宣传有关塔利班的信息，为大家揭开了塔利班的真实面目。喜剧演员杰伊 · 雷诺（Jay Leno）的妻子梅维思 · 雷诺（Mavis）发起了捐款项目。为了深刻揭露塔利班的种种恶行，该组织通过电子邮件报道塔利班社会政策的残酷事实，这封电子邮件是第一批迅速传播的电子邮件之一，“性别隔离”一词由此进入美国的政治良知中。

如果这些女权主义者的努力旨在羞辱塔利班，使其改变政策，那她们的努力是徒劳的。奥马尔的统治十分稳固，一帮美国女人作
256 何感想，他完全无须理会。但女权主义者的目标确实也很重要，她们纠察了优尼科公司的美国办事处，还在那里向西方各国政府与企业发出警告：与塔利班打交道会让他们付出代价。优尼科搁置了输油管道计划（尽管优尼科公司否认此事与女性抗议有关），美国政府方面也显示出转变的迹象。国务卿奥尔布赖特（Madeline Albright）发表了批评塔利班的声明。1999 年，联合国作出对塔利班进行经济制裁的决议。

至于塔利班，倒不能说无动于衷，他们表现得变本加厉。奥马尔先是签发“教令”，要求所有印度教徒佩戴黄色标志，这让人想起了纳粹对犹太人的所作所为。在马扎里沙里夫，一名涉嫌通奸的妇女惨遭石刑。在体育场里，成千上万的男性观众仿佛庆祝胜利一般朝那名女性投掷石头。奥马尔通过展示肌肉，向巴基斯坦总理传递了一个简短信息：现在开始“一步步”执行“伊斯兰法律”，否则“他的国家可能会不稳定”。

塔利班士兵用炸药摧毁了阿富汗中部巴米扬山谷里世界最大的雕塑，这是一千多年前刻在悬崖上的两尊巨大立佛。在塔利班的所有行动中，这一事件引起了国际上最广泛的关注和谴责。奥马尔对此颇为困惑，他问大家在哭什么，他说：“我们不过就是在炸石头。”[1]

尽管美国对塔利班日渐疏远，但仍与北方联盟保持距离，反对马苏德的理由一如从前。美国国务院仍然觉得唯有普什图人才能领导阿富汗，而北方联盟中有太多人不是普什图人。更何况现在出身杜兰尼部的哈米德·卡尔扎伊已经加入马苏德的阵营，因为奥马尔刺杀了他的父亲。此外，贾拉拉巴德的实力派、吉尔扎伊部的长

老哈吉·卡迪尔（Hajj Qadir）也追随兄长阿卜杜勒·哈克加入了马苏德的北方联盟。乌兹别克军阀杜斯塔姆、哈扎拉武装首领卡里姆·哈利利及占据赫拉特的伊斯梅尔·汗等人也先后加入，可见北方联盟是一个广泛的联盟。美国之所以反对马苏德，可能是由于马苏德与伊朗关系密切。毕竟，敌人的朋友，只能是敌人。 257

尽管如此，美国的战略家还是看到了北方联盟的一些价值。联盟一旦溃散，塔利班将更无动力交出本·拉登，只要北方联盟继续战斗，塔利班随时可能为了获取支持而同美国政府谈判。于是，中情局开始向马苏德的组织提供援助。金钱、武器虽不足以让它发展壮大，但足够维持其生存。中情局还暗示马苏德，如果能生擒本·拉登，并将其安全移交，美国政府将提供更多帮助。

这是一个愚蠢的要求。按照当时的形势，生擒本·拉登已不大可能，在政治上更不可行。马苏德毕竟是一位穆斯林领袖，与本·拉登争夺同样的民心。他可以毫无顾忌地在战场上杀死本·拉登，这无损他的声誉，但若是在美国要求下抓捕本·拉登，并将其移送美国进行司法处置，那么他会成为一个傀儡，失去阿富汗穆斯林的拥戴。既然如此，他与美国的合作也就没了意义。

美国总统大选渐渐临近，克林顿任期即将结束。提到阿富汗政策，虽然克林顿及其幕僚一向短视，但布什政府却根本无视这个国家及其带来的问题。克林顿政府一心只想抓捕本·拉登，而布什团队中几乎没有人注意到本·拉登，更不用说他带来的风暴了。2000年大选期间，有人问乔治·布什对塔利班的看法。当时，布什还以为塔利班是个摇滚乐队。[2] 布什的外交政策专家赖斯对塔利班不屑一顾，称其为伊朗的走卒，要知道，双方根本不共戴天。布什政府承诺会制定一个总体方案，但他们不想对个别威胁大惊小怪。“我厌倦了打苍蝇。”面对赖斯，布什总统如此表示。国防部长唐纳德·拉姆斯菲尔德（Donald Rumsfeld）承认恐怖主义问题严重，但“时机尚未成熟”。[3]

乔治·布什及其团队是具有不同全球视野的新保守主义者，施政重点将发生重大转变。苏联解体后，世界上只剩下美国一个超级大国，唯我独尊的地位，让一些新保守主义者（又称新自由主义者）
258 萌生了新的想法。他们无不觉得，美国正面临一次天赐良机——与其说是机遇，毋宁说是使命——美国应当发挥超群的国力，改变世界。为此，美国政府要不遗余力地在一切地区推行美式价值观；扶持民主政权，组织民主选举；打破一切贸易壁垒，缩小政府职能，让世界各国效仿美国，施行自由的经济政策。新保守派认为，干预经济是社会主义国家开出的药方，但明显不大成功，现在是时候看看私人资本从所有限制中解放出来后能做些什么了。

碰巧的是，刚刚过去的十年，科学技术经历了一次质的飞跃，相形之下，工业革命看上去就像石器时代。当“圣战”武装将喀布尔夷为平地的时候，计算机及其影响在西方工业化国家达到了一个临界点。塔利班进军喀布尔时，个人电脑已经开始进入数以百万计的中产阶级家庭，电子邮件问世，使邮政服务变得过时。1989 年还没有手机，此时变得只有磁带大小，人与人之间的通信再也无须依赖固定电话。互联网在飞速发展，一个调制解调器就能连接世界上的任何地方，可以访问历史上前所未有的信息世界，而塔利班正把阿富汗拽回公元 7 世纪。

新技术和新保守主义的愿景与日益增长的全球化趋势相吻合，大型公司可以以任何方式将其业务进行跨国分配，以追求利润最大化。发展中国家的工人薪资要求较低，生产正转移到中国、印度、东南亚与墨西哥等国家和地区，企业的行政职能在基础设施发达、生活舒适的西欧、美国集聚，财政和会计职能则正在转移到税收较轻的“主权”国家。

阿富汗与这些发展形成了鲜明对比，它和索马里及其他“失败国家”一样，似乎与这些发展进步无缘。很少有人注意到这里。在这个迅速全球化的星球上，最先进的部分和最落后的部分之间的巨大差距即将达到引爆点。

2000 年，美国大选陷入僵局。当年底，当两位候选人就“绞刑”259
问题展开辩论时，德国汉堡的圣城清真寺里的阿拉伯学生正在为宗教激进分子、阿富汗“圣战”老兵扎马尔（Zammer）唱彩。扎马尔的四名学生，穆罕默德 · 阿塔（Mohammed Atta）、齐阿德 · 扎拉赫（Ziad Jarrah）、马尔万 · 舍卜希（Marwan al-Shebhi）和拉姆齐 · 比纳勒希卜（Ramzi Binalshibh）前往阿富汗与“基地”组织的高层领导人会面，并提出了一项计划：劫持飞机作为自杀式恐怖袭击的武器。本 · 拉登饶有兴趣地听着。

2001 年夏天，马苏德前往法国访问，那是他唯一的一次外访经历。马苏德此行是受到一名比利时外交官的邀请，就“基地”组织的危害向欧洲议会发表讲话。在那里，他告诉各位议员，阿富汗其实正处于殖民统治之下，塔利班不过是巴基斯坦的前驱部队。在马苏德看来，塔利班控制的区域，已经成了恐怖主义的武装训练营，从这里走出的恐怖分子，将对西方世界进行破坏。为此，西方国家应当引起重视，并对自己及其盟友进行支持，否则，后果将不堪设想。对于马苏德的讲话，大家礼貌性地报以掌声。

那一次，马苏德一无所获。回到阿富汗，他与其盟友还在不断失去阵地。塔利班咄咄逼人，北方联盟仅能掌握阿富汗东北部的一隅。就这一点立足之地，他们还得竭力苦战方能维持。那年夏天，马苏德在住所的露台上读着古典波斯诗集，度过了许多个炎热的夜晚。当时，他的须发已经略微灰白，背部疼痛的老毛病也在时时折磨着他，一生的事业仿佛就要走到终点。不过，马苏德并未放弃希望，他认为形势即将转变。塔利班宣扬的那种“教法”残忍无知，终归会让广大穆斯林心生反感。总有一天，大家会迷途知返，回归中正理性的信仰之路。相信到那个时候，阿富汗会迎来繁荣摩登的新时代，它会向世界展示伊斯兰的公正、优雅与民主，成为万国仰慕的典范。只要他把信息传达给世界各地的穆斯林，就能引发潮流的逆转，他需要冲破塔利班、巴基斯坦与美国的重重封锁。

因此，当马苏德收到伦敦一家电视台的采访邀约时，他很高兴。对方表示会派出两名记者，前往阿富汗拜会他。马苏德的普什图盟
260 友赛义夫已经作出保证，此事并无问题，两位记者也都确有其人。赛义夫也是纵横一方的军阀，他的支持者是沙特阿拉伯的瓦哈比派。那一次，也不知他是无心之失，还是蓄意谋害马苏德。总之，马苏德决定接受采访。

9 月 9 日，卡里姆·图扎尼和卡塞姆·巴卡里两名“记者”敲响了马苏德的家门，采访在装饰简单的住所里进行。几个不痛不痒的问题过去，马苏德似乎放松了警惕，“摄影记者”趁机引爆了摄像机中暗藏的炸药，其本人当场倒毙，而马苏德也被炸得血肉模糊，马苏德的助手、著名诗人哈利利（Khallili）的儿子身负重伤，另一名“记者”跳窗逃离了现场。当然，他没能逃出马苏德武装的掌心，大家一拥而上，将凶手痛殴至死。如此行为，引发了一些怀疑：为什么不活捉凶手，从而揪出幕后主使？这也许是马苏德武装中的内鬼在杀人灭口，那又是何人所为？中情局、三军情报局、“基地”组

织，还是其他组织派来的人？

对于这种阴谋论，我觉得可笑。凶徒竟然深入马苏德的总部，杀死了这位神话中的英雄，行凶地点竟然就在马苏德的宅邸。那一刻，这场刺杀一定在马苏德的追随者中激起了盲目的愤怒。对于接下来的暴力事件，我们无须解释，如果凶手活着走出来，人们反而会怀疑其中有鬼。

马苏德遇害之后两天，一则新闻震惊了世界。22 名与“基地”组织有关联的恐怖分子，劫持了 4 架民航客机，其中两架撞向纽约的世贸中心大楼，一架撞向美国国防部五角大楼，还有一架飞机在匹兹堡附近坠毁，共造成约 3000 人遇难。“9 · 11”恐怖袭击造成的死伤在历史上前所未见。值得一提的是，那年夏天，其中的 4 名恐怖分子曾在本 · 拉登设在阿富汗的武装训练营受训。

“9 · 11”恐怖袭击的消息传到阿富汗，好些塔利班高层人物都为之欢欣鼓舞。虽然他们并不清楚真凶的身份，但是，美国是敌人，261
敌人受难，他们自然心情不错。他们做梦也没想到自己的政权将会因此倾覆，毕竟华盛顿与喀布尔相距遥远，美国人能做什么？[4]

绝大多数喀布尔人并不这么认为。受过教育的阿富汗人视美国为压倒一切的力量，不等布什发表讲话，他们便有了风雨欲来的预感。“9 · 11”事件发生后不过几天（《纽约时报》报道，几个小时内）[5]，美国就已经处于战争状态。

2001 年 10 月 7 日，美国人终于动手了。从停泊在波斯湾的军舰上发出的“战斧”巡航导弹，精准击中了阿富汗境内的目标，英、美联军的远程轰炸机聚集在阿富汗上空。这个不幸的国家再次遭到严重的空中打击。美国有线电视新闻网等全球新闻媒体对这些袭击进行了跟踪报道，并以动画形式加以说明。电视观众看到的是一条从阿拉伯海射出的箭流，目标直指代表阿富汗城市的小圆圈，那里的爆炸图标反复绽放。

新闻播音员还在画面下配了文字，但不懂英语的人并不知道在说什么。数百万穆斯林只看到阿富汗在饱受摧残，遍地都是爆炸，爆炸，爆炸。

同一时刻，本·拉登正在发表严肃的视频讲话，他身着庄重的白色长袍，还引用《古兰经》的诗句。有了互联网的支持，全球观众都能实时观看本·拉登的讲话。他说的是阿拉伯语，绝大多数穆斯林其实不会说阿拉伯语，就像他们不会说英语一样，他们也不知道他在说什么，但他们理解图像。通过视频画面，人们了解到，本·拉登谈到了先知穆罕默德是如何从一个凡夫俗子成为安拉在人间的代表，这是穆斯林想象中最振奋的一幕。简言之，战场之外，媒体领域也在进行激烈的交锋。战场上，西方国家大获全胜；但在舆论战场，本·拉登似乎占了上风。毕竟，他只是想挑起伊斯兰世界与西方的对立，并趁机自命为领袖。

几个星期过去了，阿富汗境内几乎所有的目标都被美国军队从
262 空中清理了一遍。而后，美方转变策略，分别从两个方向推进：其一，鼓励北方联盟发起反击，并承诺为其提供掩护与支援；其二，正式警告巴基斯坦，要求其不得继续偏袒塔利班。

这一次，美国人动了真格。经济与外交政策双管齐下，巴基斯坦的态度终于有所转变。其实，华盛顿方面一早就有能力掌控局面，不知为何，他们却要耽搁如此长的时间。失去了巴基斯坦的支持，塔利班变得一事无成。北方联盟则在西方的军事支持下，步步挺进，势不可挡。

11 月 8 日，巴基斯坦政府命令塔利班撤走其设在卡拉奇的领事馆，塔利班派驻卡拉奇的领事人员立即离境。三天之后的一个夜晚，塔利班的领导人逃出了喀布尔。次日，喀布尔已经成了无主之城。纵使北方联盟星夜兼程，其先头部队也在几十英里之外。不过，他们不能继续行进了。美国军方有令，“国际社会”（也就是美国政府）对阿富汗的前途尚无打算，因此，所有军队都要原地待命。或许1992 年的乱局让美国学到了一点教训。他们勒令各派军队止步，可能是为了避免重蹈覆辙；又或是巴基斯坦和美国讨价还价，成功说服美国保住了其代理人的地位。塔利班出逃前的一周，媒体上就有人根据形势猜测，其实有两种塔利班：一种秉性邪恶，不但欺压妇女，还与本 · 拉登沆瀣一气；另一种则正直保守，是阿富汗传统的捍卫者。

北方联盟的领导权已经落到了马苏德的几个亲信手里。美国的命令，他们并不打算遵守。此外，他们也不想与“正直保守”的塔利班进行谈判。他们知道，唯有拿下喀布尔，才能拥有对国家未来的发言权，否则他们就只能靠边站。于是，11 月 13 日，许多曾经相互交战的“圣战者”政党组成的军队回到了他们五年前放弃的城市。这一次，盟友之间没有争执，更没有火并，反复无常的希克马蒂亚尔并未出现在联盟的队伍里。喀布尔人民对他们表示了欢迎，人们涌上街头庆祝，狂欢的氛围笼罩着整座城市。这不足为奇，每个人都觉得战争结束了，美国拯救了阿富汗！

12 月 7 日，距离空袭阿富汗开始已逾两个月，奥马尔及其同伙 263
逃离了他们的真正据点坎大哈，逃窜到巴、阿边境地区。他们对这里实在太过熟悉，抗苏战争时期，他们曾作为难民儿童生活在这里，他们悄无声息地就能融入人群，彻底消失。

第五部分　乱象依旧

表面上看，阿富汗人拿起武器驱逐苏联侵略军，是在进行一场万众一心的爱国解放战争。事实上，战争并未显示团结，倒是反映了阿富汗社会的二元对立。阿富汗人民民主党不仅是苏联的傀儡，还是城市阶级的代言人。“圣战”武装也不仅是“反共”的自由战士，他们的背后还有保守的乡村势力作支撑。反苏战争和20世纪20年代的那场争夺区别不大。当年，保守势力赶走了阿曼努拉。几十年后，他们再一次击垮了革新阶层，阿富汗文化中关于妇女问题的争论再次甚嚣尘上。这是一场世俗的现代冲击与伊斯兰之间的战争。

自从一位普什图战士建立这个国家以来，普什图人在阿富汗政治中就一直占据支配地位。但是，反苏战争打破了阿富汗原有的政治格局，它把各民族间的权力关系问题摆到了桌面上。马苏德不仅与苏联作战，他也为塔吉克人而战。哈扎拉人以哈扎拉人的身份战斗，乌兹别克人以乌兹别克人的身份战斗。塔利班占领喀布尔，是普什图人对其他民族的胜利。即便在普什图社会内部，那场战争也带来了变迁。曾经显贵的杜兰尼部风光不再，聚居杜兰德线南部的普什图人成了领导。有了这场胜利，旧的阿富汗似乎决定性地打败了新的阿富汗，农村部队打败了城市，阿富汗妇女解放被赋予的权利被永久剥夺，阿曼努拉的革命性改革走到了尽头。

事实上，多斯特·穆罕默德家族建立的一切都成了废墟，喀布尔不再是这个国家唯一无可置疑的首都。坎大哈成了塔利班的据点，赫拉特再次成为割据势力的中心，马扎里沙里夫更是成了独立小王国的都城，全国绝大多数地区都落入了军阀之手，南部和东南部的边界正在消失。一个旧有的问题再次被提出：这样的阿富汗还是一个国家吗？

但是，“基地”组织以此作为据点制造了“9·11”事件，把美国卷入了阿富汗的故事。塔利班很快被推翻，但这对阿富汗意味着什么？喀布尔的中央政权能否回归？流亡的城市精英能否重返家园？技术官僚会不会再次崛起？阿富汗能否回到拥有民主宪政政府的中央集权现代民族国家的轨道上？这些都是阿富汗人现在面临的问题。

第 28 章
波恩计划

2001 年 12 月，联合国在德国召开阿富汗问题特别会议。不少代表应邀来到德国，讨论阿富汗的前途问题。大战之后的和平会议一般都是战胜国颐指气使，对战败者发号施令，战败方甚至都不能出席会议。这次会议的召开，主要是为保证战胜各方能够和平共处，与会代表都是在反苏战争中崛起的军阀势力。2001 年 12 月召开的波恩会议，本该在苏联撤军后的 1992 年召开。多年以后，当年的参战各方再次聚到一起（唯一的例外就是阿富汗人民民主党，毕竟这个党派已经消失在了历史的尘埃中）。

代表们虽然以个人身份参加会议，但可分为四大阵营。其一是北方联盟，他们是阿富汗北方的少数民族政党代表。其二是“白沙瓦组织”（the Peshawar group），以普什图的“圣战”武装为主，他们在巴基斯坦活动频繁，并在该国具备一定政治影响力。其三是“塞浦路斯集团”（the Cyprus group）[①]，以伊朗为后台，包括哈扎拉人和赫拉特人，比如伊斯梅尔·汗。最后是“罗马组织”（the Rome

① 原文 the Cypress group 有误，应为 the Cyprus group。——编者注

group），是前国王查希尔的盟友、同伙和支持者，是城市精英的代表。他们大多受过高等教育，具备一定的专业技能，曾在西方生活多年，代表了寓居欧美的阿富汗侨民的希望。对他们来说，这些人将带领国家走向未来。

会议上，南部和东南部乡村地区的普什图人被排除在外。这也难怪，阿富汗的南部是塔利班的勃兴之地，就连美国人也觉得，一
268 旦当地的普什图势力加入会谈，塔利班很可能不费一枪一弹便能重夺政权。问题在于，被排除在外的普什图人占阿富汗人口的多数，将他们排除在外，无助于阿富汗局势的进步和稳定。当时，吉尔扎伊部和杜兰尼部不断交恶，双边关系几乎倒退回了艾哈迈德·沙阿时代。两个部落所在的区域正是阿富汗的那道创口——杜兰德线附近。当地居民无法参会，鸿沟就有可能进一步加深。同时，普什图部落的缺席与失位，还将在北方各大城市和落后的南方部落之间产生更大的裂痕。事实证明，这是一场并不完备的会议，阿富汗的前途将因此蒙上阴影。

不过，与会各方代表当时都怀抱乐观情绪。在西方的主导下，他们制订了一个四步计划：

一、联合组建一个临时政府，过渡期为 6 个月。

二、召开支尔格大会议，也就是大国民会议，组成临时政府，过渡期为 2 年，并选举产生一名足以服众的政府首脑。

三、在两年的过渡期内，一个由博学的阿富汗人组成的委员会将起草一部新的宪法。

四、举行议会和总统选举，确立代议制民主政体。

这个计划存在一个显而易见的缺陷，与会代表想当然地为计划假设了一个终点，他们满心以为，有了宪法的保证，总统大选与议会选举都将顺利举行。虽然宪法还未成形，但既然总统与议会都会各司其职，那么起草宪法的工作也会顺利进行。对于一个战后百废待兴的国家，波恩计划也许是完美的。不过，阿富汗的纷争远没有真正停止，长期存在的对立纷争不断把这个国家拉上各自想要的发
展轨道：农村与城市、变革与保守、新与旧、国家官僚与部落关系、 269
世俗与宗教、国家军队与私人武装、以喀布尔为中心的中央政府与一个没有任何中心的由乡村共和组成的混乱宇宙，以及古老的阿富汗与阿卜杜尔·拉赫曼创造的阿富汗等。阿富汗的历史就像一个钟摆，近几十年来，钟摆的每一次摆动，都将这个国家推向了另一个极端。阿富汗人民民主党一度将阿富汗推向一个极端，建立了一个世俗化的威权政府，但没能延续下来；塔利班则走向了另一个极端，推行教士与军阀掌控的极端宗教保守主义。

如上的矛盾，波恩会议自然未能解决。不过，国际社会决定搭一把手，让阿富汗回归世俗化的方向，一系列重大援助即将展开。对于阿富汗的前途，与会各方也达成了共识：未来的阿富汗应该是一个世俗化的社会，其政治制度将遵循西方价值观运行。对此结果，不少阿富汗人深感欣慰，包括笔者在内。我们这一代人的成长时期，正值现代化蔚然成风的20世纪五六十年代。正是这一代人的努力呼吁，西方世界才注意到苏联入侵造成的严重后果。因此，大多数美国公众总能记得那么几个来自阿富汗的名人，他们和我一样，对波恩计划充满期待。

波恩计划代表了阿富汗技术官僚和贵族的回归，标志着阿富汗这个屡被中断的“项目”又重启了。它发端于多斯特·穆罕默德时

期，由阿卜杜尔·拉赫曼发展壮大，阿曼努拉更是将其发展到了极致。毫无疑问，对手会重新集结并展开反击，因为在阿富汗问题上， 钟摆永远不会停止，哪怕一方暂时得胜，也不能阻止对方展开反击。

波恩会议圆满结束。在美国的组织与强势推进下，阿富汗成立了临时政府，哈米德·卡尔扎伊当选为总统。此人虽无政治经验，却是美国政府属意的人选。卡尔扎伊的好些亲戚都在美国定居，美国第一家著名的阿富汗餐厅，就是他的兄弟马哈茂德创立的。旧金
270 山的赫尔曼德餐厅，便是马哈茂德旗下的产业之一，它赢得了《美食杂志》（*Courmet Magazine*）[1]的赞誉。卡尔扎伊与里根总统的阿富汗事务顾问哈利勒扎德是朋友，并通过此人与策划乔治·布什当选的共和党内部人士建立了联系。据说，卡尔扎伊曾经利用自己的影响力，为达拉斯的优尼科公司奔走呼吁。不过，他本人对此坚决否认，他与优尼科公司的关系到底如何，外人实在难以知晓。卡尔扎伊为人精明，了解全球商业热点所在，还能说一口流利的英语，可以相信他不会在外交场合不知所措。

另一方面，卡尔扎伊也有一些优势，如传统的阿富汗部落声望。他是普什图人，他的父亲是波帕扎伊部落的首领。波帕扎伊是主要的（杜兰尼）普什图部落，也是坎大哈的主要部落。阿富汗各大城市之中，坎大哈算得上是最主要的普什图人聚居地。一开始，卡尔扎伊和塔利班走得很近。后来，老卡尔扎伊被塔利班暗杀，从而使哈米德·卡尔扎伊成了反塔利班的坚定支持者。

诚然，卡尔扎伊在阿富汗没有什么忠诚的支持者，但这也意味

① 美国历史上最经典的美食杂志，2009 年停刊。——编者注

着不存在死敌。抗苏战争期间，他鲜有建树，而曾经的抗苏英雄，后来大多因为内战而身败名裂。卡尔扎伊没有追随者，没有死敌，没有污点，似乎是理想的总统人选，毕竟，新兴的阿富汗应该和伤心的过去彻底告别。

然而，北方联盟的势力仍然不可小觑，那个时候，喀布尔仍处于他们的掌控之中。因此，北方联盟占据了内阁中最关键的三席——国防部长、内政部长与外交部长，分别由马苏德的三员干将法希姆将军、尤努斯・卡努尼将军及名字非常好的阿卜杜拉・阿卜杜拉担任。

和谈会议一般在战事结束后召开，波恩会议召开时，阿富汗战事未曾结束。事实上，它在战场形势白热化前就召开了。当阿富汗代表前往德国时，美国特种部队和北方联盟的战士正在向东南边境的托拉博拉洞穴建筑群发起进攻，美国军队朝里面发射了燃烧弹，焚烧了里面所有人，但本・拉登不知何故逃脱了。

北方联盟部队继续在阿富汗北部与阿拉伯和巴基斯坦“圣战分
子”的核心部队作战，后者中有数百人被捕，但大多数人后来在越 271
狱未遂中被杀。另有 7000 多名塔利班分子与“基地”组织成员被困在北方，但在美国支持下，巴基斯坦方面出动飞机，运走了其中的数千名阿拉伯人与巴基斯坦人。北方联盟本已将敌人逼入绝境，最终却扑了个空。[1]

托拉博拉一役以后，战火又烧到了沙希科特的山谷里。正是在这个地方，驻阿美军第一次遭遇了重大伤亡。一架直升机不幸失事，导致 8 名士兵身亡。当时我正在白沙瓦的一家宾馆里，通过屋里的大屏幕卫星电视了解到事件的来龙去脉。房间里的电视频道有五六十个，从美国有线电视新闻网到半岛电视台，再到当地的新闻频道，几乎都对这场战役投入了百分之百的关注，取代了日常的板球和足球比赛节目。

一个最近跨越边境来到巴基斯坦的阿富汗村民坐在我身旁，敬畏地盯着电视问道：“这些伟大的将军是谁？”

“这些人不是将军，只是普通的士兵。”我告诉他。

他感到迷惑不解：“我们村每天都有人被杀。有时候，一天就有十几人丧生，但从没有上过新闻。你肯定搞错了吧！这些人里面肯定有什么重要人物。”

沙希科特的塔利班分子抵抗得尤为激烈。不过，一周之后，他们仍然没逃过败亡的命运。3 月 18 日，美军司令汤米 · 弗兰克斯（Tommy Franks）宣布主要战斗已经结束，美国取得了胜利。看来，阿富汗这片“帝国的坟场”也没有那么邪性，美国人轻轻松松就征服了这里。当然，仍有数千名美军会在边境“扫荡”塔利班残余。现在，波恩计划可以实施了。

支尔格大会定于 6 月召开。按照美国人的安排，大会将会非常顺利。前国王查希尔已经表示，他不会试图复辟。作为交换，北方联盟的领袖拉巴尼也声称无意竞逐任何职位。如此一来，总统一职只为卡尔扎伊虚位以待。温文尔雅的国际人士哈米德 · 卡尔扎伊即将成为阿富汗过渡政府的总统。

本来一切都已安排妥当，支尔格大会之前的那个星期，却又闹出了一些乱子。查希尔国王的一位孙子向媒体表示，其实国王殿下
272 本想为阿富汗作出更大的贡献。第二天，喀布尔的墙上贴满了拉巴尼的海报，发出了不寒而栗的信号，如果查希尔参选，他会奉陪到底。如此一来，喀布尔街头可能会喋血一片，相关的剧情，在 1992 年就已经上演过。哈利勒扎德出面平息事态，并且成功了。查希尔

称他被误解了，拉巴尼的海报也消失了。6 月 11 日，支尔格大会如期开幕，进展顺利。一切都是那么顺利。

但一切实在太过顺利了。真正的支尔格大会通常要持续数天，大家为了一点利益不断争辩、不断妥协。会议结果从来都是未知的，而最后作出的决定则代表了一个实际的、来之不易的共识。可是，这次会议尚未开幕，结果就已明了。大家都知道美国人选择了卡尔扎伊，他就一定能够当选。美其名曰支尔格大会，其实不过是一场政治秀。

既然是大选，形式自然要完备。除卡尔扎伊之外，他们还安排了另外两位候选人。其中一人是女权主义活动家玛苏达·贾拉尔（Masooda Jalal），她在会上呼吁大家团结起来保护妇女权益。出于礼貌，一些代表用选票支持她。另一位候选人是诗人纳代（Nedai），他表示要为阿富汗创造更多就业机会。因为流程需要，他也获得了一些选票。回首往事，纳代说，他早就知道无望当选，但是，仅有一名候选人的民主选举实在不像话，正因如此，他才自告奋勇“陪跑”，这么做只是为了帮助建立民主。这是一种非常勇敢的姿态，真的。

时至今日，阿富汗人都在纳闷美国人为什么要百般排挤前国王查希尔，要知道，他是全国唯一可信的和解象征。曾经的喀布尔大学经济学教授沙姆斯告诉我，当年他若有机会角逐总统宝座，就会宣布全力支持美国的干预行动，然后告诉议会，一旦当选，会把所有权力移交给议会真正需要的前国王。沙姆斯认为自己的这番表态会带来大量的支持，将压倒美国支持卡尔扎伊的计划。他的计划虽然听起来很狡猾，不过，沙姆斯和政治圈根本沾不上边，更别提进入支尔格大会，竞选总统。支尔格大会已经确立了卡尔扎伊的合法地位，其程序就如把艾哈迈德·沙阿推上王位一般。按理说，大家都该对卡尔扎伊的权威毫无疑义，可是，许多阿富汗人认为，美国人操纵下的议会根本不能算数，猜忌的种子在那次会议上已经种下。

根据波恩计划，卡尔扎伊组织了专门委员会，负责制定宪法。2003 年 12 月，宪法草案成形。随后，政府再次召开支尔格会议审议宪法草案。这一次，美国人倒没有多加干涉，会场变得混乱。来
273 自西部边境省份的年轻女代表马拉赖·乔亚甚至站起来，指责身边这些大胡子老头都是军阀与战犯，认为这些人应该被送上军事法庭，而不是堂而皇之地参与国政，对阿富汗的未来指手画脚。对方也不示弱，连连叫着“妓女”，把乔亚赶了下去。

接下来的一个月，国内各派从自身利益出发，对宪法提出了不少修改意见。为求妥协，最终的定稿自然问题很多，不少条款语焉不详，有些地方又过分烦琐。例如，宣布前国王查希尔为“国父”，但这一规定很快就随着这位老人的去世而变得毫无意义。宪法多次宣布阿富汗是一个“伊斯兰共和国”，禁止任何与伊斯兰教法相抵触的法律，它明确规定，男女都是自由的，保障女性平等地享有选举权、工作权和（免费的）受教育权。这些都与阿曼努拉时代的问题遥相呼应，还试图用同样的方式解决问题。

根据宪法，阿富汗议会分上、下两院，下院由人民选举代表组成，上院则由总统亲自任命。总统任期五年，同一个人最多只能连任两届。除非总统认为国家需要，有必要继续执政，在这种情况下，他可以连任两届以上。

总统与议会都可以制定法律，但如果议会不批准，总统提出的法律就不能颁布施行，除非总统认为这是为了国家利益绝对必要的，在这种情况下，他可以这样做。

新宪法出台的时候，我问了在加州的阿富汗朋友对此有何看法。阿拉美达一所大学的行政人员穆斯塔法·博帕尔表示：“如果能够带来十年的和平，我会很高兴的。我只要十年。”看来，大家对宪法的要求实在不高。

其实，阿富汗的真正问题不是宪法能否提供适当的机制，而是阿富汗人是否会接受宪法。电影制作人塔玛拉·古尔德（Tamara Gould）拍摄纪录片《国家的地狱》（*A Hell of a Nation*）期间，曾就宪法问题采访当地一名男子。达里语中，“宪法”与“基本法”乃是同一个词。男子摇了摇头，“我们为什么还需要基本法？”他笑道， 274
“我们已经有了，我们的基本法就是沙里亚法。”此言一出，其他人都“咯咯”地笑了起来。是啊，基本法，阿富汗早已有之，这些外国人为什么还要多此一问呢？

尽管如此，波恩计划一开始还算顺利，2004年秋天的总统选举非常成功。选举前，联合国曾经请了不少当地人为选举造势，进行选民登记。宣传团队中有不少妇女，她们深入偏僻的乡村，去和那里的人们解释什么是选举。我的堂姐扎希达曾与一个团队一起工作，农村女性对于选举的高昂热情让她印象深刻。她记得，有位妇女激动地说：“我要让我丈夫多拿一些选票，能拿多少就拿多少！选举那天，我什么都不做，就要不断投票。”

最终，登记的选民超过1200万人，其中的75万人来自巴基斯坦的难民营。当时阿富汗的人口有3000万，其中57%是未成年人（按照选举法，未满18周岁不能参与投票）。因此，1200万这个数字已经相当不错了。最终，四分之三的登记选民完成了投票。这个数字似乎有些夸张，毕竟在美国，一半的登记选民能够出现在投票站就不错了，一场大雨更会浇得投票站门庭冷清。阿富汗总统大选期间，联合国观察员并未发现舞弊现象。每一个投票点外都排起了长长的队伍，就连身着罩袍的妇女也在静静等待，准备行使自己的政治权利。

那一次，共有 18 人进入最后一轮角逐。其中有世俗化倾向的塔吉克诗人佩德拉姆，也有伊斯兰保守主义者艾哈迈德·艾哈迈德扎伊，此人外号“工程师”，是位大学教授。卡尔扎伊在第一次支尔格会议上的竞选对手玛苏达·贾拉尔再次参选，她宣称：“苦难的国家需要母亲与医生来拯救。本人既是医生，又身为人母。”

那次大选很少有竞选活动，因为只有哈米德·卡尔扎伊有资源派遣他的团队到全国各地。塔利班的残余势力试图破坏选举，他们伏击了一辆公共汽车，杀死了车上所有持有选票的人。尽管如此，选举那天，仍有 900 多万人前往投票站，那一刻，大家都无所畏惧。

大多数选民目不识丁，自然不清楚选票上那些名字分别是谁。为了减轻困扰，允许候选人在他们的照片一旁附上一个图标，以表达他们代表的东西。候选人若希望选民知道他是一位支持现代教育的进步人士，就附上一枚书本形状的记号。如果候选人希望人们知
275 道他是虔诚的保守派，把《古兰经》看得高于生命，也可以标上相应的记号让选民了解。

由此可见，大多数选民并非心中已有心仪的总统人选，他们出现在投票站，只是为了支持选举本身。从这个角度看，这次选举非常成功。

几个月后的议会选举却没有这么顺利。较之大选，议员舞弊的情况要严重得多，更多的暴力事件在选举前期、期间和后期爆发。不过，议会制度到底得到了奠定。到 2005 年初，波恩计划的四步都已走完，即便悲观主义者也相信阿富汗即将腾飞。

但是，想要走出苦海又谈何容易。阿富汗历经连年的战争与无序，早就已经满目疮痍。不少阿富汗人已经从苦难的岁月中悟出了苟存乱世的“真理”：相信枪，别相信邻居。大家也已经习惯投靠血缘相近的军阀，在他们的保护下抱团取暖。战乱一日不停，波恩计划就不会起到任何效果。从第一次支尔格大会结束的那一刻起，这个国家就一直游走在秩序与混乱之间。唯有秩序得到奠定，大家才可以安享和平；只有大多数人都放下武器，放眼长远，社会方能恢复秩序。可是，绝大多数人不会安心追求长期目标，除非他们相信未来是稳定的。如果明天有炸弹会落到房顶上，修缮房子是没用的。

阿富汗的重建者们必须尽快让社会恢复常态，唯有如此，才能让阿富汗人对波恩计划保持信心。哪怕乐观者只有一小部分，他们也算达到了目的。如此一来，外国投资者才能从日后的繁荣稳定中受益。因此，必须有人作出表率，只要一部分学校复课，一部分商 276
店再次开门迎客，一些人再次找到工作，波恩计划就不至于遭遇信任危机。慢慢地，大家就会跟随潮流，继续追求和平生活，波恩计划的前景也会变得更加乐观，社会大众才不至于错过这趟重建的列车，整个社会才有可能恢复如初。

但并不是每个人都对和平与秩序抱有期待。至少，波恩计划下的社会局面，他们并不乐见。如果喀布尔的命令能对全国的每个地区、每个村庄都产生约束力，整个国家将会更加太平，大多数百姓的日子也能好过一些。但是，中央集权的加强，也会让大大小小的地方实力派大伤元气。中央与地方之争，并不仅限于阿卜杜尔·拉赫曼那个时代。自命毛拉的无赖、部落的首领、支尔格会议选出的头人，都曾利用乱局巩固势力，国家恢复和平，反倒有损他们的利益。如果西方价值观深入每个家庭，那么作为一个阶级的男性恐怕将失去在家庭中凌驾于女性的某些权力。对女性而言，未受教育的年长女性过去还能凭借年长占据尊位，新观念之下，她们的主导权将让给年轻一代，毕竟后者大多受过教育，还有自己的事业，对于外部世界也更加适应。如此看来，波恩计划对每个人都是利害攸关的。

当然，最大的问题还在于那些走下战场的男性。他们无家可归，在颠沛流离的岁月中长大成人。他们可能出身贫困，但是战场不论出身，也无关背景，只看战果，因此，那些好勇斗狠的人就变得突出了。而且，一旦阿富汗人开始相互争斗，决定等级高低的不仅是战斗能力，毕竟善战的人有很多。因此，从这样的环境中脱颖而出的战士，往往是不顾底线、残忍暴虐的亡命徒。

战争好似一把筛子，无用的品质将被残酷洗刷。战场中的人往往没有同情心，也不会拥有什么骑士精神。唯有毫不顾忌地行使暴力、破坏社会秩序的人，才能在无序的社会中赢得先机。同时，家族的解体、亲人的离散，也让这些人挣脱了文化与道德的束缚。无法无天的环境之下，自然没人能够惩戒他们的恶行。抗苏战争期间的游击队指挥官，后来大多蜕变成了暴虐的军阀，他们造成的混乱
277 局面，为塔利班的崛起提供了契机。塔利班的统治严酷至极，不过，也有一些人因此受益。一时间，国内又多出了一大批自命的毛拉。阿富汗现在到处都是指挥官、毛拉和军阀。严酷的教法统治下，只有这三类人才有机会大显身手，甚至称霸一方。波恩计划一旦实现，他们的辉煌过去只会沦为负担，甚至可能会被送上法庭接受审判。因此，对他们而言，社会一定不能恢复安定。

2004 年的总统大选，吸引了 900 万人前来投票。人心思定，和

平才是阿富汗的主流意见。但是，比起蠢蠢欲动的军阀，建设者们还面临一个更大的难题。区区一点进步，实在不足以唤醒民众的信心，持之以恒才有可能迎来转机。医院开业、桥梁奠基、学校复课、学生毕业，缓缓汇流，才有可能填满干涸的希望之池。问题在于，这一池希望之水不知道何时才能蓄满。

相比之下，意图破坏的无赖只需要小小的动作，就能达到让人绝望的目的。他们只要炸毁一家医院，焚毁一所学校，用自杀式人肉炸弹搅乱一次毕业典礼，人们心中的恐惧都会被无限放大，化作凄厉的惨叫。破坏者清楚，一点挑衅足以让人拿起武器进行对抗，选择以暴制暴的人就会越来越多。战争与和平的天平随时可能失衡，就看哪一方先突破临界点。

阻止阿富汗在喀布尔建立一个自治政府，对巴基斯坦来说也是利害攸关的。塔利班早已渗透进巴基斯坦，从斯瓦特山区到俾路支的部落叛军以伊斯兰教法和民族沙文主义的名义，纷纷组织起各自的武装，发动了针对伊斯兰堡政府的叛乱。巴基斯坦自然希望这股危险洪流快点转回到喀布尔，远离伊斯兰堡，而这可以通过派遣特工进行破坏来实现。 278

边境地区还活跃着各种帮派，他们有的主营走私，有的通过毒品敛财，有的则贩卖军火，还有的什么都做。所有帮派都在与塔利班形成合力，而且它们的武装在不断扩大。总之，形形色色的利益团体横亘在阿富汗通往和平的道路上，他们阻碍了新的中央政府发号施令，也阻挡了城市中的西化思潮，饱受战乱的普通百姓、归国创业的技术官僚深受其害，国际社会的良好愿望可能因此化为泡影，美国政府付出的金钱与军力将难以得到回报。

第 29 章

喀布尔之春

279 一开始，波恩计划颇具势头。2002 年 1 月，德国波恩会议刚结束，几个发达国家的代表就齐聚日本东京，商讨阿富汗的前途问题。与会代表都想知道，让阿富汗回归正常国家轨道，国际社会需要花费多少金钱。令人眼花缭乱的数字被抛来抛去，100 亿美元、150 亿美元、200 亿美元……

美国总统布什的心里也有一笔账，他认为解决阿富汗问题，美国可以借鉴此前的“马歇尔计划”。提到马歇尔计划，阿富汗的城市阶层绝对不会陌生。战后欧洲经济的复苏，还得感谢杜鲁门总统的这一大手笔。当年，美国政府付出很多，收获也不少，苏联的扩张势头得到遏制，投资带来的回报更让美国大发横财。马歇尔计划的成功，让布什政府看到了在阿富汗推行类似计划的可能，通过援助让阿富汗恢复元气。如此一来，美国在中亚的核心地带将拥有一个忠诚、繁荣的穆斯林盟友，美国的战略利益将得到保障。同时，宗教激进主义也将得到有效遏制。

到了夏天，马歇尔计划已在阿富汗被炒得火热，每个人都在畅想自己能从中得到多少好处。那年，我搭乘飞机从印度前往喀布尔，同机的一位乘客告诉我，他要开一家化妆品工厂。这个人并非来自加州弗里蒙特的阿富汗人，而是一个从未到过比印度德里更远地方的店主。我还记得他的模样：一脸黑胡子，穿着一件过膝的衬衫、一条肥大的灯笼裤，头上还戴着头巾。路透社记者镜头下的塔利班分 280
子，就是这副样子。

“您打算在阿富汗开化妆品工厂？”我有些惊讶。

“没错，我想开一家化妆品工厂。”他表示，“塔利班下台了，全国的女人自然不会继续被关在家里，美容用品肯定大有市场。我的表兄已经从迪拜进口了一大批口红，就等着轻轻松松地数钱了。但要我说，口红这种东西何必进口，我们完全可以自产自销嘛。”

回到老家我才发现，几乎每位乡亲都有一个发财的梦想。马歇尔计划援助的资金，他们已经想好了用途。在战争爆发之前，凿井是一门广受欢迎的小本生意。有了马歇尔计划支持，他们觉得可以把生意做大。当时，阿富汗已经连续七年遭遇旱情，他们认为只要水井落成，田地里立即可以长出葡萄。著名的侯赛尼提子一旦卖到喀布尔，就能带来可观的收益。

我还结识了年轻的卡尼什卡・纳瓦比。塔利班时期，他一直避居白沙瓦，其间，他成了“阿富汗重建与节能协会”的一员。这是一个非营利机构，总部远在瑞典。纳瓦比回国，是希望将协会的一些发明作商业推广。其中，有一种便携式的水力发电机，正好适用于那些尚未通电的村庄。其实，任何一个村庄都可以从中受益。村里只需一挂从山巅飞流直下的瀑布，人们就能享受电力带来的方便。除了阿富汗，恐怕没有哪个国家的村庄拥有这等风景。发电机产生的能量可以满足附近居民的用电需求，用于发电的水还能继续灌溉田地，相关的好处真是不胜枚举！纳瓦比所在的协会还有另外两种发明，一种是犹如两个锅盖天线的巨型太阳能暖炉，一种是可以从牛粪中提取沼气的装置，这些东西都有在农村地区畅销的潜力。

东京会议最后决定，阿富汗所需的重建资金应在250亿美元左右。阿富汗代表也出席了会议，他们表示，100亿美元就已经足够。不想，参加会议的国家却只愿出资30亿美元。不过，这个数目仍比之前估计的多。一年前，阿富汗可没人想到会有这种结果。况且未来，可能有更多的援助滚滚而来。[1]

仲夏的喀布尔一派乐观景象，微风当中弥漫着水泥带来的重建气息。侨民正在回流，无论医生、金融专才、管理者还是工程师，
281 都觉得祖国大有希望。加州弗里蒙特是亚洲之外最大的阿富汗侨民聚居地，战争结束后，舍尔扎伊博士回到祖国。此后，他被委以外交部副部长的职位。阿史拉夫・哈尼教授也告别了霍普金斯大学，作为著名的政治学者和经济学人，哈尼一度被认为将在科菲・安南之后接任联合国秘书长。此次回国，他将被委以新政府财政部长的重任。类似的例子还有很多。

转眼已是年底，东京会议承诺的30亿美元到账不到一半。但对于当时的阿富汗而言，即使10亿美元也犹如久旱之后降下的甘霖。归国侨民纷纷开始索回他们在喀布尔的房产，虽然大部分房屋已成瓦砾，但好在地皮仍在，他们还能重建家园。一些侨民拥有建筑或者规划方面的专业背景，在他们的帮助下，政府制订了城市的重建与整修计划。根据计划，喀布尔的下水管道、路灯设施、给水系统都会整修一新，每家每户都会通电。总之，大都市所需的一切基础建设都在规划之中。而且，由于喀布尔早已不再繁华，所有的工程都能快速推进。内战期间，喀布尔三分之一乃至一半的建筑与设施完全损毁，塔利班上台之后，却没有进行任何整修。规划者认为，

与其慢慢修复，不如再造一个喀布尔，北郊的农田和沙漠正好可以作为新址。

许多生活在欧美的阿富汗人带着少量的资金回到阿富汗，执行他们理想的发展项目。穆罕默德·汗·哈罗提在俄勒冈州波特兰定居多年，毕业于拉什卡尔加的一所高中，我刚好也在那里就读过。哈罗提出身游牧民家庭，后来，他和家人在政府的引导下进入一个叫纳迪·阿里（Nadi Ali）的“模范城镇”定居。他后来成了医生，并移民美国，他在美国的生活很是优渥，不过，他还是选择回归故里，投身“绿村学校”（Green Village Schools）的建设。其实，早在塔利班统治时期，哈罗提就已经开始行动，塔利班官员还对他大加赞赏，而且允许他招收女生。当然，哈罗提绝不能对此大加声张。塔利班倒台之后，哈罗提彻底放开手脚，“绿村学校”越建越多，还吸引不少志愿者前来协助办学。

霍斯特省是本·拉登长期经营的一大地盘，这里的“基地”组 282
织树大根深。即便如此，也有人愿意寻梦而来。哈法尔·拉坎瓦尔曾是人民民主党政权的一名官员。20 世纪 80 年代，他逃往美国，后来在明尼阿波利斯从事社区工作。塔利班政权倾覆之后，拉坎瓦尔来到霍斯特兴办学校，启动资金来自美国人的捐款，不过，他也得到了当地人的鼎力支持。拉坎瓦尔把男女同校当作立校之本。他的家乡就在霍斯特附近，属于那种典型的乡村共和。拉坎瓦尔的善举，当然是为了报答家乡的桑梓之情。

其他国家也纷纷开始捐资办学。2003 年初，我参加了一个与伊朗电影导演马赫马勒巴夫（Makhmalbaf）有关的组织发起的募捐活动，该组织规划在阿富汗建设一批私立学校。我并不清楚学校建成后将从哪里获得运营资金，也不知道这些学校将要设置的课程以及学校负责人的身份。不过，学校将会同时招收男女学生。历经塔利班时代的禁锢之后，大家都明白女性解放的趋势不可阻挡。阿富汗境内每多一所学校和一家企业，阿富汗的女性就多了一点挣脱束缚的可能。

喀布尔大学从未完全关闭。塔利班时期，它备受摧残，神职人员将它变成了一间发育不良的伊斯兰学校。人民民主党时期，大学遭到政府的强力干预，课程中因此多了不少左翼教条思想。如今，学校重启全日制四年高等教育，学术的尊严得以慢慢恢复。秋天到来前，校园里已经有几千名学生，而且近四成是女性。喀布尔大学不仅开设应用技术、医药和自然科学方面的专业，还有文学、历史和美术等课程。我曾参观过学校的美术学院，发现那里既有伊斯兰装饰艺术的专门课程，也有学生在练习素描与风景画。换在塔利班时代，后者纯属异教淫物，是大逆不道的。

城市里再次响起了音乐。有些人仍在使用老式的晶体管收音机，有些人已经换上了最新的播放工具，如今人们可以津津有味地欣赏音乐了。喀布尔电台（塔利班时期被称为“沙里亚电台”）得以恢
283 复，又播放起了流行音乐，沉寂已久的流行歌手再次受到听众的追捧。我特别喜欢歌手迪尔·阿迦（Dil Agha）的欢快歌曲《最亲爱的喀布尔》（*Kabul Jan*）。在我看来，迪尔·阿迦沙哑的嗓音唱出了最深的故乡情。

走在喀布尔，耳畔还会不时传来久违的老歌。其实，人们对艾哈迈德·扎希尔等人的经典旋律一直念念不忘，他的那些歌曲卡带还是大家的必备珍藏。哪怕在塔利班时代，人们也会趁着夜深人静、门户紧闭的时候，拿出磁带，放进收音机，调低音量，慢慢回味。现在，人们总算能好好欣赏音乐了。大街上，你会看到人们戴着随

身听耳机听音乐，他们一边走，一边摇头晃脑地打着节拍。

这些歌曲无论新旧，几乎都是从巴基斯坦传进来的，那里的一些难民从未放弃自己的音乐梦想。在喀布尔市中心靠近河边的大巴扎旧址，可以找到另外一种乐子。161 年前，英国人把大巴扎烧成了废墟。如今，这里又是一派热火朝天的买卖景象。商铺鳞次栉比，多得就像迷宫。其中，售卖录音带和录像带的生意尤为火爆，施瓦辛格的片子销量相当可观。当然，要说最受欢迎的影片，还数詹姆斯·卡梅隆的《泰坦尼克号》。其实，当时那些小摊所在的地方正是喀布尔河的河床（2002 年以来的连年干旱，导致喀布尔河几近断流），因此，人们也把这里叫作“泰坦尼克市场”（如果河水涨起来，所有摊位都会没入水底）。

国家剧院（Kabul Nindari）再次开门迎客。20 世纪六七十年代，剧院每逢独立日便会上演一些原创戏剧。后来，由于塔利班政权禁止人们庆祝世俗节日（哪怕是庆祝阿富汗独立），剧院变得门庭冷清。古尔·马卡依（Gul Makai）曾是这里的一位小童星，如今，人到中年的她结束流亡生活，回国担负起了复兴剧院的重任。作为主管，马卡依的一切工作都要从头开始，招聘演员，排练剧目。几年过去，剧院已经创作了十几部新剧，并完成了 200 多场演出。[2]一个马戏团开始在阿富汗各地巡演，深受少年儿童的喜爱。另一家剧团别出心裁，不但把莎士比亚《爱的徒劳》译作达里语，还将故事背景嫁接到了现代阿富汗，他们的创意收获了观众热烈的掌声。

亚洲基金会赞助了一个名为“阿富汗媒体与文化中心”的项目。最终，他们推出了一部名为《面纱下的阿富汗》（*Afghan Unveiled*）的电影。由于亚洲基金会的资助，14 名年轻的阿富汗女性接受了如 284
何使用摄像机、做记者的培训。随后，她们走南闯北，深入城市、乡村采访妇女。那部影片非常精彩，不仅因为素材本身，还与女记者们的故事相关。影片的质量自然也属上乘。唯有女性记者才能深入女性的生活世界，毕竟，无论阿富汗的风气如何开放，也没有哪个家庭会允许陌生男人进入私人空间。随着影片的问世，阿富汗人的家庭生活第一次为外人所知。而且，14 名女性都是塔利班时代的过来人，都有困守家中的经历，她们甚至一度忘了家门口街角的模样。没想到，如今她们能够去赫拉特、马扎里沙里夫和霍斯特这些远方的城市，和陌生人聊天接触，了解各地同胞的生活。通过这段经历，她们都找到了自我。[3]

20 世纪 60 年代末，阿富汗的电影业在喀布尔缓慢起步。国立的喀布尔电影公司曾经辟出专馆，保存与阿富汗相关的一切影像资料。藏品当中，只有 40 部电影是本土出产的（其中大部分是纪录片与短片）。内战爆发，让本就举步维艰的电影业遭遇了灭顶之灾。塔利班又遣人把展馆里的 2000 部电影焚毁，一切能找到的摄影器材也被捣毁。所幸展馆的工作人员在一面墙壁后藏了 1000 多部电影拷贝与一些设备，[4] 塔利班垮台之后，它们才重见天日，仪器再次派上用场。依靠日本方面的援助资金，喀布尔电影公司重建了基础设施。像南加州大学电影学院毕业生亚马·拉希米（Rama Rahimi）这样的外籍人士，在喀布尔大学开办了一个暑期班，为 40 名热切的学生讲授电影课程。

这时，喀布尔电影公司的导演萨迪克·巴尔马克（Saddiq Barmaq）也在筹备拍摄电影《奥萨马》（*Osama*）。这可不是一部讲述奥萨马·本·拉登生平的影片，主人公是一位年轻女性，她乔装改名，以一个叫“奥萨马”的男子身份生活在残酷的塔利班时代。后来，她的身份惨遭揭穿，并被一个毛拉强占为己有。影片在国际电影节上赢得了广泛赞誉并获奖，为其他电影的制作铺平了道路。比如霍拉斯·山萨布（Horace Shansab）的《佐雷哈的秘密》 285
（*Zoleikha*），完全是在阿富汗拍摄完成的，这部影片在世界多地的电影节上广受好评。

巴米扬大佛已被塔利班摧毁。现在，喀布尔大学的几名教授提议，重建其中的一座佛像，保持另一尊佛像的现状，以作为这场文化劫难的庄重纪念。这项提议引发了不少争议。正当阿富汗国内议论纷纷的时候，旅法阿富汗考古学家泽马利亚莱·塔尔齐（Zemaryalai Tarzi）宣布，巴米扬山谷的某处洞穴中有一尊更大的卧佛。他的结论是基于对古代旅行者文献的研究，研究表明，卧佛比最大的立佛还要大三倍。此后的每年夏天，塔尔齐都会带领团队前往巴米扬寻找卧佛（他们最近搁置了这项工作，因为当地局势仍不太平，某些野蛮之徒倘若得知佛像的所在地，巴米扬会再次迎来一场悲剧）。

喀布尔博物馆本身就充满了故事。1978 年，它被誉为世界上最好的小型博物院，收藏了大量犍陀罗时代的艺术品。那个年代，佛教与希腊美学互相融合，形成了世界上独一无二的希腊式佛教艺术。人民民主党执政时期，一些干部伙同苏联人从博物馆盗取文物，拿到国际黑市交易。内战期间，博物馆的建筑又遭到战火的摧残。20 世纪 90 年代末期，塔利班分子闯进博物馆，剩余的文物悉数被毁。如今，博物馆工作人员将文物残片放在基座上展览，并在一旁配上文物损毁前的照片，博物馆成了塔利班文化野蛮的证明。

幸运的是，2004 年 4 月，博物馆馆长奥马拉·马苏迪对外披露，15 年前，他和同事预见到了即将到来的灾难，他们在一个秘密的地下室里藏了 2000 多件博物馆中最珍贵的文物。地下室被打开的那一刻，吸引了世界各地的考古学者前来参观，还进行了电视转播，就像发现图坦卡蒙法老的陵墓一样。这批令人叹为观止的文物中，后来有数百件作为“阿富汗黄金”（The Gold of Afghanistan）特展在世界各地巡回展出。

286 这些文物大多是金银制品，并镶嵌有宝石、半宝石，极具魅力。如此重大的发现，已经足够令人振奋，但实际的意义还远不止这些，文物的背后还有一个伟大的文明。从公元前2200年到公元100年间，阿富汗及其周边地区的人们在生产精致的金银碗和烧瓶。同一时间，正处于最后一批法老统治下的埃及正在建造金字塔，阿卡德的萨尔贡大帝正在打造第一个美索不达米亚帝国。始建于公元前300年的巴克特里亚王国的阿伊哈努姆（Al Khanum）经过考古人的发掘，出土了大量希腊文物，如青铜大力神像，以及一块描绘自然女神西布莉乘坐波斯战车的银盘。

在基督时期，阿富汗北部的游牧民族已经掌握了较高的手工艺品制作水平，其艺术风格深受波斯、希腊、罗马、中国、印度和西伯利亚等的影响，如镶嵌着绿松石的便携式黄金王冠、一只游牧民族公主穿的薄金拖鞋。

考古人员曾在巴格拉姆发现两处密室，并从中出土了大量文物，其中的部分珍宝被列入“阿富汗黄金”特展。考古学家一度认为，这些密室里一定藏有国王的珍宝。事后证明，这些是古代商人的仓库，一些商人把买卖物品存放在那里，如罗马统治时代的埃及玻璃烧瓶、叙利亚的青铜雕像、中国的漆器、印度的象牙雕塑、绘有希腊神话的吊坠、讲述佛陀生平的牌匾，以及描绘胸部丰满的女神与跳舞的印度教神祇交织在一起的复杂雕塑。新闻学教授乔尔·布林克利（Joel Brinkley）最近评价阿富汗是世界上最野蛮、最原始的民族，他甚至断言："阿富汗人就像狼蛛，他们会吃掉幼崽。"[5]当人们站在这些文物面前，反思马苏迪馆长及其同事为保护和保存这些文物所冒的风险时，会对布林克利的这番言论感到厌恶。阿富汗的苦难并非阿富汗人和狼蛛的基因相似，而是由于持续数十年的灾难性悲剧。阿富汗的黑暗时代似乎已经过去，阿富汗人正踌躇满志地准备迎接下一个文明时代的到来，他们的前景会一片光明吗？

不幸的是，阿富汗的马歇尔计划从未实现。成千上万实施小规 287
模计划的人们翘首企盼，也没能等来点燃梦想的创业启动金。规模更大的私营企业迅速崛起，不少归国侨民都掌握了一笔资金。此外，他们在国内人脉活络、关系密切，可以为银行、手机公司和电视台等企业筹集资金。阿富汗这个未完全实现工业化的国家，似乎即将直接步入后工业化阶段。过去阿富汗甚至没有铁路，如今正在建设覆盖每个城市的航空服务（这是政府的承诺）；一个没有固定电话的地方，已经迈入了手机时代；一个没有办法让国家的邮政正常运转的地方，现在却有了互联网，几乎每个阿富汗人都可以注册一个电子邮箱。

跨国公司和国际机构使国家间的边界变得模糊。阿富汗这个民族国家从来没有实现真正的统一，在新浪潮的冲击之下，一个"后国家社会"正在出现。总部在中国、俄罗斯、土耳其、印度、伊朗、荷兰、澳大利亚、德国和加拿大等国的企业，都把触角伸进了这片土地，他们的力量塑造了阿富汗人的生活，政府似乎变得可有可无。也许，只有当这些跨国公司或国际机构需要一点行政资源的时候，
阿富汗政府才会发挥作用。 288

第 30 章

源源不断的麻烦

289 局势并不乐观，城市建设者面临一系列艰巨的挑战，单单一个难民问题就已足够让他们头痛。这些难民是当年那些背井离乡的农村人，他们逃出战场之后，大多蜷缩在巴基斯坦或伊朗的难民营中（那些受过教育、拥有资源和技术，而得以前往西方发达国家重新建立新生活的阿富汗人，我更愿意称之为“流亡者”）。到 2002 年，阿富汗的难民人数已达世界之最，位居第二的柬埔寨，其难民人数远低于阿富汗。600 多万难民急不可待地想要重返家园，暂时收留这些难民的国家也巴不得他们赶快离开。

但是，故国早就变了模样。亡命他乡之前，不少难民靠牧羊为生，如今即便回归故园，他们也无法重操旧业。家中的牲畜早在苏联军队的狂轰滥炸下损失大半，剩下的也因为主人疲于奔命而离散殆尽。

水果和坚果曾是阿富汗农民的重要经济作物。阿富汗的葡萄干一度占到世界市场的 10%，包括葡萄干麦片中所用的葡萄干。[1] 无花果、石榴、梨、杏仁、核桃、桑葚、瓜类，也为国家创造了可观的收益。在水果和坚果种植方面，巴基斯坦与阿富汗可谓一对竞争对手。战争期间，巴基斯坦人购买了不少阿富汗的裸根果树，特别是开心果。如今，果园荒废，要想完全恢复昔日的生产，得经过很长一段时间。290

阿富汗曾经盛产小麦与棉花，但如今既没有种子，也没有水源，重振农业，谈何容易。连年的干旱，再加上原来的水利设施已经遭到彻底摧毁，纵贯地下的坎儿井不是已经积满泥沙，就是被轰炸得不成样子，倒成了“圣战”武装的藏身之地（阿富汗人住进洞穴的消息您一定有所耳闻，这些洞穴通常就是前面提到的坎儿井，经过水泥浇筑加固，用于军事目的）。

原来的耕地，现在遍布地雷，没有哪个国家的地雷数量能与阿富汗相提并论。埋下一颗地雷，只需 3 美元，但要将其排除，成本可能达到 1000 美元。[2] 如此一笔巨款，阿富汗的普通农民当然支付不起。他们只能小心翼翼地，企图用肉眼找出田间地头埋藏着的致命威胁，然后予以排除。可是地雷的颜色近于土壤，稍不注意就会忽略过去。有时候，他们可能和地雷发生“亲密接触”，轻则残废，重则当场毙命，阿富汗几乎每天都会有儿童因为地雷爆炸落下残疾。农民要想恢复生产，必须得先清理地雷，相关事宜不但劳神费力，而且随时可能夺人性命。如此一来，种植业在阿富汗实在前途暗淡。

正因如此，一些回国的难民并未回到家乡。他们辗转来到城市，想在那里谋职求生，可是，城里的工作也不太多。不少难民因为找不到容身之地，只能住进废弃的无主房屋，危楼倒塌之后的断壁残垣也成了他们的避难所。这些难民多是寡妇和孤儿。大街上，随处可见这些失去丈夫的女性，她们穿着蓝色罩袍，一边号哭，一边乞讨，只求路人能够赏赐一点零钱。遇上一个穿戴整齐的过客，她们会使出浑身解数，几乎到了死缠烂打的地步。要想不受叨扰，只能加快脚步，绕道而行。孩子们在街上到处寻找垃圾桶，翻找里面值钱的东西，废旧金属和鞋子都是他们的目标。

当然，战后的城市里不仅有无助的寡妇、失怙的孩子，还有流亡西方的人，他们回到了阔别已久的故土。这些人大多拥有一技之长，希望发挥自己的所学，帮助国家重获新生。很快，他们就开创了自己的事业。不过，这些人在西方生活多年，早就习惯了国外的舒适与安全，而他们的员工是一直在国内担惊受怕、艰难过活的人。因此，双方免不了会生出重重矛盾。在员工看来，老板不过就是一群"给狗洗澡的人"，他们虽然现在颐指气使，但在国外不过是曾经低声下气地为阔气的外国佬的宠物洗澡的（穆斯林认为狗是一种不
291 洁的动物）。如此讥讽虽然可能出于醋意，但仍然体现了不少人的真实看法。他们认为自己虽在国内受苦，却也不至于为生活低头，而那些跑到国外的人虽然发了财，却要对异教徒假意逢迎。

西方的自由和平活动家认为，教育与重建是治好阿富汗痼疾的良方，是取代军事力量的道德选择。这种观点在 2002 年也许还能成立，毕竟那个时候的阿富汗看起来复兴可期，全国上下充满创业的活力，每个人的心中都有一个项目，大规模的小额贷款可能会带来巨大的不同。

小额贷款主要来自国外，外国投资者为有意创业的阿富汗个人或团体提出的小项目提供贷款或捐款，让阿富汗人设计和管理他们认为合适的项目，如深井、口红工厂等。例如，一个名叫"阿富汗为了明天"（Afghanistan–4–Tomorrow）的组织，开发了一种在农村地区使用的手动设备，它能将木棍、茎、麦秆之类的农业废弃物压成耐燃的燃料砖块。在一个几乎没有薪柴的国家，这样的设备犹如雪中送炭，而且一些家庭还可以用它来制作燃料卖钱。

小额贷款本可以发挥很大的作用。比起投入10亿美元督造三座大型工程一类的投资计划，50万名创业者各分得5000美元的方案似乎更加合理。2002年，1美元可兑换45000阿富汗尼，5000美元着实是一笔不小的数目。当然，这样的贷款难免带来浪费。有些“创业者”可能只是诈骗犯，而创业计划也并非个个都能成功。不过，小额贷款更为可控，涉及的项目也更贴近民生。即便项目失败，也会有少量资金渗透到当地经济中，从而带来一些直接的好处，人们将利用熟悉的技术解决生活中的一些实际问题。

可是，这些情况根本不可能发生。首先，阿富汗的基础设施水平根本无法承担发放小额贷款的任务，想要建立一支相关的人员队伍更非一日可期。其次，捐赠者付出大量金钱，却不能从投资中获得回报。再者，由于缺乏合理的监督机制，资金的具体去向难以掌控，恐怕没有人愿意掏钱资助这种项目。最后，大多数潜在的捐赠者，包括纯粹的理想主义者，并不仅仅希望阿富汗恢复如初，他们 292
更想看到一场变革。因此，重建资金仍然来自世界各国政府，这些资金被投向外国规划的大型工程，其目的是让阿富汗脱胎换骨。

美国方面其实并不积极，因为执政党在帮助任何一个被摧毁的国家恢复其社会和经济基础设施方面持有矛盾的态度。作为一名总统候选人，乔治·布什曾斥责“国家建设”，并表示，如若当选，他绝对不会参与任何国家的建设。他把阿富汗战争看作一次纯粹的军事行动，只要能够推翻塔利班、杀死本·拉登，一切使命便告完成。阿富汗可能会受到伤害，但重建阿富汗并非美国的工作。布什政府的思路就是如此。

当年晚些时候，大多数驻阿美军在阿富汗南部与西南部按兵不动。第二年，相关态势也没有改变。当时，美军总数为5200人，他们的驻地靠近巴基斯坦。按照布什的打算，美军在快速肃清塔利班残余后，将撤军回国，之后阿富汗的国防任务将交由国际维和部队承担，土耳其与德国会派军参与维和行动（不久，维和行动便由北约接手）。

但是，美国对阿富汗的干预使快速撤军变得不切实际。每一场战争都需要公众的支持以及一个正义的理由。对于“9·11”事件，美国公众深感义愤，政府出兵阿富汗的决定，他们也在高声叫好。可是，一场正义之战似乎不该只是为了宣泄仇恨。塔利班对妇女的迫害给了美国人一个理由，美国官方将阿富汗战争定义为“反恐战争”。从情感上讲，“解放阿富汗女性”似乎更加师出有名。阿富汗妇女问题并非塔利班一手造成，而与阿富汗的社会文化息息相关。要想彻底解决，只能依靠阿富汗人自己的努力。现在战争结束了，在美军撤离前，阿富汗女性的处境至少应该有所改善。但是，本·拉登并没有落网，这场战争到头来很有可能落得一场空。

阿富汗战事尚未结束，布什政府又开启了另一场战争。这一次，美国的目标是伊拉克独裁者萨达姆·侯赛因。这场战争完全由新保守主义者的教条而起。布什政府认为，美国应当通过军事行动推翻暴政，并借此推广美式民主，为世界造福。怀抱这样的愿望，布什
293 下令10万美军开赴伊拉克战场。英国也派出了7.5万人的军队。由36个国家组成的“自愿联盟”（Willing of Good），共有2.7万人参战（其中，冰岛派兵2人）。萨达姆显然不是对手，不过，美国承诺的民主、幸福、繁荣也如空中楼阁，从未在伊拉克实现。

2003年过半的时候，伊拉克的情况糟糕到了极点。既然伊拉克成了“失败国家”，那么阿富汗无论如何也得坚强幸福起来。布什政府原本认为，推翻塔利班后，阿富汗会自愈。可是，到2003年底，

美国政府却不得不接过重建阿富汗的任务。至少，他们要保证一部分阿富汗女性摆脱束缚、获得自由，保证民主政体得到巩固，让阿富汗出现恢复的迹象。

2002—2003 年，美国在阿富汗的战争开支达到 350 亿美元。[3] 相较之下，用于人道主义和紧急援助的规划资金仅有 8 亿美元，而用于长期重建的项目资金不到这一数字的十分之一（约 6400 万美元）。直到 2004 年，重建和发展项目的资金才开始有所增加。[4] 与此同时，其他国家也在向阿富汗提供帮助。其中一些资金直接由捐助国政府部门提供，大多数资金则来自政府雇佣的私人公司或非政府组织。非政府组织属于私人性质，需要依靠公众捐款和私人捐助维持运营，美国一般称之为非营利机构。在阿富汗活动的非政府组织中，既有“和平之根”（Roots for Peace）这种致力于排除地雷的组织，也有自冷战初期以来一直在亚洲从事发展工作，服务于美国外交战略的“亚洲基金会”。许多非政府组织规模不大，成员多是本地人，他们在巨大的困难中斗争。2003 年以前，喀布尔的 300 多家非政府组织聘请的员工有近万人。到 2006 年，这个数字达到了 1.6 万人。[5]

事实上，77% 的重建资金完全绕开了阿富汗政府。2009 年的一 294
份报告指出，这些资金通过非政府组织、私人企业和外国政府直接投入到重建中，而不是通过阿富汗政府。[6] 所以，重建计划再成功（有些项目确实收入颇丰），也无助于阿富汗新政府树立威信。许多阿富汗人甚至觉得，政府就是局外人，根本毫无用处。

外国规划的这些建设项目理论上可能是合理的，但事实上，这些项目是被他人的利益所驱使的，而且很多项目匆匆上马，根本没有经过认真论证（2004 年，布什与卡尔扎伊都面临连任竞选，个中因素显然影响了某些项目的时间表），执行也很不到位。

阿富汗北部一条连接萨尔普勒省（Sar-e-pul）与希比尔甘市（Shiberghan）的公路，反映了阿富汗重建面临的一大问题。公路建成后，可以大大缩短两地往来的时间，对贸易有巨大推动作用，相关的构想应是很好的。不过，沿线居民却少有机会前往省会，汽车一类的交通工具在农村也远未普及，他们即便进城，通常也是步行，由驴子驮运货物。因此，更好的路况也无助于缩短村民的脚程。不过，新的公路总比村民们几十年来修建、维护的土路要好，那种土路一到夏天，不是尘埃漫卷，就是一片泥泞。

为了保持路面干燥，公路采用填石路基。但是，由于前期的调查工作太过仓促，设计方根本没有综合考虑道路的整体坡度，造成某些路段又高又陡，像一道水坝，而一些必要的位置甚至没有涵洞，导致水在地势低洼处汇聚，变成了水池。村民担心水会使土壤变得松软，从而导致他们的棚屋倒塌。于是，他们扛上工具，在公路上挖出一道又一道的排水沟。这就破坏了公路的全部用途，因为这些水沟让汽车难以跨越。警察逮捕了“破坏”公路的村民。[7]这条公路确实在农民和政府之间建立了一种互动关系，可是这个政府似乎
295 并不想为阿富汗人做主。

早期美国人试图进行的最大、最有魄力的重建工程，是对坎大哈到喀布尔的公路进行全面整修。战争期间，坎大哈—喀布尔公路已经破败不堪，路面必须完全整修。坎大哈与喀布尔是阿富汗的两座主要城市，人员、商贸来往异常频繁。工程完成后，两地间的通行时间可以缩短到原来的三分之一。但是，工程造价不菲，而且同其他由美方提议、主导的重建项目一样，坎大哈—喀布尔公路的大部分预算都花在了美国，毕竟这些工程必须经过美国国会审批，国

会议员又必须为各自的选区创造就业机会，促进发展。若不如此，他们可能会输掉下一次大选。因此，远在阿富汗的公路所需的物资与设备却必须在美国采购，唯有如此，美国的技术工程人员才能从中受益。[8]

阿富汗没有坎大哈—喀布尔公路重建所需的相关专家。这部分工作只能委托给美国的咨询机构，咨询机构把任务派给下级承包商，下级承包商再去寻找更下级的承包商。如此一来，66% 的阿富汗重建资金其实都进了美国账户。这不是腐败，这是民主。但在另一头的阿富汗人看来，这很像在阿富汗普遍被贴上腐败标签的做法。

当然，不可否认的是，有部分资金的确到达了阿富汗，而且以阿富汗的标准来看，数目还不小，不过，其中的部分被支付给了在现场工作的外国专家。这些技术专家要求在阿富汗工作的薪水至少要与他们在本国私营单位所能得到的工资相当，这是合理的。不然，他们为什么要冒着生命危险千里迢迢来这里工作呢？阿富汗的工作确实涉及实实在在的风险，因此，只有提供比他们在国内更好的待遇，才能招聘到有才干的专业人士。坎大哈—喀布尔公路工程的技术顾问与工程人员，每年收入都可以达到 10 万乃至 20 万美元。此 296
外，任何人不得强迫他们进入没有安保措施的环境施工作业。况且，阿富汗警察没有能力提供这种安全，他们的能力和忠诚都是不确定的。路易・伯杰集团（Louis Berger）一类的私人建筑公司，更愿意聘请黑水（Blackwater）或者环球安全（Global Security）等私人安保公司的精良保镖。如此一来，每天的安保费用就能达到 1000 美元，一年下来，一名保镖的费用就高达 25 万美元。

达里语是阿富汗的官方语言之一，但大多数美国专家对此一窍不通。而美方投资的那些民用工程所在地区更常用的是普什图语，对阿富汗的这种官方语言，大家更是两眼一抹黑。因此，翻译成了工作的必需。除了负责传递信息，优秀的翻译还能为美国人化解一些文化难题。此外，翻译人员的英语能力必须达到母语水平。因此，新保守主义者首选的援助机构——私营承包商，大多选择聘请移居海外的阿富汗人。经过面试，他们可以为阿富汗境内的建筑公司、非政府机构、政府办事处与美国军方提供翻译服务。

一天，一家上述这样公司的招聘人员突然打来电话，让我大吃一惊。我表示自己不会普什图语，而这是那份工作需要掌握的语言。没想到，对方请我放宽心，说："您的普什图语已经很好了。"她的安慰反而让我大惑不解。要知道，本人的普什图语水平仅限于会表达"我不会普什图语"的意思而已。

然而，对方请我先了解相关的待遇再考虑是否拒绝：这份工作每年的总收入达 20 多万美元，其中 80% 免税，福利费和差旅费一应报销，而且吃住所需都由美国陆军包管（这是那份工作的独有福利）。我的不少亲戚朋友都接受了类似的工作机会，因此我清楚对方所言不虚。

因此，当一名技术专家来到乡下时，都会带着他的保镖与翻译随行，其座驾一般都是价值 10 万美元的装甲防弹车。总之，每个在阿富汗各地漫游的专业团队都要花去近 100 万美元。[9] 而从事体力劳动的阿富汗人则只能拿到 40—70 美元的周薪。百万美元的工头，使唤日薪只有 5—10 美元的碎石工人，这无疑是在自找麻烦。

297 当然，按照当地标准，10 美元的日薪已经算是高收入，如果这条路没有经过他们的家乡，这些工人每天的所得将会远低于此。工程一旦结束，许多工人就会立即失业，这等幸运将会降临到其他地区。为了保住工作，很多阿富汗人会趁着夜色，拿着工具，把白天的工作成果破坏殆尽，相关的责任完全可推到塔利班的头上。也难怪这条公路的造价如此昂贵。

尽管不少援助阿富汗的重建资金未离开捐赠国就已被抽走，但是，仍有大量资金涌入了阿富汗市场。相比本国孱弱的经济，外来资本的规模过于庞大，由此带来的问题始料未及。一些非政府组织的作为更加重了这种经济疾病。非政府组织的总部大多在国外，派驻喀布尔的工作人员也多是一些心怀理想的热血人士，他们是真心实意在为这个国家的利益着想。如果在本国企业工作，他们的收入可能要比为阿富汗奔走呼吁高得多，不过，他们仍然愿意坚守在那里，哪怕收入少得可怜，只能达到他们国家的最低工资水平。另外，有些人虽然薪酬丰厚，但也是应得的，毕竟他们要冒着危险，前往局势不明地区为孩子接种疫苗。在那些地方，随时可能招来杀身之祸。也有不少外国人来到阿富汗是为了更好的待遇，他们会选择私营企业而不是非政府组织。

最重要的是，现在喀布尔到处都是腰包很鼓的外国人，但他们几乎没有消费的地方，因此，只要阿富汗人能够提供任何产品或服务，他们可以立即买单。讨价还价实在没有必要，毕竟他们的薪水比起当地普通人高出许多。因此，有房屋出租的阿富汗人可以随意开价，由此而来的后果就是顶级房产的租金大涨。慈善家詹姆斯·里奇（James Ritchie）之所以有兴趣帮助阿富汗人，是因为他小时候曾跟随从事援建工作的父母生活在喀布尔。塔利班倒台之后，他在那里开设了一个办事处。一开始，每月租金为 200 美元，五年之后，租金已经涨到了 3000 美元。

租金上涨，可不仅仅针对外国人，喀布尔的每个居民都得承受。
与此同时，房价也在攀升。喀布尔的房价一度接近加州水平。随着 298

房地产市场价格的上涨，其他行业也出现了通货膨胀。奢侈的需求，意味着消费者愿意花大价钱采购任何他们需要的东西——无论付出什么代价，要最新鲜、最流行、质量最好的！——由此，鞋、面包和其他物品的价格一应上涨。无论外国人、阿富汗暴发户，还是普通百姓，都在承受物价飞涨带来的后果。

滚滚而来的现金流并非源于阿富汗经济的改善，也不是来自新产业的出现、贸易的发展和生产力的提升。因此，人们的收入并未提高，唯有非政府组织、国际公司和外国政府机构聘请的阿富汗人可以从中受益。正因如此，有些获得医学文凭的人宁可放弃医师执业，也要去给外国人开车，因为给外国人当司机要比医生挣得多。

不过，大多数城市居民仍然生活在旧经济中，仍是原来的工资水平。教师、警察和公务员每月的工资仍只有 30—50 美元，高级官员的月薪也不过数百美元，而不是几千美元。一般的上班族，月收入可能只有警察或教师的一半，除非他们的老板从事走私活动。

新旧经济之间的落差因为外来资金（及毒枭的黑钱）的涌入而进一步扩大，阿富汗社会结构因此受到极大侵蚀。基层腐败大行其道，几乎成了一种流行病。原本只卖 10 阿富汗尼的邮票，邮局工作人员却堂而皇之地以 20 阿富汗尼的价格出售。个中差价，自然都被他们中饱私囊了。[11] 毕竟，他们也要谋生。警察来到事故现场，不管是目击者、旁观者，还是路人，都有可能收到警察的罚单。负责处理各种文书的官员拥有一种权力，那就是放慢速度的权力。如果没有收到小费，也就是通常说的行贿，那他们肯定会行使权力。没办法，他们也有苦衷啊！这些人也需要每天按时上班。可是，阿富汗的油价和世界其他地方一样，都是每加仑 4 美元。

第 31 章
毒品与腐败

与此同时，农民们找到了合适的营生，他们可以种植鸦片。比起其他作物，鸦片有许多优点。它很耐旱，可以在任何温暖的地方种植，即使没有任何灌溉系统。而且，长期储存也不会影响鸦片液的纯度，即便市面上出现价格波动，也不用急于抛售。经过提纯，鸦片就能成为海洛因，海洛因很轻，容易运输。最重要的一点在于价格。如果种植葡萄或者小麦，农民们得先冒着生命危险排除地雷，辟出大片耕地，他们的孩子也有可能受其连累。辛辛苦苦得来的收获即便全部售出，所得的金钱可能还抵不上一点点鸦片。鸦片售价高昂，农民们只需在小块土地上种植，就足以养家糊口。

商业化种植鸦片需要一定的专业知识，但在这方面，阿富汗人有着丰富的经验。鸦片曾是塔利班政权的一大财源，为了增加收入，自然需要农民扩大生产。为此，塔利班派了许多“顾问”对农民进行指导。他们会把如何种植鸦片、切割球茎、正确引流汁液和提纯胶质的知识传授给农民。他们还派出执法者，迫使顽固的农民放弃其他作物去种植鸦片。截至1999年，阿富汗鸦片已经充斥国际市场。后来，因为鸦片产量过多，导致售价暴跌，塔利班又适时推出禁种

政策使价格回升。他们的手段与石油输出国通过减产而控制油价的方法如出一辙（这造成了一种持久但错误的观念，即塔利班至少反
300 对毒品）。[1] 塔利班末期，鸦片产量确实得到控制，但是，他们传授的技能，阿富汗农民却并没有放弃。

将非法产品推向市场同样需要特殊的技能，这方面的能力阿富汗人同样具备，因为走私在这里是司空见惯的事情。早年间，阿富汗的走私贩子曾把中东的金条走私到中国，从迪拜走私汽车到巴基斯坦。如此一来，他们可以逃过政府关税以及边界地区的腐败官员。偷运金条的经验，可以随时转变为走私毒品的能力。

行业的发展兴盛离不开相应的人才队伍。加州硅谷电子工业的蓬勃发展，有赖于斯坦福和伯克利等学府培养的计算机工程师，这类人才是电子工业最需要的专业队伍。走私贩毒最需要的则是经验丰富的武装分子，在这方面，阿富汗处于世界领先地位。25 年的战争，造就了一代具备如此技能的人。战争结束后，这些人需要工作。即便没有毒品产业，他们也会采取其他方式，来维持自己的身体和灵魂。从某种意义上说，毒品产业促进了阿富汗的和平。

同时，毒品产业还带来了人们收入的提高，它迅速催生了一条完整的产业链。种植鸦片的农民位于产业链末端。种植鸦片，他们可以养家糊口，不过生活仍然贫困。位居中游的则是那些负责贩运毒品的人。他们把毒品运到伊朗或巴基斯坦，而后再输入中亚国家（从那里装船运往俄罗斯）。这类人倒是能够发家致富，不过随时有生命危险，而且他们发现，真正的老板另有其人。那些人聪明狡猾，掌握着组织复杂企业、管理偏远工人队伍和跟踪财务状况所需的技能。这些毒枭在赫拉特、坎大哈和喀布尔建立据点，贩毒所得的资金被他们投入其他生意。这些生意大多是合法的，比如航空、通信、

银行、运输、建筑和房地产。我曾经谈到海外归侨的投资热点也是这些领域。但请别误会，我可不是暗指归侨就是毒枭，我只是想说，繁荣的喀布尔一切都相互交织，当然，这些都是金钱带来的。301

新保守主义者认为，阿富汗的重建应当主要依靠私人企业，而不应受琐碎的法规约束，这样的国家愿景正在发挥作用：阿富汗的经济在增长！钱很伟大！每个人都很高兴，除了众多的穷人和瘾君子，而且后者的人数很快便超过了100万，这个数字远比伊朗要多。吸毒之风很快风靡中亚北部各国，随后波及俄罗斯，土耳其和欧洲也没能幸免。利润越高，风险自然越大。为了争夺路线与地盘，毒枭组建武装，互相攻伐，受害的百姓不计其数。因为毒品仍属非法，毒枭为求安全，只能向政府官员、警察行贿。于是，后者向他们大开绿灯，毒品由此成了政府腐败的催化剂，上至内阁官员，下至最低级别的边防警员，无不有所沾染。

阿富汗毒品交易的主要受害者是伊朗。为了阻截阿富汗毒品走私贸易，伊朗官方在两国边境驻扎了几十万军队，还修建了一条600英里长的防线。不过，毒贩可以用金钱或毒品开路。驻扎在边境的伊朗士兵放弃缉毒本职，转而成了毒品产业中的一环，还有不少人则沾染上了毒瘾。毒品渗透到了阿富汗的方方面面，整个社会的结构因此大为改变。[2]其实，因为普遍存在的腐败案件，阿富汗的社会结构已经受到侵蚀，大型腐败案件及相关指控让社会结构受到巨大冲击。以矿业部长易卜拉欣·阿德勒为例，他的工作是与外国企业就阿富汗的矿产权利进行谈判。2008年，他将一处铜矿批给了一家国外公司，售价不过35亿美元。《华盛顿邮报》披露，阿德勒向对方索取了近3000万美元作为回扣。这项指控出自一位美国官员之口，而官员的信息则来自一份军方情报。报告称，双方在迪拜的一家酒店完成了这次交易。阿德勒否认了该项指控，而且他也从未因此被起诉。为求避嫌，总统卡尔扎伊还是解除了阿德勒的职务。

一开始，政府为阿德勒安排了另一项工作，即协助完成霍里（Ghori）水泥厂的私有化工作。面对众多竞标者，阿德勒耍弄起了拖
302 延手段，直到投标时间已经迫在眉睫，他才提出竞标条件：有意者需向有关部门提供 2500 万美元现金。时间紧迫，唯有一家公司在短时间内凑齐了钱，这家公司就是马哈茂德・卡尔扎伊的阿富汗投资公司。马哈茂德的兄弟正是阿富汗总统卡尔扎伊。他在保镖的簇拥下，亲自把装着巨款的密码箱带到了阿德勒的办公室。[3] 接手水泥厂后，阿富汗投资公司承诺要把每月的水泥产量从 4 万吨增加到 300 万吨。[4]

那么，马哈茂德・卡尔扎伊如何能够筹集到这么一笔巨款？原来，是国内最大的私人银行向他提供了贷款。巧合的是，马哈茂德・卡尔扎伊就是银行的股东之一。喀布尔银行拥有两名创始人，舍尔・汗・法尔努德与哈利卢拉・菲罗兹。前者出身贫困，苏联干涉时期曾赴莫斯科求学。20 世纪 90 年代，他以职业扑克玩家的身份游走世界各地，比赛的总奖金达到 60 万美元。菲罗兹作为法尔努德的副手，曾是马苏德武装的一员。当时，菲罗兹通过宝石生意为马苏德筹备军饷，相关的钱款达到上百万美元。与此同时，他也在从事塔利班的洗钱活动。这点秘密，马苏德后来有所察觉，菲罗兹随即遭到解职。

这么两位人物何德何能，居然可以成为一家 10 亿级银行的主管？

这样的时局下，两人所拥有的本领才是最有用的。他们有本事、有人脉，能够和政界人物及其家属搭上关系，他们向马哈茂德・卡

尔扎伊提供了600万美元贷款，其实和他当年用于购买银行股份的金钱正好相等。总统的兄弟其实只是拿走了自己的钱。银行的另一位股东阿卜杜勒·哈辛（Abdul Haseen）同样来头不小，此人是副总统法希姆将军同父异母的兄弟。马苏德遇害之后，法希姆一度成为北方联盟的领导人。美国入侵之后，指定了好几位实力派人物作为新政府的顶梁柱，法希姆就是其中之一。

法希姆利用职权，帮助哈辛走上了腾达之路。在法希姆的筹谋下，哈辛获得了一份为北约新的基地和美国大使馆提供混凝土的订单。赚取的第一桶金，被哈辛用于建设购物中心。这座购物中心高达多层，容纳了许多珠宝店。中心位于城市中央，法希姆只用了极小的代价，便得到了那块地皮。这桩生意绝对合法，待价而沽还是免费相送，一切都由原来的主人定夺。显然，主人觉得关系大过金 303
钱。购物中心得到的巨额利润被哈辛用于更多的投资，包括一家私人保卫公司。驻阿富汗的许多外国政府机构都需要哈辛的公司提供安保服务，就连美国中情局设在喀布尔的基地也在该公司的保护之下。喀布尔银行也是哈辛的投资之一。作为股东，他轻松借到了一亿美元。由此，哈辛可以开展更多的商业冒险，也能进入迪拜的房地产市场。

帕米尔航空公司的一些股东也持有喀布尔银行的股份。航空公司的创办人哈吉·扎比·舍卡尼据称是一名毒枭。喀布尔航空公司同属私营企业，其创立者是乌兹别克军阀杜斯塔姆的干儿子。国有的亚里安那航空公司在新的竞争者夹击下，经营状况举步维艰。公司主管纳迪尔·阿塔什博士不得不启动私有化方案。其间，阿塔什惊讶地发现，公司的大部分股份由政府高官及其商界亲信收购。[5]而后，阿塔什被卷入了一场反贪风暴。调查者扎比乌拉·艾斯玛泰和他一样系属归侨。据称，阿塔什曾经借由购买飞机，从波音公司获取了 600 万美元回扣。但最后调查无果，阿塔什也没有吃官司。他逃出阿富汗后，还写书喊冤，声称艾斯玛泰才是一个大贪污犯。他走后，艾斯玛泰确实接手了亚里安那航空公司，不过，他不久就去世了，死因不明。2011 年，另一名检察官再次提起诉讼，并对阿塔什及其两名助手发出了通缉令。[6]

阿塔什潜逃的时候，总检察长还是阿卜杜勒・贾巴尔・撒巴特，此人惯于知法犯法，并因此丢了官职（撒巴特后被绑架，本书面世时，仍下落不明）。“9・11”事件爆发后，撒巴特还是美国政府对外宣传喉舌“美国之音”的一名小职员，其间，他曾前往关塔那摩监狱进行采访。一番调查下来，撒巴特对监狱给予了很高的评价。为此，美、英方面对他赏识有加，并向卡尔扎伊总统举荐他担任总检察长。撒巴特这种“犯罪克星中的明星”，似乎也该得到重用。上任之后，撒巴特屡屡利用职权打击商业上的竞争对手，他为对手安插的罪名是贪污。撒巴特在任期间，也是喀布尔机场走私活动的高发期。据称，喀布尔银行与帕米尔航空公司勾结，前者提供金钱，后者负责偷运，每天运出的钱款高达 1000 万美元。撒巴特忙于打击其他罪案，对于这些犯罪情况自然无暇理会。刚刚调任喀布尔的时候，撒巴特的经济状况并不好，但总检察长的权位让他的财富大为增加，很快，他就在喀布尔的高级社区置办了产业。[7] 近来，美国
304 国务院的好些专家开设课程，旨在帮助阿富汗新政府的官员提高人际交往能力。[8] 对此，笔者不禁感到可笑，因为阿富汗政府官员的人际交往能力实在无须请教他人。

除马哈茂德之外，总统的另一个兄弟艾哈迈德・瓦里・卡尔扎伊也是政商界的一大人物。艾哈迈德・瓦里的地盘位于坎大哈，

表面上看，他只是当地议会的议长，但是，当地人很清楚，艾哈迈德·瓦里控制着警察部队，并对市长发号施令。任何人想在坎大哈投资兴业，必须拜会总统的这位兄弟。没有艾哈迈德·瓦里从中撮合，任何投资都将无果而终。中情局还为艾哈迈德·瓦里提供金钱，请他组织一支武装在坎大哈附近负责防卫。长期以来，中情局都想为坎大哈增加一重安全保障，这种工作自然只能交给信得过的人。人脉广布的艾哈迈德·瓦里·卡尔扎伊得到了中情局的信任。据称，即使是坎大哈附近最为凶恶的毒枭，遇上艾哈迈德·瓦里也得敬让三分。[9]

我之所以用“据称”一词，是因为关于艾哈迈德·瓦里的种种传说并未得到证实。2011年底，艾哈迈德·瓦里遇刺身亡。调查称，这场谋杀源于口角之争，纯属一次激情犯罪，与政治、毒品毫无关系。其实，贪腐政治（corruptocracy）——这个单词尚属近来的发明——能在阿富汗甚嚣尘上，不能诿过于军阀或战争，艾哈迈德·瓦里之类的权力掮客才是问题的根源。

腐败并不足以形容阿富汗当前的环境。无论是总统的兄弟，还是阿德勒这样的矿业部长，这些权力掮客堂而皇之地参与商业经营，其实并不违反阿富汗生意场上的规矩。这些规矩与西方的规则有所不同，这里的商业关系必须经由人际关系建立，而政府的统治则建立在抽象的概念之上。

一个人如果随身携带装有2500万美元现金的密码箱，肯定会被指控为犯罪分子。2010年，阿富汗媒体披露，总统卡尔扎伊每个月从伊朗那里得到一笔总额高达数千万欧元的赞助，顿时全国上下一片哗然。[10]媒体反复强调了对方装运钱款的方式，竟然是塑料袋！卡尔扎伊的助手把这些钱款当作行李，一路运到了喀布尔。在美国，这样的行径似乎应是罪犯所为，而罪犯恐怕也不会这样冒险。不过，这里不是美国，而是阿富汗。在阿富汗这个饱受摧残的社会，从前（也许现在依然如此）人们选择将钱装进密码箱，由保镖护送着随身携带，而不是将钱存进银行。

裙带关系、结党营私，是阿富汗政治腐败的主要形式。在位的人各显其能，都在争取荫庇子孙、提携亲友。在阿富汗，提携亲友
305 不但合法，而且被视为荣誉，甚至是一种责任。一个阿富汗人，应该得到全体家人的鼎力支持，不论外界有何非议，家人都会对他不离不弃。一个人不去帮助家人，难道应该扶助那些陌生人吗？面对家人也不愿伸出援手，简直就是奇耻大辱！阿富汗的新贵阶层，无不在政府当中安插自己人，唯有如此，他们才能得到亲人的扶助，走上一条康庄大道。政府不就该是这种作用吗？几代人之前，大部分阿富汗人不是过着游牧生活，就是生活在穷苦的农村。艰难的环境里，帮扶亲人的道德准则已经植入了阿富汗人的基因，即便过上城市生活，传统仍然发挥作用。因此，成亿资金涌入这个破败的国家并非什么好事。新保守主义者奉行这样的理念：尽力谋求私利的人能更好地服务公众利益，传统与这样的理念交织在一起，催生了阿富汗惊人的腐败现象。

当然，新保守主义者并不认为自由市场会在自然状态下发生，而是必须得到法律的保障。法律下达之后，人们才能在规矩下各安其位。新保守主义者的观点是，如果企业都能尽力渔利而又不逾规矩，那么优胜劣汰的法则就能成立，赢得竞争的人必定是才学出众之人。

其实，新保守主义者的逻辑有一个严重的破绽，如果两个竞争对手的才学同样出众，资金也一样雄厚，那么显然那个敢于破坏规

则的人更容易获得胜利。这些人并非罪犯，只是拥有一点胆气而已。破坏规则，自然也可能涉及犯罪，对此，他们并不害怕，而且也愿意承担风险，毕竟法律并不一定会实施制裁。喀布尔银行的两位创始人无疑就是这样的赌徒，一个扑克玩家，一个宝石贩子，就这样开始了一段传奇。当然，这类赌徒大多已经受到法律制裁，但是，同样涉案的政府官员并未受到惩罚，甚至没有被起诉。随着贪腐政治的到来，阿富汗重建工作渐渐偏离了原来的方向。

第 32 章

塔利班

307 在城市之外，麻烦的种子从一开始就在土壤中萌芽，但美国干预初期所引发的普遍乐观情绪，创造了一种反对暴力的环境，因此，这些种子在秘密中悄悄萌发。记者克里斯托弗·鲁伊特和博尔罕·尤努斯讲述了穆拉·法鲁克的一个故事。法鲁克住在加兹尼省乡下，曾在宗教学校学习，因此，从某种程度上说，他是一名塔利班成员。塔利班被驱逐，激起了法鲁克的愤怒，他决定闹出一点动静，向世界宣告塔利班仍在斗争，而且他们准备奋斗到底，直至把血流干。2002 年底，法鲁克找到友人阿卜杜勒·阿哈德。后者曾在战场上出生入死，比法鲁克更具斗争经验。法鲁克想要立即举事，阿哈德表示反对："现在时机未到……人民还不会跟从我们。"因为"人民"（大多数阿富汗人）都还对美国寄予厚望，觉得美国人能够提升他们的生活水平。[1]

阿哈德与法鲁克一直在耐心等待，他们觉得局势迟早生变。机会果然来了。战后重建失败，仅是变局到来的原因之一。2002 年夏天，第一次支尔格会议召开的那一段时间，飞临赫尔曼德省的美军战机误把一处婚礼现场的喧嚣声当成了叛乱分子的行动。其实，宾客们只是在朝天放枪表示庆祝，那是当地的习俗。但悲剧还是发生了。轰炸之下，47 人不幸丧生，死者之中，包括不少妇女、儿童。此外，事故还造成 117 人受伤。事情水落石出之后，喀布尔的美军官员不得不真诚道歉。那次事故给阿富汗人留下了不好的印象，但我在喀布尔还是听到了不少宽容的声音。有人表示，当时的情况过 308
于混乱，也十分紧急，美军犯错在所难免。只要吸取教训，类似的悲剧不再重演，他们愿意继续信任美国人。

当年底，阿富汗人的观感却发生了转变。大家觉得，美军的各种暴行似乎已经成为习惯。美军接管苏联援建的巴格拉姆空军基地后，把它变成了坚不可摧的堡垒，阿富汗人不能随意接近，更别说进入其中。少数进去过的人表示，基地内已经建起了一个规模不小的美国城，城中到处是夜店、影院、饭店和商店（这些描述有些太过夸张）。巴格拉姆不但驻有军人，还有来自其他国家的承包商。为了维持基地运转，美国人投资了数百万美元，但是，基地附近的阿富汗人并未因此受益。毕竟，基地所需的物资全数从国外空运进来，就算是牛肉，美国人也更喜欢澳大利亚产品。有人甚至谣传，美国人在基地里养猪。

美军在巴格拉姆基地中设立的一座监狱，其恶名堪与关塔那摩监狱相提并论。任何阿富汗人只要被美军特种部队或情报人员怀疑为恐怖分子，就可能被押往此地接受调查。附近地区的拘留营地当中，巴格拉姆监狱的规模最大。狱中聘有好些人，负责对囚犯进行审讯，这些人除了来自军方，还有一些是美国政府雇佣的私人承包商。美军承认存在冤枉无辜的情况，虽然无辜的人得到了释放，但此前一定经受了相关审讯。据亲历者回忆，巴格拉姆监狱中的囚犯常常遭到殴打，狱卒还会使用枷锁、头套限制囚犯的自由，囚徒甚至会被罚站数天。一名出租车司机遭遇殴打的时候，总会痛苦地大喊："哎呀，真主！"审讯人员据此认为他可能有宗教极端倾向，并因此加紧用刑，最终，司机不幸惨死。事后证明，他和塔利班并无关联。[2]巴格拉姆的故事和关塔那摩的恐怖传说一模一样，阿富汗社会无不人心惶惶。

卡尔扎伊政府很快建立了阿富汗国民军和阿富汗国民警察部队。军警自然有助于恢复秩序，无政府的混乱状态可能也将随之结束。但是，他们的上岗实在太仓促。几万名毫无作战经验的男性匆匆提枪上阵，他们要和最凶恶的极端分子作斗争，却没有人能够提供指
309 导，而且很多强力机关的人员还会仗势欺人。加兹尼省的布料商人阿卜杜勒·卡里姆就遭遇了类似的不公。一次生意，国家情报局的一位军官想向他索取极低的折扣，卡里姆并未应允。结果，对方立即指控他与"基地"组织勾结，并把他抓进了监狱。卡里姆在狱中饱受毒打，最终他只能付出 1 万卢比贿款，才得以出狱，而他的生意因为耽误了一年而荒废了。[3]

卡里姆的遭遇并不稀奇，类似的案例还有很多。更糟糕的是，新政府的军警部门几乎被塔吉克人和乌兹别克人把持，因为他们也是得胜一方的主力军。这些军警大多来自北部，但多驻扎于乱象频起的阿富汗南部。南部是普什图人的聚居地，如此安排不免让人产生误会——政府在有意扶植少数族裔迫害普什图人，这样的误会可不利于阿富汗社会的安定团结。

怨恨一旦生成，关于新政府种种不堪行径的谣言自会不胫而走。从喀布尔回来的人说，"喀布尔大街上到处是乱扔的酒瓶"，乡下的一位毛拉在周五的祈祷仪式上，痛心讲述了喀布尔大街上男女恬不知耻当街苟且，而民众对此置若罔闻的骇人见闻。他痛心地表示，

喀布尔已经堕落，就快变成欧洲的一部分了。甚至有谣言说，美军性侵关在巴格拉姆的老者。当时，伊拉克阿布·格莱布的虐囚秘照已被公诸天下，即便身处阿富汗农村，人们也能看见照片上骇人的场面：美国女兵用狗链锁住一名穆斯林男子的脖子，迫使他在狱中裸体爬行，好像遛狗一般，旁边还有好些赤身裸体的男人被迫叠在一起，活似一堆木头。有了这样的新闻，村民自然对内容相似的谣言深信不疑。

2003 年 8 月，法鲁克觉得时机已经成熟，只要一点火，马上就能呈燎原之势。那么，法鲁克及其追随者打算在哪里打响第一枪呢？他们的目标并非巡逻的军队，也不是美军的兵营，他们甚至不打算袭击政府机构，他们杀害了两名红新月会（即伊斯兰国家的红十字会）的志愿者。法鲁克的暴行激起了人们的义愤，不过，法鲁克的 310
目的已经达到。他才不想赢得民心，他只想出名。虽然大家都对法鲁克指责纷纷，但这反倒让大家都认识了这个人。红新月会人员的惨死，让法鲁克的小团伙出了名，人们由此知道了这个魔鬼的存在。

几个月后，两名枪手骑着摩托车射杀了 29 岁的法国人贝蒂纳·格瓦斯拉尔（Bettina Goislard）。她是联合国的一名工作人员，帮助安置流离失所者（阿富汗国内难民），她的不懈努力惠及了 5 万多人。她的工作充满善意，深受爱戴。当地人民愤怒了，他们抓住凶手，并狠狠殴打了一顿。随后，凶手被移送司法机关，听候法律的制裁。你可能认为当地人的这一反应会导致法鲁克和他的组织重新考虑他们的策略，但事实并非如此。他们认为非常正确，没有创伤的日子就是在支持喀布尔政府及其外国支持者的事业；任何可怕的残暴行为，无论是谁犯下的，都能迫使大家放弃幻想，不再期待未来，同时，也可在一定程度上削弱卡尔扎伊的统治。法鲁克认为，要想驱逐外国势力，暂时的战争与苦难是一种历史必然。等傀儡政权垮台，外敌离境，他们可以重建秩序，恢复法律。当然，那是塔利班统治下的秩序与法律。

美国、北约和卡尔扎伊政府在某种意义上为法鲁克的事业作出了贡献。格瓦斯拉尔遇害之后一个月，北约战机对一处房屋发动空袭。据称，那是塔利班领导人的藏身之地，不过，屋内的住民却是 9 个孩子与一些无辜平民，他们和塔利班毫无关系。这一行为引起了与杀害格瓦斯拉尔同样的反感，并激起了人们一种道德上的对等感：塔利班杀害了无辜的慈善工作者，美国及其盟友正在杀害无辜的儿童，两者有什么区别？

每当美国误杀平民时，它会承认错误，受害者家属也会得到赔偿。不过，赔偿本身就是一种有问题的做法。在阿富汗普什图部落，对于谋杀案件存在一种独特的处理法则。有些时候，只要案犯一家愿意用金钱赔偿受害者家庭，案件可以就此了结。我觉得，一些美国人可能因此产生了严重误解，觉得误杀事件可以通过交易而轻松摆平。在华盛顿特区的一次培训会议上，我结识了一位认真的研究员，他告诉我，据他的分析，在伊拉克发生类似案例的补偿标准是多少，又问我阿富汗“当前的价格”是多少。

311 但对非正常死亡的赔偿并不是一种“现价交易”，这是管理部落互动的复杂社会机制的一部分。这种特殊的机制是为另一种机制所引发的无休止的血亲复仇提供的免责条款，即深深感到有义务为自己的亲属受到的伤害报仇，每一个解决方案都是一定文化背景的人之间的复杂谈判。美国人也许会觉得，既然对方已经接受了赔偿，那么一切仇恨也就一笔勾销了。事实上，这些钱可能只会使阿富汗人对其亲属在自己的土地上被外国政权杀害的不满情绪更加复杂。

2004年7月，阿富汗警方查封了一座私人监狱。监狱位于喀布尔的某处住宅区，狱长叫作杰克·伊德马。此人原在美军特种部队服役，后来成了警方口中的恶棍。伊德马还有两个帮凶，一个叫布伦特·本内特，一个叫爱德华·卡拉巴略。在拷打虐待方面，本内特是伊德马的好帮手。卡拉巴略的职责是用摄像机记录“犯人”刑讯的过程。三人被捕时，那里正关押着8名阿富汗男子，他们被吊在半空中。几天来，伊德马和本内特一直在对他们进行“审讯”，天知道伊德马等人想要套出什么样的情报。美国否认与伊德马有任何关系，但这是在监狱曝光前的一两周开始的，这表明他们中的有些人可能已经知道伊德马在做什么（他们也可能只是觉得伊德马古怪、令人讨厌）。[4]

地处农村地区的安达尔是穆拉·法鲁克的家乡。卡尔扎伊政府正努力在像安达尔这样的地方建立一个正常的行政机构。它任命了各区的省长，配备了警察，设立了市政中心和法院，以完善政府职能。许多非政府组织也进入安达尔和其他类似地区，以恢复供水系统、建立保健诊所，并为当地百姓提供其他亟须的生活服务。

政府为了争取民心不遗余力，叛乱分子却想方设法予以破坏。他们并不想和卡尔扎伊政府硬碰硬，更不愿意和外国军队正面冲突。每一个袭击目标，他们都要精挑细选。他们一次只针对一个人下手，就像恶狼玩弄猎物一般玩弄着喀布尔政府和美军。有时候，他们会把目标指向政府官员，更多的时候，受害者是那些与政府合作的平民。只要他们对卡尔扎伊统治下的安定生活表现出向往，就可能遭
到杀害。政府也许可以派出军警保护一片区域、一个城镇，也许能 312
够守护一个街区、一栋大楼。但是，政府能够保证每一个平民、每一个官员都能得到如此周到的安全保护吗？显然不能。既然有了漏

洞，对手也就有了可乘之机。

阿卜杜勒·哈基姆正是这样一位受害者。他住在加兹尼省，和警察存在合作关系。哈基姆并非位高权重的人物，只是因为工作需要，他才和警察有所接触。法鲁克写信警告哈基姆，勒令他立即辞职，还在哈基姆家的外墙上写满了威胁语，警告他不那么做的严重后果。对方恐吓再三，哈基姆仍不为所动。于是，法鲁克决定出手给他一点教训。一天，哈基姆刚从部队退役回家的长子，就在父母的眼皮子底下被不明分子暗杀了。几周后，哈基姆的小儿子又遭到逮捕（其实是绑架），之后，被指控为“美国间谍”而遭到处决。哈基姆不得不接受教训，选择退缩。[5]

当一家私人建筑公司试图修建一条穿越法鲁克管辖地区的公路时，工程反复遭到法鲁克一伙的破坏。他是在借此发出警告：他并不反对修路，只是反对未经他允许在其所在地区工作的外来者。于是，私营企业与非政府组织进入当地之前，都要主动和法鲁克取得联系，并获得他的批准，这样可以省去很多麻烦，而且这样的做法并不会损失什么，安全也因此有了保证。那么，大家何乐而不为呢？但是，当外来者寻求穆拉·法鲁克许可他们在他的地区工作时，他们倾向于承认法鲁克是那个地区的统治者。

其实，穆拉·法鲁克并不重要，毕竟他势单力薄，影响有限。不过，在美国干预的几年里，阿富汗涌现了数百个类似的人物。他们是自主行动的参与者——但也可以说，他们不是。他们的亲戚认识和他们一样的人，从而与另一些人建立关系，达成协议，做出合作安排。渐渐地，穆拉·法鲁克一类的小人物合并成庞大的组织，他们要听从上级指示。这种领导威望是通过传统渠道获得的，而且基于成员之间的相互义务，这种义务源自多年以来同甘共苦的经历，以及部落与家庭联系中产生的对等义务。

其中，最大的网络是阿富汗东南部贾拉鲁丁·哈卡尼领导的网 313
络。抗苏战争期间，他就已经闯出了名声。20 世纪 80 年代的时候，哈卡尼曾经从中情局那里获得大量金钱与武器装备。当然，这些资助是为了帮助他打击苏联人。第一届“圣战者”政府时期，他担任司法部长（那时卡尔扎伊是外交部的副部长）。塔利班倒台之后，哈卡尼声称自己是塔利班的一员，并开始与西方国家部队作战。哈卡尼声称奥马尔是自己的精神领袖，他得到奥马尔的任命，成了东南地区的“军事指挥官”。作为哈卡尼武装的二号人物，其儿子塞拉吉·哈卡尼是个极其残忍的暴徒，惯用自杀式爆炸和斩首等手段。

古勒卜丁·希克马蒂亚尔也从伊朗回来了，现在的他简直就是旧时代的活化石。过去，中情局和三军情报局都对希克马蒂亚尔宠爱有加，但他表示自己加入了塔利班。希克马蒂亚尔虽然自称塔利班，但仍然领导着伊斯兰党。他所谓的“塔利班”，其实是指自己的武装。哈卡尼占据了东南地区，希克马蒂亚尔虽没有任何成片的地盘，但他所拥有的“孤岛”却遍布全国，他在其他人的领地上建立了小小飞地。希克马蒂亚尔由此再次登上了阿富汗的政治舞台。

毛拉·奥马尔依靠曾经的威望在奎达重整旗鼓。这座城市位于阿巴边境的巴基斯坦一侧。在这里，奥马尔设立了舒拉（Shura）。名义上讲，阿富汗国内的一切反叛活动，都要听从奥马尔的指挥，但他从不公开露面，他的所有讲话都由发言人发布。当然，他的这些代言人常常互相矛盾，发言人到底是在自说自话，还是在传达领袖旨意，根本无从得知。显然，奥马尔也注意到了这个问题。为此，他特别指定了两名官方代言人——扎比乌拉·马扎希德和哈尼夫·亨思福斯。当然，这个消息也出自发言人之口。据两人所说，唯有他们的话才能代表奥马尔的意愿。[6]不过，两位发言人从来不现身，他们总是通过电话与媒体进行接触，没有人知道他们长什么样。也许，这两位发言人并非真有其人，而只是两个假名。很多叛乱分子都可以用他们的名号自行发声，如此一来，外界实在无从得知哪一次声明才是来自奥马尔。

当然，这不重要，因为奥马尔已经不是反政府武装的实际领导人，他只是一个符号，代表一众势力。如果奥马尔亲自指挥反击，
314 确实会拉起一支庞大的拥趸队伍，但是，他也一定会结下不少仇敌，毕竟政治斗争中，无法让每个人都心服口服。因此，奥马尔选择置身事外，对具体的事务概不过问。由此一来，他反倒成了一个传奇，有心人大可以打着他的旗号做着自己的勾当。两派虽然互相攻伐，却都可能自称是奥马尔的亲传弟子。显然，名义上的称呼与具体的行为和目的其实毫无关系。

奎达舒拉也许没有统御全国的权力，但是，阿富汗南部的大部分叛乱大概还在奥马尔等人的指挥之下。当然，笔者只是猜测，因为奎达舒拉的实际权力备受质疑。虽然阿富汗各地的叛乱分子都声称是在奎达舒拉的领导下，但他们却又在各行其是。有时候，叛乱武装之间确实存在合作，但有时候他们又为了地盘与毒品线路而互相倾轧。

叛乱武装的头目之一毛拉·阿合塔尔·奥斯曼尼掌握着庞大的走私生意，是塔利班重要的税收来源。2007年，他在北约的一次空袭中丧生。他的死亡可能和另一名武装头目毛拉·达杜拉有关，达杜拉故意向北约泄密，透露了奥斯曼尼的行踪。达杜拉其人残忍无比、臭名远扬，就连盟友及其手下也要惧他三分。大家都把达杜拉称作“屠夫”（据说他喜欢用斧头砍人头）。又有人说，达杜拉手下

的小头目多达几百人（小头目又各自统辖一批更小的武装团伙）。后来，达杜拉被英国特种部队击毙，可能是在他的行动被奎达舒拉内部敌对毒枭泄露给北约之后。[7] 达杜拉死后，他的兄弟曼苏尔接管了他留下的庞大组织。由于毛拉·巴拉杜尔的告密，曼苏尔被巴基斯坦特工逮捕。巴拉杜尔在奎达舒拉有很高的地位，有人甚至认为，巴拉杜尔是塔利班的二号人物（2011 年，巴拉杜尔被三军情报局逮捕，但在 9 个月后获释）。

阿富汗境内的所有叛乱都被媒体归咎于塔利班，这样的看法未免有失偏颇。我认为，一个组织并不足以掀起如此巨大的风浪。1996 年，塔利班第一次横扫阿富汗南部时，它是一个大致符合这一
说法的组织。不过，在美国介入之后，一切被称为“塔利班”的新 315
叛乱逐渐形成。如今的塔利班，聚集了各式各样的人物，既有毒贩，也有宗教激进分子，还包括一些外国的“圣战者”。甚至抗苏战争时期的抵抗组织，也在挥舞着塔利班的大旗。

《伦敦时报》的汤姆·柯格兰（Tom Coghlan）提供了一个例子。2006 年 6 月 18 日，一辆载有卡尔扎伊政府官员埃米尔·达多及其随员的汽车在坎大哈附近遭遇袭击，导致达多的兄弟被杀。而后，坎大哈地区暴力事件不断，到那天结束时，达多的 40 多名亲属遭到杀害。那么，这一系列惨案是塔利班策划的吗？

嗯，算是吧。塔利班接管之前，埃米尔·达多已是坎大哈地区的实力派。奥马尔的塔利班能够得势，还要感谢达多这类军阀的残暴行径。美国干预之后，达多等军阀再次得势。由于他们人数众多，卡尔扎伊政府无法与他们全面对抗。最终，好些军阀还得到了新政府的任命，在他们控制的地区担任正式官员。

达多所在部落还和同一地区的另外两个部落处于敌对状态。其

实，三大部落的宿怨由来已久。现在，他们仍在为了争夺毒品线路而互相攻伐。由于达多身居高位，他所在的部落自然占得了先机。对此，敌对部落早就积压了一腔怨气。[8]

正是由于积怨太深，这场仇杀很快就席卷了坎大哈地区，这在一定程度上是一场人民起义，仇视埃米尔·达多的人都在选择以武力泄愤。同时，这也是反对中央政权的地方起义，是三个部落之间长期不和的一段插曲，是一场争夺毒品和金钱的战斗，还是总部位于巴基斯坦的奎达舒拉在重新控制坎大哈的运动中所遭受的打击。因此，将这场战斗追溯到塔利班是正确的，但一旦人们解构了“塔利班”这个词，这样做的意义就没有了。

2005 年，反政府暴力愈演愈烈。不过，在此期间，政府也取得了一些进展。民选总统开始履职，民选议会开始运作，喀布尔涌现出不少新公司，各大城市都开起了豪华酒店。如喀布尔新建的五星
316 级塞莱娜酒店，为世界各地的商务人士在阿富汗提供一流的住宿。喀布尔、马扎里沙里夫和赫拉特等地的外国人多了一些口福。他们外出就餐不仅有烤肉串和烤肉之类的阿富汗菜，还可以吃到泰国菜、意大利菜等各种美食。2005 年，一位刚从阿富汗回来的美国人告诉我，当地局势已经大有好转，“街上连啤酒也有得卖！”这一点，让他惊掉了下巴。购物者可以前往喀布尔一家类似加州的圣莫尼卡购物中心的商场，在瓦济尔·阿克巴·汗这样的高档社区，有一家西式超市可供外国人采购物品。

喀布尔政府各部的顾问开始整理全国错综复杂的土地所有权档案，并将其数字化。如此一来，流亡者终于可以有理有据地索回自家的财产了。此前，每一次政权更迭，新官员会趁机霸占房产与土地，并伪造文件以支持他们的不正当行为。

喀布尔大学新设了研究特定学术专题的学科和研究所。阿富汗的一家研究机构着手收集历史档案并将其数字化，他们将这些文献上传网络，世界各地的学者因此有了研究阿富汗的第一手资料。喀布尔还开办了一所私立大学，虽然学费不低，但也不愁生源，部分阿富汗人的消费能力早已不可同日而语。

新宪法承诺保障新闻出版自由。尽管仍会不时爆出一些钳制言论的事件，不过媒体确实进入了繁荣时代。私人报纸、杂志与电台相继出现。一个从澳大利亚回国的流亡者家庭还建立了著名的 TOLO（日出）电视台，亚里安那和沙姆沙德等电视台也先后开播。至于一般的独立广播电台，更是举不胜举。

流亡者、非政府组织、外国政府和阿富汗政府继续在全国的城市、城镇和农村地区推动教育。大家一致认为，教育是实施重建的百年大计。“9·11”事件发生后不久的 2002 年，在洛杉矶的一次会议上，一位女士与我接洽，她说：“如果阿富汗人都能接受教育就好了。”我问她阿富汗人应该在哪些方面接受教育，她双手一摊，黯然表示：“所有方面！”

第33章
临界点

317 转眼2005年就快走完了，混乱与秩序的竞赛仍然不分上下。桥梁遭到轰炸，诊所不断被毁，无辜平民死于非命。与此同时，桥梁也在不断新建，手机得到普及，新开了好多学校，甚至边远乡村的人们也开始参与大选。2006年，混乱局面进一步扩大。漫不经心的观察家和政策专家都认为，这一年将是一个转折点。对于塔利班分子而言，2006年的目标是学校，他们将对学校实施袭击。

许多人认为学校是必需的。所有父母都希望子女接受教育，这种想法的前提是人们对教育的意义存在普遍共识。学校是传播思想的工具，当一种战争倾向的思潮大行其道，建造一所学校就是一种战争行为。在阿富汗，当心地善良的人们来到农村地区兴办教育，战乱地区因此多了好些不设防的建筑——学校，里面塞满了最脆弱的目标——儿童。2006年，塔利班叛乱分子意识到这是一个多么好的机会。

此前，他们还不敢对学校下手。那个时候，他们不想得罪人民，不愿随意突破底线，毕竟他们还想有朝一日重新统治全国。但是，2002—2005年，激进主义的宣传攻势不断袭来，塔利班分子也渐渐放开了顾忌。奎达舒拉出言偏激，巴基斯坦那些伊斯兰学校同样在大打心理战，他们要在民众中间制造“学校恐惧症”。目不识丁的父 318 母得知了一个骇人的消息：孩子一旦进入西方人办的学校，长大了肯定背弃伊斯兰信仰。其实，类似的手段早在20世纪六七十年代便已不鲜见。当时，农村公立学校的孩子成了“共产主义者”，并驾驶着苏联战机轰炸自己的祖国。如今，宣传机器再次开动起来：喀布尔的大街上满是空了一半的威士忌酒瓶，市集里到处售卖色情影片，政府唆使年轻女孩半裸着上街到处游荡，美国飞机源源不断地把猪肉运进巴格拉姆基地，而造成这一切的人，正在诱骗家长让孩子去学校“接受教育”！

当人们都在为学校问题而惶惶不安时，塔利班分子针对学校发动了袭击。2005年12月中旬，赫尔曼德省的一名教师在学校门口惨遭杀害。次月，扎布尔省的一名高中教师惨遭斩首。同月，坎大哈、赫尔曼德和拉合曼三地都有学校遭到焚毁。接下来的几个月，教师横遭虐待的事件愈发常见，打砸、焚烧和毁坏学校的事件屡见不鲜。[1]哈法尔·拉坎瓦尔设在霍斯特省的学校便遭遇了一场劫难。反政府武装把校内所有的课桌集中在一间教室，而后纵火焚毁。在纳迪·阿里小镇，哈罗提的“绿色乡村学校”陷入了塔利班武装的重重包围之中。一年之内，南部和东南部便有200多所学校被迫关闭。无论如何，家长都不希望孩子处于斗争的前线。于是，没人愿意上学了。

针对学校的恐怖袭击驱散了希望之光，一时间，未来又变得血腥起来。在南部阿富汗和巴基斯坦的边境地区，武装叛乱活动急剧增加。2007年，赫尔曼德省共发生了751起袭击、谋杀和越狱之类的暴力事件。

2007 年，看来是困难的一年，但下一年的形势还要更加糟糕，驱动叛乱的态度仿佛嗜肉细菌感染一般蔓延开来。我所说的“态度”，是一种普遍的感觉，即攻击任何与外国项目有关的人都是值得称赞的。政府官员及来自美国、北约、联合国和非政府组织的人员等都该统统被消灭，没有任何区别。

塔利班运动不再是一盘散沙，国外的理论家与奎达舒拉提供的那种意识形态作为一种溶剂和黏合剂，给了“异质”运动一种团结感，使生活在同一片土地上的不同族裔、不同背景的男子能够形成
319 一种统一的意识，即他们是谁，他们在为什么而战。这种感觉更容易被唤起，因为它来自传统的部落和宗教，无论阿富汗农村的社会体制以及农村群众有何分歧，基本上都认同这一观念。

叛乱分子当中，哈卡尼、曼苏尔、希克马蒂亚尔和毛拉·图尔（黑毛拉）等所在的组织规模最大，他们的旗下有多支武装协同作战，同时，他们与巴基斯坦方面保持着联系。在巴基斯坦，类似的塔利班叛乱组织正在形成，如斯瓦特山区的贝图拉·马哈苏德及其家人领导的武装。情况和反苏战争时期几乎一样，叛乱组织的头目负责筹措资金、管理资金、提供军备。

他们下面有一群战场上的作战指挥及专业的武装分子和全职杀手，他们的职责唯有叛乱。这些人从一个村庄到另一个村庄，从农民那里讨取食物、寻求庇护。时机一旦成熟，他们就会对目标发起攻击。事成之后，这些人会撤回巴基斯坦休整，补充军需。

除了这些以战争为职业的武装人员，塔利班还有一个更为庞大的群体。阿富汗各地的乡村当中，无数业余战士跃跃欲试，只需一声令下，他们就会在家乡投入叛乱。当然，他们的活动地点仅限于家乡附近。平日里，这些人不是务农，就是在干其他农村活计。除

非有明确的举事意图，否则他们不会轻易放弃本业。奎达舒拉一旦发出号召，这些人就会群起响应。

所谓叛乱，莫过于谋杀、暗杀和小型游击战这几种手段。他们的目标虽然人员众多、钱财充裕，武器军备也要精良得多，但是，面对叛乱分子的作战手法，政府军与美国人空有多重优势，根本无处施展。有时候，塔利班分子会聚起 100 人左右的队伍，向警察局及其他关键部门发起挑战。即便在这种情况下，他们也从不恋战，几小时内，所有叛乱分子都会撤得一干二净，待到北约部队赶来，他们已经没了踪迹。[2] 这些人看起来就像农民，事实上也是如此，320
他们中的不少人就是普通农民而已。过去，苏军也面临同样的问题，而在更久以前，英国人的麻烦也大致如此。

2008 年，阿富汗的塔利班分子已经组成了“影子政府”。有权有势的武装首领被任命为“影子市长”“影子警长”“影子区长”和“影子省长”。这些“影子官员”是否实际掌权，我们并不清楚。不过，塔利班有了这一套完整的班子，阿富汗的百姓似乎也有了另一种选择：除波恩计划扶植的新政府之外，还有塔利班政权。后者似乎随时可以夺权，将卡尔扎伊及其外国朋友驱逐出境。

最重要的是，塔利班发展了一套替代政府司法系统的司法体系。[3] 塔利班的流动法庭开始在这片土地上巡游（就像古代英格兰的巡回法庭），他们不必听从上头的指挥，这些“法庭”建立在已有的司法系统基础上，并且已经发展了 15 个世纪。法律非常具体，关于法律的书籍汗牛充栋，那些在学术上享有声望的人——名字中包含大毛拉、穆夫提和卡兹的人——都可以主张根据沙里亚法行使权力。就此而言，任何被称为毛拉的人都可以这样做，尽管从技术上讲，毛拉并没有足够的学识立法或者判决。在紧要关头，即使是一个哈吉（hajji, 至少去麦加朝圣过一次的人）也可以说自己有资格主持正义。如果人们接受判决，他就拥有其所声称的权威，因为这就是伊斯兰教在基层的运作方式。事实上，并不是所有法官都知道伊斯兰教法，他们所知道的是他们生活在其中的人们固有的判断和习俗。

塔利班分子的影响日益扩大，许多地区的民众因此陷入了两难，他们如有诉讼需要，恐怕都要掂量再三。新政府开设的法庭确实是一种选择，但是选择了政府，就得准备贿赂法官。很多时候，判决结果和双方提供的贿款多寡息息相关。如果不愿意，他们也可以等塔利班“巡回法庭”的到来。

似乎越来越多的农村人都更愿意相信塔利班。首先，求助政府
321 可能为他们带来杀身之祸。而且，即便政府的法官清廉刚正，政府的判决也可能有失偏颇，毕竟政府提倡的法律制度一向罔顾农村地区的礼俗、传统与部落关系，对于农村人口也是多有偏见。例如，一名男子给了远亲一定数量的鸦片来交换他 12 岁的女儿，他的亲戚卖了鸦片还钱，但因为女孩反对而没有交出女儿。塔利班的“法官”肯定会对原告表示理解；相反，一个诚实、正直的政府法官会按照喀布尔政府颁布的法律行事，可能会说：“你把女儿卖给这个人？用鸦片来交换？好了，别喊冤了，你们都给我蹲监狱去吧！”

叛乱无疑荼毒了乡村社会的生态，很多地区渐渐脱离政府的控制，外人根本无法涉足。2007 年，联合国派专员来到邻近巴基斯坦的帕克蒂卡省（Paktika）调查当地人民对新政府的观感。可是，他们每走一步都困难重重，在很多地方，即便是联合国人员也会遭到袭击。

战火也悄悄地蔓延到了城市。巴格兰的一间糖果工厂遭遇自杀

式袭击，造成 75 人死亡。2008 年 1 月，4 名持枪歹徒潜入喀布尔的塞莱娜酒店放置炸弹，杀害了一名警卫。最终，有两名枪手死亡，两人被抓获。这次恐怖行动惊人的不是死亡数量，而是目标，要知道，商务旅客来到喀布尔多在塞莱娜酒店下榻。一个月后，坎大哈再次发生人体炸弹袭击。自杀式袭击者混进观看斗狗的人群，最终约有 100 人遇难。7 月，有人驾驶汽车炸弹冲入印度大使馆，造成 58 人死亡，其中多数为阿富汗平民。媒体猜测塔利班应该对此负责，但在我看来，问题没有那么简单。

此时，塔利班历经摸索，已经建立起了一套有效的敛财手段，即对所有利润征收 10% 的税。农民是被压榨的主要对象，当时，阿富汗的农产品中，唯有鸦片最有价值。在很多鸦片生产地，鸦片已不仅仅是一种商品，其本身已经成了货币。人们随身携带鸦片作为现金，用于交换布料、杂货等常用消费品。[4] 当然，鸦片之所以经 322
历如此转变，是因其具有货币所需的一切属性：它不易损毁（主要是因为大家不舍得损毁），可以精确计量，价值得到广泛认可，而且产量相当有限（拥有鸦片的唯一途径是生产鸦片或参与其贸易体系）。作为一种上佳的货币替代品，鸦片甚至稳定了整个社会经济。

就这样，塔利班分子有了税收制度、影子行政系统、快速发展的（移动的）司法系统和（模拟的）货币。塔利班似乎可以宣称自己是卡尔扎伊政府的替代者，至少在各省是这样。我之所以这样说，是因为他们没有明显的机制来实际管理一个国家。可以肯定的是，他们所拥有的是使阿富汗无法治理的力量。

因此，塔利班叛乱对北约和美国构成了挑战，正如 20 世纪 80 年代“圣战”武装对苏联人构成挑战，以及一个世纪之前英国人面对阿富汗部落的挑战一样。英国放弃了击败他们那个时代叛乱的努力，只要一找到能把领导权交出去的人，他们就会抽身离去。这个人既强硬到可以统治这个国家，又足够精明，可以在国际和战略上充当英国的合作伙伴。如果美国能找到一个像阿卜杜尔·拉赫曼这样的强势领导人，那么它也会这么做。可是，阿富汗政坛上似乎没人能够担起这个角色。

第 34 章
增兵阿富汗

2008 年美国大选期间，贝拉克·奥巴马一再强调，他一旦入主白宫，将从伊拉克撤军，所有部队将会转赴阿富汗执行任务。我知道很多人将奥巴马的这番竞选言论当作一场政治秀，从而让他自己看起来和麦凯恩一样强硬。既然麦凯恩面对恐怖主义如此强硬，奥巴马自然不能落于人后。他们认为，奥巴马倘若当上总统，美国将结束所有的对外军事行动。

事实证明，他们错了，奥巴马是认真的。上台之前，奥巴马已经有了四点清晰的认识。其一，阿富汗比伊拉克重要。其次，阿富汗战争并非一场简简单单的清场行动，而是实实在在的战争。其三，美军及其盟友正在输掉这场战争。最后，美国要从这里撤出，但阿富汗这间屋子已经着火，倘若置之不理，整个社区将会承受池鱼之祸，问题解决之前，美军不能撤离。

奥巴马是第一位揭露巴基斯坦在阿富汗战争中所扮演的不忠角色的美国总统，他还承认，问题的核心正是巴基斯坦与阿富汗之间不断侵蚀的边界。事实上，奥巴马和他的顾问团已经把这一地区当作一个单独的实体，把它和两个国家分开考虑，称之为“阿富巴”

（Af–Pak）。种种迹象显示，奥巴马是正确的，他看到了问题的关键所在。

很好。那么，奥巴马打算如何解决阿富汗问题呢？

奥巴马决定派遣更多军队，这并不完全违背之前的对阿政策。
324 布什执政期间，驻阿美军人数就在不断上升。以下是布什政府时期驻阿美军的人数统计：[1]

2002 年	5200 人	2006 年	20400 人
2003 年	10400 人	2007 年	23700 人
2004 年	15200 人	2008 年	30100 人
2005 年	19100 人		

明眼人都能看出，驻阿美军从未减少。这些数字还仅是美军的人数，同样身涉战地提供支援服务的私人安保人员并未统计在内。事实上，其人数也在稳步增多，至 2008 年 12 月，相关数字达到了 71555 人。[2]

还有不少来自其他国家的部队在北约的指挥下，作为国际维和部队为阿富汗提供安全保障。2006 年，联军指挥权正式移交北约。同一时期，从加拿大到澳大利亚，几乎每个北约成员都在向阿富汗增兵。例如，英国已向该地区派出了 5000 人规模的部队。

奥巴马第一届任期内，北约各成员国（包括美国）驻阿富汗的军事人员共计 5.6 万人。加上军中的各种承包商，这个数字达到 12.7 万人。事实上，这个数字尚且小于实际数量。阿富汗境内还有一支不容忽视的武装力量——私人安保公司（这并非美军聘请的饮食、洗衣和设备维护人员），他们参与军事任务并只对雇主负责，他们接受金钱，提供安保服务。阿富汗战争期间，近 100 家公司开展了有针对性的业务，它们雇请的人员最多时达到了 4 万人。

综上所述，奥巴马的增兵过程并非那么令人吃惊，而只是政策的延续。布什政府时期，军队规模虽然有所扩大，但是美国政府需要不断释放信号，给人留下阿富汗局势不断好转、一切尽在掌控中的印象。因此，增兵的幅度并不那么明显。

奥巴马上台之后，调子有所改变。他断言，伊拉克战争是个错 325
误，真正的敌人在“阿富巴”，后者才是他的政策重心。宣誓就职后不久，奥巴马就下令往阿富汗增兵 1.7 万人。这个数字不禁让我想到 1842 年逃出喀布尔的英国移民人数，两者大致相当，当年，英国人在兴都库什山口遭遇了惨绝人寰的不幸。随后，奥巴马又下令 4000 人的部队开赴阿富汗。

布什任命的驻阿美军指挥官也被奥巴马解职，改派斯坦利 · 麦克里斯特尔（Stanley McCrystal）。麦克里斯特尔不是那种在华盛顿溜须拍马、油腔滑调的人，他每天只睡 4 个小时，早餐之前先跑上数英里，堪称战士中的战士、汉子中的汉子。据报道，他的手下对他十分敬佩，因为麦克里斯特尔对自己的要求甚于他对手下的要求。伊拉克战争期间，在他指挥下，联军除掉了臭名昭著的恐怖分子扎卡维。大家都期待他在阿富汗再创奇迹，消灭本 · 拉登。

在确认提名的听证会上，麦克里斯特尔向国会表示，他的对阿政策将和以前大不一样，他称之为“反叛乱行动”（Counterinsurgency）。这意味着他将集中精力把阿富汗人民带到美国一边，给当地人提供一个好的政府和安全感，他将通过正面打击塔利班来达到这一目的。坎大哈、赫尔曼德省以及邻近地区是打击的重点，他要扫荡与控制塔利班势力，并引导当地百姓安居乐业。麦克里斯特尔还表示，自己的成功不在恐怖分子被消灭的数量，而与阿富汗人民的安全感息息相关。他将实施严格的交战规则，确保今后误杀平民的事件不再发生。然而，他警告说，这种方略一开始可能导致美国付出更大牺牲，因为可能会让没有防弹衣保护的美国士兵和阿富汗人面对面地互动，而这些阿富汗人随时可能杀害美方人员。麦克里斯特尔希望美国公众做好准备，坚持到底。

麦克里斯特尔的策略遭到副总统拜登的反对，相较而言，拜登更喜欢指向精确的“反恐战略”（Counterterrorism）。拜登希望撤出
326 大部分战斗部队，减少美军参与一线任务的次数，只留下部分特种精锐，随时留意、跟踪并伺机消灭武装分子。如此一来，绝大多数阿富汗人都不会和美军直接接触，美军也不必同阿富汗人太过亲近，对方的反美情绪也将缓和一些，美国方面的伤亡人数也会减少许多。那样一来，美国公众也不用成天嚷嚷着反对战争了，美国政府在阿富汗的战略压力可以因此变小，相关的各种事宜也可以慢慢处理。

拜登还认为，无人机是个好东西。只消一个游戏机一般的遥控手柄，人们就能远远地操纵这种飞行器。地面上的目标也能被及时消灭。有了无人机，美军的伤亡率有望进一步降低。

两项策略都深得奥巴马的认可。于是，他又给麦克里斯特尔批了 3 万人的部队，同时，派遣了更多的特战部队。此后，拘捕塔利班分子的行动在步步加紧。北约部队常常采用夜间袭击的方式，对疑似塔利班分子进行抓捕。他们会趁夜深人静、无人防备的时候，突然造访嫌疑人的住所。在那之前，他们尽量不发出任何警告。行动时，作战小组却又尽量夸大抓捕的动静。特战人员穿着防弹服，带着夜视镜冲入房间，抓上嫌疑人后将其带离。当然，受假情报所害，很多受惊被捕的人其实完全无辜，但是，误抓的次数并不太多。即便抓捕行动扑了个空，也能对塔利班分子的身边人，如妻子、儿

女、亲戚和其他友人形成威慑，对方可能因此悬崖勒马而不再选择继续对抗。

比斯米拉·易克巴（Bismillah Iqbal）作为驻阿美军的随军翻译，向我讲述了夜袭的情况：

> 白天不能去，因为太容易暴露行踪，对方一旦发现是美军，肯定会立即用武力还击。即便好不容易摸到门口，他们也已经找好退路，逃得一干二净。晚上，一切都会不一样。闯进屋内，黑暗中地板上到处都有人在休息，还有少年儿童。没人辨得出美军的模样，也不知道闯入者有何目的。离开之前，作战人员可以随意锁定目标。有一次，我记得房间角落里缩着一个人影。那是个孩子，应该才 10 岁。之前他睡得很香，现在则醒了，仿佛陷入了梦魇。每个人都戴着夜视镜，我们的模样他绝对看不清。我不敢想自己在他心中到底是什么形象。那天被美军拖走的人 327
> 肯定和他有亲密的关系，也许，那人就是孩子的父亲，或者是大哥，我不知道。女人哭天抢地，孩子失声尖叫，婴儿大声啼哭，那个场景，你绝对不敢相信。我看见那个孩子眼睛发亮，渗出了一道寒光。当时我就想，迟早这个孩子也会加入叛乱。

奥巴马执政以来，驻阿美军极大加强了对无人机的依赖。2008 年，驻阿美军先后 35 次出动无人机进行攻击。奥巴马上任第一年，这个数字就上升到了 140 次，一共造成 200 多人死亡。因此，一个问题不可避免被提出来：死者到底是何身份？美国与北约方面再三表示，死者都是恐怖分子。但是，遭遇无人机打击的村民往往说，他们和叛乱组织毫无关系。无人机的到来，只是一场无妄之灾。双方各执一词，至于真相，可能介乎他们的说辞之间。

因为奥巴马有言在先，“阿富巴”地区是问题的核心。因此，无人机经常向巴基斯坦一侧的目标发射火箭弹。这激怒了巴基斯坦各界人士，迫使巴基斯坦政府向美方表示抗议。具有讽刺意味的是，巴基斯坦一边抗议美军的无人机行动，一边又从美国采购了不少同等型号的无人机。这些无人机都被巴基斯坦用于打击反政府武装，他们的行动区域正是“阿富巴”地区，而巴基斯坦政府却还在对美国使用无人机进行抨击。[3]

2009 年底，美国与北约同时展开大规模的“反暴乱”行动。在阿富汗（及“阿富巴”）地区，美方行动以“反恐”为主。当时，北约各国驻阿富汗的作战人数已经达到 10 万人之多，此外，还有 10.7 万名私人承包商。私人承包商中，外籍人员有 2.6 万人（其余的 8.1 万人为阿富汗人，他们或为美军效力，或服务于某个北约成员国）。如此一来，美国及其盟友派出的兵力已经超过当年苏联巅峰时期的派兵人数。即便如此，叛乱活动仍在继续蔓延。

2010 年，美军在马尔贾展开了近年来最大的一次清剿行动。马尔贾距赫尔曼德省的省会城市拉什卡尔加 20 英里，麦克里斯特尔认为，马尔贾就是反政府武装的据点，攻克此地会让塔利班遭受重创。那一次的战况非常激烈，结果也在意料之中。不到一周，北约部队
328 便告大获全胜。塔利班分子死的死，逃的逃，面对麦克里斯特尔的部队，所谓的塔利班政府完全不堪一击。很快，马尔贾的学校开始复课，诊所得以重新开业，警察也恢复了日常巡逻，基础建设得以重启，生活似乎变得美好起来。

但美好生活当中，仍有那么一点缺憾。零星的暴力活动还在城市及郊区不断出现。这些活动算不得战斗，甚至够不上武装袭击的

程度，倒更像是有人作奸犯科，只需当地警察出手，事态就能得到平息。但是，暴力事件仍在持续。希尔夫人在《阿富汗蒙难记》①中的种种描述，和 1841 年英国人在喀布尔的遭遇是如此相似。几个月后，就连麦克里斯特尔也表示，马尔贾成了“不断流血的溃疡”。他的话引发了巨大的争议，不过倒也不算错误。对于北约来说，真正的问题在于，它的军队无法区分被打击的目标和被保护的对象。当然，这不是他们的错。唯有深入阿富汗社会的内部，才能知道其中的区别，而且即便身在其中，相关的界限仍然可能相当模糊。[4]

麦克里斯特尔战功卓著，不过，一次不当发言断送了他的前途。2010 年 7 月，麦克里斯特尔接受《滚石》(*Rolling Stone*) 杂志的采访，他公然表达了对奥巴马总统的蔑视。[5] 他说，奥巴马会见自己的军事指挥官的时候，一直有些“畏手畏脚”。对于副总统拜登，麦克里斯特尔更是难掩轻蔑之意。他假装不知道拜登的名字，并允许他的手下暗示自己拜登（Biden）的名字可能是“咬我”（bite）。于是，麦克里斯特尔被调回华盛顿，接受军事礼节再教育。他的职位由传奇人物大卫 · 彼得雷乌斯（David Petraeus）接任。

传统观点认为，彼得雷乌斯是美国增兵伊拉克的推手。所谓增兵，是指在短期内大量增加作战部队的行为。彼得雷乌斯支持麦克里斯特尔在据点打击塔利班的策略，但他放弃了严格的交战规则，认为遵守这些规则更多是违反规则。彼得雷乌斯说，自己不能平白让属下身陷险境。接任那天，北约部队的空袭行动再次造成平民伤

① 希尔夫人原名佛罗伦萨·温奇（1790—1853），丈夫是罗伯特·亨利·希尔将军。第一次英阿战争期间，希尔夫人与众多英军士兵、妇女、儿童被俘，在被关押的 9 个月里，她每天写日记记录在狱中的经历。1843 年，她出版了《阿富汗蒙难记》，这是一部关于第一次英阿战争的经典作品。——编者注

亡。39 名死难者中，大多是妇女和儿童。当年秋天，彼得雷乌斯决
329 定发动一场比马尔贾更大的战役，他决定征服阿富汗第二大城市坎大哈，这里也是塔利班的诞生地。

一开始，双方的冲突并不算大，而且集中在坎大哈的郊区。美军战机朝一个叫塔洛克·科拉切的小村投下了 25 吨炸弹，村庄被夷为平地（村民得到北约方面的提前通知已被疏散，官方称此次行动没有造成任何平民伤亡）。[6] 两个月的战斗过去，美方取得了决定性的胜利。很不幸，马尔贾战役的成果却已经丧失殆尽，阿富汗北部的暴乱又有抬头之势。

2011 年 4 月 25 日，坎大哈发生的一起严重事件，让大家对北约的控制能力产生了严重怀疑。那一天，800 多名囚犯集体逃出了当地最大的一座监狱。此前，他们花费数月时间打通了一条长长的地下通道。如此明显的行为，却没有人注意到。当天，狱中 800 多人花了 4 个小时才全部逃离，也没有人察觉。他们从监狱对面的院子出来，而后搭乘汽车去了更远的地方，有一些人则是通过出租车逃亡的。直到人去楼空，狱中的警报才迟迟响起。[7]

2011 年 5 月 2 日，奥萨马·本·拉登被击毙，这本该是阿富汗局势的转折点，因为自 2001 年美军进入阿富汗以来，抓捕本·拉登、挫败“基地”组织是这场战争的公开目的。塔利班之所以介入，是因为他们怂恿了本·拉登。美方把大多数阿富汗人定义为“战争的受益者”。2001 年，本·拉登离奇失踪，阿富汗的这场反恐战争似乎失去了一个胜利标志。当时，塔利班已经垮台，喀布尔也被攻占，唯有逮捕本·拉登，消灭“基地”组织，才算真正的战果。布什的对手不会主动说一声“我们投降了”，因为其对手并非一个国家、组织或固定实体，美军是要和一种环境战斗，与一种意识形态

交锋。这种意识形态源自贫困、武力、仇恨、羞辱与侵略，并且已经深入伊斯兰世界的土壤之中。美军每发动一次镇压行动，阿富汗人被羞辱的感觉就会增加，仇恨的怒火也会更加旺盛。美国人的胜利越多，战争就越激烈；战争越激烈，怒火也会越旺盛。长期以来，330
“基地”组织及其“圣战”理念已经和阿富汗历史的主题结合在了一起。摩登的喀布尔和保守的落后乡村之间的交锋，又多了“圣战”的元素。这种冲突，美国与北约无力解决。相反，他们对于阿富汗社会的帮助，被许多阿富汗人视作对阿富汗文化的侮辱。

2011 年 5 月之前，奥巴马政府一直迫于国内的政治压力，而不敢从阿富汗贸然撤军。那样一来，无异于接受败局，进而不可避免地遭到政敌的大加挞伐。转机就在 5 月到来了。当一小撮美国海军的海豹突击队冲入距离巴基斯坦军事学院不到一英里的阿伯塔巴德的一个大院击毙本・拉登时，他们达到了战争的目的，美国似乎可以宣告得胜，而后撤军走人。可惜，一切为时已晚。美国政府已经在阿富汗泥足深陷，难以自拔。奥巴马一心计划为阿富汗新政府训练一支警察部队与国家军队，从而尽快将权力移交出去，可是，这个计划再也难以如愿进行。

本・拉登死后，阿富汗的反政府势力又有进一步壮大之势。2011 年 6 月，枪手与自杀式人体炸弹冲入喀布尔的洲际酒店。当时，一些外国代表正在酒店参会，讨论阿富汗的前途问题。混乱持续了 5 个小时才平息。9 月，塔利班分子又在喀布尔制造事端。他们向美国大使馆发射了火箭弹，并在城市多个地方制造了自杀式炸弹袭击，喀布尔经历了整整一天的乱局。一周之后，北方联盟领导人拉巴尼遇刺身亡。此前，卡尔扎伊曾委派拉巴尼组建“和平委员会”，负责与塔利班进行谈判。2012 年 4 月，喀布尔再遭连环袭击，战斗持续了一整天。一个月后，“和平委员会”的又一名领导被杀。事态似乎永远得不到平息。

凶兆还在不断涌现，不少警察与军人也加入了塔利班的阵营。一名自杀式袭击者潜入国防部并引爆了炸弹。2012 年，身着警察制服的杀手谋杀了两名美国军人，地点就在有高度戒备的内政部。两起惨案都并非凶手一时起意。有人为此精心谋划，就是要让凶案成
331 为“他们的一部分”。那么，到底是塔利班分子身着制服故意制造混乱，还是他们一早就已渗透进了北约军队与警察部队呢？情况很难判断。此后，政府禁止裁缝制作军装，以免反政府势力再有可乘之机。

叛乱愈演愈烈，而美国与北约部队还在不断用犯罪和错误手段火上浇油，这让阿富汗人生出了遭受西方侵略的愤怒感觉。2011 年夏天，美军“斯特瑞克”旅（Stryker Brigade）的“狙击手小组”成员被送上法庭。这些狙击手把杀害阿富汗平民当成了军旅生活的调剂，他们甚至砍下死者的手指和其他身体部位来炫耀自己的战绩。如上细节，都在法庭上得到披露。2012 年的一则录像资料同样令人发指。视频中，4 名美国海军陆战队成员公然朝阿富汗平民的尸体小便。录像放上 Youtube 网站后，引发轩然大波。2 月，巴格拉姆基地的美军又在垃圾堆里焚烧《古兰经》。一年之前，佛罗里达州的一名神父也曾做出侮辱与烧毁伊斯兰经典的行为，其蓄意挑衅的行为在阿富汗引发了严重的骚乱。2012 年 3 月，一名美国士兵在坎大哈横冲直撞，杀害了 16 名阿富汗平民。

对于美军的暴行，美国总统候选人纽特 · 金里奇立即发表声明，美国应该尽快撤军，因为这不会“从根本上改变阿富汗文化”。[8]他的这一声明证实了这样一种假设，即所有这些军队及战争的目的，就是想“从根本上改变阿富汗文化”。

第 35 章
希望之光

这些事态的发展可能使阿富汗看上去毫无希望。无论塔利班是谁，他们都在前进，现在没有什么能阻止他们将阿富汗拖入 20 世纪 90 年代末的黑暗与蒙昧中……至少看起来是这样。

然而，这种判断可能为时过早。其实，抵御黑暗的力量也在变强，这在一定程度上是因为巨额资金正面临着威胁。2010 年 7 月，麦克里斯特尔遭到解职。同时，《纽约时报》的一则重磅好消息开始与所有来自这个不幸国家的可怕战争报道竞相吸人眼球。报道称，阿富汗的地下有未曾发掘的矿藏，价值达 1 万亿美元！这份报告基于 2009 年五角大楼对阿富汗进行的地质勘探。说是新闻，其实并不新鲜。亚历山大大帝就曾提及这里的铜，马可 · 波罗也知道此地矿藏丰富。至于矿业救国的论调，我早在 1978 年就已经听说。当时，人民民主党政府矿业部的一位官员来到亚洲基金会访问，我正好在那里工作。此后，苏联人也曾在阿富汗四处寻找。可是，按照《纽约时报》的说法，大家都低估了阿富汗的矿藏潜力。

阿富汗的梅斯 · 艾纳克（Mes Aynak）拥有世界第二大未开发的铜矿，拥有亚洲最大的未开发高品铜矿石储量（之一）。黄金、宝石、钴、磷、钡、锶与铀等资源，阿富汗境内也是一应俱全。这里的天然气储量同样惊人，甚至还有少量石油。

当然，稀土资源才是阿富汗各类地下宝藏中最吸引人的，稀土包括锂、镧、铈、钕及其他 13 种稀有金属。说来惭愧，家乡的这些
334 宝物，我是从未听闻。稀土其实并不比锡矿更加罕见。不过，它们在土壤与岩石中的成分过于稀少，要想获得足够多的稀土并用于商业开发，并非一件易事。不过，今天提取它的努力是值得的。没有稀土，光纤、计算机显示器、硬盘、手机电池、笔记本电脑电池、节能灯、太阳能转化电池、混合动力汽车引擎和卫星通信工具等是不可能的，智能炸弹、无人机、精密导弹、激光武器、信号干扰设备和雷达等高科技军事设备的控制系统，同样离不开稀土。谁掌握了这些技术，谁就可能在下个世纪获得话语权，保持繁荣。稀土资源在未来的重要性，恐怕将和石油资源在当代的重要程度等量齐观。因此，开发稀土自然有利可图，而蕴藏着丰富稀土矿藏的阿富汗正处于几大强国的争夺前沿。

中国拥有世界上已知最大的稀土储量，达 3600 万吨，俄罗斯则以 1900 万吨位居第二，储量第三的美国是 1300 万吨。阿富汗的稀土储量尚未探明。不过，美国军事地质学家认为，仅在赫尔曼德河河谷不到一平方英里的地下，就有 150 万吨稀土。即便这是阿富汗的全部稀土储量，也足以令人激动，毕竟这个国家幅员并不辽阔，而且真实储量很有可能更为可观。不过，现在还很难说，因为稀土矿藏就在坎大哈和赫尔曼德省，而这些地区因为反政府武装活动频繁，相关的地质勘探并未完全展开。

这是巧合吗？

是的，我觉得就是这么回事。请您原谅，笔者有时也是阴谋论

者。因为现代科技的需要，稀土资源得到了世人的重视。坎大哈和赫尔曼德省的居民历来好斗剽悍，远早于使稀土成为宝藏的技术，他们还不知道自己一直站在一座宝库上，不过，他们迟早会发现。

资源丰富是个利好条件，但也令人喜忧参半。也许，阿富汗会因为丰富的矿藏而迎来技术革命，他们会对资源善加利用，把觊觎本国的外国势力拒之门外，由此而来的丰厚回报，也能得到合理的利用。财富不应仅仅施惠于一小部分人，而应让整个社会都受益。
可想而知，外国公司将是开发矿藏的主力军。通过地契与租约，阿 335
富汗也可能有所收获。当然，收获的前提是公平公正的政治与社会机制，唯有如此，财富才能无所争议地发挥作用。可惜，大国势力的窥视之下，阿富汗总是备受压力，这样的外部环境将会一直持续下去。如此一来，这种机制可能无法在强权争夺的高压下得到真正发展。

阿富汗的丰富资源在国际上引起了激烈的竞逐。目前看来，中国是最大的赢家。在《纽约时报》报道阿富汗铜矿消息的前一年，中国冶金科工集团以 35 亿美元的价格获得了阿富汗的一处铜矿所有权。2011 年底，中国石油天然气集团和阿富汗国有瓦坦公司组成合资公司，双方将共同开发阿富汗境内的油气资源。未来十年，阿富汗政府每年可以从工程的土地使用费和税收中获益 50 亿美元。

总部位于科罗拉多州的纽蒙特矿业公司是美国最大的黄金制造商，为了阿富汗的铁矿石资源，该公司曾经参与阿富汗主要铁矿项目的投标。不过，7 家印度企业组成的联合体成了最后的赢家。印度方面准备拿出 70 亿—110 亿美元，用于铁矿的开发。与此同时，英国、伊朗和土耳其的有关企业，也像饥饿的秃鹫一样围绕着阿富汗的其他矿藏资源，争相和阿富汗公司组成合资公司，开发黄金、铀、钴等矿藏。

迄今为止，中国政府未向阿富汗派出过一兵一卒，也没有在那里的军事行动上花过一分钱，然而，他们正在赢得阿富汗诸多矿藏资源的使用权，他们在那里缺乏军事存在正成为竞争优势。中冶集团签订艾纳克铜矿合同的时候，还提出了其他丰厚的条件。中冶集团将在铜矿所在的地区兴建学校、公路、宗教场所，以及一座 400 兆瓦的火力发电站。铜矿开发还涉及一系列移民问题，中冶集团拨出专款，请村民在合适的地点新建家园。原有的村舍则会因为矿区
336 作业而荒废。如此一来，村民不但有了新家，而且还得到一份不错的生计。至少，中方的承诺是诚意满满的。

碰巧的是，法国与阿富汗的一些考古学家也在附近有了重大发现——一座建于公元前 7 世纪[1]的佛教寺庙。可想而知，出土的文物珍宝又会让喀布尔博物馆的展品丰富起来。但是，铜矿开采会对文物造成毁灭性的破坏。中方原计划于 2011 年开始动工，这一重大考古发现后，中国公司决定推迟三年再动工。因此，考古学家有了挖掘文物的时间。由于工程至少需要推迟三年，中方因此蒙受了不少经济损失。而且考古学家表示，工程可能需要十年以上的时间。无论如何，中国公司推迟工期的决定无疑是正确的，受到了广泛好评。

过去，阿富汗一条铁路也没有。多亏了矿藏的发现，国内很快就建起了三条铁路，而且将来可能还有更多铁路铺设在阿富汗大地上。中国公司将承建一条从北方通往喀布尔南部洛加尔省的铁路，用于运输艾纳克出产的铜矿。印度方面也需要为哈吉加克铁矿寻找对外通道。他们规划的铁路始于喀布尔西部的巴米扬省，一直连接

① 根据国内外的最新研究，一般认为是 2—9 世纪的佛教寺庙。——编者注

到伊朗境内的恰赫巴哈尔港。经由这些铁路，阿富汗的其他矿藏资源也可以行销国内外。2012 年，从乌兹别克斯坦到马扎里沙里夫的铁路已经建成通车。除了货运，这条铁路也担起了客运的职责。

作为巴尔赫省省会，马扎里沙里夫的经济发展迅猛，当地的叛乱活动也因此转入低潮。土耳其商人投资兴建的食品工厂出产了大量食用油和罐头食品，除了出口，也惠及阿富汗国内的消费者。同时，巴尔赫省的纺织与成衣产业已粗具规模，甚至有了一家摩托车装配厂。

叛乱活动虽时有发生，但商机也在增多。阿富汗企业家兴办的公司（总部位于迪拜）已和百事可乐达成协议，以 6000 万美元的价格买下百事可乐产品在阿富汗的代理权。另一家与阿联酋商业利益密切相关的阿富汗公司，则准备投资 1 亿美元在阿富汗开发 3G 电信业务。公司估计，3G 网络一旦投入使用，用户能够再增加 600 万人。337
“9・11”事件以来，阿富汗的电信运营商已有三家，手机用户超过百万，其中一家运营商推出的手机银行业务，更是极大促进了商贸活动，人们可以在拥有手机信号的任何地方开展业务。

虽然数百万阿富汗人仍陷于赤贫，不过，喀布尔等城市正在腾飞。看一看新富阶层迎婿嫁女的阵势，就知道大量金钱在流动。对于阿富汗人而言，婚丧礼俗一定要讲究派头，因为这关乎家族的荣誉。以前，很多年轻男子无法结婚成家，是因为他们没有钱财大操大办，毕竟那样一来反而有损家族名望。

大户人家过去的婚礼非常热闹风光，但比起近些年来各种喜事的显赫排场，也会显得相形见绌。通常情况下，如今的一场婚礼，来宾人数起码数以百计。权势人物（权力寻租已经取代领兵割据，成为阿富汗上层人士的主要营生）为子女操办人生大事，前来道贺的宾客更是可能突破 2000 人。即便一般的家庭，也喜欢大操大办，有些家庭甚至为了一场婚礼而走到破产的边缘。

大办婚礼自然有其益处，至少可以大大地刺激经济。开办婚庆公司因此成了一桩有利可图的生意。人们喜欢在宫殿般的豪华场所举办奢华的婚宴，仅在喀布尔一地，便有 80 多处这样的场所。[1] 一场婚礼可能会把一些人的腰包榨干，也可能让一些人赚得盆满钵满。婚庆产业还给妇女提供了就业良机，一些女性甚至借此开办了自己的生意。美容行业方兴未艾，毕竟有钱人都乐得花钱，把自家的妻子和女儿打扮得光彩夺目。这样一来，婚礼上他也会有面子一些。款式新潮俏丽的女式长袍总是很受欢迎，女性设计师也凭借自己的巧手裁剪而获得巨大的成功。豪华的婚宴自然也挽救了餐饮业，租赁漂亮碗碟，同样可以赚上一笔。在现代喀布尔，音乐人可以毫不费力地找到工作。

事实上，婚宴过于奢靡已经成了一种社会病，政府甚至有意出台法律予以限制，但是没有任何效果。不管法律怎么规定，总会有人为了炫耀成功而不惜钱财。

伊德里斯・艾哈迈德・拉赫曼尼是一位工程开发师。2001 年
338 “9・11”事件前夕，他曾深入阿富汗乡村并辗转多地，与大量村民有过密切接触。他还记得，一旦偏离公路，就会进入一片落后原始的地区。那里的乡村没有水电设施、邮政服务，也没有电话，村民无法了解外面世界的最新进展，对喀布尔的时局也一无所知，更不用说巴基斯坦、巴黎、美国的皮奥里亚发生了什么。2010 年，拉赫曼尼再次以研究者的身份造访这些地区，他发现那里已经没了与世隔绝的村子，阿富汗的乡村社会发生了翻天覆地的变化，短短十年的变化大过千年的漫长变迁。拉赫曼尼觉得太不可思议了。

拉赫曼尼将这一变化部分归功于电视。他足迹所至的每个乡村，至少拥有一台电视机，而且还配备了卫星天线。电视与天线通常放在村公所的所在地，每到晚上，村民们就会聚在一起观看世界各地的电视节目。

那么村里的用电从何而来呢？拉赫曼尼发现，村民们已经用上了燃气发电机。中国制造的发电机价格低廉，每个村子都能负担得起。那么，他们的天然气又来自哪里呢？拉赫曼尼说，每隔几天，村中长老便会吩咐年轻人驾驶摩托车，前往邻近的集市购买液化气。中国和伊朗生产的这种价格低廉的代步工具，每个村子都能买得起几辆。[2]而且，太阳能电池板正在那里得到广泛使用。偏僻的乡村居民如何能负担得起太阳能电池板、摩托车、发电机，以及时时需要补充的液化气呢？拉赫曼尼并未言明。但是，答案似乎很明确，阿富汗各地的农民都在生产一种颇受欢迎的商品——鸦片，这种商品可是行销全球的硬通货。

塔利班控制下的毒贩通过把毒品走私到国外销售，来达到资助塔利班的目的。他们到乡村收购鸦片并不一定通过现金支付，他们常常用各种新鲜玩意作为鸦片的抵偿。于是，村民们用上了手机、电视机、摩托车、越野车和电脑。[3]一方面，塔利班的种种作为确实在把阿富汗拽回7世纪的落后境地；另一方面，他们又在把现代科技传播到全国各地，从而无意中促进了信息流动和文化影响在阿 339
富汗农村地区的传播，而这最终将葬送塔利班的“大局”。村民们已经爱上了电视，电视节目来自世界各地，这一切还得感谢卫星天线。拉赫曼尼甚至发现，有些村民看得津津有味的东西，竟是盗版的HBO电视剧！这个消息虽然无从证实，但是我相信真有其事。

即便村民只能接触本国节目，也足以达到开阔眼界的目的。《阿富汗偶像》(*Afghan Idol*)一类的真人秀，他们绝对前所未见。显然，这是阿富汗版的《美国偶像》(*American Idol*)。选手面对评委表演才艺，每轮比赛过去，都有人淘汰、有人晋级，人员不断减少，最后会产生一位冠军。节目开始第一年，就有两名女性歌手进入了决赛。其中，出身赫拉特的塞塔拉着实成了风云人物。决赛中，她不但没有佩戴头巾，而且载歌载舞（并不是阿富汗人熟悉的那种婚庆舞蹈，而是左右扭动脖子，手臂蜿蜒如蛇，眼光闪烁挑逗）。面对全国观众，塞塔拉扭腰摆臀，跳了一曲迪斯科。放在美国，她的表现只能算中规中矩，并无挑逗之意，但是，在阿富汗，如此举动却为她招来了杀身之祸。

死亡威胁成了国际新闻，加强了经常与阿富汗联系在一起的倒退野蛮的主题，但对我来说，大新闻是女性在这个节目中，通过竞争进入决赛。更值得一提的是，参赛选手包括普什图人、塔吉克人、哈扎拉人，最后的冠军由电视观众手机投票决定。第一季比赛的冠军是个哈扎拉人，他的民族出身并没有引起争议。

看到《阿富汗偶像》大受欢迎，阳光电视台又制作了阿富汗版《谁想成为百万富翁？》(*Who Wants to Be a Millionaire?*)。2010年，电视剧《此地的秘密》(*The Secrets of This House*)在阳光电视台开播。电视剧全程在喀布尔完成制作，编剧阿提克·拉希米（Atiq Rahimi）曾经多次获得各类奖项的肯定。他离开法国回到喀布尔，就是为了拍摄这部电视剧。[4]同年，阳光电视台还播出了讲述警察生活的《飞鹰四号》(*Eagle Four*)。该剧得到美国大使馆的鼎力支持，剧情与阿富汗国家警察的一个反恐小分队有关，主人公出生入死打击犯罪，而且他们的行动自由自在，很少考虑规则。故事基本就是基弗·萨瑟兰（Kiefer Sutherland）《二十四小时》(Vehicle 24)

的翻版，只不过“飞鹰四号”是个男女搭配的组合。当然，这一点只是主创人员的美好愿望。事实上，阿富汗直到2010年才有第一名女性警员，同年，阿富汗国民军也迎来了第一名女兵。2012年，笔者在阿富汗期间，曾经收看过一档关于绑架的真人秀节目。那个时 340
候，阿富汗国内的绑架案件频发。节目中既有演员的事后讲述，也有纪录片中的真实影像资料。

艺术品市场也在加速回暖。2011年，策展人拉明·贾韦德带着30幅先锋画作前往美国巡回展览。画作全部出自阿富汗艺术家之手。“绿松石山基金会”（Turquoise Mountain Foundation）由英国作家罗瑞·斯图尔特（Rory Stewart）创办，不过负责团队却由清一色的阿富汗人组成。在他们的帮助下，年长的手工艺人和青年学徒两两结对，使阿富汗民间手工艺的传承得到了保障。舍林·帕夏（Shireen Pasha）的纪录片电影《慢点，慢点，泥土和莲花》（*Slowly, Slowly, Mud and Lotus*）对这些工匠及他们的工作有惊人的呈现。[5]2011年，“绿松石山基金会”又开启了一项旨在保护喀布尔老城街区的计划，并筹措资金，修葺城中迷宫般的楼宇和窄巷。经过20世纪90年代的战火摧残，老城几乎面目全非。阿富汗仅剩的几位传统艺术大师，将和学徒一起投入重建工作，他们的专业涉及木雕、制陶、瓦工和金属工艺等。

阿富汗的电影产业大有欣欣向荣之势。德国籍阿富汗人布尔汗·库尔班尼（Burhan Qurbanni）导演的《沙哈达》（*Shahada*）入围柏林电影节。两个月后，索尼娅·纳赛里·科尔（Sonia Nassery Cole）执导的《黑天鹅》（*Black Swan*）在喀布尔亚里安那电影院上映，影片是在阿富汗拍摄完成的。《黑天鹅》讲述了一个喀布尔家庭经营一间咖啡馆，并举办诗歌朗诵会的艰辛历程。这部电影还遭受了一个悲惨的打击，反动派绑架了女主角，并砍掉了她的脚，以惩罚她所谓的对宗教不忠。最终，科尔不得不选择自导自演。

音乐界的几位巨星也结束了流亡生涯。鼓手阿西夫·穆罕默德（Asif Mohammed）和歌手法尔哈德·达丽雅（Farhad Darya）先后回到祖国。国家博物馆修葺一新。在企业界的资助下，喀布尔又多了一座国家体育馆。2012年伦敦奥运会，阿富汗也派出了代表团参赛。田径选手塔哈米娜·科希斯坦尼（Tahmina Kohistani）带着头巾参加了女子100米的角逐，罗胡拉·尼克帕伊（Rohullah Nikpai）再续2008年的辉煌，获得一枚跆拳道项目的铜牌。

阿富汗的历史也许悲剧不断，不过，这个国家从来不乏喜剧明星。阿曼努拉·穆贾杰迪（Amanullah Mujaddedi）就是阿富汗的安
341 迪·考夫曼。一天，他像过去的军阀一样，在公路上设置了一个检查站。不过，阿曼努拉·穆贾杰迪并非想要诈取买路钱，而是向路过的司机送钱。对方的错愕反应，就是他想要的喜剧效果。穆贾杰迪还在构想一个“圣战痞子”的角色。根据他绘出的草图，人物身着金色长袍，戴着墨镜，身边总有几个穿着罩袍、摇来晃去的女性。显然，他是在讽刺阿富汗的宗教极端分子。如此作为，堪称“讽刺喜剧”的大胆尝试。您可能觉得这样的人物一定出身激进的文化家庭，其实，阿曼努拉·穆贾杰迪的叔叔，乃是抗苏战争时期的七大“圣战”武装首领之一的西卜加图拉·穆贾杰迪，是一位保守派。

总之，竞争并未结束。乡村地区的保守派还在向城市步步进逼。他们时不时派出的人体炸弹会混进人群密集的市场和街区，制造一起又一起的惨案；他们还会不遗余力地要把国家拖离现代化的轨道。但是，进步人士也予以了有力的还击，大家齐心协力，要把阿富汗

引向未知的未来，让人们看到广阔的外部世界。

资金还在源源不断地涌入这个国家，贪污腐败仍然触目惊心，社会充满活力，导弹、炸弹、炮火仍在威胁和平，歌手还在歌唱，喜剧仍在上演，阿富汗的历史屡被中断，也在不断重新开始，这个国家还在整合，未来如何，谁也无法下定论。

大画景

343 谈古而不论今，这是本书的主旨。时事瞬息万变，自然不好妄下断言。但是，本书行到结尾，我也想谈一谈今天的阿富汗。毕竟，“今天”代表了阿富汗历史的发展模式，这种模式由来已久，并受到多种因素的影响。

对阿富汗来说，地理位置是最重要的问题。阿富汗是一个中间地带，是列强之间为争夺比阿富汗更大的赌注而苦苦挣扎的地方。在古代，突厥、波斯与印度文明在此交汇，他们都对阿富汗有所影响，但阿富汗却又那么与众不同。人民在此不断融合，但这片土地从来不是波斯的边疆，也未变成印度北部的一部分。古往今来，介入阿富汗的大国势力不断变化，争夺从未停止，但阿富汗却从未消失。阿富汗非但没有被融合，反而不断从入侵者那里吸收各种因素，将自己塑造成一个有别于邻国和入侵者的实体。

2002 年，最初的塔利班被推翻后不久，我 37 年来第一次回到喀布尔。我一路北行，游历了大片乡村，一直到艾哈迈德·沙阿·马苏德曾经的据点潘杰希尔山谷。当时，首都的三分之一或更多的区域被夷为平地，北郊的平原上还有战火的硝烟。我发现，阿富汗还是那个我离开时的阿富汗。

我和我的朋友们在潘杰希尔河畔走走停停。几分钟后，我发现 344
周围都是牧羊人和农民。他们会从我们身边走过，看看我们是谁，并给我们带来了热茶和新鲜的桑葚。每到一地，都有陌生人主动攀谈。他们常常说起他们的故事，也会天南海北地随意聊天。类似的际遇实在太多，我已记不清当时的谈话内容。这个国家的物质文明遭受了难以置信的破坏，但是其文化在死亡和时间面前还是那样冷静和漠然。这里的人们还是那么乐于交际，不管哪个国王在位，阿富汗的老百姓都会热情得有点咄咄逼人。

为了争取男女平等，阿富汗人曾经付出过太多血的代价。不过，这个国家仍是一片公私分明的世界。公共世界几乎完全属于男人，女人仍然要远离陌生人的视线，只能生活在高墙大院之内。不过，作为一个阿富汗人，我可以证明，至少在我的家族和家庭里，女性仍像以往那样充满力量、健谈而有活力。

2012 年，我再次回到阿富汗。我发现这个国家已经有了很大变化，虽然仍有许多事情没有改变。2002 年的喀布尔街头一片混乱，被破坏的建筑随处可见。2012 年，喀布尔的秩序也没好到哪里去，只不过，热火朝天的建设场面成了混乱街景的根源。2002 年，几乎没有人有电话。2012 年，虽然没有固定电话，但几乎每个人都有一部手机，很多人甚至有两部手机。在我上一次访问中，虽然城市里几乎看不到有人骑驴，但在乡下有不少人在骑。现在仍可以在农村看到驴子，但骑驴拉货的农村人运送的物品可能变成了电脑。

2002 年，喀布尔约有 35 万居民，这里的汽车很多，但（据我所知）只有两个交通信号灯，城市的交通状况自然很不乐观，但大家好像已经习以为常了。2012 年，喀布尔的人口已达数百万，具体有多少，众说纷纭。根据美联社的估计，大概是 300 万人。喀布尔的很多人认为有 500 万，也有些人估计是 1000 万。然而，正如我所说的，许多方面仍没有改变。这个拥有数百万人口的大城市，仍然缺乏交通信号灯，交通拥堵仍旧无解，但似乎依旧没人关心。他们只是一边等车，一边用手机做生意。“今天我们不被堵在这里，也会被堵在其他地方，有什么好着急的？”一个人耸了耸肩，补充道，“一切听从真主的安排！”

345 阿富汗的乡野一如既往地古老而宁静。驶出喀布尔 100 多英里，我们进入了一处看似没有人烟的山谷。我们停下来换了一个轮胎。一个白发苍苍的当地人从我们根本看不见的村庄走过来，邀请我们上门喝茶。城市里的人可没有这等闲情，那种从容不迫的平静感已经让位于金钱和科技引发的疯狂喧嚣。然而，这只是阿富汗人性格中的一个方面。这个社会也一直是一个比拼人际关系的丛林竞技场，掌握权力的人可以恣意妄为。从艾哈迈德 · 沙阿时代开始，这个情况完全没有任何变化。

时至今日，十年前的喀布尔人所藐视的那些交通规则，大家仍然觉得只是一种不合国情的舶来品。有人笑言，在喀布尔开车就像玩布兹卡谢。司机们随意变道，只要瞅准一个空当，甚至会驶入对方车道，逆向行驶。您可能认为这里毫无秩序。

您如果这么想，或许也有失偏颇。如果真的没有规则，街上每天的车祸数量会多达成千上万起，但我看到的是上千次的险些碰撞，没有一次真的碰撞。车辆非常之多，刮擦相撞的情况却从未发生。外国人眼中这些规则可能并不明显，但对阿富人来说，它真实存在，并理解这种规则。毫无疑问，这个国家的社会和政治生活也是如此。

阿富汗人的规则很难辨析、领悟，部分原因是那里拥有不止一套规则。当阿富汗在 18 世纪作为一个民族国家联合起来时，它可能就有一种一贯的文化，虽然它在不断演变，但它是在一个连贯的框架内发展变化的。

随后，这个国家经历了来自欧洲的一系列入侵，引发了一系列的相互冲突。阿富汗人民的凝聚力来源于传统的部落和伊斯兰价值观，人们希望政府不遗余力地尊重和捍卫这些价值观，希望政府能对自己的生活少一些管束。不过，阿富汗的统治者也不能简单地顺从，因为周边总有两个或更多装备精良的西方巨人在竞争，而阿富汗就在他们混战的战线上。每一方都想进入这个空间，都想与阿富汗合作成功，他们都觉得自己能为阿富汗带来文化上的进步、物质 346
上的改善，各方都乐于和阿富汗领导人打交道，只要他们在欧洲人熟悉的文化基础上运作。

阿富汗的统治者试图在内外之间进行周旋，但这使他们陷入了双重困境。想要确立地位，他们必须谋求当时最强大的外国势力的支持。但是，没有一个阿富汗人能够在没有本国最强大的力量支持下长期统治这个国家。在外部强权看来，阿富汗的统治者必须为己服务，内部势力却又要求统治者摆出力拒外敌的姿态。成功的国王总得学会两面平衡，表面上声称自己是保守的社会传统和伊斯兰价值观的拥护者，实则在暗中追求现代化。

如今的阿富汗面临着同样的情况。不过，内外势力对于卡尔扎伊政府都心怀疑虑。阿富汗人觉得卡尔扎伊不断妥协，总在答应美国人的各种条件；卡尔扎伊的各项政策，美国政府看在眼里，认为阿富汗在开倒车。美国人甚至担心，卡尔扎伊会和塔利班沆瀣一气。其实，任何人只要坐上卡尔扎伊的位置，都会表现得如此“精神分裂”。他的所作所为并非无能的表现，他的矛盾表现只是阿富汗社会图景当中各类矛盾的集中体现而已。

大国之间的交锋，导致人们对阿富汗的民族性产生了不同的看法。每一支外国势力都觉得自己是在干预“一个国家”，其实，他们每每横插一杠，不过是加入了一场阿富汗人关于国家认同的内部斗争。每一支干涉力量都扮演着这样的角色，他们总要扶植代理人，帮助自己统辖整个阿富汗。但由于傀儡的权力得自国外，因此，阿富汗传统社会对于喀布尔中央政权的信任度在一路走低。外国势力原本觉得，只需抓住把手，就能握住阿富汗这把瓷壶，没想到瓷壶破裂，他们的手里只剩下一个把手。舒贾·沙阿和亚库布·汗就是英印当局的把手，巴布拉克·卡尔迈勒和穆罕默德·塔拉基则被苏联人握在手中。他们虽处于不同的时代，但其代理人的角色相似。
347 至于卡尔扎伊，则是新时代的代理人，只不过他无须顾及英国或者苏联的命令，只需听命于美国和北约而已。

外国干涉，不仅削弱了傀儡政权的执政能力，也破坏了喀布尔在阿富汗的权威。中央权威涣散，导致地方割据势力纷争而起。最终，入侵者都陷入了难以收拾的乱局。这种乱局消耗了他们的资源，以致其没有时间和力量来实现干预最初的目的。问题不在于统一团结的阿富汗不可征服，而是分裂内乱的阿富汗让征服者无力管制，这才是问题的所在。外国干涉势力想要重建中央权威，却总是无能为力，毕竟，能够团结阿富汗的只有阿富汗人自己，这取决于阿富汗文化内部矛盾的解决。只有当外国势力从这个他们无力控制的国家撤出，阿富汗的城市（或农村）统治阶层重新掌权，阿富汗才能重新迎来团结的局面。驱逐外敌一定会使新政府的威望高企，阿富汗历史的钟摆也会从分裂转向中央集权。在新政府的努力下，国家将整合各民族和团体，形成统一的合力。

阿富汗的每届政府都在进行这样的努力，因为外国势力总在干涉阿富汗的局势，没有哪个政府可以眼睁睁地看着这个社会分崩离析。

一旦获得阿富汗人的信任，新的统治者就会着手推进两件事：表面上，他们要秉持不结盟的原则；暗地里，则要和外部势力达成谨慎的妥协。而且，他们要让阿富汗的文化传统融入整个世界潮流。后一项任务，尤其需要他们谨慎操作，因为一不小心就可能身败名裂，失去权位。

同样的情况会再次发生，无论是华盛顿属意的人选获得阿富汗的统治权，还是塔利班分子席卷城市、确立统治。面对大国干预的持续威胁，喀布尔中央政权渐渐习惯向外看，并倾向于成为国际社 348
会的一员。如果塔利班分子夺取政权，他们很快也会生出同样的迫切心态。这种向外看齐的心态和对某种形式的现代性追求很快会显现出来。

面对阿富汗，世界列强有两个选择：要么征服这片土地，要么秉持公正立场，促进阿富汗社会达成和解。具有讽刺意味的是，使阿富汗在文化和政治上建立起主权国家的和解，最符合所有各方的利益。我之所以说“讽刺”，是因为阿富汗一旦获得主权，它将采取中立的外交政策，这将不符合其他国家的利益。由此一来，大国可能宁愿彻底征服这个国家。可是，这一目标完全不可能实现。那么，外部势力到底想要一个中立的阿富汗，还是一个俯首帖耳、四分五裂的傀儡政府呢？

奠定民主、消除腐败、解放妇女，皆非美国在阿富汗面临的主要难题，这些问题应由阿富汗人处理。对美国政府来说，真正的问题是如何放手。华盛顿当局必须让阿富汗政府学会自立，但又不至于落入其他国家的掌控。这样的局面并非美国或者北约能够单独掌握，因为任何关心周边利益的国家，都有可能介入其中。因此，各方必须达成一致，确保“中亚瑞士”阿富汗的永久中立地位。

一旦外部压力减弱，阿富汗人就能着手解决国内的文化矛盾。这条道路注定布满荆棘。但是，希望并非那么渺茫。虽然城市和农村这两个世界的冲突由来已久，但随着时间的流逝，这条鸿沟正在渐渐缩小。十年前，我在阿富汗的家乡还没有像样的路政设施，虽然这个小村就在喀布尔不远处的郊区。要想到达那里，得适时脱离公路，沿着那个方向一路翻山越岭，步行、骑驴或搭乘汽车。不过，这些已成历史。如今，我的那些亲戚正在忙着对他们一直耕种的土
349 地进行确权，因为无主的土地即将被政府征收。笔者老家所在的德叶海亚（Deh Yahya）村，将来会成为首都新区的一部分。

2012年，我偶然结识一位普什图司机。他来自瓦尔达克农村，不过已来喀布尔谋生多年。听说我在为阿富汗写作，他立即表示要为父老乡亲发声：“世界上其他地方的人可能觉得，阿富汗人只知道互相杀戮、互相伤害，但那不是事实！看看我吧，难道我不是个温柔可爱、行为得体的男人吗？”（没错，司机先生的确是我见过最温柔可爱、行为得体的人）他还说，“政府已经修好了路。以前，从我家到喀布尔需要4个小时，现在45分钟就够了。母亲一旦身体欠安，我可以迅速带她到喀布尔的医院。所以，你觉得我们会反对修路吗？我们农村人不会反对修建道路，也绝对支持兴办医院。我们只想和平地生活，就像一直以来那样平平安安地生活。”

那一次，我还去了巴米扬。矗立在那里的大佛已经被塔利班摧毁。上一次来到此地，我只有2岁。对于庄严的佛像，我已经毫无印象，只能通过旧日留影进行缅怀。我们沿着谷地，一路走进巴米扬省的腹地。道路两旁的所见所闻，并未让我生出太多陌生感。附

近的巴扎和我幼时的记忆没有太大差异。对我而言，这里就像喀布尔的德赫布里（Dehbouri）市集，窄窄的街道两边，密布各类小商铺，肉店的吊钩上挂着各种新鲜肉类，水果和蔬菜被高高地堆着，火柴、电池、铅笔、睫毛膏、玩具等物品也能在这里找到。店里的老板和顾客一边喝茶，一边谈生意，街上的小贩在高声叫卖，为手中的货物寻找销路。人群当中，我看见一个熟悉的身影，他坐在高脚凳上，身前还有一方小桌。有那么一瞬间，我觉得他是个达拉克。从前，村民需要剃头或者行割礼，就会请他们。

他当然不是达拉克，这种工作早就没了。我走近一看，才发现他身边有好些现代玩意儿。桌边立着一个手提箱大小的太阳能电池板，电池板的一头连着一个 12 伏的汽车电池，用于支持笔记本电脑 350
的运行，笔记本电脑可以通过无线信号连接互联网。即便身处阿富汗中部农村，他仍可以从喀布尔或印度的网站上下载歌曲。他的生意非常有利可图。所有的歌曲都经过电子调制，虽然风格现代，但明显源自 20 世纪 50 年代我在喀布尔电台听到的那种音乐。这种音乐源于山区的民间音乐，可以追溯到 12 世纪乃至更久以前，就像美国的乡村音乐可以追溯到阿巴拉契亚的蓝草音乐，英国乡村音乐可以追溯至都铎王朝时代，摇滚乐也可以通过密西西比三角洲的蓝调找到非洲这个源头。

这就是阿富汗。在这里，21 世纪与 12 世纪紧密相连，不过，其文化与历史的漩涡冲击终将汇成一条新的巨流。站在大佛曾经凝望的巴米扬集市，我突然生出一种感觉：周围的一切并不代表过去和现在，也许它们象征着未来，它们正从阿富汗历史的沼泽中升起。我无法想象它最终的形态，只是突然觉得，阿富汗就像一个实验室。数个世纪以来，无数势力席卷过这片土地，这个国家充满了矛盾——我们的星球又何尝不是如此。如果阿富汗能成功地将国内的众多民族融合成一个具有凝聚力的文化整体，那么，也许这个星球也会有希望。

致　谢

本书写作期间，我曾和多位友人有过恳切交流，在此，我要感谢他们的悉心指点和不吝赐教，也要感谢他们对拙作提出的种种建议，他们是阿克巴・纳鲁兹、哈法尔・拉坎瓦尔、比斯米拉・易克巴、亚尔达・艾斯玛泰、呼麦拉・吉尔扎伊、伊德里斯・拉赫曼尼、安瓦尔・雷扎伊、阿卜杜勒・海伊、巴希尔・沙哈瓦兹、查希尔・安萨利与莎菲卡・安萨利夫妇、法里德・安萨利与萨曼・安萨利夫妇、阿合塔尔・贾迈勒・安萨利、法兹鲁丁、纳吉布拉・赛德克、瓦希德・奥马尔、扎马莱克・沙利兹、卡西姆・加尔德兹等人。感谢乔伊・奎克的大力支持。同时，我要特别感谢我亲爱的妻子黛博拉・克兰特。她一遍又一遍地阅读我的书稿，与我仔细探讨其中的得失。每个作家都需要一双慧眼，而我的慧眼就是我的妻子。此外，还要感谢伯克利奥谢终身学习研究院的苏珊・霍夫曼女士、我的经纪人卡罗尔・曼对本书的支持，感谢编辑老师丽莎・考夫曼的仔细审校与勘误。

人物对照表

阿卜杜勒·哈克（Abdul Haq）：普什图“圣战”领袖，2001 年遭塔利班杀害。

阿卜杜勒·马吉德·扎卜里（Abdul Majid Zabuli）：阿富汗企业家，国家银行的创始人。

阿卜杜勒·拉希德·杜斯塔姆（Abdul Rashid Dostum）：乌兹别克军阀，曾是人民民主党政权军事将领，后加入“圣战”组织。

阿卜杜勒·拉苏勒·赛义夫（Abdul Rasool Sayyaf）：著名的伊斯兰主义者，“圣战”组织的主要领袖。

阿卜杜拉·阿卜杜拉（Abdullah Abdullah）：艾哈迈德·沙阿·马苏德的高级助手，2004 年、2009 年两度参选阿富汗总统。

艾哈迈德·沙阿国父（Ahmad Shah Baba）：萨多扎伊家族族长、阿富汗的缔造者，开创了杜兰尼王朝，1747—1773 年统治阿富汗，被尊为阿富汗的“国父”。

艾哈迈德·沙阿·马苏德（Ahmad Shah Masoud）：阿富汗抵抗运动的军事领导人，1994—1996 年担任国防部长。

艾哈迈德·查希尔（Ahmad Zahir）：20 世纪六七十年代阿富汗最有影响力的歌手，有“阿富汗的猫王”之称。

亚历山大·布尔内斯（Alexandre Burnes）：1839—1841 年，麦克纳顿派驻喀布尔的政治代理人。

阿卜杜尔·拉赫曼（Abdul Rahman）、**“铁腕埃米尔”**（the Iron Amir）：

多斯特·穆罕默德的孙子，希尔·阿里的侄子，1880—1901 年统治阿富汗。

阿曼努拉（Amanullah）：哈比布拉之子，阿卜杜尔·拉赫曼之孙，1919—1929 年统治阿富汗。

哈比布拉（Habibullah）：阿卜杜尔·拉赫曼的儿子和继承人，1901—1919 年统治阿富汗。

希尔·阿里（Sher Ali）：多斯特·穆罕默德的儿子和继承人，1863—1866 年、1868—1879 年两度统治阿富汗。

巴布拉克·卡尔迈勒（Babrak Karmal）：人民民主党“旗帜派”领袖，1980—1986 年担任阿富汗人民民主共和国总统。

巴洽·萨考（Bachey Saqao）、**哈比布拉·卡拉卡尼**（Habibullah Kalakani）：塔吉克土匪，1929 年 2 月推翻阿曼努拉统治，曾短暂统治阿富汗（至 1929 年 9 月）。

布尔汉努丁·拉巴尼（Burhanuddin Rabbani）：喀布尔大学教授，伊斯兰促进会主席，1994—1996 年任阿富汗总统。2011 年遇刺身亡。

洽希家族（Charkhi）：阿曼努拉的坚定盟友，阿曼努拉倒台后，遭到穆萨希班家族的强势镇压。

多斯特·穆罕默德大王（Dost Muhammed the Great）：穆罕默德扎伊家族出身的第一位国王，1826—1839 年、1843—1863 年两度在位。

杜兰尼部（Durrani）：自 1747 年出身杜兰尼部的艾哈迈德·沙阿成为阿富汗的国王以来，一直到 1978 年，阿富汗的统治者全都出自杜兰尼部（除巴洽·萨考短暂统治期间）。

弗雷德里克·罗伯茨（Frederic Roberts）：1878—1880 年第二次英阿战争的英军将领。

吉尔扎伊部（Gilzai）：阿富汗的主要部落势力，与杜兰尼部长期对立。

古勒卜丁·希克马蒂亚尔（Gulbuddin Hekmatyar）：宗教激进分子，伊斯兰党的创建者和领导人。

哈菲佐拉·阿明（Hafizullah Amin）：人民民主党“人民派”领袖，塔拉基的助手，1978 年政变的策划者。1979 年 9—12 月任阿富汗总统。

哈米德·卡尔扎伊（Hamid Karzai）：2004—2014 年任阿富汗总统。

哈希姆·汗（Hashim Khan）：纳迪尔国王的弟弟，1933—1946 年担任阿富汗首相。

朔尔巴扎的哈兹拉特（Hazrats of Shor Bazaar）：穆贾杰迪家族受人尊敬的成员。

伊斯兰党（Hezb-i-Islam）：古勒卜丁·希克马蒂亚尔创建和领导的政党。

三军情报局（ISI）：巴基斯坦的军事情报机构，美国正是通过该组织向阿富汗境内的“圣战”组织输送武器与金钱。

伊万·维特克维奇（Ivan Vitkevich）：自称“沙皇特使”的俄国特工，1837—1838 年在喀布尔从事间谍活动。

贾拉鲁丁·哈卡尼（Jalaludin Haqqani）：20 世纪 80 年代的“圣战”领袖之一，2002 年后加入塔利班。

贾马鲁丁·阿富汗尼（Jamaluddin-i-Afghan）：伊斯兰现代主义激进知识分子，希尔·阿里的宫廷老师。

伊斯兰促进会（Jamiat-i-Islam）：布尔汉努丁·拉巴尼与艾哈迈德·沙阿·马苏德所领导的伊斯兰政党。

人民派（Khalq）：1967 年人民民主党分裂后的一大派别。

奥克兰勋爵（Lord Aukland）：1836—1842 年任印度总督。1838 年，发动第一次对阿富汗战争。

利顿勋爵（Lord Lytton）：1876—1880 年任印度总督。1878 年，发动第二次对阿富汗战争。

路易·拿破仑·卡瓦格纳里（Louis Napoleon Cavagnari）：1879 年英国驻喀布尔使团的全权政治代表。

马哈茂德·塔尔齐（Mahmoud Tarzi）：哈比布拉国王时期杰出的现代主义者。

马拉赖（Malalai）：她在迈万德战役中鼓舞士气，团结阿富汗人打败了英军，是阿富汗杰出的女英雄。

马拉赖·乔亚（Malalai Joya）：女权主义者，2004 年当选阿富汗国会议员。

玛苏玛·艾斯玛泰－瓦尔达克（Massouma Esmatey-Wardak）：阿富汗女权运动的先锋人物，1979—1990 年担任阿富汗妇女理事会主席。

穆罕默德扎伊家族（Mohammedzai）：多斯特·穆罕默德所在家族，杜兰尼部的一个分支。1826—1978年，阿富汗处于穆罕默德扎伊家族的统治下。

穆贾杰迪家族（Mujaddedis）：阿富汗望族、宗教世家。

穆贾希丁（Mujahideen）：20世纪80年代与苏联作战的伊斯兰抵抗组织。

毛拉·阿合塔尔·奥斯曼尼（Mullah Aktar Osmani）：赫尔曼德省著名的塔利班分子和毒枭，2007年被北约击毙。

毛拉·巴拉杜尔（Mullah Baradur）：阿富汗南部主要的塔利班分子，2010年被巴基斯坦逮捕和监禁。

毛拉·达杜拉（Mullah Dadullah）：阿富汗南部与塔利班有关联的叛乱武装头目，2007年被杀。

毛拉·法鲁克（Mullah Farooq）：2002年以来，活跃在加兹尼省的叛乱武装首领。

毛拉·奥马尔（Mullah Omar）：塔利班的"独眼"神秘领袖。

穆萨希班家族（Musahibbans）：多斯特·穆罕默德兄弟的后裔，1929—1978年统治阿富汗。

纳迪尔·沙阿（Nadir Shah）：穆萨希班家族的大家长，1929—1933年任阿富汗国王。在他的领导下，阿富汗赢得了第三次英阿战争的胜利。

"公牛"纳吉布拉（Najibullah the Ox）：隶属人民民主党"旗帜派"，秘密警察头目，1988—1992年任阿富汗总统。

纳斯鲁拉·巴布尔（Naseerullah Babar）：贝娜齐尔·布托政府的内政部长，是塔利班的支持者。

北方联盟（Northern Alliance）：艾哈迈德·沙阿·马苏德领导的反塔利班军事政治联盟。

努尔·穆罕默德·塔拉基（Nur Muhammed Taraki）：人民民主党"人民派"领袖，1978—1979年任阿富汗总统。

奥萨马·本·拉登（Osama Bin Laden）：极端恐怖分子，"基地"组织的创始人。

旗帜派（Parcham）：1967年，人民民主党分裂出来的另一大派别。

人民民主党（People's Democratic Party of Afghanistan ，PDPA）：阿富汗主要的共产主义政党，成立于1965年。

卡西姆·法希姆（Qasim Fahim）：马苏德死后的北方联盟领袖。

索拉娅王后（Queen Soraya）：塔尔齐之女、阿曼努拉之妻，阿富汗女性解放运动的先驱。

奎达舒拉（Quetta Shura）：2002 年以来，效忠于毛拉·奥马尔的塔利班领导人在巴基斯坦奎达组成的军事组织。

萨多扎伊家族（Sadozai）：艾哈迈德·沙阿所在的家族，隶属于杜兰尼部。萨多扎伊家族的统治从 1747 年延续到 1826 年。

萨达尔·阿尤布（Sardar Ayub）：希尔·阿里之子，曾在迈万德之战中大败英军。

萨达尔·达乌德（Sardar Daoud）：纳迪尔·沙阿的侄子，1953—1963 年任阿富汗首相，1973—1978 年任阿富汗总统。

萨达尔·纳伊姆（Sardar Na'eem）：纳迪尔·沙阿的侄子，1953—1963 年任阿富汗外交大臣。

沙阿·马哈茂德（Shah Mahmoud）：纳迪尔国王的兄长，1950—1953 年任阿富汗首相。

沙阿·舒贾（Shah Shuja）：艾哈迈德·沙阿的孙子，两度登上王位（1803—1809 年，1839—1842 年）。1839 年，他在英国扶持下重登王位。

舍尔·阿迦·穆贾杰迪（Sher Agha Mujadeddi）：20 世纪 20 年代阿曼努拉改革的主要反对者。

萨迪克·巴尔马克（Siddiq Barmaq）：阿富汗电影导演，导演了电影《奥萨马》。

瓦济尔·阿克巴·汗（Wazir Akbar Khan）：多斯特·穆罕默德之子，1839—1842 年在第一次英阿战争中担任阿富汗军事指挥官。

威廉·海伊·麦克纳顿（William Hay Mcnaghten）：1839—1842 年任英国驻喀布尔代表团特使。

亚库布·汗（Yaqub Khan）：希尔·阿里之子，在英国人的扶植下成为阿富汗国王

查希尔·沙阿（Zahir Shah）：纳迪尔之子，1929—1973 年任阿富汗国王。

扎勒米·哈利勒扎德（Zalmay Khalizad）：美国新保守主义政治家、外交官，曾任里根政府、布什政府的阿富汗事务顾问。

术语释义

巴德玛什（Badmash）：流氓、暴徒。

巴拉希萨尔（Bala Hissar）：俯瞰喀布尔的城堡和宫殿建筑群。

布兹卡谢（Buzkashi）：阿富汗马术运动，骑手围绕一只山羊尸体进行争夺，把山羊尸体移到目标位置即为获胜。

却德里（chad'ri）：阿富汗女性在公开场合穿着的覆盖全身的罩袍，又称“布卡”（burqa）。

达拉克（dalak）：流动的乡村理发师和牙医。

德奥班德主义（Deobandism）：诞生于印度德奥班德神学院的宗教激进主义运动。

尔德节（Eid）：伊斯兰教的两大节日之一。

法兰奇人（Farangi）：指外国人，尤其是欧洲人，是阿富汗人对“法兰克”（Frank）一词的讹误。

法特瓦（fatwa）：权威教法学家作出的教法判例或教法新解。

古兰巴洽（ghulam bacha）：即童仆，他们从小脱离原生家庭在宫廷长大，是国王的勤杂工。

哈兹拉特（hazrat）：重要宗教人物的尊称。

希兹卜（Hezb）：政党。

伊玛目（imam）：主持穆斯林祈祷和管理清真寺的人，也是对伊斯兰法学权威的尊称。

杰辛（Jeshyn）：阿富汗庆典之一，后特指阿富汗独立日庆典，每年夏天举行。人民民主党时期曾一度废止。

圣战（jihad）：为保卫伊斯兰或伊斯兰社会而进行的武装斗争。

圣战主义（jihadism）：一种把“圣战”作为穆斯林首要责任的宗教激进主义运动。

支尔格（jirga）：阿富汗传统部族首领大会。

卡菲尔（kafir）：异教徒。

坎儿井（kahrez）：地下灌溉渠道。

卡兰塔（kalantar）：地方选举产生的国家代理人，负责向国王报告地方事务。

汗（khan）：封建领主、大地主。

科希斯坦（kohistan）：位于喀布尔北部，字面意思是“山地”。

警察局长（kotwal）：内政部官员，负责监察地方事务。

库奇（kuchi）：游牧部落，字面意思是“移动的人”。

支尔格大会（loya jirga）：阿富汗传统部族首领大会，是讨论决定重大国事的机构。

马德拉萨（madrassa）：伊斯兰学校、神学院。

马利克（malik）：乡村头人。

大毛拉（mawlawi）：杰出的宗教学者。

梅斯·艾纳克（Mes Aymak）：位于喀布尔南部，拥有丰富的铜矿资源。

米拉布（mirab）：乡村长老，负责处理水源纠纷。

米尔扎（mirza）：该词汇是“埃米尔·扎达”（Amir zada）和“埃米尔的孩子”（Amir’s child）的缩写，他们是直接对国王负责的特权阶层，米尔扎通常从古兰巴洽中发展。

宣礼人（muezzin）：在清真寺宣礼塔上报告祷告时间的人。

穆夫提（mufti）：向法官提供法律解释的伊斯兰教法权威。

穆赫塔西卜（muhtahib）：负责强制执行伊斯兰教法的道德警察。

穆贾希德（mujahid）：参加“圣战”的人，通常指伊斯兰游击队。

穆贾希丁（mujahideen）：“圣战”组织。

毛拉（mullah）：主持穆斯林日常生活的神学家。

穆斯陶菲（mustaufi）：财政大臣或财务主管。

秩序之书（Nizamnama）：阿富汗 20 世纪 20 年代颁布的世俗法典。

赤脚男孩（Paylucha）：一个坎大哈街头帮派，后来更名为“穆贾希丁”。

深闺制度（purdah）：把女性与非近亲男性隔离的做法。

普什图瓦里（Pustoonwali）：传统普什图社会的不成文守则，它要求普什图人庇护路人，热情待客，慷慨解囊，捍卫女性亲属的纯洁，提倡恩怨必报和血亲复仇。

克鲁特（q'root）：阿富汗料理中常用的一种干酪。

卡拉（qala）：封建领主的乡村碉堡，有时供整个家族居住。

卡兹（qazi）：法官。

拉马丹（Ramadhan）：穆斯林的斋月。

沙里亚（Shari'a）：即伊斯兰教法，伊斯兰学者数个世纪以来制定的涵盖民事、刑事、宗教和日常生活等方面的穆斯林行为准则。

舒拉（shura）：伊斯兰术语，即“委员会”。

塔利班（Taliban）：起源于巴基斯坦阿富汗人难民营的宗教极端组织，字面意思是“学生的组织”。

瓦济尔（wazir）：又作“维齐尔”，宫廷大臣或宰相。

觉醒的青年（Wikh-i-Zalmayan）：20 世纪 40 年代拥抱现代主义和普什图民族主义的学生激进组织。

注 释

第 1 章

1. Pohand Abdul Hayy Habibi, *Tarikh-i-Mukhtasar-i Afghanistan* [Concise History of Afghanistan] (Arlington, VA: Association of Afghan Refugees, 1989), 256–257.

2. Mohammed Ali, *Cultural History of Afghanistan* (Kabul: Mohammed Ali, 1964), 217–220.

3. Saira Shah, "'Afghaniyat' Is Alive and Well in Afghanistan," *Guardian*, April 7, 2011, http://www.guardian.co.uk/commentisfree/2011/apr/07/afghanistan-nation-building-alive-well.

第 2 章

1. Hasan Kawun Kakar, *Afghanistan: The Soviet Invasion and the Afghan Response, 1979–1982* (Berkeley: University of California Press, 1995), 135–140.

2. Ali, *Cultural History of Afghanistan*, 198–199.

3. This picture of the *qala* comes partly from conversations with Akbar Nowruz, whose family had a qala in Logar.

4. See the discussion of Afghan society in Hasan Kawun Kakar, *Government and Society in Afghanistan: The Reign of Amir'Abdal-Rahman Khan* (Austin: University of Texas Press, 1979), 50–66.

5. Description of *dalak* drawn heavily from Akbar Nowroz's accounts plus personal experience with dalaks of my day.

6. Ali, *Cultural History of Afghanistan*, 199.

7. Kakar, *Government and Society in Afghanistan*, 124–126.

8. *Zarb-ul Masal-ha*, Afghan proverbs collected by Dr. Ja'far Taheri, 129.

第 3 章

1. This description of Dost Mohammed comes, in part, from Alexander Burnes, *Travels into Bokhara: Being the Account of a Journey from India to Cabool,Tartary, and Persia* (Philadelphia: E. L. Carey and A. Hart, 1835), 2:23.

2. Mir Ghulam Mohammed Ghobar describes Afghan trade goods, in *Afghanistan Dar Maseer-i-Tareekh, Juld-i Awal* [Afghanistan in the Course of History, Volume 1] (Kabul: Government Publications Department, 1967), 573, although he claims the economy suffered under Dost Mohammed. Fraser-Tytler has a more complimentary view of his reign. W. K. Fraser-Tytler, *Afghanistan: A Study of Political Developments in Central and South Asia* (London: Oxford University Press, 1950), 127.

第 4 章

1. The phrase appears in *The Wealth of Nations*, bk. 4, chap. 7, pt. 3. Smith actually qualifies the description by describing England as "a nation whose government is influenced by shopkeepers." The book can be found at http://www.gutenberg.org/files/3300/3300-h/3300-h.htm#2HCH0027.

2. Burnes, *Travels into Bokhara*, 1:127.

3. Ibid., 1:128.

4. Ibid., 1:178.

5. Ibid., 1:210–217.

6. Ibid., 1:234.

7. Ibid., 2:15–17.

8. Quoted in Ben Macintyre, *The Man Who Would Be King: The First American in Afghanistan* (New York: Farrar Straus Giroux, 2004), 201.

9. Quoted in Karl Ernest Meyer and Shareen Brysac, *Tournament of Shadows: The Great Game and the Race for Empire in Central Asia* (New York: Basic Books, 2006), 85.

10. Quoted by Fraser-Tytler, *Afghanistan*, 110. For the full text of the manifesto, see Abdul Hakim Tabibi, *Afghanistan: A Nation in Love with Freedom* (Cedar Rapids, IA: Igram Press, 1985), 144–148.

第 5 章

1. See Terence Blackburn, *The Extermination of a British Army: The Retreat from Kabul* (New Delhi: APH, 2008), ix–x, for a detailed breakdown.

2. Jules Stewart, *Crimson Snow: Britain's First Disaster in Afghanistan* (Gloucestershire: Sutton Press, 2008), 78, refers to eight hundred wives. Lady Florentia Sale, in her *A Journal of the Disasters in Afghanistan* (Franklin, TN: Tantallon Press, 2002; originally published in 1843), 48, refers to the king's womenfolk, including wives, daughters, and serving maids, as numbering in the eight hundreds.

3. Mohan Lal, Hindu interpreter for the British, reported this information but didn't mention the woman's name. His report was quoted by M. Saeed, *Women in Afghan History*, http://www.scribd.com/doc/30234527/Women-in-Afghan-History, 13.

4. Louis Dupree, *Afghanistan* (Princeton, NJ: Princeton University Press, 1980), 384. Fraser-Tytler, *Afghanistan*, 114.

5. Sale, *Journal*, 6–20.

6. Dupree, *Afghanistan*, 382–383, quoting John William Kaye, *History of the War in Afghanistan, Third Edition* (London, 1874), 2:130.

7. Stewart, *Crimson Snow*, 102–103.

8. Fraser-Tytler, *Afghanistan*, 114.

9. I found this diary on the Internet, but unfortunately it has vanished now. I am, however, amused to see that the phrase "frighteningly willing" made its way into the Afghan Chamber of Commerce's account of the First Anglo-Afghan war here: http://www.afghanchamber.com/history/englishinvation.htm. They must have seen the same diary as I.

10. David Loyn, *In Afghanistan* (New York: Palgrave MacMillan, 2009), 35–46.

11. Macintyre, *Man Who Would Be King*, 259–260.

12. Dupree, *Afghanistan*, 386.

13. Ibid., 389.

14. John William Kaye, *History of the War in Afghanistan* (New York: Palgrave MacMillan, 2009), 368–370.

15. Ibid., 376.

16. Ibid.

第 6 章

1. Ghobar, *Afghanistan Dar Maseer-i-Tareekh,* vol. 1, 573.

2. Ibid., 587–588.

3. Ibid., 573.

4. Ibid.

5. Ibid.

6. Habibi, *Tarikh-i-Mukhtasar-i Afghanistan*, 290.

7. Ghobar, *Afghanistan dar Maseeri Tarikh*, vol. 1, 547.

8. Ibid., 583.

9. Ibid., 588.

第 7 章

1. Abdul Hakim Tabibi, *The Politicial Struggles of Syed Jamaluddin al-Afghani* (Kabul: Muassisa Intasharat Baihaqi, 1977). Also see Jamil Ahmad, "Jamaluddin Afghani," http://www.renaissance.com.pk/julletf94.html. For the Iranian-origins argument, see Nikki

Keddie, *Sayyid Jamal al-Din "al-Afghani": A Political Biography* (Berkeley: University of California Press, 1972).

2. Saeed, *Women in Afghan History*, 15.

3. Ghobar, *Afghanistan Dar Maseer-i-Tareekh*, vol. 1, 594–595.

4. Habibi, *Tarikh-i-Mukhtasar-i Afghanistan*, 291–293.

5. Ghobar, *Afghanistan Dar Maseer-i-Tareekh*, vol. 1, 595–596.

6. Ibid., 594. Sherpoor is within the city limits of today's Kabul.

第 8 章

1. Niall Fergusson, *Colossus, The Price of America's Empire* (New York: Penguin Books, 2004), 15.

2. Paul Kennedy, *The Rise and Fall of Great Powers* (New York: Random House, 1987), 151.

3. Maud Diver, *Kabul to Kandahar* (London: Peter Davies, 1935), 21.

4. Ibid., 29.

5. Ibid., 48.

6. Ibid., 54.

7. Ibid., 55.

8. Ibid., 58.

9. Ibid., 61.

10. Ibid., 94.

11. Ibid., 98.

12. Ibid., 100.

第 9 章

1. Kakar, *Government and Society in Afghanistan*, 3–6.

2. Habibi, *Tarikh-i-Mukhtasar-i Afghanistan*.

3. Kakar, *Government and Society in Afghanistan*, 48.

4. Ibid., 13.

5. Ibid.,16; also mentioned in Saeed, *Women in Afghan History*, 17. The story of female bodyguards comes from a conversation with Bob Darr/Abdul Hayy, author of *Spy of the Heart*.

6. Kakar, *Government and Society in Afghanistan,* 98–100.

7. Ibid., 105.

8. Ibid., 103–105.

9. Ibid., 40.

10. Ibid., 35.

11. Ibid., 38–39.

12. Ibid., xxiii.

第 10 章

1. Ghobar, *Afghanistan in the Course of History*, vol. 2, 19–23.

2. Rameen Moshref, "The Life and Times of Amir Habibullah," *Afghanistan Online*, http://www.afghan-web.com/bios/detail/dhabib.html. See also Dupree,*Afghanistan*, 408–409.

3. Khalili, *Yawd-dasht hai Ustad Kahlili* [Memoirs of Master Khalili] (As told to his daughter Marie) (Herndon, VA: Marie and Mohammed Afzal Nassiri, 2010), 25–27.

4. Ibid., 37–38.

5. Senzil Nawid, "Political Advocacy in Early Twentieth Century Afghan Persian Poetry," *Afghanistan Studies Journal* 3 (1992): 5–15.

6. Saeed, *Afghan Women in History*, 19.

7. Rhea Talley Stewart, *Fire in Afghanistan* (Garden City, NY: Doubleday, 1973), 11.

8. Ludwig W. Adamec, *Afghanistan, 1900–1923: A Diplomatic History* (Berkeley: University of California Press, 1967), 95.

9. Rhea Talley Stewart, *Fire in Afghanistan*, 20–21.

10. Ibid., 20.

11. Khalili, *Yawd-dasht hai Ustad Kahlili*, 28–31.

12. Ibid., 32.

13. Ibid., 36.

14. Ibid.

第 11 章

1. Rhea Talley Stewart, *Fire in Afghanistan*, 23.

2. Ibid., 37.

3. Ibid., 43.

4. Ibid., 61.

5. Ibid., 73.

6. Ibid.

第 12 章

1. Rhea Talley Stewart, *Fire in Afghanistan*, 188.

2. Sana Haroon, *Frontier of Faith: Islam in the Indo-Afghan Borderland* (New York: Columbia University Press, 2007), 117–119.

3. Rhea Talley Stewart, *Fire in Afghanistan*, 346.

4. Khalili, *Yawd-dasht hai Ustad Kahlili*, 55–59.

5. Rhea Talley Stewart, *Fire in Afghanistan*, 378.

6. Ibid., 377–379, 403–405.

第 13 章

1. Rhea Talley Stewart, *Fire in Afghanistan*, 416–417. Also see Saqao's "own" accounts of his exploits in his supposed autobiography: Habibullah Kalakani, *My Life from Brigand to King* (London: Octagon Press, 1990), 54–59, 66–68,71–82.

2. For a discussion of Saqao's image, see Ludwig Adamec, "The Two Faces of Habibullah Kalakani," *Afghanistan Studies Journal* 2 (1990–1991): 85–90.

3. Rhea Talley Stewart, *Fire in Afghanistan,* 425–426, 435–437. Saqao's autobiography gives an amusingly different account of this episode. Kalakani, *Brigand to King*, 115–116, 118–120.

4. Rhea Talley Stewart, *Fire in Afghanistan*, 480. These stories were still being told when I was growing up in Kabul twenty-five years later. The poet *Khalili's* memoir gives a far more admiring picture of Bacha (59–60, 71–82), as does his biography of Amir Habibullah Kalakani.

5. Khalili, *Yawd-dasht hai Ustad Kahlili*, 71–73. Rhea Talley Stewart, *Fire in Afghanistan*, 438.

6. Kalakani, *Brigand to King*, 158–180.

7. M. H. Anwar, *Memories of Afghanistan* (Bloomington, IN: AuthorHouse, 2004), 127–129.

第 14 章

1. Anwar, *Memories of Afghanistan*, 131–132.

2. Ghobar, *Afghanistan in the Course of History*, vol. 2, 96–97.

3. Khaled Siddiq Charkhi recounts the destruction of the Charkhi elders and the subsequent fate of surviving family members in *From My Memories: Memoirs of Political Imprisonment from Childhood in Afghanistan* (Bloomington, IN: AuthorHouse, 2010). See 1–37.

4. Ghobar, *Afghanistan in the Course of History*, vol. 2, 68.

5. Anwar, *Memories of Afghanistan*, 200–201, 212–215, 228, 225–226, 262–277.

6. Ghobar, *Afghanistan in the Course of History*, vol. 2, 151–161.

7. Amin Saikal, *Modern Afghanistan: A History of Struggle and Survival* (New York: I. B. Taurus, 2004), 114–115.

第 15 章

1. Dupree, *Afghanistan*, 510.

2. When Mao Tse-tung invented the term "Third World," he meant to label the Soviet Union and the United States together the "first world," the developed second-tier powers

such as France and Germany the "second world," and all the undeveloped countries, including China, the third world. In common usage, First World came to mean the Capitalist West, Second World the Soviet-led Communist countries, and Third World everybody else. The exact meaning of the terms has remained ambiguous.

3. Dimensions from Dupree, *Afghanistan*, 483.

4. Ibid., 513–522.

第 16 章

1. I remember hearing these speeches without understanding them when I was a little boy growing up in Kabul.

2. Dupree, *Afghanistan*, 546–548.

第 17 章

1. Dupree, *Afghanistan* 549.

2. From private conversations with Nasser Hosseini, former ambassador to France, Mazar Ansary, and others.

3. Dupree, *Afghanistan*, 501.

第 18 章

1. Raja Anwar, *The Tragedy of Afghanistan: A First-Hand Account* (London: Verso, 1988), 45.

2. Bashir Sakhawerz, author of the novel *The Snake Charmer*, described these events to me in July 2011; so did Ghulam Ebadi, author of an unpublished memoir, "In Quest of Khalil," which I was editing when he unexpectedly passed away.

3. Anwar, *Tragedy of Afghanistan*, 39–45.

4. Mentioned by Khaled Hosseini, who heard it from his father's associates in the government.

第 19 章

1. Conversation with Ghaffar Lakanwall, former minister of agriculture in the Karmal government, August 16, 2005.

2. Ibid.

3. *Kabul Times*, page 1, August 9, 1979.

4. Conversation with Idrees Ahmad Rahmani, June 17, 2011.

5. Anwar, *Tragedy of Afghanistan*, 129, cites a 1978–1979 survey that claims 2.5 million Afghans—one out of every six—were nomadic or seminomadic at that time.

6. Fred Halliday, "The War and Revolution in Afghanistan," *New Left Review*, no. 119 (January–February, 1980): 31.

7. Anwar, *Tragedy of Afghanistan*, 179–180.

8. My cousin Farid, who was studying in New York at the same time as Amin, recollects Amin's fruitless but sincere attempt to recruit him into the Afghan Communist Party.

9. Kakar, among others, gives the twenty-five thousand figure in his book *Afghanistan: The Soviet Invasion and the Afghan Response, 1979-1982.* Anwar, *Tragedy of Afghanistan*, 156–157, gives the eight hundred number.

10. See Anwar, *Tragedy of Afghanistan*, 166–173, for a detailed account of this debacle.

11. The Russian General Staff, *The Soviet-Afghan War: How a Superpower Fought and Lost* (Lawrence: University Press of Kansas, 2002), 15.

第 20 章

1. Conversation in the summer of 2002 with Malia Zulfiqar, former minister of women's affairs in the Amin government, who resigned (and then defected)because she was required to take part in episodes like this.

2. Russian General Staff, *Soviet-Afghan War*, 21–22.

3. This detail comes from Mahtab Mujaddedi, who fought in Afghanistan as a Mujahid in the eighties.

第 21 章

1. Kakar, *Afghanistan*, 80.

2. Ibid., 138.

3. In a conversation with the author.

4. Chronicled in Ghulam Ebadi's unpublished personal essay "The Prince and the Lion."

5. From Abdullah Qazi, "Biography: Ahmad Shah Massoud," *Afghanistan Online,* http://www.afghan-web.com/bios/yest/asmasood.html, 2001, updated 2007.

第 22 章

1. In the nationwide speech delivered on July 15, 1979, Carter used the phrase "crisis of confidence," but his advisor Patrick Caddell had used the word "malaise" in his memo to Carter about the address, which became known ever after as Carter's "malaise" speech.

2. Reagan first evoked the phrase in a speech to the National Association of Evangelicals, March 8, 1983, in Orlando, Florida.

3. If you don't believe me, just Google "Gorbachev, birthmark, anti-Christ."

4. Nixon used variations of this phrase in his campaign speeches leading to the presidential election of 1972 and explicitly in a speech on January 23, 1973, describing the Paris Peace Accords his negotiators had just signed with the North Vietnamese.

5. Kamal Matinuddin, *The Taliban Phenomenon: Afghanistan 1994–1997* (Oxford:

Oxford University Press, 1999), 53. Steve Coll, *Ghost Wars* (New York: Penguin, 2004), puts the number distributed by the CIA at twenty-three hundred, 337.

第 23 章

1. In a conversation with the author, July 2, 2002.
2. Coll, *Ghost Wars*, 337, says six hundred remained in Afghan hands in 1996.
3. Mark Urban, *War in Afghanistan* (New York: St. Martin's Press, 1988), 241–243.
4. http://www.youtube.com/watch?v=p_Kp21GGccE.

第 24 章

1. Peter Tomsen, *The Wars of Afghanistan* (New York: Public Affairs, 2011), 17.
2. Matinuddin, *Taliban Phenomenon*, 18.
3. Ibid., 20.
4. Ahmad Rashid, *Taliban: Militant Islam, Oil, & Fundamentalism in Central Asia* (New Haven: Yale Note Bene, Yale University Press, 2000), 178.
5. http://www.infoplease.com/ipa/A0762181.html.
6. For a complete list of countries in the coalition and their troop contributions, see http://www.cryan.com/war/AlliedForces.html.
7. Various sources, such as BBC news reports, http://news.bbc.co.uk/2/shared/spl/hi/middle_east/02/iraq_events/html/desert_storm.stm.
8. Department of Defense (http://www.defense.gov/news/newsarticle.aspx?id=45404) official count of Americans killed in this war is 147. CNN (http://articles.cnn.com/2003-04-17/world/sprj.irq.casualties_1_combat-deathscasualties-coalition-deaths?_s=PM:WORLD) set total coalition casualties at 358.For casualties on the Iraqi side, see http://www.cryan.com/war/AlliedForces .html. The accuracy of this count is open to discussion since official US Defense Department sources avoid estimating Iraqi casualties, as discussed by John Heidenrich, "The Gulf War: How Many Iraqis Died?" *Foreign Policy*, no. 90 (Spring 1993): 108–125.
9. Michael Klare, *Resource Wars: The New Landscape of Global Conflict* (New York: Henry Holt, 2001), 2–3; also see CIA estimates of oil reserves worldwide at https://www.cia.gov/library/publications/the-world-factbook/rankorder/2178 rank.html.
10. Matinuddin, *Taliban Phenomenon*, 65–66.
11. Michael Griffin, *Reaping the Whirlwind: The Taliban Movement in Afghanistan* (London: Pluto Press, 2001), 36–37.
12. Ibid., 40.
13. Matinuddin, *Taliban Phenomenon*, 49–50. According to US State Department cables, however, US intelligence believed Pakistan directly funded and armed the Taliban. See http://www.gwu.edu/~nsarchiv/NSAEBB/NSAEBB227/index.htm#15#15.

第 25 章

1. Matinuddin, *Taliban Phenomenon*, 87.

2. For a full picture, see Abdul Salam Zaeef, *My Life with the Taliban*, ed. Alex Strick van Linschoten and Felix Kuehn (New York: Columbia University Press), 2010.

3. Tomsen, *Wars of Afghanistan*, 20.

4. Ibid., 17.

第 27 章

1. Coll, *Ghost Wars*, 548.

2. Ibid., 538.

3. Ibid., 543.

4. Zaeef, *My Life with the Taliban*, 141–143.

5. http://www.nytimes.com/interactive/2011/06/22/world/asia/afghanistan-war-timeline.html.

第 28 章

1. Ahmad Rashid, *Descent into Chaos: The United States and the Failure of Nation Building in Pakistan, Afghanistan, and Central Asia* (New York: Viking, 2008), 90–93.

第 29 章

1. This data is collected from a variety of sources including Lydia's Poole's report to Global Humanitarian Assistance at http://www.globalhumanitarianassistance. org/wp-content/uploads/2011/02/gha-Afghanistan-2011-major-resource-flows.pdf. Also see GAO report found at http://www.gao.gov/new.items/d05742.pdf.

2. Interviewed in the movie *Defying Silence* by Stacia Teele and Ed Robbins.

3. http://www.pbs.org/independentlens/afghanistanunveiled/film.html.

4. http://old.bfi.org.uk/sightandsound/feature/242.

5. Joel Brinkley, "Pity Afghanistan's Children," *San Francisco Chronicle*, November 6, 2011.

第 30 章

1. Gayle Lemmon, "Raisins Give Hope to Afghan Farmers," *New York Times*, October 8, 2010.

2. This statistic was cited by a speaker at a September 2003 fund-raising event in Marin County for Roots for Peace, an NGO dedicated to removing land mines from war-torn areas and planting grapevines in the clear soil.

3. http://www.infoplease.com/ipa/A0933935.html.

4. General Accountability Office Report to Congressional Committees, July 2005,

Afghanistan Reconstruction: Despite Some Progress, Deteriorating Security and Other Obstacles Continue to Threaten Achievement of U.S. Goals (Washington, DC: GAO, 2005), http://www.gao.gov/new.items/d05742.pdf.

5. Tomsen, *Wars of Afghanistan*, 640; and Sayid Sattar Langary, *Women from Afghanistan in Diaspora* (Bloomington, IN: AuthorHouse, 2010), xii.

6. Lydia Poole, *Afghanistan: Tracking Major Resource Flows, 2002–2010* (Wells, UK: Global Humanitarian Assistance), http://www.globalhumanitarianassistance.org/wp-content/uploads/2011/02/gha-Afghanistan-2011-major-resource-flows.pdf.

7. Fariba Nawa, "Deconstructing the Reconstruction: A Corpwatch Investigative Report," http://www.corpwatch.org/article.php?id=14076, 15.

8. Afghan Amabassador Tayeb Jawad (in a speech at the University of California–Berkeley, April 2007) claimed that two-thirds of the money allocated to aid in Afghanistan was banked in America. See also Matthew Nasuti, "America's 'Phantom Aid' to Afghanistan," *Atlantic Free Press*, November 4, 2009, http://atlanticfreepress.com/news/1/12194-americas-qphantom-aidq-to-afghanistan.html.

9. A June 2011 Majority Staff Report to the Senate Foreign Relations Committee estimated that posting one US civilian in Afghanistan costs half a million dollars, excluding security expenses and salary. *Evaluating U.S. Foreign Assistance to Afghanistan* (Washington, DC: US Government Printing Office, 2011), http://www.foreign.senate.gov/imo/media/doc/SPRT%20112-21.pdf, 7.

10. Conversation with James Ritchie, June 14, 2006.

11. Conversation with Wahid Mohmand, 2006.

第 31 章

1. Fariba Nawa, *Opium Nation: Child Brides, Drug Lords, and One Woman's Journey Through Afghanistan* (New York: Harper Perennial, 2011), 100–101. See also Gretchen Peters, "The Taliban and the Opium Trade," in Antonio Giustozzi, ed., *Decoding the New Taliban* (New York: Columbia University Press, 2009), 14.

2. Nawa, *Opium Nation*, 142–144.

3. Joshua Partlow, "Afghan Minister Accused of Taking Bribe," *Washington Post*, November 18, 2009, http://www.washingtonpost.com/wp-dyn/content/article/2009/11/17/AR2009111704198_2.html?sid=ST2009111800831.

4. Jonathan Landay, "Factory, Coal Mine Show Connections Matter Most in Afghan Business," *McClatchy Newspapers, Washington Bureau,* November 14, 2010, http://www.mcclatchydc.com/2010/11/14/v-print/103393/afghan-business-model-connections.html.

5. Dr. Nadir Atash, *Turbulence: The Tumultuous Journey of One Man's Quest for Change in Afghanistan* (New York: Planetpix Productions, 2009), 188–189.

6. Ben Farmer, "Karzai Under Pressure After Investigations Target 15 Officials on

Corruption Charges," *Telegraph*, November 23, 2009, http://www.telegraph.co.uk/news/worldnews/asia/afghanistan/6636999/Karzai-under-pressure-after-investigations-target-15-officials-on-corruption-charges.html.

7. Arthur Kent, "West's Afghan Mission Undone by Farcical Spy vs. Spy Bribes," *Sky Reporter*, August 31, 2010, http://skyreporter.com/blog/page/2/20 100830_01/.

8. Conversation with Humaira Ghilzai, January 2, 2012.

9. Jonathan Steele, "US Convinced Karzai Half-Brother Is Corrupt, WikiLeaks Cables Say," *Guardian*, December 2, 2010, http://www.guardian.co.uk/world/2010/dec/02/us-karzai-half-brother-wikileaks; see also Dexter Filkins, Mark Mazzetti, and James Risen, "Brother of Afghan Leader Said to Be Paid by C.I.A.," *New York Times*, October 27, 2009, http://www.nytimes.com/2009/10/28/world/asia/28intel.html?_r=1.

10. Dexter Filkins, "Iran Is Said to Give Top Karzai Aide Cash by the Bagful," *New York Times*, October 23, 2010, http://www.nytimes.com/2010/10/24/world/asia/24afghan.html?pagewanted=all.

第 32 章

1. Christopher Reuter and Borhan Younus, "The Return of the Taliban in Andar District," in Giustozzi, *Decoding the New Taliban*, 101, 105.

2. Tim Golden, "In U.S. Report, Brutal Details of 2 Afghan Inmates' Deaths," *New York Times*, May 20, 2005, http://www.nytimes.com/2005/05/20/international/asia/20abuse.html?pagewanted=all. Also see Carlotta Gall, "U.S. Examines Death of Afghan in Custody / Pathologist Described It as a Homicide," *San Francisco Chronicle*, March 3, 2003, A-5, http://www.sfgate.com/cgi-bin/article.cgi?f=/c/a/2003/03/04/MN204728.DTL#ixzz1dtkZHw3U.

3. Reuter and Younus, "Return of the Taliban," 102–103.

4. Duncan Campbell and Kitty Logan, "The Man Who Thinks He's George Clooney. A Story of Today's Kabul," *Guardian*, July 9, 2004.

5. Reuter and Younus, "Return of the Taliban," 109–110.

6. Joanna Nathan, "Reading the Taliban," in Giustozzi, *Decoding the New Taliban*, 25–26.

7. Peters, "The Taliban and the Opium Trade," in Giustozzi, *Decoding the New Taliban*, 13–14.

8. Tom Coghlan, "The Taliban in Helmand: An Oral History," in Giustozzi, *Decoding the New Taliban*, 119–120.

第 33 章

1. "UNICEF Alarmed as Attacks on Afghan Schools Rise," *Unicef News*, http://www.unicef.org/infobycountry/media_35196.html. See also Carlotta Gall, "Taliban Behead High

School Teacher in Southern Afghanistan," *New York Times*, January 4, 2006, http://www.nytimes.com/2006/01/04/international/asia/04cnd-afghanistan.html.

2. See, for example, Abdul Awaal Zabulwal, "Taliban in Zabul: A Witness Account,"184–186, and David Kilcullen, "Taliban and Counter-Insurgency in Kunar," 238–240, both in Giustozzi, *Decoding the New Taliban*.

3. Mohammed Osman Tariq Elias, "The Resurgence of the Taliban in Kabul, Loar, and Wardak," in Giustozzi, *Decoding the New Taliban*, 50–52.

4. Nawa, *Opium Nation*, 176.

第 34 章

1. Amy Belasco, *Troop Level in the Afghan and Iraq Wars*, FY2001–1012 (Washington, DC: CRS Report for Congress, July 2, 2009), http://www .fas.org/sgp/crs/natsec/R40682.pdf.

2. Moshe Schwartz and Joyprada Swain, *Department of Defense Contractors in Afghanistan and Iraq* (Washington, DC: CRS Report for Congress, May 13, 2011), http://www.fas.org/sgp/crs/natsec/R40764.pdf.

3. Quoting an English language radio station in Islamabad. "U.S. to Provide 85 Drones for Pakistan," Xinhua News Agency, April 22, 2011, http://www .afghanistannewscenter.com/news/2011/april/apr222011.html#16.

4. Sayyaf, a leading Mujahideen commander, and Amin, the Communist president, were related by marriage: their wives were sisters. In my village, some men were affiliated with Hezb-i-Islam while their cousins fought for Parcham.

5. David Hastings, "The Runaway General: The *Rolling Stone* Profile of Stanley McChrystal That Changed History," *Rolling Stone*, June 22, 2010, http://www.rollingstone.com/politics/news/the-runaway-general-20100622.

6. Spencer Ackerman, "25 Tons of Bombs Wipe Afghan Town Off Map," *Wired*, January 19, 2011, http://www.wired.com/dangerroom/2011/01/25-tons-of-bombs-wipes-afghan-town-off-the-map/.

7. Taimour Shah and Alyssa Rubin, "Taliban Proudly Describes Secrets of Great Escape," *Sydney Morning Herald*, April 27, 2011.

8. Geneva Sands, "Gingrich: 'I Don't See a Path Ahead' for Reform in Afghanistan," *Hill*, March 13, 2012, http://thehill.com/video/campaign/215749-gingrich-i-dont-see-a-path-ahead-for-reform-in-afghanistan-.

第 35 章

1. Kirk Semple, "Big Weddings Bring Afghans Joy, Debt," *New York Times*, January 14, 2008, http://www.nytimes.com/2008/01/14/world/asia/14weddings.html?pagewanted=all.

2. Conversation with Rahmani, now doing his doctoral studies at UCLA, June 17, 2011.

3. Peters, "The Taliban and the Opium Trade," 9.

4. Elizabeth Rubin, "Studio Kabul," *New York Times Sunday Magazine*, October 24, 2010, 40.

5. http://www.imdb.com/title/tt1506942/.

参考文献

Ackerman, Spencer. “25 Tons of Bombs Wipe Afghan Town Off Map.”*Wired*, January 19, 2011. www.wired.com/dangerroom/2011/01/25-tons-of-bombs-wipes-afghan-town-off-the-map/.

Adamec, Ludwig W. *Afghanistan, 1900–1923: A Diplomatic History.*Berkeley: University of California Press, 1967.

———. *Afghanistan's Foreign Affairs to the Mid-Twentieth Century: Relations with the USSR, Germany, and Britain*. Tucson: University of Arizona Press, 1974.

———. “The Two Faces of Habibullah Kalakani.” *Afghanistan Studies Journal* 2 (1990–1991): 85–90.

Ahmad, Jamil. “Jamaluddin Afghani.” www.renaissance.com.pk/julletf94.

Ali, Mohammed. *A Cultural History of Afghanistan*. Kabul: Mohammed Ali, 1964.

Anwar, M. H. *Memories of Afghanistan*. Bloomington, IN: AuthorHouse,2004.

Anwar, Raja, *The Tragedy of Afghanistan: A First-Hand Account*. London: Verso, 1988.

Arnold, Anthony. *Afghanistan: The Soviet Invasion in Perspective*. Palo Alto, CA: Hoover Institution Press, 1981.

———. *Afghanistan's Two-Party Communism*. Stanford, CA: Hoover Institution Press, 1983.

Atash, Nadir. *Turbulence: The Tumultuous Journey of One Man's Quest for Change in Afghanistan*. New York: Planetpix, 2009.

Belasco, Amy. *Troop Level in the Afghan and Iraq Wars, FY2001–1012*. Washington, DC: CRS Report for Congress, 2009. www.fas.org/sgp/crs/natsec/R40682.pdf.

Blackburn, Terence. *The Extermination of a British Army: The Retreat from Kabul*. New Delhi: APH, 2008.

Burnes, Alexander. *Travels into Bokhara: Being the Account of a Journey from India to Cabool, Tartary, and Persia*. 2 vols. Philadelphia: E. L.Carey and A. Hart, 1835.

Campbell, Duncan, and Kitty Logan. “The Man Who Thinks He's George

Clooney. A Story of Today's Kabul." *Guardian*, July 9, 2004.

Charkhi, Khaled Siddiq. *From My Memories: Memoirs of Political Imprisonment from Childhood in Afghanistan*. Bloomington, IN:Author-House, 2010.

Chayes, Sarah. *The Punishment of Virtue: Inside Afghanistan after the Taliban*. New York: Penguin Books, 2006.

Coll, Steve. *Ghost Wars*. New York: Penguin Press, 2004.

Cooley, John K. *Unholy Wars: Afghanistan, America, and International Terrorism*. London, Pluto Press, 1999.

Coghlan, Tom. "The Taliban in Helmand: An Oral History." In Giustozzi, *Decoding the New Taliban*, 119–154.

Darr, Abdul Hayy Robert. *The Spy of the Heart*. Louisville, KY: Fons Vitae, 2006.

Diver, Maud. *Kabul to Kandahar*. London: Peter Davies, 1935.

Dupree, Louis. *Afghanistan*. Princeton, NJ: Princeton University Press, 1980.

Edwards, Lucy Morgan. *The Afghan Solution: The Inside Story of Abdul Haq, the CIA and How Western Hubris Lost Afghanistan*. London:Pluto Press, 2011.

Elias, Barbara, ed. *Pakistan: "The Taliban's Godfather"? National Security Archive Electronic Briefing Book No. 227*. Washington, DC: George Washington University National Security Archives, 2007.

Elias, Mohammed Osman Tariq. "The Resurgence of the Taliban in Kabul, Logar, and Wardak." In Giustozzi, *Decoding the New Taliban*,43–56.

"The English in Afghanistan." *North American Review* 55, no. 116 (July 1842): 45–72.

Farmer, Ben. "Karzai Under Pressure After Investigations Target 15 Officials on Corruption Charges." *Telegraph,* November 23, 2009. www.telegraph.co.uk/news/worldnews/asia/afghanistan/6636999/Karzai-under-pressure-after-investigations-target-15-officials-on-corruption-charges.

Fergusson, Niall. *Colossus: The Price of America's Empire*. New York:Penguin Books, 2004.

Ferris, John. "Invading Afghanistan, 1838–2006: Politics and Pacification."*Journal of Military and Strategic Studies,* 9, no. 1 (Fall 2006).www.jmss.org/jmss/index.php/jmss/article/view/119/131.

Filkins, Dexter. "Iran Is Said to Give Top Karzai Aide Cash by the Bagful."*New York Times*,October 23, 2010. www.nytimes.com/2010/10/24/world/asia/24afghan?pagewanted=all.

Filkins, Dexter, Mark Mazzetti, and James Risen. "Brother of Afghan Leader Said to Be Paid by C.I.A." *New York Times*, October 27, 2009.www.nytimes.com/2009/10/28/world/asia/28intel?_r=1.

Forbes, Archibald. *The Afghan Wars*. New York: Scribner, 1892. Reprint, Kessinger, 2004.

Fraser-Tytler, W. K. *Afghanistan: A Study of Political Developments in Central and South Asia*. London: Oxford University Press, 1950.

Gall, Carlotta. "Taliban Behead High School Teacher in Southern Afghanistan." *New York Times*, January 4, 2006. www.nytimes.com/2006/01/04/international/asia/04cnd-afghanistan.

———."U.S. examines death of Afghan in custody / Pathologist Described It as a Homicide." *San Francisco Chronicle*, March 3,2003, A-5. www.sfgate.com/cgi-bin/article.cgi?f=/c/a/2003/03/04/MN 204728.DTL#ixzz1dtkZHw3U.

Gandhi, Sajit, ed. *The September 11th Sourcebooks*. Vol. 8, *The Taliban File*. Washington, DC: The GWU National Security Archives, 2003.

Ghaus, Abdul Samad. *The Fall of Afghanistan: An Insider's Account*. Washington, DC: Pergamon-Brassey, 1988.

Ghobar, Mir Ghulam Mohammed. *Afghanistan Dar Maseer-i-Tareekh, Juld-i Awal.* [Afghanistan in the Course of History, Volume 1].Kabul: Government Publications Department, 1967.

———. *Afghanistan in the Course of History*. Vol. 2. Translated by Sherief Fayez. Alexandria, VA: Hashmat Gobar, 2001.

Girardet, Edward. *The Soviet War*. London: Palgrave Macmillan, 1986.

Giustozzi, Antonio, ed. *Decoding the New Taliban*, New York: Columbia University Press, 2009.

Gohari, M. J. *The Taliban: Ascent to Power*. Oxford: Oxford University Press, 1999.

Golden, Tim. "In U.S. Report, Brutal Details of 2 Afghan Inmates'Deaths."*New York Times*, May 20, 2005. www.nytimes.com/2005/05/20/international/asia/20abuse?pagewanted=all.

Government Accountability Office. *Afghanistan Reconstruction: Despite Some Progress, Deteriorating Security and Other Obstacles Continue to Threaten Achievement of U.S. Goals*. Washington, DC: GAO, 2005.

Griffin, Michael. *Reaping the Whirlwind: The Taliban Movement in Afghanistan*. London: Pluto Press, 2001.

Gross, Nassrine Abubakr, ed. *Qassarikh-i-Malalai ya Khaterat-e Awaleen Leesa-ye Dokhtaran-e Afghanistan* [Memories of Malalai, the First Girls' School in Afhganistan]. Falls Church, VA: KabulTec, 1998.

Habibi, Pohand Abdul Hayy. *Tarikh-i-Mukhtasar-i Afghanistan* [Concise History of Afghanistan]. Arlington, VA: Association of Afghan Refugees, 1989.

Hafvenstein, Joel. *Opium Season: A Year on the Afghan Frontier*. Guilford, CT: Lyons Press, 2007.

Halliday, Fred. "Revolution in Afghanistan." *New Left Review*, no. 112(November–December 1978): 3–44.

———. *Soviet Policy in the Arc of Crisis*. Washington, DC: Institute for Policy Studies, 1981.

———. "The War and Revolution in Afghanistan." *New Left Review*, no. 119 (January–

February 1980): 20–41.

Haroon, Sana. *Frontier of Faith: Islam in the Indo-Afghan Borderland*. New York: Columbia University Press, 2007.

Hastings, David. "The Runaway General: The *Rolling Stone* Profile of Stanley McChrystal That Changed History." *Rolling Stone*, June 22, 2010. www.rollingstone.com/politics/news/the-runaway-general-20100622.

Heidenrich, John. "The Gulf War: How Many Iraqis Died?" *Foreign Policy,*no. 90 (Spring 1993): 108–125.

Jones, Ann. *Kabul in Winter: Life Without Peace in Afghanistan*. New York: Metropolitan Books, 2006.

Joya, Malalai. *A Woman Among Warlords*. New York, Scribner, 2009.

Kakar, Hasan Kawun. *Afghanistan: The Soviet Invasion and the Afghan Response, 1979–1982*. Berkeley: University of California Press, 1995.

———. *Government and Society in Afghanistan: The Reign of Amir 'Abd al-Rahman Khan*. Austin: University of Texas Press, 1979.

Kalakani, Habibullah. *My Life from Brigand to King*. London: Octagon Press, 1990.

Kaplan, Robert D. *Soldiers of God: With the Mujahidin in Afghanistan*. New York: Houghton Mifflin, 1990.

Kaye, John William. *History of the War in Afghanistan*. 3 vols. London:Richard Bentley, 1858.

Keddie, Nikki. *Sayyid Jamal al-Din "al-Afghani"*: *A Political Biography*. Berkeley: University of California Press, 1972.

Kennedy, Paul. *The Rise and Fall of Great Powers*. New York: Random House, 1987.

Kent, Arthur. "West's Afghan Mission Undone by Farcical Spy vs. Spy Bribes." *Sky Reporter*, August 31, 2010. http://skyreporter.com/blog/page/2/20100830_01/.

Khalili, Khalilullah. *Yawd-dasht hai Ustad Kahlili* [*Memoirs of Master Kahlili*] (As told to his daughter Marie). Herndon, VA: Marie and

Mohammed Afzal Nassiri, 2010.

Kilcullen, David. "Taliban and Counter-Insurgency in Kunar." In Giustozzi,

Decoding the New Taliban, 231–246.

Lal, Mohan. *Life of the Amir Dost Mohammed Khan of Kabul*. London:Longman, Brown, Green, and Longmans, 1846.

Landay, Jonathan. "Factory, Coal Mine Show Connections Matter Most in Afghan Business." *McClatchy Newspapers, Washington Bureau,*Nov. 14, 2010. www.mcclatchydc.com/2010/11/14/v-print/103393/afghan-business-model-connections.

Langary, Sayid Sattar. *Women from Afghanistan in Diaspora*. Bloomington,IN: AuthorHouse, 2012.

Loyn, David. *In Afghanistan*. New York: Palgrave MacMillan, 2009.

MacEachin, Douglas. *Predicting the Soviet Invasion of Afghanistan: The Intelligence Community's Record*. Langley, VA: CSI Publications,2007.

Macintyre, Ben. *The Man Who Would Be King: The First American in Afghanistan*. New York: Farrar Straus Giroux, 2004.

Majority Staff Report to the Senate Foreign Relations Committee. *Evaluating U.S. Foreign Assistance to Afghanistan*. Washington, DC: US Government Printing Office, 2011, 7. www.foreign.senate. gov/imo/media/doc/SPRT%20112-21.pdf.

Matinuddin, Kamal. *The Taliban Phenomenon: Afghanistan 1994–1997*. Oxford: Oxford University Press, 1999.

Meyer, Karl Ernest, and Shareen Blair Brysac. *Tournament of Shadows:The Great Game and the Race for Empire in Central Asia*. New York:Basic Books, 2006.

Moshref, Rameen. "The Life and Times of Amir Habibullah." *Afghanistan Online*. www.afghan-web.com/bios/detail/dhabib.

Nathan, Joanna. "Reading the Taliban." In Giustozzi, *Decoding the New Taliban,* 23–42.

Nasuti, Matthew. "America's 'Phantom Aid' to Afghanistan." *Atlantic Free Press*, November 4, 2009. http://atlanticfreepress.com/news/1/12194-americas-qphantom-aidq-to-afghanistan.

Nawa, Fariba. "Deconstructing the Reconstruction: A Corpwatch Investigative Report." www.corpwatch.org/article.php?id=14076.

———. *Opium Nation: Child Brides, Drug Lords, and One Woman's Journey Through Afghanistan*. New York: Harper Perennial, 2011.

Nawid, Senzil. "Political Advocacy in Early Twentieth Century Afghan Persian Poetry." *Afghanistan Studies Journal* 3 (1992): 5–17.

Noelle, Christine. *State and Tribe in Nineteenth-Century Afghanistan: The Reign of Amir Dost Mohammed Khan*. London: Curzon Press, 1997.

Overby, Paul. *Getting Out of Afghanistan*. New York: Foothills Press, 2012.

———. *Holy Blood: An Inside View of the Afghan War*. Westport, CT: Praeger, 1993.

Partlow, Joshua. "Afghan Minister Accused of Taking Bribe." *Washington Post*. November 18, 2009. www.washingtonpost.com/wp-dyn/content/article/2009/11/17/AR2009111704198_2?sid=ST2009111800831.

Peters, Gretchen. "The Taliban and the Opium Trade." In Giustozzi, *Decoding the New Taliban*, 7–22.

Poole, Lydia. *Afghanistan: Tracking Major Resource Flows, 2002–2010*. Wells, UK: Global Humanitarian Assistance. www.globalhuman itarianassistance.org

Qazi, Abdullah. "Biography: Ahmad Shah Massoud." *Afghanistan Online*. www.afghan-web.com/bios/yest/asmasood, 2001, updated 2007.

Rashid, Ahmad. *Descent into Chaos: The United States and the Failure of Nation Building in Pakistan, Afghanistan, and Central Asia*. New York: Viking, 2008.

———. *Taliban: Militant Islam, Oil, & Fundamentalism in Central Asia*. New Haven: Yale Note Bene, Yale University Press, 2000.

Reuter, Christopher, and Borhan Younus. "The Return of the Taliban in Andar District." In Giustozzi, *Decoding the New Taliban*, 101–118.

Robson, Brian. *The Road to Kabul: The Second Afghan War 1878 to 1881*. Gloucestershire, UK: History Press, 2008.

Rotberg, Robert, ed. *Building a New Afghanistan*. Cambridge: World Peace Foundation; and Washington, DC: Brookings Institute Press,2007.

Rubin, Elizabeth. "In the Land of the Taliban." *New York Times Magazine*, October 22, 2006, 86–94.

———. "Studio Kabul." *New York Times Magazine*, October 24, 2010, 40.Russian General Staff. *The Soviet-Afghan War: How a Superpower Fought and Lost*. Lawrence: University Press of Kansas, 2002.

Sadeed, Suraya. *Forbidden Lessons in a Kabul Guesthouse*. New York: Hyperion, 2011.

Saikal, Amin. *Modern Afghanistan: A History of Struggle and Survival*. New York: I. B. Taurus, 2004.

Sale, Florentia. *A Journal of the Disasters in Afghanistan*. Franklin, TN: Tantallon Press, 2002. Originally published in 1843.

Sands, Geneva. "Gingrich: 'I Don't See a Path Ahead' for Reform in Afghanistan." *Hill*, March 13, 2012. www.thehill.com/video/campaign/215749-gingrich-i-dont-see-a-path-ahead-for-reform-in-afghanistan.

Savranskaya, Svetlana, ed. *Afghanistan, Lessons from the Last War: The Soviet Experience in Afghanistan: Russian Documents and Memoirs. National Security Archive, Document 21*. Washington, DC: GeorgeWashington University National Security Archives, 2001.

Savranskaya, Svetlana, and Thomas Blanton, eds. *National Security Archive Electronic Briefing Book No. 272, Afghanistan and the Soviet Withdrawal, 20 Years Later*. Washington, DC: George Washington University National Security Archives, 2009.

Schwartz, Moshe, and Joyprada Swain. *Department of Defense Contractors in Afghanistan and Iraq*. Washington, DC: CRS Report for Congress, May 13, 2011. www.fas.org.

Semple, Kirk. "Big Weddings Bring Afghans Joy, Debt." *New York Times*,January 14, 2008. www.nytimes.com/2008/01/14/world/asia/14weddings?pagewanted=ala.

Shah, Saira. "'Afghaniyat' Is Alive and Well in Afghanistan." *Guardian*, April 7, 2011. www.guardian.co.uk/commentisfree/2011/apr/07.

Shah, Taimour, and Alyssa Rubin. "Taliban Proudly Describes Secrets of Great Escape." *Sydney Morning Herald*, April 27, 2011.

Shalizi, Abdussattar. *Afghanistan: Ancient Land with Modern Ways*. Kabul: Ministry of Planning, 1964.

Steele, Jonathan. "US Convinced Karzai Half-Brother Is Corrupt, Wiki -Leaks Cables Say."

Guardian, December 2, 2010. www.guardian. co.uk/world/2010/dec/02/us-karzai-half-brother-wikileaks.

Stewart, Jules. *Crimson Snow: Britain's First Disaster in Afghanistan*. Gloucestershire: Sutton Press, 2008.

Stewart, Rhea Talley. *Fire in Afghanistan*. Garden City, NY: Doubleday, 1973.

Tabibi, Abdul Hakim. *Afghanistan: A Nation in Love with Freedom*. Cedar Rapids, IA: Igram Press, 1985.

———. *Talashhayi Siyasi Sayyed Jamaluddin Afghani* [The Political Struggles of Sayid Jamal ad-Din Afghani]. Kabul: Muassisa Intasharat Baihaqi, 1355/1977.

Taheri, Mohammed Ja'far. *Zarb'ul Masal-ha* [Proverbs]. Arlington, VA: Asghar Taheri, 1389/1991.

Tomsen, Peter. *The Wars of Afghanistan*. New York: Public Affairs, 2011.

"UNICEF Alarmed as Attacks on Afghan Schools Rise." *Unicef News*. www.unicef.org/infobycountry/media_35196.

Urban, Mark. *War in Afghanistan*. New York: St. Martin's Press, 1988.

"U.S. to Provide 85 Drones for Pakistan." *Xinhua News Agency*, April 22, 2011. www.afghanistannewscenter.com/news/2011/april.Zabulwal, Abdul Awaal. "Taliban in Zabul: A Witness Account." In Giustozzi, *Decoding the New Taliban*, 179–190.

Zaeef, Abdul Salam. *My Life with the Taliban*, edited by Alex Strick van Linschoten and Felix Kuehn. New York: Columbia University Press, 2010.

原书索引